U0927597

北大口才课

——让你大受欢迎的说话技巧

徐　枫◎编著

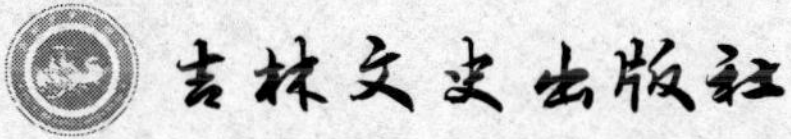

图书在版编目（CIP）数据

北大口才课：让你大受欢迎的说话技巧 / 徐枫编著. — 长春：吉林文史出版社，2017.2（2022.10重印）

ISBN 978-7-5472-3500-3

Ⅰ.①北… Ⅱ.①徐… Ⅲ.①口才学—通俗读物 Ⅳ.①H019-49

中国版本图书馆CIP数据核字（2016）第234885号

北大口才课——让你大受欢迎的说话技巧

BEIDA KOUCAIKE——RANGNI DASHOU HUANYING DE SHUOHUA JIQIAO

出 版 人：张　强
编　　著：徐　枫
责任编辑：王明智
版式设计：同人阁·文化传媒
封面设计：同人阁·文化传媒
出版发行：吉林文史出版社
电　　话：0431-81629352
地　　址：长春市福祉大路5788号
邮　　编：130117
网　　址：www.jlws.com.cn
印　　刷：永清县晔盛亚胶印有限公司
开　　本：720mm × 1000mm　1/16
印　　张：24.5
字　　数：413千
版　　次：2017年2月第1版　2022年10月第2次印刷
书　　号：ISBN 978-7-5472-3500-3
定　　价：78.00元

前　言

可以说，说话水平的高低，决定了一个人成功与否；成功的大小，语言是关键。毋庸置疑的是：会说话不一定会成功，但成功的人一定是会说话的人，因为他们必须善于与人交流。只有把自己的诉求说明白了，别人才能懂得你想要什么，希望达成什么目标。

换句话说，说话并不是件容易事。每个人从会说话时起就天天说话，不见得会说出让人心花怒放的话；许多人一生没说多少话，但他却比大多数人都成功。或许你并不想做张仪、苏秦那样的说客，但人生除了动作外就是语言，所谓人情世故，大多体现在说话上。中国古代就有“一言能兴邦，一言能丧国；一人之辩重九鼎之宝，三寸之舌强于百万之师”之说，可见，语言对于人类进行情感交流具有多么重要的作用。

当然，说话是不比写文章难，但也不比创作两首诗容易。有些人说话随口而出，不经过考虑就滔滔不绝，因而不免有疏漏的地方。但有些人在说话之前做了深思熟虑的思考，说出来的话如行云流水般美妙、自然，绝非一般人所能比及。

美国著名舞蹈家伊莎多拉·邓肯，在自传里记录了这样一个爱情故事：

意大利著名诗人、小说家、剧作家邓南遮是一个个子不高并且很丑的男人，可他却用话语赢得了美丽的邓肯的芳心。一次，他同邓肯到一片树林里散步，在这里，阳光在绿叶上闪耀，四周静得出奇，邓南遮停住了脚步，深情地望着邓肯说：“啊，伊莎多拉，只有与你一起在大自然中徜徉，才能享受到这大自然的景色。任何别的女人都只会把景色败坏无遗，你就是这迷人的大自然的一部分，你就是这些树林，你就是这天空的一部分。噢，不！在我的心中，你就是这主宰着大自然的女神啊！”听了这样的话，邓肯不由得也从心里叹道："哪个女人能抵挡住这样的景仰崇拜呢？哪个女人在这样的赞美中灵魂能不融化呢？"她在自传里写道："任何一个钟情的男人，如果掌握了像邓南遮这样赞美的艺术，能用语言让他喜欢的女人都觉得自己是某一领域中的女神，那么，他所爱恋的女人大都会在默然中悄悄地爱上他！语言，充满诗意的语言，是多么让人感动啊！"

的确，当你充满真情地向对方诉说心声之时，你的语言便已经如涓涓细水渗进了他人的心田，对方才能在渐渐涌起的感动中一点一点地接纳你。

目 录

第一章　口才入门功：学会说话与沟通

第二章　口才魅力：让你得心应手“话”人生

第三章　口才定律：助你左右逢源

第四章　社交口才：用言语为自己铺建坦途

第五章　处世口才：通过语言建立人脉网

第六章　求人口才：会说话好办事

第七章　幽默口才：幽默也有大学问

第八章　拒绝口才：懂得虚与委蛇

第九章　反驳口才：把对方驳到无语

第十章　禁忌口才：小心祸从口出

第十一章　论辩口才：赢得论辩的技术

第十二章　说服口才：通过说服力得到你想要的东西

第十三章　劝谏口才：获得诤友的高效技巧

第十四章　赞美口才：好话也要巧说

第十五章　批评口才：忠言也可以顺耳

第十六章　谈判口才：你也能成为一个出色的谈判专家

第十七章　演讲口才：“讲”出你的幸福人生

第十八章　推销口才：一门靠语言来促成交易的艺术

第十九章　电话口才：沟通中的有力武器

第二十章　面试口才：巧妙赢得职位

第二十一章　领导口才：用巧妙的言辞获得下属的支持

第二十二章　下属口才：征服领导的金言术

第二十三章　沟通口才：几句话说到人心里

第二十四章 恋爱口才：爱是“谈”出来的

第二十五章 夫妻口才：夫妻对话讲艺术

第一章　口才入门功：学会说话与沟通

001　沟通是立足社会的资本

在我们的日常生活中，人际沟通是不可或缺的。它时刻影响着我们，我们也都希望通过有效的沟通来获取更好的人际关系、更高的生活质量。不论是与亲人、朋友、同事还是与客户沟通，都是需要技巧的。

“沟通是立足社会的资本”这句话已经越来越为人们所接受，因为沟通和人际关系是紧密结合在一起的，有效的沟通有利于改善和拓展人际关系，也更容易获得成功。

下面这个故事能很好地说明这一点。

张小姐是一个即将晋升为部门经理的主管，然而她的升迁却因为总经理换人而耽搁了下来。她从侧面打探了一下得知，正是由于某些人在新来的总经理面前说了一些风言风语，比如她之所以受到重用就是因为和原总经理关系暧昧等等，导致新任总经理对她非常冷淡。这让张小姐感到莫名其妙，但是又不方便直接跟总经理说，只能找一个合适的机会。

这天，张小姐去找总经理汇报工作，汇报完之后，特意提到自己经验不足还需要多学习，并说出了自己工作的不足之处。聊过之后，总经理特意观察了一下，发现她确实不错，工作能力很强，于是对她的态度也明显好转。

不久，张小姐和总经理一起出差，她都会当着他的面和男友打电话，告诉自己的行程，以此证明她很在意男友和家庭。就在这些沟通中，总经理发现她并不像流言说的那样随便，不仅行为得体、谈吐优雅，还是个不可多得的人才，于是没过多久就提拔了她。

随着经济的发展和各个行业竞争的加剧，沟通能力已经成为成功必不可缺的条件。著名成功学大师卡耐基曾说，成功85%取决于沟通，15%取决于天分，这并不夸张。在很多情况下，沟通的好坏直接决定了成功机会的大小。

【口才点拨】

沟通是一门艺术，一个人成功与否，与沟通的好坏有着密不可分的联系。掌握处世待人的艺术，跟上司、同事融洽相处，建立和谐的人际关系，这些都是我们必须掌握的技巧。在很大程度上，误解通常是缺乏良好的沟通造成的，试着用巧妙的方式去沟通吧，这样不仅能够消除误会，还会创造出意想不到的机会。

002 “热”言暖人心

植物都具有向光性，它们的枝叶会向着阳光生长。当然，人也具有这种“向光性”，都喜欢面露微笑、言语亲和的人，因为他们会让人感受到阳光般的温暖。

与人交谈时如果“冷”言相待，就会在无声无息间把亲和力抹杀，就像在人与人之间设置了一道屏障。所以，那些不善于“热”言的人往往是绝“缘”体，没什么人缘。

因此，在与人交谈中，要尽量在你的言辞中显示你的热情，表露你的热心，让对方感受到温暖，这几点都有利于谈话的顺利进行。

西里刚刚搬进新居，很多好友纷纷来为他庆贺。

送走了前来祝贺的亲朋好友后，门铃居然又响了，他开门一看，门外站着两位素不相识的中年男女，像是一对夫妻。

正在西里发愣时，那位男子说：“你好，我是住在楼下的吉尔，祝贺你搬过来。”

西里热情地说：“原来是邻居啊，快请进！”

吉尔先生连忙摇头说：“不麻烦了！很抱歉，你刚搬来就打扰你，不过我们确实有一件事情想请你帮忙。”

西里说：“我能为你做些什么？”

“你以后出入防盗门的时候，可不可以轻点儿关门？我们住在一楼，老父亲心脏不太好，受不了重响。”吉尔先生请求道。

西里想了想说：“如果不是有急事的话，我会注意的。不过，为什么你父亲受不了惊吓却还要住在一楼呢？”

吉尔太太解释道：“其实，我们也不喜欢住在一楼，但是老人家有心脏病，需要适度地活动。”

西里答应了下来。二人对西里万分感谢，弄得他有些不好意思。

慢慢地，西里发现这对夫妻应该是跟别的住户也说过了这一情况，这个公寓所有的住户在开关防盗门时动作都很轻，没有“咣当”的巨响发生。

一年后，吉尔夫妇再次来到西里家。西里刚一开门，二人就对西里深深鞠躬。西里急忙扶起他们，询问红肿着眼睛的吉尔先生发生了什么事。原来，吉尔先生的父亲在昨晚因病去世了。

吉尔先生的父亲临走前，表达了对大家照顾的感谢，也表达了对给大家添麻烦的歉意。为了表达感激之情，他让吉尔先生给年纪大的邻居叩头，给年纪轻的邻居鞠躬。

西里十分感慨：轻手关门很容易，但是换来的却是这么大的感激。

其实，大家在与人交往的时候都有一种倾向：听起来悦耳的言辞更易于接受，看起来亲和的人更乐于接近，因为人们的潜意识常常把亲和的人当作是“自己人”，可以和这样的人轻松地交谈。在其他条件大体相同的情况下，“自己人”之间的交往效果更明显，相互影响更大。

【口才点拨】

常言道：“良言一句三冬暖，恶语伤人六月寒。”没有人喜欢被别人奚落，人都具有“向光性”，都喜欢靠近温暖、亲切的人。同样的意图，换一种温柔友善的表达方式就会收获不一样的欣喜，亲切友善的言语会让生活包裹上温暖的阳光。

003 说话要懂得审时度势

米歇尔小姐是一家牙膏公司的员工。

办公室里，史密斯总裁跟一群业务主管正在激烈地讨论如何提高产品的销量。他用“No”否决了所有的提议，因为在他看来，这些建议并不令人满意。忽然，史密斯总裁的目光落在了会议桌上的牙膏上，于是他说：“现在征集具体销售方案，如果某个方案能够使牙膏销量大幅增长，提出这个方案的人将得到10万美元的奖励。”

所有的业务主管都绞尽脑汁地想着各种可能的方案，可是，他们得到的答案依然是“No”。这让每个人都焦躁不安，办公室里的气氛忽然变得压抑起来。这时，米歇尔小姐正在为办公室里的领导们送咖啡，她听到总裁的议题后怯生生地问道：“我能发表一下我的观点吗？”

史密斯总裁不屑地说道：“当然，不过你要保证你的建议能让我感兴趣。”米歇尔小姐微笑着说：“早晨的时光总是匆忙的，大家都急着赶时间去上班。在焦急中，每天挤出的牙膏长度几乎都一样，这已经成为了一种习惯。所以，只要我们将牙膏管出口的直径加大一些，挤出来的牙膏量就会多一些，这样一来，牙膏销量自然就增加了。”

史密斯总裁想了想，点了点头。

智者创造的机遇远远多于他寻找到的机遇。机遇是一种稍纵即逝的稀缺资源，它永远青睐那些主动进取的人，而不是消极等待的人，它会在主动进取者的智慧中不断再生。所以，我们一定要在适当的时机展现自己的能力，说出证明自己能力的话，引起人们的注意，创造更多的机遇。

【口才点拨】

把握机会，让智慧的言辞该出口时就出口，永远不要等，要学会审时度势、见缝插针。这样一来，不仅能够把握当下的机遇，还能创造更多的机遇。

004　沟通时要吸引对方的注意力

电话机的发明者是亚历山大·格拉汉姆·贝尔，他身上曾经有过这样一个故事：

一次，贝尔去拜访朋友哈波特，希望他能赞助自己正在研究的新发明。为达到这个目的，贝尔一开始并没有讲科学理论以及获利和资金，而是先给哈波特下了个套。

这是麦肯齐对此事的记载："贝尔当时正在练钢琴，哈波特正在看书，然后贝尔止住琴声，问哈波特：'你相信吗？假如我把这脚踏板按下去，唱一声'哆'，钢琴也会'哆'一声。'哈波特当然不明白什么意思，于是他好奇地问：'为什么？'于是，贝尔给哈波特讲了有关和音电唱机以及复音电唱机的原理，让哈波特自愿提出资助贝尔的实验。"

其实贝尔的策略很简单，就是不说出自己的目的，先吸引对方的注意力，为进一步的交流做准备。

只要事先吸引了对方的注意力并引起了对方的兴趣，那就成功了一半。

【口才点拨】

要想与人沟通下去，或者说服别人接受你的观点，你首先要做的便是吸引对方的注意力，巧妙地设置悬念，步步为营。利用他的好奇心，让他跟随你的思路思考问题，最终出奇制胜。

005 用寓言引导对方

春秋时期，吴王阖闾一心想称霸，便将目标锁定在了楚国，准备大兵攻打楚国，不过，很多大臣都认为攻打楚国这件事不妥。有的大臣劝阻说：“目前楚国正处于强盛时期，兵力、物力、财力都十分雄厚。若是现在与其交战，吃亏的一定是我们，还请大王三思而行啊。”

吴王被野心吞噬了理智，根本听不进去劝谏之言，听了这位大臣的话大动肝火，拔出宝剑吼道：“我决心已定，如果谁再敢劝阻，我一定把他碎尸万段！”吴王此言一出，所有的大臣都惊恐万分，无人敢再发一言。

这件事被王宫里的一个年轻卫士听到了，他认为吴国攻打楚国就如同以卵击石，肯定会失败，但是吴王决心已定，若是直言劝谏，不仅收不到成效，反而会招致杀身之祸。他想了好几天，终于想到了一个办法。

一天清晨，卫士拿着一把弹弓走进了王宫的后花园，由东转到西，就算衣服被露水沾湿了也不在乎，就这样一连转了三天。

吴王见了，觉得很奇怪，就把卫士叫来，问：“你为什么总是在花园里转来转去的，把衣服都弄湿了。”卫士向吴王行礼后，毕恭毕敬地说：“报告大王，我是在观察一件有趣的事。”

吴王好奇地问：“什么事啊？”

卫士回答说：“我见花园里面有一棵树，树上有只蝉，它每天过得十分惬意，只知道在树的高处喝露水。不过，它却不知它的身后藏着螳螂，正准备捉它。可是，就在螳螂以为势在必得的时候，却不知在它的身后藏着黄雀，正准备吃它。当然，黄雀也一样没有注意到，我正拿着弹弓准备打它。”

吴王听得兴趣大作，笑着说：“有意思。”

卫士见吴王高兴，便继续说：“大王，这蝉、螳螂和黄雀没有考虑到隐藏在身后的危险，后果不堪设想啊！”

吴王听了他的这句话，若有所思。吴王沉默了一会儿，恍然大悟：“原来他是用寓言劝谏，让我放弃对楚国的进攻啊。”

于是，吴王取消了攻打楚国的计划。

【口才点拨】

有时，抽象的道理难以说服别人，这就需要形象具体的事情来辅助说明。寓言本身就是形象的说理故事，能够让人轻而易举地理解某些道理。在与人沟通时，可以找一些合适的寓言来引导对方，在轻松的气氛中说服对方。

006　善于引发对方感兴趣的话题

柯达公司总裁乔治·伊斯曼决定在曼彻斯特建造音乐厅、纪念馆和剧院。美国优美座位公司经理亚当森听到了这个消息，于是准备拜访伊斯曼先生。

之前，很多制造商都来谈过，但都没有达成协议，亚当森来到了柯达公司总部，希望自己能够争取到这笔生意。亚当森被给了五分钟的谈话时间，当他跟着秘书来到伊斯曼的办公室时，伊斯曼正忙着处理办公桌上的一大堆文件。

亚当森扫视了一圈，静静地站在一边，温和地说："伊斯曼先生，很抱歉打扰您的工作。实话说，我一直从事室内木工装修的工作，不得不说你的办公室装修得太精致了。"

听了他的话，伊斯曼高兴地说："这间办公室是我自己设计的，我很喜欢它。不过最近似乎太忙了，竟然忘记了欣赏这里的美。感谢你提醒了我差点儿忘记的事情。"

亚当森来到墙边，用手指在木板上敲了敲说："如果我没有猜错的话，这是英国橡木吧？"伊斯曼很惊喜地站起身来，说道："是的，这的确是从英国进口的橡木，一位朋友专程去英国为我订的货，他是专门研究室内细木的。"

亚当森见伊斯曼很开心，知道自己的话题引起了他的兴趣。伊斯曼放下那一大堆待阅读的文件，领着亚当森在办公室里仔细介绍起来，他几乎把室内的所有装饰都向亚当森说了个遍，款式、质地、比例、颜色、工艺、价格。最后，伊斯曼又谈起了自己设计装修的整个过程。

整个过程中，亚当森一言不发，只是面带微笑地倾听着，还不时表现出对此饶有兴致。

虽然，在见伊斯曼之前秘书只给了亚当森五分钟时间，结果亚当森与伊斯曼足足聊了几个小时。

最后，亚当森不仅成功得到了那批工程的订单，还与伊斯曼结下了深厚的友谊。

从这一件事就可以看出亚当森与人交流的艺术。他先从对方感兴趣的话题着手，激发对方聊下去的兴趣，然后饶有兴趣地倾听对方的话，认真观察，适时地给予认可和赞扬，这样的谈话非常融洽，让人受益颇多。

只要你让自己真正融入谈话中，认真观察周边环境，给他人说话的机会，便能清楚地察觉别人的兴趣点在哪里，然后跟着他的兴趣交流、倾听，诱使他讲出自己真实的想法。

【口才点拨】

在交谈中，如果引出对方喜爱的话题，让他主导这场谈话，我们就能了解他的真实想法，避免产生一些人际关系方面的麻烦，达到皆大欢喜的效果。与素不相识的人交谈，尤其应该找到对方感兴趣的话题，让他侃侃而谈。

007　要想具备好口才，首先要做个倾听者

成功人士都知道如何倾听，让我们看看与成功人士有密切关系的人是怎么说的。

因采访领袖人物而闻名于世的新闻记者马可森曾说：“很多年轻人在采访大人物时，都不明白自己为什么不能给大人物们留下好印象。其中的主要原因就是他们不会认真地倾听对方的谈话，总是想着自己接下来说什么。一些大人物对我说，他们喜欢善于倾听的人，而不是健谈的人，所以说倾听是非常难得的一种能力。”

克洛威尔回忆道：“什瓦普先生就算一言不发，也能让与他交谈的朋友恰到好处地获得荣誉感。倾听好像就是他的一种天赋，哪怕是他的手下人去和他讲话，都会感觉到他在专注地倾听：他会凝视着你，直到你说完。”

有的人这样评价美国著名政治家海·约翰先生：“他不仅是一位出色的演说家，还是一位最好的倾听者。听人说话时，他会摆出一副明显的倾听姿态，只要和他聊半小时，无论什么人都会感觉到他对自己的倾慕。自然，倾诉者也

会为自己的表现而感动、兴奋。”他的大学同学和朋友也都这样评价他：“他是个优秀的倾听者。”

那些伟大的人物大都掌握了倾听的艺术，倾听能使交流更完美，他们不仅饶有兴致地听人讲话，还会利用肢体语言将赞许表达出来。

那些优秀的倾听者一般都有超人的情商，他们会首先考虑他人的需要，用心进入他人的心灵和头脑，乐于分享他人内心深处的感受。当然，人们也喜欢向倾听者敞开心扉，畅所欲言，因为每个人都渴望被关怀，被认可。

作家鲍威尔曾经说过：“我们要聆听的是话语中的含义而非文字，在真诚的聆听中，我们能穿透文字体会对方的内心。”真诚的倾听者善于聆听对方的心声，揣摩对方的心思，并能够从对方的角度来看世界，和倾诉者产生共鸣。

倾听者之所以备受欢迎，让人难以抗拒，正是因为他们富于同情心，愿意分享别人的情绪和情感。一位心理学家说道：“我认为，以同情和理解的心情倾听别人的谈话，是维系人际关系、保持友谊的最有效方法。”

倾听是最好的赞美，它很简单，不仅可以让人们从心底散发出喜悦，还能有效地诱导对方思考。

其实，很多人的人际关系之所以不如意，不在于说错了什么，也不在于他们不知应该说什么，而是因为他们听得太少，或者不注意倾听。

曾经有过一个调查，结果表明由于不会倾听而损失掉的信息量多达75%，所以说倾听还是很重要的。

要想成为一个懂得倾听的人，我们一定要学会以下几项技巧：

第一，正确的态度。倾听时一定要有正确的态度，专心认真，多用积极的、正面的词语回应对方，比如“没错”“我觉得也是”之类。

第二，等待对方说完。讲话的人最反感的就是中途被打断，事实上很多人都有中途打断别人的毛病，因为听久了会不耐烦，所以打断对方来说自己的看法。这很容易让倾诉者失去兴趣，认为你不尊重他，使谈话效果大打折扣。

第三，善于运用肢体语言。倾听者可以通过肢体语言，比如不断地点头示意来表示认同，或者给予微笑表示鼓励。倾听时，最好身体向说话者的方向稍稍前倾，表示关注他的话。此时，千万不要做无关的动作，比如环顾四周、看手表、打哈欠、伸懒腰等，这些都会让对方误以为你对他讲的话毫不在意，并且不耐烦、不认真。

第四，再次讲述。倾听时如果有什么要说的，也尽量要顺着对方的话来说，因为倾诉者希望你能够听他说而不是去反驳他。如果需要的话，还可以在讨论结束时重复对方说过的某句或某段话，比如“正如您所讲的那样，我认为……”“我完全赞成你的看法……”之类来强调其中的重点，表示你没有误解他的话内之意。

第五，话外有话。除了去听倾诉者的表面信息，还要试着分析其中隐藏的信息，这样才可以体察到倾诉者真正的内心想法，有利无害。

第六，巧妙地提出问题。如果你对谈话内容有所疑惑，可以在大家讨论问题时提出，让对方知道你是在仔细听他说话，因为仔细听了，才会发现问题。有时候恰当地提问，更有利于谈话深入地进行下去。

【口才点拨】

倾听是最简单的赞美，是一种有效的交流方式。倾听者能够深入对方的心灵，跟随倾诉者一起喜怒哀乐，分享他的思想。没有人能够拒绝一个知心的人，这就是倾听的力量。如果你想要与人深交，寻找到他感兴趣的事物，那就学会倾听吧，不仅可以掌握沟通的艺术，收获大把的知识，还会结交知心的朋友。

008　会说话的人可以巧化尴尬

说话是一门艺术，同样讲求技巧、时机和分寸。会说话的人不仅可以给别人留下好印象，为自己建立好人缘，而且在关键时刻，还能巧妙地化解尴尬，赢得别人的尊重。

以前，有个著名的剧作家，虽然在剧坛影响力并不是特别大，但这并不代表他没有才华，相反，他不仅才华横溢，而且机智过人。

一天，这位剧作家的新作隆重上演，获得了观众的追捧，他也和这部作品一举成名。应观众们的请求，这位剧作家在谢幕时来到台上向观众们致谢。

当这位剧作家走上台，向台下的观众鞠躬道谢时，一位观众突然站起来大声喊道：“真是糟糕极了！这也能叫作品？你这个骗子赶紧滚回家吧！”

在场的观众都被惊得目瞪口呆，大家都呆呆地望着台上的剧作家，他们心想，剧作家一定会大发雷霆。

不过出乎意料的是，这位剧作家带着微笑向那位粗鲁的观众深深地鞠了个躬，礼貌地回答道：“亲爱的朋友，其实我跟你一样认为这部作品不够完美，不过，在这个剧场里只有我和你两张反对票，力量微乎其微，根本阻挡不了其他观众的喜爱与支持。”

随即，台下响起了一片掌声，那位言语粗鲁的观众自讨没趣，低着头离开了剧场。

【口才点拨】

我们在生活中难免会遇到一些令人尴尬的事情，不同的人在面对难堪之时所采取的态度也是大相径庭的：愚钝的人往往会选择反唇相讥，拉开一个唇枪舌剑的序幕，而智慧的人则会在一个恰当的时机，选择最适当的语言来为自己解围。比如故事中那位聪明的剧作家，他面对羞辱时，机智地采用了一种“以退为进”的智慧，变被动为主动，使对方不战而败。

009 用真心话牵动对方的情感

唐朝诗人白居易说过：“动人心者，莫先乎情。”人非草木，孰能无情？丰富的情感正是人类区别于其他物种的本质特征。

战国时期，游侠与谋士们同属于社会中产阶级，他们都在为社会政治理想而奔波，都试图以卑微的身份做出惊天动地的事业，这些人大都十分看重精神、气节和道义。

严遂是韩国大臣，他刚正不阿，曾直言不讳地指出了专权的国相韩傀的过失。韩傀上朝怒斥严遂，严遂非常生气，拔出宝剑追杀韩傀，幸亏有人阻止，韩傀才得以逃脱。此后，严遂离开韩国，四处寻找能为自己报仇的人。

严遂来到齐国，有人对他说：“这里有一个为了躲避仇人去做屠户的人，他叫聂政，是一个有勇有谋的大侠士。”

于是严遂便和聂政暗中交往，有意厚待他。一次，聂政问严遂：“您有什么事想请我做呢？”

严遂说：“韩国国相韩傀是我的仇人，我想请先生出手帮我杀掉他。”于是严遂备办了酒席，向聂政的母亲敬酒，又拿出百镒黄金，为聂政的母亲祝寿。聂政推辞说："我背井离乡当屠户就是为了照顾母亲，现在，我赚来的钱足以奉养老母，实在不能再接受您的恩赐。"

严遂说："我来到齐国后，听人们说您侠肝义胆，所以特地为老夫人添置点儿粗茶淡饭而已。"

聂政说："为了奉养老母，我不得不降低自己的志向，隐居于市井之中。只要老母健在，我就决不会把生命托付给任何人。"

尽管如此，严遂还是坚持让聂政收下赠金，尽了宾主之礼才离开。

聂政的母亲在几年后去世了，聂政守孝期满，脱下丧服感叹道："严遂贵为诸侯卿相，不远千里，屈驾与我这屠户结交，我对他薄情，他还如此理解我。如今，老母已享尽天年，我也该去报恩了！"

于是，聂政赶往濮阳，见到严遂，说："请原谅我当初的薄情薄意，没有答应您的要求，如今老母已经去世，我才前来报恩。"

严遂说："很幸运，您没有抛弃我，请让我为您多准备些车马和壮士，以助您一臂之力。"

聂政说："韩国和卫国距离太近，刺杀行动不能多带人。一旦泄露机密，您将成为整个韩国的敌人，太危险了。"

说完，聂政告别而去，一个人持剑来到了韩国。他来到韩傀的住处，直接把他杀了。之后卫兵赶来，他又一口气杀了几十人，随后毁面剖腹，横剑自杀。

其他几个国家的人听说了这件事情，都对聂政的勇敢称赞不已。

严遂连续几次向聂政表达自己的诚意，正是这些举动激起了聂政的情感——感动、感激、感谢。在这种情感的驱使下，他答应代严遂报仇。为朋友道义甘愿献身，聂政的这种无私品德也为自己留下了美好的名誉。

【口才点拨】

情感是人们内心深处最柔软的感受，它时刻影响着人的心理、活动和决定，所以，要想打动人心，令其动情是上上之选。所以，在人际交往中，用自己的真情实感牵动对方的情感，令其动情，是打动人心、促进情感交流的最好方法。

010 善于转换话题

善于沟通的人一般都随时注意着对方的感受，能够巧妙地转换话题，以免无意中破坏了自己的人际关系，造成恶劣的效果。心意相通、彼此愉快是最良好的人际关系，也是有效沟通的目的所在。

《三国演义》中曹操煮酒论英雄的故事大家都耳熟能详了，刘备在危急关头巧妙地转换了话题，岔开了主题，从而化险为夷。

一次，曹操与刘备饮酒。操以手指刘备，后自指，曰："今天下英雄，唯使君与操耳！"刘备闻言，吃了一惊，手中所持箸，不觉落于地上。时正值天雨将至，雷声大作。刘备乃从容俯首拾箸曰："一震之威，乃至于此。"操笑曰："丈夫亦畏雷乎？"刘备曰："圣人闻迅雷风烈必变，安得不畏？"将闻言失箸之故，轻轻掩饰过了，操遂不疑刘备。

刘备是曹操心腹之患，曹操总想找机会除掉他，在此次酒宴中，曹操用话试探刘备。刘备深知里面的利害关系，于是他在交谈中利用天气变化转移了话题，避免了杀身之祸。

通过这个案例，我们可以看出沟通的魅力对于他人所造成的影响。其实，很多场合都需要谈话者掌握转换话题的艺术，控制谈话的方向。需要提醒的是，为了维护良好的人际关系，你的一言一行需要为对方的感受着想，每个人都想被人认可，获得高评价。但需要注意的是，在别人未谈得意之事之前，自己也不要谈。

【口才点拨】

在现代人际交往中，成功的交谈需要谈话者拥有驾驭谈话主题的能力。谈话时一定不要滔滔不绝，不假思索，学会巧妙地转移话题，可以避免很多不必要的困难和尴尬。当然，掌握转移话题的艺术也能够活跃谈话的气氛，让交流更多彩，同时展现自己的智慧。

011 “先发制人”

戴尔·卡耐基说：“一个人的成功85%靠沟通。”也就是说，懂得沟通技巧，善于与人精诚合作才能顺利地取得成果。现实生活中，我们身边确实存在一些由于沟通不善所引起的问题，这不得不引起我们的重视，充分地研究和学习这门艺术。

沟通中，各种各样的因素都影响着沟通的效果，我们必须养成小心应对、虚心检讨的好习惯，不断提高自己的沟通能力，从而改善人际关系。

卡耐基先生经常会带着自己的小狗雷森去公园散步。公园里人不多，雷森也很友善，所以卡耐基在很多时候不会给雷森系狗链或者戴口罩。

一天，他带着小狗像往常一样在公园散步，恰好遇到一位骑着马的警察。警察看了看雷森，严厉地说：“你为什么不给它系上链子或者戴上口罩？难道你不知道这是违法的吗？”

卡耐基点点头，低声地说道：“是的，我了解，不过，它是不可能咬人的。”警察咆哮着：“你这样认为，法律可不这样认为，它很可能在这里咬死松鼠，或者咬伤孩子。这次我不再追究了，如果再有下次，你就去跟法官解释吧。”

卡耐基不得不照办，不过，雷森并不喜欢戴口罩，卡耐基也不喜欢它打扮成那个样子。

一天下午，卡耐基和雷森正在一座绿油油的小山坡上赛跑，突然，那位警察骑着一匹红棕色的马迎面而来。

卡耐基心想这下是完了，因为他没有给雷森戴口罩或者系狗链。没办法，他只好决定先发制人，他说：“警察先生，你可以当场逮捕我了，我违法了，你上星期刚刚警告过我，如果带小狗出来而不给它戴口罩，你就会处罚我。”

“没什么。”这次，警察的口气很柔和，“我知道，没人的时候，谁都会忍不住带这么可爱的小狗出来溜达溜达的。”

“是的，警察先生。”卡耐基说道，“可是，这是违法的。”

警察说：“哦，你把事情想象得太严重了。你只要带着这个小家伙跑过小山，去到我看不见的地方，问题就解决了。”

我们的沟通并非都是有效的，很多无效的沟通会成为我们工作和生活的障碍，因此，掌握沟通的方法和技巧将会对我们改善人际关系大有裨益。有时，要想达到有效沟通，适时运用“先发制人”的沟通技巧也是不错的选择，可以用以退为进的方法解决问题。

【口才点拨】

“先发制人”的沟通技巧不仅能使自己变被动为主动，也会使对方感受到尊重和重视，从而采取友善的态度。这样做有利于问题的解决，在遭遇理亏的境况时，不妨试一试这种办法。

012　委婉的沟通方式更容易打动对方

沟通是一种客观需要，它无时无刻无处不在，很多问题需要沟通才能解决。沟通也需要学习，需要在沟通中不断提高沟通的方法和技巧。

《红楼梦》中，有一次贾母等猜拳行令玩乐，林黛玉竟然无意中说出了《西厢记》和《牡丹亭》中的句子。

在当时，《西厢记》和《牡丹亭》都是禁书，在人们看来，一个未出阁的少女读这种书本来就是大逆不道的，何况还说出了其中的淫词艳曲。还好，很多人并没有听出来，不过这瞒得过众人，可瞒不过聪明透顶的薛宝钗。

她当时并没有宣之于众，让黛玉难堪，到了无人之处，这才叫住黛玉，笑着说：“好个千金小姐，好个不出阁的女孩儿！满嘴说的是什么？”

就这样，宝钗给了黛玉一个下马威，告诉她这事儿很大，黛玉只好求饶道：“好姐姐，你别说与别人，我以后再也不说了。”

宝钗见她满脸绯红，便不再追问，让黛玉感激不尽。

不过，宝钗并不就此罢休，而是循循善诱地教导黛玉，不管内容是否正确，但皆出自肺腑，难怪“一席话说得黛玉垂下头来吃茶，心中暗服，只有答应一个‘是’了”。

宝钗始终没有向任何人透露此事，使得心高气傲的黛玉改变了对宝钗的成见，和她成了知心姐妹。

【口才点拨】

与人沟通时一定要真诚，有些时候要委婉曲折，设身处地地为对方着想。言辞恳切，委婉含蓄地疏导沟通，问题很快便能得到解决，这样一来，你不仅可以跟陌生人成为好友，甚至还能化敌为友，创造良好的人际环境。

013 成功论辩的前提是才学

《三国演义》中，有“诸葛亮骂死王朗”一节，这个故事想必众人皆知，诸葛亮的辩论口才也让人惊叹不已。

这一故事讲的是诸葛亮和王朗阵前相见，一方试图招降蜀军，而另一方则试图为自己的北伐寻找一个合理的缘由，于是才有了这么一出酣畅淋漓的论辩。

王朗，《三国志》中说其“通经”，意为通晓经书，可见其知识丰富，不然也不会坐上司徒这个位子。在两人的阵前辩论中，他说曹操“万姓倾心，四方仰德”，又说曹丕“应天合人，法尧善舜”，还不忘夸一下自己的军队“今我大魏带甲百万，良将千员”。然而他这些话，论据实在是少得可怜，相比诸葛亮掷地有声的话语以及无懈可击的论据，实在是有些苍白。

诸葛亮说：“庙堂之上，朽木为官；遍地之间，禽兽食禄。致使狼心狗行之辈，汹汹当朝；奴颜婢膝之徒，纷纷秉政。以致社稷变为丘墟，苍生饱受涂炭之苦。”之后又说：“王司徒之生平，我素有所知。你世居东海之滨，初举孝廉入仕；理当匡君辅国，安汉兴刘；何期反助逆贼，同谋篡位！”这一段话有着充足的论据，正是因为他的知识更丰富，理论依据无懈可击，以至于使王朗败下阵来，被骂死在阵前。

【口才点拨】

口才绝佳的人一定是勤于读书的人，他们的好口才是通过不断扩充自己的知识来实现的。没有智慧的愚钝之人是不可能练就三寸不烂之舌的。每天抽出一些时间阅读吧，书籍是智慧的来源，而智慧则是好口才的必备条件。

第二章　口才魅力：让你得心应手“话”人生

014　好口才可以平战乱

公输般生长在一个工匠世家，年轻时就成了鲁国著名的工匠。

一次，楚王请公输般前来为楚国制造攻城云梯，用来攻打宋国。墨子得知此事后，不远万里来到这里，见到公输般后对他说：“先生，我在宋国就听说了您的成就，于是我昼夜兼程赶来见您，想借助您的力量帮我除掉一个人。”

公输般说：“我是讲道义的，从不杀人。”

墨子说：“听说您正在造用来攻打宋国的云梯，然而宋国有什么罪？你口口声声说讲道义/不杀人，如今攻打宋国，这分明是不杀少数人而杀多数人啊。关键是，无论是杀多数还是杀少数都是要杀人的，请问你攻打宋国是什么道义呢？”

公输般听了墨子的这番话，觉得很有道理，于是便答应他的要求，为他引见楚王。

墨子见到楚王，对他说：“请问大王，如果有一个人罗锦霓裳不穿却一心想去偷邻居的粗布短衫，豪华的彩车不坐却一心想去偷邻居的破车，可口的美味佳肴不吃却一心想去偷邻居的酒糟糠皮，那么他是个什么样的人呢？”

楚王说：“一定是有偷东西癖好的人。”

墨子接着说：“如今，楚国有众多名贵的树种，如松树、梓树、楠树、樟树等，而宋国却没有，这就如同用锦绣衣裳和粗布短衫相比，相差甚远；楚国拥有五千里的土地，而宋国只有五百里的土地，这就如同用华美的彩车和破车相比较，差距太大；楚国有云梦泽，其中有大量的犀牛、麋鹿，而宋国却是一个连普通家禽都不产的地方，这就如同用美味佳肴和糟糠相比，不具可比性。

总结下来，我认为大王欲进攻宋国，就与那个有偷东西癖好的人差不多。”

楚王说：“有道理，那好吧，我决定不去攻打宋国了。”

墨子爱好和平且擅长游说，开始通过“杀人”一说诱使公输般上钩，同意将自己引见给楚王。见到楚王后，墨子又将楚国攻打宋国的行为比喻成小偷行为，让楚王了解到贪婪的人就像那些有盗窃癖的人一样终会落得骂名，从而说服楚王停战归和。

【口才点拨】

我国古代有“一言可以兴邦，一言可以误国”的说法，可见口才自古就占据了非常重要的地位。所以，练就好口才不仅能为自己的人生赢得更多的精彩，而且还能为我们赖以生存的社会贡献一份微薄之力。

015　说对方不喜欢听的话要找准时机

战国时期，苏秦和张仪都是纵横家鬼谷子的得意门生，他们一个提出合纵抗秦，消除南北矛盾，一个主张连横强秦，消除东西矛盾。苏秦在张仪之前出山搭台，张仪随后会意补台，然后二人联手，以权变之术和雄辩家的姿态，出招拆台。就这样，一时之间，战国七雄的合纵与连横都在他们的股掌之中。《史记》评论道：“这两个人真是使天下国家倾覆危亡的人啊！”

在多年的共进退中，苏秦和张仪结成了一份坚韧不摧、流芳百世的友情。

当时，苏秦比张仪早出道，担任赵国宰相一职，而张仪的从政之路却不平坦，他到处碰壁，久不得志，所以常常郁郁寡欢。他见苏秦已成大事，想到了一条晋升的捷径，于是就去投奔苏秦，但多次求见都被拒之门外。

几天后，苏秦派属下给张仪安排住的地方，但是，苏秦待他很一般，每次吃饭的时候，都不与他同坐，而且还让他坐在最末的位子，与仆人们吃同样的饭菜。不仅如此，苏秦还常常用刻薄的言语当众羞辱他：“我们出自同一师门，阁下的才干我是清楚的，但你怎么会潦倒到如此田地呢？看来我是帮不了你了，你还是靠自己吧。”

张仪听了苏秦的话后很不高兴，心里暗暗责怪苏秦不尽情谊，自尊心也受到极大的伤害。但当他冷静下来后，信心却在冥冥之中增加了，他自信自己的才能绝不比苏秦差。苏秦能做赵国宰相，致力于把六个弱小的国家联合起来对付强大的秦国，那我就去投奔秦国，辅佐秦王一统天下，就让我们各为其主，各凭本领吧！

张仪离开后，苏秦就暗中派门人伪装成商人，一路跟着他、保护他，协助他顺利到达秦国。当时，秦惠王一心称霸，正急于招贤纳士，广揽天下英才，以助其一臂之力。张仪就去觐见秦惠王，并向秦惠王献上破解合纵的连横大计，秦惠王认为张仪聪明机智有勇有谋，便任命他为客卿。

这时，伪装成商人的苏秦门人把真相告诉张仪，说："丞相是为了唤醒您的自信才故意激怒您的。他的用意是希望您在秦国掌权后，能够帮助他实现六国合纵的大业。"

张仪恍然大悟，这段时间徘徊在他心里的疑团也迎刃而解。原来苏秦是担心自己会因贪图眼前之利，安于现状从而失去了斗志才出此下策，激励自己的上进心。明白一切后，他对苏秦的门人说："请转告丞相，我不会让他失望的。"

苏秦为张仪的前途着想，同出师门的张仪丝毫没有发现。苏秦所用的激将之辞可谓掷地有声，句句铭刻在张仪的内心深处，激励着张仪毅然前往秦国成就大业。如果苏秦没有采取激将的办法，而是让张仪在自己的手下做个小官，历史上就不会有这位在战国末期叱咤风云几十年的伟大人物了。

【口才点拨】

一生中知己难寻，诤友更是难觅。诤友之可贵，在于他敢于指出你的问题，善意规劝，并帮助你找到解决问题的办法。当然，做别人的诤友一定要懂得在合适的时间指出朋友的不足，如果不分场合、时间地揭示别人的缺点，一定会适得其反。

016　无声胜有声

纽约电话公司的一个柜台前，一位老先生正怒火中烧，情绪十分激动，让公司的青年调查员布鲁默一时不知说些什么，只能老老实实地站在老先生旁边……后来，他成了美国西部电力公司的经理。

这是怎么回事呢?

老先生是一个旅店老板，他曾因不满电话公司的某些服务而写信投诉，为此，公司就让布鲁默来调查一下，把问题解决掉。

布鲁默回忆说：“他在得知我是公司调查员之后似乎更生气了，抱怨个不停。那时候我手足无措，也没有想到去制止——我完全蒙了，就听他自己在那里发火。

“他发泄完后，我才战战兢兢地说了几句安慰的话。这时他居然拍了拍我的肩膀说：‘年轻人，虽然我讨厌你们公司，但你的话很中听。’我说：‘谢谢，但如果您还不满意我公司，我就回不去了。’他说：‘好吧，我答应你，只要把我的麻烦解决，以后就再也不写投诉信了。’后来，他果然做到了，我也得到一个教训：尽量让人发泄他的愤怒。”

诉苦的人往往希望得到他人的同情，这一点长于驭人的聪明人都很明白。所以，他们总是对那些情绪化的下属表示出真切的同情，在无形中改变对方的情绪和态度。

【口才点拨】

当事情不可避免地发生后，要耐心地听对方诉说，给对方提供发泄愤怒和抱怨的空间，同时表示出自己对对方的尊重和同情，在无形中消解对方的怨气。

017　一语道破对方弱点，使自己掌握话语权

在白宫的一次午宴上，曾发生过这样一件事：一位女士与柯立芝总统十分器重的某位大使开始了争论，说大使粗野、鲁莽、无知，二人吵得不可开交。

在座的官员都在底下议论纷纷，场上气氛很是尴尬。

这时，一只大黑猫懒洋洋地来到餐桌旁，靠着桌腿蹭起痒来。

柯立芝总统看见了这只大黑猫，于是转过身，用调侃的语气对右边的一位官员说：“这只猫已经是第三次来这里捣乱了，真是够讨厌的，难道它也想参加我们的舌战吗?”

这句话说得很响，整个白宫的官员都听到了。坐在总统左边的那位“凶悍”的女士也听出了总统话里的意思，马上安静了下来，整个午宴期间，再也没有听到那位女士大声嚷嚷了。

柯立芝总统不仅巧妙地表明了对那位女士无聊争执的反感，让她无法反击，又没有影响到宴会的气氛，可谓一举两得。

【口才点拨】

面对那些说话令人反感、做事让人生厌的人时，我们最好采取一些策略：一语道破对方的弱点，让其没有反击能力，进而让自己掌握话语权；提醒对方到底错在哪里，让其心服口服，进而消除矛盾、化解敌意。切记不要直接指责，以免激化矛盾。

018　巧妙应对愤怒中的敌人

林肯的前任秘书约瑟夫·巴克林曾讲过这样一件事：

“有一次我正和他交谈，从门外突然进来了一个异常执着的求职者。几个星期内，他经常来这里，今天他再次提出了一些求职方面的要求。

“林肯说：‘这个位置我无法安排，朋友，你还是回去吧。’

“那个人很生气，毫无理由地大声说：‘这事不打算帮我的忙了是吗，总统先生？’

“林肯的忍耐力很强，然而这次他也忍不住了。他盯了那人一会儿，慢慢站起来，不动声色地走到那人面前。之后把他揪到门口，猛地推倒在门外，关上门，回到了座位上。

“那个人爬起来，再次推开门大叫：‘我的证书！还给我！’

“林肯把那些东西扔了出去，又关上了门，之后再没提起过此事。”

想不到，一向温和而隐忍的林肯也会大发雷霆。

大人物都是坚强的战士，他们精通各种战略，几乎无所不能。在必要时，他们知道如何自卫，关键时刻，他们又必须面对战争。他们不仅要维护自尊，还要让人正视他们，因为他们知道发怒是对付敌人的有力武器，只有弱者才会惧怕敌人。但这绝不是要人们来畏惧他们，也不代表他们易怒和好斗，因为他们会尊重应该得到尊重的人。

商业巨子弗克兰也说：“我从不回避必要的战斗。”当然，这些大人物都十分善于控制自己的愤怒情绪。他们决不轻易发怒，只在紧要关头，才会毫不犹豫地出手。

【口才点拨】

无论是和敌人贴身而战，还是对付讨厌的人，聪明的人都会采用最便捷、最可靠的方式去赢得胜利，即便在愤怒时。他们要么冷笑，要么讥讽，要么沉默，要么不理睬，不一定会针锋相对。

019　沉默也是一种沟通方式

一天，洛克菲勒正在办公室里工作，突然，一个暴躁粗鲁的人闯了进来。这人用拳头狠狠地打着桌面，愤怒地说：“你真是个虚伪的家伙，尽做些伤天害理之事，我要起诉你！”他大声嚷嚷着，谩骂了足足十几分钟。

办公室里的人都听得清清楚楚，人们心想，洛克菲勒一定会十分生气和尴尬，或许会将墨水瓶砸向这个粗鲁的家伙，又或者让保安将他撵走。不过，让大家惊讶的是，洛克菲勒并没这样做。

他慢慢放下笔，温和地看着这个暴跳如雷的男子。这人越是愤怒，洛克菲勒表现得越是温和。他的身体稍稍向他倾斜，摆出尊重和洗耳恭听的样子。

渐渐地，那个暴躁的家伙开始有点儿不知所措，几分钟后，他平息了下来。没有人反击他的愤怒，他当然也维持不了多长时间，终于，他停止了说话，在一旁等待洛克菲勒的答复。

可是，洛克菲勒还是沉默不语。那人是早已准备好决一死战的，他将洛克菲勒可能的回复想了一遍，早已想好了反驳的话。可是，洛克菲勒不管怎样总是一言不发。

那个暴躁的家伙又敲了几下桌子，却仍然无济于事。最后，他不得不尴尬地站了起来，慢慢离开了办公室。那人出去后，洛克菲勒重新回到座位上，拿起了笔，继续工作。

【口才点拨】

有时对于别人的冒犯，也许直接应对并不明智，这时需要采取一些有效而恰当的方法，比如沉默。沉默是最大的蔑视，也是最简单、最有力的反击。你可以试着用这种方式对付那些“不速之言”，结果通常会不战而胜。

020 有分寸的狠话可以化解矛盾

真正的成功者很重视自己的名节和权益，他们往往会从大局出发，不会因一时的意气而与人纷争，更不会因小失大。他们要的是权力，是驾驭他人，获得广泛认可，成就一番伟业；即便发怒，也总是有预谋、有计划的，而且必须是在稳操胜券时才使用，因为只有这样，才能有效地化解矛盾，达到自己的预期目的。

第一次世界大战时期，时任陆军中校的道斯代表伯欣将军去参加一个会议。与他会见的那位英国陆军上将十分傲慢，甚至懒得看他一眼，而且还着急地问道：“伯欣将军呢？伯欣将军应该来了！”

面对这样的冷遇，道斯毫不客气地说：“你真该死，我就是伯欣将军的全权代表！”

道斯的这种强硬态度，反使得上将另眼相看。很快，道斯跟这位傲慢的陆军上将进行了谈判，效果比预期还要好。不仅如此，道斯还跟这位上将成了好朋友。

1919年，这位英国上将不仅推荐将最优秀的英国勋章授予道斯，还不远千里来参加道斯的宴会。

【口才点拨】

在与人交谈的过程中，有时说一些强硬的话来表明自己的态度是十分必要的。当然，这也需要把握分寸和场合，只有稳操胜券的聪明人，才会有效地使用这个武器。

021　威胁

这是一种经常会用到的口才策略，经常被运用在国际交涉中。

比如，朝鲜在金正恩的领导下大肆研发核武器，威胁到了整个朝鲜半岛以及中国领土的安全，违背了国际无核化的规定。于是，整个联合国都对其进行了声讨，威胁要制裁朝鲜。

中方的回应中有一句是这样的："在东北亚安全的问题上，就是要推进制裁。"这个"推进制裁"即是对朝鲜的威胁，虽然没有明确说怎么样，但这的的确确是个威胁。除了这个，美国的威胁就更加的意义明确：白宫和国防部都对此回应称"朝鲜的挑衅没有必要"、"美国对朝鲜核试验已做好充分准备"，这是什么意思相信世人皆知了。

【口才点拨】

虽然这些威胁不一定会起到作用，但这确实是一种策略。在国际社会上，战争已经不再是解决问题的途径，和平谈判才是最好的方法。

022　放低姿态的口才策略为你赢得赞赏

赵岩在美国学的是计算机专业，几年寒窗苦读后，获得了计算机博士学位。毕业后，他开始在美国寻找工作，但让他没有想到的是，凭他的条件竟然没有一家公司录用他。思前想后，他决定放下博士的身份，以最普通的身份去求职。没过多久，他就在一家公司找到了一份程序输入员的工作，这对他来说简直就是"高射炮打蚊子"，但为了解决生计问题，他并没有一丝一毫的怠慢，仍兢兢业业地工作着。

一个月后，老板看出他能够辨认出程序中的问题，这不是一般的程序输入员能够做到的。于是，老板疑惑地问他："你怎么对程序这么专业呢？"

赵岩笑着把学士学位证书拿给老板。他的这种品质得到了老板的认可，于是老板给他换了一个与其能力相符的工作。

过了一段时间，老板发现他眼光独到，提的建议也往往切中要点，远比其他同等学力的毕业生优秀。这时，他又亮出了硕士学位证书，于是老板又提升了他。

又过了一段时间，老板觉得他还是与别人不一样，不是普通的研究生，就对他进行"质询"，直到这个时候，他才拿出了博士学位证书。

老板点了点头说道："原来如此……"如此一来，老板对赵岩的能力和人品都有了全面的认识，毫不犹豫地用重金和他续签了合同。

我们经常看到很多有志青年常说"是金子总会发光的"，这样的自信是必要的，然而，有时太过自信难免会变成自满和自负。所以，在必要时可以先放低自己的架子、要求、学历，之后再去寻找机会，让自己慢慢地发光。适当地退步往往会让你有更广阔的进步空间，我们要学会放低做人的姿态，这样才会让更多的人欣赏你。

【口才点拨】

放低姿态是一种交际策略，也是一种做人态度。有时，放低自己的架子、要求和姿态，一方面能够使自己积聚更多的力量，待时机一到，全力出击，出奇制胜；另一方面，也可以避免与人出现正面冲突，得以与人友善相处，得到更多人的青睐和赞赏。

023 扬长避短

蒯通，本名蒯彻，范阳（今河北徐水）人，因为避汉武帝之讳而改为通。蒯通是西汉初期有名的政客，聪明过人，深谋远虑，还是一位出色的辩才。他曾是韩信的谋士，曾劝韩信背叛刘邦，自立为王。

当时，大将军韩信奉刘邦之命率领大军向东攻打项羽，韩信一路奋勇杀敌，势如破竹，不仅破三秦，灭魏、赵，还把齐军打得溃不成军。

就在韩信取得连连胜利，准备回去向刘邦复命时，蒯通劝他说："将军，请不要过于相信刘邦，您这次全力为他效命，他顶多也只是给你些赏赐，不如先与他们三分天下，以后看准机会，以出其不意之势再图大业，这才是将军应该做的啊！”

韩信听了蒯通的这番话，觉得有悖他的忠义之道，没有采纳蒯通的建议。

结果，刘邦称帝后觉得韩信手握大量兵权，担心韩信谋反，所以决然地剥夺了韩信的兵权，还把韩信软禁在长安。韩信这时才后悔没有听蒯通的劝谏，可惜已经晚了。不久，由于韩信被陈豨谋反的事件所牵扯，吕后和萧何设计诱捕了韩信，将韩信杀了。

后来，刘邦派人把蒯通抓来，亲自审问他。刘邦问道：“你是否曾经鼓动韩信背叛大汉，自立为王？”

蒯通连想都没想，回答道：“是的，我的确这样做过，但可惜韩将军当时没有听我的建议，因为他觉得叛汉自立有悖他的忠义之道，可他最后还是落得个身首异处的下场。如果他采用了我的计策，皇上哪能杀得了他呢？”

刘邦听后龙颜大怒，立即下令，要把蒯通烹死。蒯通连声喊道：“冤枉、冤枉啊！”刘邦说：“你如此胆大妄为，教唆韩信谋反，还敢说‘冤枉’？”

蒯通回答说：“当初，秦朝实行暴政，得罪了天下豪杰，众人揭竿而起，与其抗衡。这就好像一只鹿，天下技艺高超的猎手都抢着捕捉，谁跑得比它快，捕猎本事高人一等，谁就能逮住它，品尝它的美味。那时，天下人并不知道陛下能成为一国之君，都是各为其主，我也不例外，只知道为韩信尽忠，这岂能怪我？况且，天下有很多人都想当皇帝，只是力量不足罢了。难道陛下能把他们全都抓来烹死吗？如果只是因为我过去忠于自己的主子，就被皇帝烹死，那么今后天下的人会怎样看待陛下呢？”

刘邦听了蒯通的这番话，觉得有理，赦免了他的死罪。

从这里可以看出蒯通是很聪明的，他懂得在关键时刻扬长避短，将自己曾鼓动韩信谋反一事避回去，进而用猎手捕鹿引出自己为韩信尽忠是他的职责所在，让刘邦觉得他即使曾经为韩信出谋划策也是情有可原，逃过了一劫。

【口才点拨】

在与人交流的过程中，一定要注意扬长避短。任何人都有短处，只有找出对方的短处，采用相应的游说方法，凭借自己的长处控制对方，才能进一步实施攻破对方心理防线的计划，并完全征服对方。在适当的场合，使用“扬长避短”的口才策略可以为自己赢得更好的机会。

024 说对自己有利的话

人无完人，每个人都或多或少地存在着一些缺陷，而这些缺陷往往会妨碍你的竞争和发展，使自己与成功擦肩而过。当然，每个人也都有自己的长处和优势，如果我们能够发现自己的长处，并加以发扬，一定会受到幸运女神的青睐。当然，在沟通中，我们也应该展现自己的长处和优势，适当地说一些对自己有利的话。

米歇尔在大学读的是热门专业——法学，虽然社会上需要法律人才，但需要的都是高级法律人才。由于刚走出校门的大学生不能参加司法资格统一考试，再加上米歇尔在大学阶段的学习成绩和表现都不是特别出色，这些自身的条件让他求职的信心不是很足。

幸运的是，米歇尔有一个特长——写作。大学四年中，米歇尔已经在各级刊物上发表过数十篇文章。一个偶然的机会，他听说本市的《晨报》要招聘三名记者，于是他心想：何不用自身的一技之长去开辟自己的另一段人生旅程呢？

于是，米歇尔决定做一个记者。应聘的时候，初试是一个副总编主持的，米歇尔很自信地把准备好的简历和发表过的文章一同递给了那位副总编。但是令他没有想到的是，对方只是随意地翻了一下，就把它们放在了一边。

“你发表的文章都是些散文，这与媒体写作有很大不同，换句话说，你等于毫无经验，你能适应写新闻稿吗？”副总编辑问道。

米歇尔在略加思索后，微笑着回答说：“写什么和怎么写并不是问题，重要的是我能写，我对我的文字功底很有信心。”

“你认为你的长处在哪里？”副总编接着问道。

米歇尔从容地回答道：“人品上，我的长处是亲和友善，待人宽厚，对自己严格要求；能力上，我的特长是写作，但我也知道这并不是我的竞争优势，现在坐在外面的应聘者文笔肯定都不错。我的真正优势是有法学专业的背景，现在国家很重视法治建设，报纸对法制新闻的报道也势必会成为重头戏，如果我有幸被贵报录用，我将主攻法制类新闻，相信在这方面我一定会胜人一筹。”

只回答了这两个问题，副总编就说：“先到这里，你回去等结果吧。”

接下来的几天，米歇尔也没有另外去找工作，他相信自己一定不会落后于他人。果然，在周日的晚上，报社通知他第二天去复试，内容是让参加复试者跟着记者去采访，然后每人写一篇新闻稿。

这是一个私企的老板拖欠员工工资，为了逃避责任而销声匿迹的事件，时间、地点、人物、事件等各要素都很明了，大家只用了半个小时就完成了稿子。但是当米歇尔来到总编室准备交稿件的时候，他突然意识到，一篇只有五百字的新闻稿并不能充分体现自己的写作水平。虽然老板拖欠员工工资不能说是很新的新闻素材，但这种现象的确屡屡发生，这是很值得深究的。

想到这儿，米歇尔决定做一个深度报道，更多地从法律的角度予以探讨，将自己的特长和优势融合在一起，这样才有把握取胜。于是，米歇尔大胆地对总编说："请您再给我两天的时间。"

总编以为他这只是稿件没写出来的托词，皱了皱眉，但还是应允了。

米歇尔回到宿舍后，经过彻夜的思考，终于在第二天上午将这篇报道完成了。当他把四千多字的打印稿交到总编手里的时候，总编很是惊喜，看过后满意地点了点头，对他说："你明天就来实习吧。"

在这次应聘中，米歇尔把自身的长处发挥到了极致，最后脱颖而出，征服了总编。当然，说话中也应如此。

【口才点拨】

在人际交往中，聪明的人不但注重培养自己胜人的"招数"，他们更懂得在与人交谈的过程中，适当地说出对自己最有利的话，展现自己的才能和优势，在竞争中征服别人。

第三章　口才定律：助你左右逢源

025　首因效应

首因一般指初次见面时对人的第一印象。一般来说，人们在与人交往的过程中对第一印象都十分看重，第一次见面时的打扮、言谈、动作，往往多年后还能清晰地记得，这就是所谓的“首因效应”。

在人际交往中，第一印象会在对方的头脑中占据主导地位，并对之后的相处产生巨大的影响。首因往往在人脑中存留很长的时间，对客体的影响也最大，重视“首因效应”，随时让自己在别人脑海中闪亮登场，往往可以获得事半功倍的效果。

我们常说“要给人留下好的第一印象”，就是这个道理，很多人都在努力这么做，比如相亲或是工作面试时注意仪表和谈吐等。

有一个新闻系毕业的学生正四处寻找工作。他喜欢传媒行业，一直梦想自己能够成为一个优秀的编辑，但目前就业形势严峻，找份理想的工作并不容易。早在毕业之前，他就一直想进入一家知名的报社工作。毕业后，他曾经去报社打听过，但报社刚招完人，暂时没有新的招聘计划，为此他愁闷不已。

但他不想放弃，于是决定毛遂自荐，去碰碰运气。这天，他怀着最后一线希望，再次来到这家报社。

这位毕业生直接找到总编，说：“您好！请问你们需要编辑吗？”

“不需要！”

“需要记者吗？”

“不需要！”

“那么排版工人和校对呢？”

“不需要，我们现在已经满员了，暂时不雇用新员工。”

不过，过了好一阵，总编微笑着说：“如果愿意的话，你可以来广告部上班，你被聘用了。”

这位毕业生的开场白体现了自己良好的个人素养，给了总编一个优秀的“第一印象”，为他赢得这份工作起了决定性的作用。

心理学家发现，与人初次会面的45秒钟内产生的印象会先入为主，这具有很大的主观倾向，会直接影响后面一系列的行为。人们往往比较容易记住第一印象，而不大关注之后的一些情况。尤其是当今快节奏的现代社会，很少有人会愿意花更多的时间去了解、证实一个第一印象不大好的人。

【口才点拨】

注重自己的仪表、态度，尽量给人留下美好的第一印象。在与人交谈的时候，要认真思考自己的开场白，准备妥当。好的开场白会直接影响到留给对方的印象，同时影响交谈的进行程度和最终效果。

026 软着陆效应

我们都知道卫星或宇宙飞船的两种着陆方式：先减速再着陆，或先将数据传输给控制台，然后直接着陆。相比之下，第一种着陆方式破坏力要小很多。

将这一效应引用到口才学中，当领导者与下属交谈，尤其是对下属进行批评的时候，就要注重软着陆效应，因为这样才能赢得下属的好感和尊重。

做一个假设，当下属犯了错误时，领导只是一味地用直接斥责的言辞，劈头盖脸地对其横加指责，这样不仅不能顺利达到引导下属的目的，反而还会引起下属的反感和不满。所以，领导在批评下属时，就要尽量做到“让自己的批评软着陆”，最终达到最佳交谈的效果——即使是批评，也会令人心悦诚服。

约翰·卡尔文·柯立芝于1923年当上了美国总统，他在职时有一位女秘书，长相很出众，学识也不错，唯一的缺点就是不够细心，所以在工作时经常出错。柯立芝作为领导者，很想找一个适当的机会指出她的毛病。

有一天早上，柯立芝笑着对她说："你今天的衣服和你很配，显得你美丽无比！"女秘书听到总统赞扬自己，很是开心，柯立芝在这时说道："我相信你能够处理好衣服的搭配，同样的，我也相信你能处理好标点符号的搭配。"

女秘书并没有生气，而是回答道："谢谢您的赞美和督促，这方面我会处理好的。"后来她确实做到了。

柯立芝的一位老友知道了这件事后，问他："这个方法真的很有效，不过，你当时是怎么想出来的呢？"柯立芝笑着说："其实很简单，作为领导者，在工作中经常会遇到一些不尽如人意的人或事，可是，我们不能直接去指责他们的人品和工作，因为每个人为人处世的原则和工作的方式都是不同的。我们也不能用自己的理论要求他人，但我们可以用生活中的事例来启发自己，在两者之间找到一个批评的平衡点。事实上，这就是软批评的力量，这种方法不仅能够给对方尊重的感觉，更能让对方在愉悦的氛围中听取你的建议。"

柯立芝对女秘书实行的正是软着陆式批评，是一种"先扬后抑"的批评方式，不仅指出了女秘书的缺点，而且使她感激不尽。

在批评下属时，除了像柯立芝使用的这种"先扬后抑"的软着陆方法，还可以适当地应用"以假乱真""旁敲侧击""虚中有实""弦外之音"等软着陆方法。不过，在使用这些方法时，一定要真诚，体现出对对方的尊重，这样才能使对方欣然接受，防止误会和难堪。

【口才点拨】

在指出下属的毛病时，尽量不要使用尖刻的指责，而应该温柔以待，巧妙地实行软着陆的批评方法，这样不仅能够改善人际关系，还能赢得下属的好感和尊重。

027　激将攻心法

普拉特很看重刚回国的罗斯福，任命他做了州长，坚信这个刚刚归来的骑士一定会大显身手。不过，由于罗斯福在担任海军秘书助手时曾发誓绝对不纳税，导致在总统竞选时被对手抓住把柄，利用这一点攻击他，说他是非法公民。普拉特将这件事记录了下来："罗斯福来找我，拉住我后慌张地说：'我无法参与这场竞选了，我必须得走。'是个人都知道他害怕了。"

没办法，普拉特只能对罗斯福使用激将法。他对罗斯福说："原来我眼前这位勇敢的骑士是个懦夫？"

罗斯福果然中计："不，我不是！"

结果显而易见，罗斯福成功了，成为第26任美国总统。

我们在与人交谈时，一定要抓住对方的要害，巧施激将攻心法。不过，从另一个角度来讲，在实施这种口才技巧时，首先要了解潜藏在人性中的一个重要事实：很多人都有被压迫的感觉，心里总有一种己不如人或是被人误解的恐惧，总是缺乏自信。而那些容易被激将的人，正是因为有这种己不如人的感觉。他们为了弥补内心的不平衡，急于说服或表白，以克服某种自卑感，这时的他们不免会带点儿虚荣心和好胜心，所以极易中他人的下怀，被利用就很自然了。

爱慕虚荣的人总是很爱面子，喜欢追求一时的荣耀。他们大都很自我，喜欢炫耀、吹牛，还总是摆出一副高高在上的模样，并时常有报复的心理和习惯。当他们借此提高"自我"时，我们往往能从他所吹的事情或事务里看出他的性格弱点，只要我们能满足他们那"高贵"的虚荣心，就算吃点儿亏也无所谓，因为这能让他们心甘情愿地遵从我们。

几乎每个人都会有这种虚荣心，只是程度不同而已，所以，在与人相处时，你一定要了解这种虚荣心，因为对事情很少抱有幻想以及没有虚荣心的人是不会轻易中计的。

另外，只要是让他人做一些不愿或不肯去做的事，用激将法也没有用。比如，让一个人两手空空地去与凶狠的狮子搏斗，他肯定不会去，因为大家都明白人是打不过狮子的。反过来讲，如果他人认为某事容易做成，就算不刺激，或许他也会去做。所以，对于那些担心自己不如他人，害怕自己不能成功的人，我们就可以放心大胆地使用激将法，给他们一种外在的力量。

【口才点拨】

那些长期被压迫、缺乏自信、心里存有"己不如人"恐惧心理的人，在某种刺激下敢做一些不可思议的事情，以便在众人面前炫耀，所以，要想驾驭这样的人，他们的这种特性是值得注意的。只要在与他们交谈的过程中能适时地利用激将攻心法，他们基本上都会中计。

028 察言观色法

春秋末期，宋国由于统治者治理无方，势力日益衰弱，所以经常受到其他诸侯国的侵略和欺辱。

有一次，齐国与楚国作战，约了宋国做盟军，但宋国并没有如期赴约，这让齐王非常愤怒，于是，齐王便发兵攻打宋国。宋君得知此事后，立即派臧孙子赶赴楚国求救。

楚王得知臧孙子是来请求救援的，非常高兴，盛情款待了臧孙子一顿，并答应马上就会出兵前去营救宋军，臧孙子便回国报信。

途中，臧孙子一直愁眉不展，长吁短叹。为他驾车的人见状，好奇地问道："您奉命出来搬救兵，一出马就完成了任务，为何还忧心忡忡啊？"

臧孙子长叹一声道："我担心楚国救兵不至，宋国就没有办法对付兵力强大的齐国了。"

驾车人感到很惊奇，又问道："怎么会呢？楚王在朝堂上不是很高兴地答应了出兵相救吗？"

臧孙子说道："正是因为楚王如此爽快地答应了援救宋国的请求，才让人觉得可疑啊。众所周知，宋国弱小，齐国强大，为了弱小的宋国而去得罪强大的齐国，这应该是一件令人忧虑的事情，而楚王却十分高兴，这说明他一定不是真心要救我们，而是以答应救助来鼓舞我们的斗志，我们的斗争越强，战争就越激烈，这样一来，齐国就越疲惫，这正是楚国所希望的事情。"

臧孙子回国后，如实向宋君汇报了一切，宋君却不大相信臧孙子的话。

结果，齐军夺取了宋国的五座城池之时，楚国承诺的救兵仍然没有来。

臧孙子能够通过察人神色推知真相，见微知著，以小见大，发现其中的利害关系，并努力说服宋君，确实是个贤人，只可惜宋国气数已尽，即使有此贤人，也无法逃此一劫了。

可见，作为一个出色的社交家除了会察言观色之外，还必须善于揣测内心。在对方最高兴的时候前去见他，设法刺激他的欲望，只要欲望表现出来，实情就难以隐藏；在对方最恐惧的时候前去见他，设法加重他的恐惧，只要恐惧表现出来，实情同样难以隐藏。

由于人的情绪往往在特别高兴或特别悲伤的时候发生变化，所以，对于那些已经触动情感，却仍看不出有异常变化的人，就要暂时不与他交谈，转向他所亲近的人去了解隐藏在内部的真情。在与人交流的时候，一定要做到因人而异，因事而异，只要策略运用恰当，方可出奇制胜。

当然，所谓的“察言观色，洞悉内心”，并不是庸俗的溜须拍马，而是一门实实在在的高深学问，是处理好人际关系、发展人脉网络的利器，为此，我们需要把握好下面几点：

第一，善于替对方着想。在日常生活中，必须学会察言观色，揣摩别人的心理，这样才能善解人意。此外，还要善于站在别人的角度上想问题，这样才能与别人产生“心有灵犀一点通”的感觉，拉近彼此的距离。

第二，良性互动。只有与交流者形成某种互动，让对方展示出自己的喜好、建议，这样便可以全面地了解沟通对象的性格，增加自己成功的几率。

【口才点拨】

每个人都渴望被别人理解。在与人交谈的过程中，如果我们能够看懂对方的心思，便可大大拉近两个人的关系。不过，想要读懂别人的心，就必须学会察言观色，从别人的举止神态上揣摩对方的想法。只有知人真心，才能对症下药，赢得对方的信任。

029　类比定律

一个刚步入社会的大学生说：“打杂总比没钱赚好。”

一个比赛失利的运动员说：“输了总比来不了好。”

一个被逮捕的官员说：“还算不错，找小姐没形成事实，也就没有染病的危险了……”

一个被股市“玩弄”的股民说：“不求挣钱，没亏本就已经很不错了。”

在平时的工作、生活和交际中，这种比较的心理人人都有，所以我们在安慰别人或者自我安慰的时候，总是会说“这已经不错了，应该满足了”、“还有那些不如自己的人，知足者常乐呀”之类的话。

人们认识一切事物都是通过比较来实现的，当面临一项新的选择或决定时，我们的比较心理总是下意识地发挥着作用。

类比定律运用到口才学中，就是在与人交谈时，有意地拿一件事情与同类的另一件事情做比较，或者将对方与优秀的同类人做比较，增强我们对他人的说服力。

战国时期，魏惠王魏婴在范台宴请各国的诸侯，喝得正高兴时，魏惠王起身向鲁公侯举杯敬酒。

鲁公侯站起身来，离开了自己的座席，小心翼翼地说："从前，舜帝的女儿仪狄酿出了味道纯美的酒，仪狄把酒送给了禹，禹品尝了之后也感觉味道十分醇美。出乎意料的是，禹却因此疏远了仪狄，戒掉了美酒，还这样说道：'以后一定会有因为美酒而亡国的君主。'一天夜里，齐桓公胃口不好，易牙为他烹调了一些美味佳肴，齐桓公吃得很饱，一觉睡到了天亮。醒来后，他说道：'以后一定会有因贪恋美食而亡国的君主。'晋文公得到了美女南之威，连续三天没有管理朝政，后来，晋文公渐渐疏远了南之威，并说道：'以后一定会有因为贪恋美色而亡国的君主。'楚灵王登高强台，左边是长江，右边是云梦泽，他在山水之间怡然自乐，后来，他却发誓不再登临强台，并说道：'以后一定会有因为游玩高台美池而亡国的君主。'现在，大王您酒杯里盛的好似仪狄酿的美酒，盘中无异于易牙烹的佳肴，您左边的白台，右边的闾须，都是南之威一般的美女，您前边的夹林，后边的兰台，其乐融融，如同楚王的强台，可是，这四者中之一便足以导致亡国。现在，大王四者均具备了，作为您的臣子，如果再不提出建议，我们岂不失职？"

魏惠王听后，连声称赞鲁公侯的谏言。

在向魏惠王进谏时，鲁公侯以美酒、美味、美女、美景等事物为道具，历数大禹与美酒、齐桓公与美味、晋文公与美女、楚灵王与美景的典故，将其作为类比的依据，使得魏惠王心悦诚服，适时觉醒。

其实，在人际交往中，也需要具备鲁公侯的这种大智慧，当与他人发生冲突时，直言相对不如隐讳表达，横眉冷对不如一笑置之，以求营造一个心平气和的环境。与对方交谈时，可以运用类比法加强说服力，使对方的敌意瞬间瓦解，以求在最短的时间内取得效果，避免两败俱伤的不良后果。

【口才点拨】

在与人交流时，可以试着利用类比的手法说服别人，注意观察周边事物的相似性。类比不仅使言语更具说服力，还会使谈话气氛生动活泼，让人在轻松的环境下心悦诚服。

030 稻草理论

大人物衡量人的性情与能力时，总有许多技巧。首先，我们来看一下领袖们对人做判断的依据是什么。

当墨西哥总统奥伯雷岗还是革命军将领时，会见首领加仑沙后，有人问奥伯雷岗："您感觉加仑沙如何？"奥伯雷岗思考片刻，谨慎地回答道："我不太了解他，不好做出判断，但我可以说说我对于他做元帅时的才能和印象。在小事中，他是个大人物，可在大事上，他显得很渺小。他目光短浅，比较武断。"

那人接着问他："你的见解很独到，可我想知道，你这么说的依据是什么呢？"

奥伯雷岗回答说："一半来自直觉，一半通过观察一些小事得来。那天晚上我们交谈时，他有两三次停下来到外面看自己的马是否吃饱了。事实上，他的马有专业的马夫照料，如果马夫称职，就根本不必他来操心。总之，他很关注一些小事，缺乏做大事的能力，所以我认为他这样的人不能统筹全局。"

结果证明，奥伯雷岗的评价是很有道理的。

奥伯雷岗的"稻草理论"是人们常用的小技巧，我们也可以借助这一理论来判断一个人的性格。尤其是在与人谈话中，这一理论将帮助我们去衡量对方的性格和能力，以便做到知己知彼。

人们总认为这种技巧很神秘，与直觉有很大关系，实际上却是大人物们注意特定环境下人们的琐碎小事的结果，普通人不仅经常忽略这些，也做不到像他们那样有智慧。

我们知道，大人物都在必要时都会特意培养自己的下属，选拔出自己的得力助手。比如著名的"钢铁大王"卡内基，他的很多同事就做过工人，他们都是他一手提拔上来的。

卡森说："我任用过43名一无所有的青年，后来，他们全都成了百万富翁。"很多大型公司的领袖甚至连主管都不曾当过，很多都来自基层，不过，他们以此为荣。

无论是通过对方一句关键性的言语、下意识的动作、面部的表情，还是通过曾经做过的事，聪明人总会依据确定的证据来做出判断，这样才能掌握话语权，甚至是交往中的主动权。

【口才点拨】

稻草理论运用到口才学中，就是说在谈话过程中只需根据对方言辞中的关键性“稻草”来做出正确的判断，即依据对方的言语及其做事时表现出来的行为习惯来判断。这一方式在后来成为人们了解、分析、衡量一个人性情和能力的技巧。

031　参照效应：说话有高有低

现在有一冷一热一温三杯水。将手先放进冷水，再放进温水里，会感觉温水很热；将手先放进热水，再放进温水，会则觉得温水很凉。这就是参照效应，每个人都会进行比较，但是参照物不同，比较得出的结果自然也不同。

在人与人之间的交往之中，尤其要善于运用这种效应。李女士很少当众演讲，有一次，单位组织一次演讲比赛，领导点名让她参加，让她对着一群学者、评论家进行演说。虽然有很大的心理压力，但她经过考虑后还是决定全力以赴，努力准备，尽力发挥。不过，她首先把人们对她的期望减小，这也是为了给自己减压。

演讲时，她的开场白是这样的：“我是一个普通的家庭妇女，没有高深的理论，也说不出精彩绝伦的话语，有些观点也难免会有错误，因此恳请各位专家多担待，不要笑我……”经她这么谦虚地一说，下面听众心中的“参照物”变小了，许多开始对她怀疑的人，也在专心听讲了。

她的演讲真诚朴素，事理结合，声情并茂，尤其是一些简单实用的事例引起了听众的强烈共鸣，人们也对她报以热烈的掌声。

事后，台下的几个学者、评论家对她说：“你的演讲很好，很感染人，很成功。”

在这个事例中，李女士巧妙地运用了参照效应，降低了听众对她的期望，使自己的临场发挥能在轻松中进行，自然能取得很好的效果。

这些运用参照效应的举动，实质上就是先通过一两处“伏笔”，使对方心中的“参照物”变小，如此一来，和它在一起的“物体重量”也就大了。

【口才点拨】

心理变化时，参照物自然起了变化，参照物变大了，和它一起的物体看起来就小，参照物变小了，和它一起的物体看起来就大，人们对事物的感知，很大程度会受参照物的影响。灵活运用参照效应，能使我们在与人的交流中得到更多的好处。

032　刻板效应

刻板效应，又叫定型效应，即人们用头脑中固有的形象去判断本人的一种现象。由于人们某些时候不去观察或者思考就得出结论，或者认知有偏见，导致人的思维简单化、机械化。认知中如此，谈话中也容易如此，话语一成不变，固定且僵化。

我们需要明白面对什么样的人该说什么样的话，比如和长辈说话要尊敬，和下属说话要友善，与老师说话则谦逊，与晚辈说话要温和……说话太刻板会使人对你产生一种“不合群”的感觉，对生活和工作都是特别不利的。

杨修是东汉末年的文学家，在小说《三国演义》中，他之所以会被曹操所杀，正是因为他说的话触怒了曹操。那么杨修到底说了什么话，使他落得了个被杀的下场呢？

众所周知，杨修恃才放旷，脑筋确实灵活。一次，杨修任曹操主簿，曹操在修相国府大门时来视察。他看过后，叫人在门上写了个‘活’字，之后就走了。杨修看见后立刻叫人把门拆了，说：“门里有‘活’，正是‘阔’，魏王是嫌门太大了。”

还有一次，曹操在案头放了一个写有“一合酥”三个字的盒子。杨修马上吃了一口，之后分给众人。众人唯恐曹操发怒，杨修却说：“一合酥，不就是一人一口酥吗？”

这些小事都能体现杨修的聪明以及放旷，但是，他却不知道对什么人该说什么样的话。曹操疑心很重，很怕有人在他睡觉的时候杀了他，于是曹操上演了一出“梦中杀人”，将他的近侍杀掉了，目的就是保护自己。众人都当真，唯独杨修说：“丞相没有在梦中，我看是你们在梦中吧。”正是因为他这句话“揭露了曹操的心思”，于是多疑的曹操开始忌惮他，找了个理由把他杀了。

【口才点拨】

刻板僵化警示人们：说话的时候要“见人说人话，见鬼说鬼话”，切不可一成不变，自己的语言一旦出现定式，势必会对自己造成一些不必要的麻烦。

033 卢维斯定理

卢维斯定理是由美国心理学家卢维斯提出的，其含义是：谦虚不是把自己想得很糟，而是完全不想自己。如果把自己想得太好，就很容易将别人想得很糟。卢维斯定理运用到口才学中，就是要求我们在与人交谈时保持一种谦和的说话态度，这样才能促使谈话顺利进行。

人际关系是一种对立统一的关系，人与人之间既有相互依存、互相吸引的一面，也有相互分离、相互排斥的一面。

古人早就说过："满招损，谦受益。"只有谦虚好学，兼收并蓄，广纳雅言，择其善者而从之，才能收获更多。所谓虚怀若谷，谦虚不仅是一种人生态度，更是一种修养，一种品质，一种境界。所谓虚心，就是能够自觉修正错误，敢于接受真理。在与人谈话中，更要保持这种谦和的说话态度。虚心的态度在何时何地都能让你受益匪浅，使你获得工作上、名声上、人品上以及人际关系上的诸多收益。

一般来讲，那些坦率真诚、乐于助人、谦虚礼貌、谨慎律己、宽以待人、才学渊博、深谋远略、能力较强的人更有吸引力，容易引起他人的敬佩感，自愿与他建立良好的人际关系；而那些奸诈、自私自利、自大自负、斤斤计较的人，容易被人排斥，人们都想与其保持一定的距离。人际排斥对人际关系是有害的，会对交往产生极大的负面影响。

纪晓岚曾指出："处世圆滑，内心中正，不同流合污而为人谦和。"其要领在于：处理具体事情的时候，可以适当掌握尺度，依情况的不同而灵活地应用不同的方法。但是，在内心中，一定要保持"诚实"的正义。一方面，在做事上，对于该坚持的事应该坚定地表达自己的意愿和想法，注重培养自己的独立思维；另一方面，在做人上，应该设身处地理解别人的意思，可以做出适当妥协，保持谦虚和善的作风。

当然，谦虚不是低声下气地俯首称臣，不是事事唯唯诺诺，不是没尊严没原则，而是在自知基础上的学习和修炼，只有如此，才能保持清醒的头脑，让自己更加成熟，赢得更多人的支持。

老子云：“是以圣人后其身而身先，外其身而身存，以其无私，故能成其私。”意思是说，圣人之所以能够在别人之后却比别人领先，将自己的生死置之度外反而能保全自身，正是因为无私。

【口才点拨】

在与人交谈中，说话一定要注意保持谦虚的风格和适度的弹性，把握说话的分寸，学会婉转和含蓄，以保持平衡的人际关系，同时要与朋友进行真正有价值的交往，在日常生活中建立起深厚的友情。在工作中，对不同类型的同事采取不同的策略，重视生活中的应酬，通过一些生活和工作中的细节树立良好的人缘，与上级保持良好的人际关系，以便于更好地开展工作。

034　避雷针效应：疏导为上

我们都知道，在高大建筑物的顶端需要安装一根金属棒，用金属线将与埋在地下的一块金属板连接起来，利用金属棒的尖端放电，使云层所带的电和地上的电逐渐中和，从而保护建筑物等避免雷击。避雷针效应的寓意是：善疏则通，能导必安。

“避雷针效应”告诉我们的就是一种“疏导”的沟通方法。

这天晚上，索尼董事长盛田昭夫照常走进职工餐厅与职工一起就餐，他多年来一直保持着这个习惯，为的是培养与员工的友好关系，并由此了解下情。

忽然，盛田昭夫发现有一位年轻职工满腹心事的样子，只顾闷头吃饭，旁若无人，盛田昭夫想了解一下他，于是，就坐在这名员工对面，主动与他聊天。几句话下来，已使这个员工排除了戒心。他告诉盛田昭夫：他毕业于东京大学，进入索尼之前，有一份待遇很好的工作，因为崇拜索尼公司，就选择了进入索尼。他激动地说：“这是我人生的重大选择，对此我充满了期望。但是，现在我才发现，我不是在为索尼工作，而是为课长干活。坦率地说，我觉得他没什么能力。更可悲的是，我的一些小发明与改进，科长不仅不支持我，还挖苦我是癞蛤蟆想吃天鹅肉，有野心。对我来说，课长就代表着索尼，所以我现在非常失望，心灰意冷。这就是索尼？这就是我所向往的索尼？我却居然为了它而放弃了自己原来的好工作！”

盛田昭夫听到这番话后十分震惊，这使他意识到：有同样苦恼的员工一定不少，管理者有必要关心他们，应该为这些积极进取的员工提供更大的空间，让他们尽情发挥。此时，盛田昭夫产生了改革人事的想法。

从此，索尼公司每周出版一次内部小报，上面刊登有公司各部门的“求人广告”，员工可自由应聘，任何部门任何领导无权阻止。另外，索尼原则上每隔两年就让员工调换一次工作，尤其是对于那些有追求有想法、精力旺盛、干劲十足的人才，不让他们被动地等待，而是主动给他们提供更多发挥的舞台。

索尼公司通过实行这种内部招聘制，激发了员工的积极进取性，让有能力的人脱颖而出，最终找到自己的位置，同时也能发现“流出”人才的部门其上司所存在的问题。

古人云：“民如水，可疏而不可壅，可导而不可塞。壅而泛，塞而崩。”就是说，最好的沟通是循循善诱，抓住心理进行疏导。上级与下级之间的沟通如此，人与人间的沟通同样如此。有效的沟通自然会加深理解，促进工作效率与合作，达成共识。

【口才点拨】

大禹治水的例子同样告诉我们，“疏导”比“阻塞”要好得多，沟通也是如此，了解谈话对象的目的并进行疏导，效果定是事半功倍。

035　南风法则

北风和南风比威力，看谁能使行人脱掉身上的大衣。北风凛冽，寒冷刺骨，行人们为了抵御它的侵袭，都把大衣裹得严严实实；南风徐徐吹动，风和日丽，行人们感到春风的温暖，都开始解开纽扣，脱掉了大衣，于是南风获得了胜利。

这就是著名的南风法则，它告诉我们一个道理：温暖胜于严寒。

在很多时候，柔性的力量更有效果，而且所起的作用更加深远。老子有云：“天下莫柔弱于水，而攻坚强者莫之能胜，以其无以易之。”意思是说，天下万物没有比水更柔弱的了，然而攻击坚硬强壮之物没有可以胜过水的，所以，水是没有事物能够替代的，你能看到水的力量，你就能明白以柔克刚的力量。

水虽然很柔软，石头很硬，但水比石头更有力量，不是有一句“水滴石穿”吗？这其中就蕴涵了“柔能克刚”的道理。

宋太祖赵匡胤即位以后，用了很大的力气才平定了两个节度使的叛乱，这件事让宋太祖警醒，于是找到宰相赵普商量如何削弱地方兵权。

几天后，宋太祖在宫中设宴，邀请石守信、王审琦等人参加，酒过三巡，大家便无话不谈。

宋太祖说：“我现在的地位，都是依靠大家的帮助得来的。可是，皇帝不容易做啊，我已经很久没睡过安稳觉了。”

大家知道里面隐含着内情，就问其中的缘由。宋太祖不露声色地说：“大家都说高处不胜寒，我可是深有体会啊。”

石守信等人知道宋太祖是担心一些人想要篡夺他的皇位，于是都站起来跪倒在地上，说道：“如今天下太平，没有人对陛下三心二意！”

宋太祖摇摇头叹气说：“你们和我一起南征北战，共同打下江山，我自然很信任你们。但是，如果你们的部下觊觎高位，将黄袍披在你们的身上，会怎么样？”

听到宋太祖的话，众人自知大祸临头，个个脸色苍白，都跪下说：“臣等愚昧，思考不多，还请陛下指条生路！”

于是，宋太祖让他们放弃了军权，去做地方官，并给他们添置了足够的房产安度晚年。

【口才点拨】

当你与对方的意见出现分歧时，一定要保持冷静的态度，在语言上硬碰硬无论在何种情况下都不是好办法，暂时的解决也不能取得长期的效果；相反，说“软话”则是较好的办法，它不仅能消除对方的敌意，而且还能起到春风化雨、润物无声之效，何乐而不为呢？

036　留面子效应：台阶式策略

心理研究者查尔迪尼等人曾做过一项名为“导致顺从的互让过程”的实验，实验对象是两组大学生。第一组被请求带领少年们去动物园玩两个小时，结果只有1/6的学生答应了。

第二组被请求在两年内担任一个少年管教所的义务辅导员，这是一件费时费力的工作，几乎所有的大学生都谢绝了。于是他们又请求让大学生带领少年们去动物园玩两个小时，这一次，一大半学生都答应了。

心理学称这种现象为“留面子效应”。

人有情绪的感情，心理自然也是复杂微妙，也有一个心理承受力。在生活中，我们会有这种体会：如果你想对人有某个要求，直截了当地提出，往往效果不好。如果在你向对方提出要求之前，就已经考虑到了他的心理承受力和情绪等问题，就会有不一样的效果，所以，为了不被拒绝，你可能会采取灵活措施：先向他提出一个他不可能完成的要求，等他拒绝，然后你再提出一个相对小的要求，而它正是你真正的要求。

这样，出于尊重，对方往往不好意思拒绝你。因为他担心伤了彼此的和气，不想辜负你，令你失望，又想保持自己在你心目中的良好形象，于是，他就会欣然答应你较小的要求。

李刚要买一套房子，但还差1万元钱。向谁借呢？左思右想，他想到了从小一起玩大的王勇，王勇是做生意的小老板，应该不差钱。而且两人是发小，又是老同学，多年来一直保持着联系，向他借点儿钱，应该不至于遭到拒绝。于是，他决定向王勇借1万元钱，这天晚上，他走进了王勇的家里。

一番寒暄之后，李刚说到了自己正打算买套房子的事，王勇听了说：“好啊，好事。”“可是，现在钱上有点儿不够，正愁呢，所以想向你借。”原本两人亲如兄弟，但借钱的话还没出口，李刚还是有些难以启齿。

“我理解，只是我最近生意上不大顺利，手头也十分紧张。”王勇说。

王勇的话让李刚有些心凉，但他还是想再试探一下，就打着哈哈，继续说道：“老兄，你就别谦虚了，谁不知道你这两年赚了钱啊，我这人可从没向你张过口。如果不是有急用，才不要求你。”王勇理解地拍拍他的肩膀：“兄弟，我知道，可我确实也紧张，你看这……”

李刚有些不甘心地说：“这样，我也不能让你为难，你借给兄弟5万元。”

王勇一听，连忙摇手，“这个，我实在拿不出。生意上还要钱周转，对不住了。”

李刚见状，机智说：“那就少点儿，不够我只好另想办法。”

王勇说：“这样吧，你先拿去两万元，多了我也没有了。”

李刚喜出望外，连连称谢。

如果你有要求，开始就先提个大的，对方多半不会答应你，然后再提出自己的真正的小要求，往往就能达到目的。因为感情、自尊，也因为善良、好强，不想辜负他人，对方都会给彼此留面子，不会拒绝，这正是留面子效应的心理基础。

【口才点拨】

每个人都希望得到别人的肯定和尊重，所以，在与人交流的过程中，一定要给足对方面子，千万不可当着众多人当面指责和批评对方，留面子效应是一种讲话策略。需要提醒的是，运用这个策略时要合理而积极，不能妄加利用，否则，必将伤害对方。

037　以退为进法：出奇制胜

人性就是这样，很多情况下，也许并没有根本性冲突，只是为了面子固执己见而已，所以，反对意见也有不同的真假和强弱之分。为了回避冲突，粉碎他的坚持，最好在他反对的当时，就能给足他面子，给他改正自己的机会，就会轻易地解决问题，而善意的回避，有时也是必要的。

无论何时都要切记一点：有反对意见是正常的现象，所以，退让一小步，不仅是一种策略，也是一种胸怀和修养。

海·约翰斯·哈蒙特是世界上最伟大的矿务工程师之一，当初，他找第一份工作时，也是运用了一个小策略。

哈蒙特毕业于耶鲁大学，他在德国弗莱堡做了三年研究工作之后，很想换一份工作。他想去找美国西部的大矿主威廉·伦道夫·赫斯特的父亲——参议员琼斯特，而琼斯特十分顽固，可不是那么好对付的。但哈蒙特略施小计，就顺利找到了工作。

那位参议员不仅固执，而且很现实，从不信任那些长相斯文、满口理论的工程师，所以，他一开始就粗暴地对哈蒙特说："听说你曾在弗莱堡研习过一段时间，可想你头脑里一定堆满了理论，而我这里可不需要什么文质彬彬的工程师。"

哈蒙特立刻回答说："我想跟你说一下，当然，你一定要为我保密，不让我父亲知道。"参议员微微地点了点头。哈蒙特继续说道："其实，我在德国也没学到多少东西。"那位傲慢的参议员立刻改变了对他的成见，当场答应了他："好吧，明天你来工作吧！"

哈蒙特就这样轻松地在一个固执的人面前，得到了一份工作的机会，实际上，他是运用了一个小策略：及时做出一个小小的让步。

我们必须明白一点：有时为了进步，就要先做点儿让步，这样才能控制那些反对意见。所谓"退一步海阔天空"，在有反对意见时，聪明人不仅要先倾听对方，还懂得在对事情并无什么大碍的前提下及时做出让步。通常，对方只是因为对我们有偏见才极力表现出自己的观点，目的只是想让我们尊重他，满足他的自尊心而已。

所以，当你听到对方的反对声音时，如果难以改变，就不妨先做些让步，先肯定之，迎合之，再改变而后征服之；有时，甚至收回自己的全部观点，只是适时地亮出，以退为进，让他自觉自愿地听从你。如果是不可回避的冲突和反感，也要小心谨慎沉着应对，真诚待人，以尊重他人、满足其自尊为原则，而不是刚愎自用，以硬碰硬，否则，只能是碰壁，自寻其害。另外，如果你想反对某人，为避免不必要的冲突，最好保持沉默。

【口才点拨】

应对反对意见的最好方法就是：同意他的反对意见。开始时有必要完全收回你的意见，适时亮出才是明智之举。面对可能的反对，自己要抢占先机，不妨先退一步，谦虚地问他一句："您的高见是……"一定要避免与人冲突争论，争论就是敌对的竞争，会把关系恶化，事情搞砸。或者先迎合顺应，或者事先防备他提出反对意见，目的都是为了改变他，从而听取你的意见。退让式的口才策略，一定会让你出奇制胜。

038 晕轮效应：说话不要受到光环影响

如果一个人在某一方面被认为是优秀的，他就会被一种积极和肯定的光环所笼罩，并被赋予一切良好的品质；如果一个人被标明某一方面是恶劣的，他就会被一种消极和否定的阴霾所覆盖。其实，这种评判往往是夸大的，就如日月的光辉，在云雾的作用下扩大到四围，形成一种光环作用，这种现象就叫作“晕轮效应”，或者“光环效应”。

在《三国演义》中，蜀汉张飞的形象在人们心中应该普遍是人高马大的黑壮汉子，如果根据晕轮效应，张飞最有可能被冠以“有勇无谋”的反面标签，然而事实上却并非如此。张飞在攻打巴郡的时候，守将严颜自知不敌，死守不战，结果却被张飞用计谋给捉住了。之后在大厅之中，张飞本来凶狠地大叫：“你打又打不过，为什么不投降？还想打吗？”不过见到严颜并无惧色，声音依旧洪亮之后，张飞却主动向严颜道歉：“不想您这样刚强，刚才言语多有冒犯，还请勿怪。”

这一段写出了张飞并非“有勇无谋”，起码还能“用计”活捉严颜。

除此之外，张飞在攻打瓦口关的时候历史似乎再次重演，守将张郃也是死活不战，使张飞很苦恼。不过，他佯装不知军中有张郃的间谍，连日喝酒，对士卒又打又骂，还把“机密”“泄露”了出去。张郃果然中计，出城来战，结果被张飞打得大败，瓦口关自然也成了蜀汉的囊中之物。

而某些人常说张飞“有勇无谋”，自然是受了“光环”的影响，这样说话显然不可取。

【口才点拨】

晕轮本质上就是以偏概全、以貌取人，它是不客观、不全面、不理智、不清醒的，当然，得出的结论也是片面的、不科学的。所以，在与人沟通的过程中，我们要避免晕轮效应，不要轻易给人定性，或者片面地评价他人，不唯心，不唯我，尽量客观、全面、冷静地观察、分析他人的言行和性格。

第四章　社交口才：用言语为自己铺建坦途

039　抓住了对方心理特征，才能说中要害

在与人交谈时，我们要做到“投其所好”“避人所忌”。如果你不顾及对方心理，只是自己一味地滔滔不绝，那么你的一些话一定会引起对方的反感，这样就难以保证谈话能够顺利地进行下去，造成的后果就是影响你的人际交往。

话是说给别人听的，只有说到对方心坎里，才能博得对方的好感。

有一天，一位日本议员前去拜见埃及总统纳赛尔。在这之前，这位日本议员做了很多的准备工作，比如通过各种途径了解纳赛尔总统的爱好、性格、脾气、禀性等，这使他在与纳赛尔总统的谈话中能够极力运用认同的技巧。

议员见到纳赛尔总统，客气地说：“日本人对尼罗河及纳赛尔的名字并不陌生，今天这次谈话，我觉得，还是称您为上校吧！这会让您和我都觉得亲切些，因为我也曾经做过上校，也与英国人打过仗。当时，英国人曾评价您是‘尼罗河的希特勒’，他们对我的评价则是‘马来之虎’。我对您的那本《革命哲学》很感兴趣，曾认真阅读推敲过，还曾把它同希特勒的《我的奋斗》那本书做过比较，慢慢地，我发现希特勒是实力至上的，而您的幽默感则是非常浓厚。”

纳赛尔总统听了他的这番话感觉很开心，笑着说：“《革命哲学》是我在革命之后的三个月赶出来的，你说得很准确，我的幽默感其实是我注重人情的体现。”

日本议员点了点头说：“是的，作为军人注重人情非常重要。我在马来西亚打仗的时候，短刀从来不离身，当然我不是为了杀人，而是为了自我保护。阿

拉伯人目前正在进行独立战争，也是正当防卫，就像我曾经佩戴短刀一样。”

纳赛尔总统听了这番话感觉更兴奋，说：“你的话太对了，希望你每年都能来一次埃及。”

这位议员非常聪明，他每句话都说到了纳赛尔的心里，使谈判的氛围非常和谐，在这样的情况下转入正题，谈到两国的关系及贸易问题时，谈判进行得顺顺利利，两个人很快达成了协议。

俗话说：酒逢知己千杯少，话不投机半句多。要想打开交际的大门，就要学会抓住对方的心理特征，对症下药，说出触动对方心田的话语，此语一出，便能出奇制胜。

【口才点拨】

分析别人的心理状态，把话说到对方的心坎上，往往能收获意想不到的效果。要想做到这一点，就必须认真推敲对方的心理特征，了解他的第一心理需求。只有抓住对方的心理，才能让对方产生一种相见恨晚的感觉，投其所好才能事半功倍。

040 拒绝对方需要技巧

当我们提出一个建议或者想法时，也许会得到认可，当然也存在被拒绝的可能性。当我们被拒绝时，一定要学会忍耐，不能轻易发脾气，或者表现出不满情绪，这样不利于双方的交谈。

要知道，在与人交往的过程中，有许多必要的原则，但在许多原则中，忍耐可称为是第一要则，对于成熟老练的人来说，忍耐跟做人的分寸分不开。

最完善的人格应该具有平和的心态和隐忍的行为，这不但有利于磨炼个人的意志，完善个人的性格，更能为自己赢得更多成事的机会，因此，我们要学会忍耐和宽容。不过，这并不意味着我们人格很渺小，或者丧失自我，它只是将最宝贵、最独立的自我暂时“隐藏”了起来，在灵魂最深处，仍默默地坚守着自己的原则。

当然，我们也有拒绝别人的时候，这时也要讲究说话方式的灵活性，不可直截了当地拒绝，比如“我不要”“我不同意”“我不去”……这样的字眼太过敏感，不仅不礼貌，而且还会直接影响到对方的情绪，所以，一定要注意拒绝的技巧，委婉地拒绝对方。

海明威成为著名作家之后，很多有钱人都附庸风雅来结识他。有一天，一个来自纽约的地产商来拜访，一再要求海明威给他签名留念。在客气地推托无果后，海明威便用手杖在沙地上画上了自己的名字，然后客气地对那个地产商说：“这是我的签名，请您接受吧！”海明威的这种做法实际上就是委婉地拒绝对方。

一次，有个人想请庄子去做官，庄子并不愿意去，不过他并没有直接拒绝那个人，而是举了个例子，说：“你瞧太庙里那些被作为供品的牛马，在没被宰杀时，它们的待遇非常好，不仅身披华衣，吃着美味的饲料，但是，它们一旦被宰杀成为祭品时，就无法再这样享受自由和美味了。”

庄子没有直接拒绝那个人，而是用了一个很贴切、很巧妙的比喻来说出自己的想法，这也是一种委婉的拒绝方法。

【口才点拨】

在与人交流的过程中，既要学会说“不”，又要学会用何种方式说“不”。没有人喜欢被拒绝，所以，当你拒绝别人时更要注重语言的技巧，可以用一些生动形象的小故事来做比喻，委婉间接地表达自己心中的想法。

041　学会控制情绪，不要急于辩解

情绪化，有时缘于个人脾气暴躁，喜怒无常；有时因为实在难以控制，也与一个人心理承受能力和阅历修养有关。

当然，只要是人，哪怕是已经具有成熟人格的人，也免不了有喜、怒、哀、乐等情绪的转换。有时他们也会莫名其妙地忧郁和感伤，但他们决不允许这些不良情绪主宰自己，因为他们知道太过情绪化会对自己和别人起到负面影响，这会直接影响人际交往的效果。

一般来说，一个成熟的、有丰富阅历且有较高文化修养的人，往往具备更高的自制力，能客观积极地看问题，即便有不满的情绪，也不会轻易发脾气，而是会抱着一颗豁达开朗的心态面对，把不良情绪自己消化掉，避免情绪化，别人也就不会受到他的不良情绪的影响。

有一次，一个青年军官莫吉尔跟工作人员因为一件小事吵了起来，两个人都认为自己没有错，谁都不愿意退让。这正好被林肯遇到了，他立刻喝止了年轻的莫吉尔军官，并惩罚了他。

莫吉尔军官对林肯的做法很气愤，认为这样很不公平，于是辩解道："您为何不问一下争论缘由就决定责罚我？"

林肯严肃地回答道："成大事的人，不会将时间浪费在鸡毛蒜皮的小事上，更不会浪费时间来处理因浪费时间带来的结果。你不应该以这种方式来显示自己，哪怕是正确的，你也必须放弃，明白吗？"

林肯见莫吉尔军官好像没有听懂，于是接着说："与其与狗争道而被咬伤，不如让一下，因为就算你后来报了仇杀了狗，也不能完全治好伤口。自制力弱、辨别力差的人常常得不偿失，因此，他们的命运很可悲，总是被琐碎繁杂之事笼罩。"

莫吉尔军官听了，恍然大悟，从此再也不浪费时间与人争论了。

凡成大器者无不将内心的愤怒、恐惧等当作是一种"自我情绪"来处理，他们压抑自己的情绪，也不会钻牛角尖，更不会将自己糟糕的情绪加之于周围的环境，因此，他们的成功之路总是顺利得多。

由于人们已经形成了一种思维定式：经常会误解事实，或者无凭无据的胡乱猜想所听到的事实，即忽视实情，相信假象。而没有质疑或核实事情的准确性，就妄下结论更是坏习惯，这时就会自然生成负面情绪，导致事情朝着不利的方向发展，那么最终的效果自然不尽如人意。

【口才点拨】

在与人交谈时，一旦出现意见分歧的情况，必须冷静思考，不要急于辩解，或者与人争论，因为这样不仅影响谈话的气氛，还浪费彼此的时间。控制自己的情绪，保持冷静，以清晰的思路应对一切，用宽广的胸怀包容不同的见解。

042 礼貌性的话语助你成功

如果我们希望自己能够克服障碍、保持乐观向上的态度、赢得他人的尊重和信任，礼貌性的话语是必备的条件。它能够帮助我们处理很多棘手的问题，特别是人际关系方面的问题，并能够顺利地渡过难关，达到最终目标。

在日常的人际交往中，一个简单的“请”字，一声热情的“谢谢”，一句亲切的“您好”，其实这些都是待人诚挚的感情流露，它能令人感受到亲切、温暖和愉快。

一个公司老总需要一名秘书，于是人事部的李经理在报纸上登了一则招聘广告。广告刚登出，就来了几十个人应聘，选来选去，最后，李经理聘用了一个很不起眼的女孩。

人事部的一位同事对此很不理解，于是问李经理：“你为什么会选择聘用这个女孩呢？比她优秀的人很多，你为什么偏偏要聘用她呢？她没有一个熟人介绍，甚至没有带一封介绍信，这让我很费解。”

李经理笑了笑说：“说实话，我之所以聘用她，是因为她携带着三封很棒的介绍信。”

“三封？在哪儿？”同事疑惑地问道。

“这个女孩看见老人前来应聘时，她急忙起身让座，而其他年轻人却视若无睹，这是她随身携带的第一封介绍信——文明。

“当来到我的办公室时，她先摘下帽子，然后微笑着谦逊地回答我的问题，这就是她随身携带的第二封介绍信——礼貌。

“在她踏入门槛之前，她先在门口的脚踏毯子上蹭干净鞋子，然后才走入室内，以免踩脏了地面；我跟她交谈时，发现她衣着整洁，头发打理得整整齐齐，指甲修得干干净净，这就是她随身携带的第三封介绍信——卫生。

“我认为，做一名秘书，这三封‘介绍信’已经足够了，所以我决定聘用她。”

“哦，原来是这样……”同事恍然大悟。

这位相貌平平的女孩随身携带了三封“介绍信”：文明、礼貌、卫生。这是她的人格财富，是她人格魅力的体现。

由上面的小故事可以看出，礼貌问题并非小事，它反映了一个人的内心，可以说，礼貌就是一道通往相互友好和尊重的桥梁，它能帮助你赢得他人的好感，为你带来意想不到的惊喜。

【口才点拨】

要想赢得别人的尊重，就必须做到有礼貌，礼貌性的话语不仅能够营造一个温馨的谈话环境，还能帮助我们建立良好的社会关系。礼貌用语不离口，礼貌行为不离手，相信成功一定就在不远处。

043　善于运用“曲说隐衷法”

“曲说隐衷法”的幽默技巧，说明白点儿就是一种拐弯抹角、曲折暗示的说话方式，是为了达到表述隐衷的目的。

有一个爱喝酒的人，他贪恋杯中之酒，每次醉酒都会误事。他的太太多次劝他少喝点酒，但他总是不听劝告。一天，儿子对他说：“爸爸，我要送你一个指南针。”

他笑着说：“我用不着指南针，你自己拿着玩吧。”

他的儿子接着说：“不，你能用得到的，因为你每次从酒吧里出来时，都会迷路，不是吗？”

从这之后，他就不再喝酒了。

在这个故事中，儿子的话对父亲戒酒起到了决定性的作用，很显然，儿子应用了“曲说隐衷”的方法。儿子对父亲喝酒的行为深为不满，但作为小辈的他，如果直接对父亲的行为作指正不太礼貌，于是，人小鬼大的他就用这种委婉的方式向父亲提出劝诫，最后的效果也是显而易见的。

社交场中，难免会有冲突，这时就应该运用这种曲说隐衷法的幽默技巧，尤其是对朋友发表批评意见，或者提出反对建议的时候，也最好以暗示为主。如果你对某件事情感到很不满意，又觉得困窘，此时你要是直接把它表达出来，就不能达到很好的效果，但是，如果你能用曲折暗示的方法，就能达到一种出其不意的效果。

有一个爱占小便宜的人喜欢去别人家蹭吃蹭喝，只要有机会，他都会去亲戚朋友家吃上一顿，而且吃了上顿等下顿，一连住上几天。有一次，他在一个朋友家整整住了三天，他问主人："今天准备什么好吃的东西啦？"

主人有些无奈，想了想说："今天，我打算弄麻雀肉吃！"

他疑惑地问："麻雀肉？哪来的那么多麻雀肉呢？"

主人说："先在晒场上撒上一些稻谷，等到麻雀来寻食的时候，就让牛拉着石磙碾一碾，就轻松解决了？"

他摇了摇头说："这可不行，没等石磙碾过去，麻雀早就飞走了。"

主人微笑了一下，一语双关地说："行得通的，因为麻雀习惯了占便宜，只要有了好吃的，无论怎么碾（撵），也碾（撵）不走。"

这位主人就是用了曲折暗示的方法，如果那位爱占便宜的人领会了主人这番言语的意思，就会离开了。

【口才点拨】

没有人喜欢接受别人正面的批评，在不得不批评或反驳别人时，不妨运用一下"曲说隐衷"的方法，委婉地暗示他人。这样不仅可以避免尴尬，还能缓解矛盾，消除隔阂，减少摩擦，有时甚至还能增进彼此之间的感情。

044　巧言斡旋

言语的随机应变常常能够转变局势、化险为夷。巧言斡旋，转危为安，在历史上不乏其事。

建安二十五年，曹丕接受了汉献帝的禅让，建立魏国，改年号为黄初，称魏文帝。此时，各地将领闻讯后都前来祝贺，征羌将军郭淮受左将军张郃的派遣，也在贺客之列，但在途中，郭淮生了一场大病，所以没有赶上曹丕的登基庆典。

郭淮到达京城后，曹丕在君臣之宴上，责怪郭淮道："大禹在涂山召诸侯聚会时，防风氏因为迟到被杀了。如今魏国建立，普天同庆，而你却来得最晚，还有什么好解释的呢？"

郭淮听后，不慌不忙地说：“听说黄帝以德来引导百姓，天下太平。夏朝国力衰退，这才发明了刑法。而我生活在政治清明、普天和乐的盛世，我知道不会由于迟到而被杀害，这才敢来晚啊。”

曹丕听了郭淮的这一番话，不但没有生气，反而高兴了起来，他不但没有处置郭淮，还将郭淮晋升为雍州刺史。

在上面这个故事中，曹丕向郭淮讲述了防风氏因为迟到而被杀的典故，就是要提醒郭淮当心自己的脑袋，在这种危急关头，郭淮回答好了就能度过此劫，否则将会遭受杀身之祸。庆幸的是，郭淮能够随机应变，巧妙地把曹丕比作唐尧，间接地称赞其为人英明，统治清明，如此一来，不仅救了自己的命，而且还得到加封，真可以堪称随机应变的智者。

【口才点拨】

在日常的交流中，我们无法预测对方会表达怎样的观点、看法，因此务必要学会随机应变、见机行事。当身陷危机或者责难时，不妨试试随机应变的技巧，相信一定能化险为夷。

045　揣测内心法

所谓“揣测内心法”，就是要通过显露出来的表面现象，去了解隐藏在内部的真情，因为感情是从内部发生变化的，所以必然要通过形态显现于外表。

汉文帝刘恒即位时，汉高祖刘邦时的股肱之臣陈平和周勃分别被任命为左右丞相，汉文帝对他们的才识和忠心极为欣赏，所以很重用他们。

一次，汉文帝问右丞相周勃说：“周爱卿，你是先帝托孤之臣，你可知大汉朝一年要审理多少宗案件吗？”

周勃一惊，急忙答道：“回陛下，臣不甚清楚。”

汉文帝对周勃的回答十分不满，皱着眉头又问道：“周爱卿可知我大汉朝一年有多少钱币和粮食进出？”

周勃仍然不知道，只好硬着头皮回答道：“回陛下，臣不甚清楚。”

这次，汉文帝心中十分不快，表情也特别严肃，于是他转过脸，问左丞相陈平说："陈爱卿，先帝常夸你深谋远虑，智谋过人，你可知道那两笔账？"

陈平对汉文帝行礼后，干脆利落地回答道："陛下，恕臣直言。如果陛下想要了解审案之事，请陛下去盘问廷尉；如果陛下想要了解钱币和粮食之事，请陛下去问治粟内史。"

汉文帝听后，怒火冲天，冷冷地说："陈爱卿的回答果然妙哉！如此说来，这刑事和钱币粮食都属各主管官员之事，那要你这丞相又有什么用呢？"

陈平见文帝很不高兴，急忙走出大臣之列，深施一礼，高声答道："陛下请息怒，恕臣直言之过。臣斗胆再进一言，陛下英明，臣身为宰相，有许多要事在身：对上，臣要辅佐陛下料理国家大事，顺应四季天时考虑方方面面的大事；对内，臣要体察民情，使民心归附，亲如一家，还要使卿大夫们各司其职，恪尽职守；对外，臣要安抚外邦和各路诸侯。"

汉文帝听了陈平的这番话，心想：这陈平果然智慧过人，还擅长辞令，深谙从政要诀，于是大赞道："陈爱卿所言极是！"说罢，文帝又问周勃："周爱卿，你觉得呢？"

周勃满脸羞愧，不好意思地低下了头，心中自叹不如。很快，周勃称病辞去了丞相的职位，丞相一职便由陈平一人担任。

汉文帝的问题的确很难，因为那些问题不在职责范围内，要回答起来不容易，尤其是周勃这样的武将，更是难以应对，但陈平却能机智应对，既回避了勉强回答不准确的尴尬，又说得汉文帝心悦诚服，究其原因就是陈平懂得"揣测内心法"。

【口才点拨】

遇到尖锐的问题，一定要冷静，去想象对方是怎么想的，之后才能根据实际问题，妥善地应对。

046　一语双关定能事半功倍

春秋时期，齐国大夫弦章听说齐景公整天沉迷于美酒美色，无心处理朝政，在宫中连喝了七个昼夜，把宫女和厨子都累坏了。弦章心想，如果一直这样下去，那么齐国岂不是要毁于景公之手！

于是，弦章来到王宫，想要劝劝齐景公。弦章刚踏入宫殿，就被浓烈的酒气熏得晕头转向，他定了定神，发现齐景公边喝酒边看宫女们跳舞。弦章十分愤怒，于是大踏步地朝景公走了过去。

齐景公见弦章来了，高兴地说："弦章来得正好，寡人喝得十分痛快，心情大好，你来陪我痛饮三杯吧！"景公带着一身的酒气，一把抓住了弦章。于是，齐景公就命一位宫女为弦章斟满酒杯，将满满的一杯酒递给他。

这时，弦章既不去接酒杯，也不谢恩，只是一脸怒气地站在景公面前，他很不高兴地说："主公，酒饮得太多，不仅会损害身体，也会荒废政事，臣斗胆说一句肺腑之言，请您为了齐国大业，停止饮酒、宴舞吧！"

齐景公一听，大为不悦，冷冷地对弦章说："你说的是什么话！如今我国风调雨顺，国泰民安，寡人喝几杯酒，看几支舞，就能废业亡国吗？"

弦章是个直肠子，景公的这几句话让他怒火中烧，不免大声叫嚷了起来："如果主公不听良言，继续沉溺酒色，你下令杀了我吧！"

齐景公越听越生气，他正要处罚弦章的放肆，此时晏婴走进宫来。

齐景公见到晏婴，便把弦章的冒犯之处说了一遍，问他："你说，寡人应该怎样处罚这个当面顶撞我的人啊？"

晏婴听后，仰天大笑，对弦章说道："恭喜恭喜啊。"晏婴的这句话把景公和弦章弄得丈二和尚摸不着头脑。

晏婴说："你能够遇到像主公这样贤明的人，是你的福气啊，因为主公擅长倾听臣子的意见，所以国家才如此安定祥和。如果你遇到夏桀、商纣那样的昏君，早就死无葬身之地了！"

晏婴的这一席话，表面上是说给弦章听的，其实是暗示齐景公不能处罚进谏的弦章，否则就成了昏君。景公当然听出了其中的玄妙，他为了掩饰自己的窘态，大笑说道："晏相国说得很有道理！寡人知错，寡人应该听取你和弦章大夫的劝告。"

晏婴见状，诚恳地对齐景公说道："主公能够这样做，正符合臣的心意。古人说适量喝酒可以沟通感情，但喝太多就会误事，所以饮酒不能超过五杯，否则就要受罚，朝廷内外的太平，正是这个原因。但主公现在连喝七天七夜，许多大臣也跟着您一起喝，荒废了朝政，如此下去，我们国家只会越来越衰弱，根本不会日益强大啊！"

这番话让齐景公恍然大悟，他立即传下命令撤掉宴席，让妃子和宫女们统统退下，并主动向弦章赔礼道歉。

此后，齐景公把心都放在了朝政上，日理万机，大臣们看到齐景公如此兢兢业业，大家都安心了，每个人都尽心尽力为国家出力，老百姓也过上了安居乐业的生活。

弦章个性耿直，他在向君主进谏时，言辞过于平直，差点掉脑袋。而晏婴一语双关的话既帮弦章解了围，救了他的性命，又给足了齐景公面子，还委婉地谏言齐景公戒除了酒色，一举多得，事半功倍。

【口才点拨】

一语双关是社交口才中最受欢迎的语言表达方式，当然，它需要说话者学识充盈，头脑机敏。在与人交谈的过程中，不妨多使用一些双关语，这样能使对话生动活泼、充满智趣，从而在人际交往中游刃有余，扩大自己的交际网。

047 了解对方情况

大人物常常会用各种各样的方法来驾驭各种各样的人，而他们最在意并经常留意的是，那些普遍存在的人性特点，如特殊癖好、需要等。

一般情况下，判断一个人是否聪明并非难事，但要驾驭一个人，即便是简单的一点小事也是十分重要的。

有一年，作为克里夫兰市的著名律师，贝克来到了芝加哥，他的策略使在场的所有律师都惊叹不已。他对法律的娴熟根本无可挑剔，更让人敬仰的是，在法庭上他应对法官所实施的策略。

事前，贝克通过调查得知，这位威严的法官听力有点问题，他还了解到，之前的很多优秀律师之所以败在法庭上，就是因为他们说的话让这位法官产生了迷惑，因为法官根本听不清楚。于是，贝克在庭上做陈述时，就故意站在离法官很近的地方。

一位在场的芝加哥律师这样评价道：“一般来说，以贝克的身份，这个案件一定会旁征博引许多不同的案件，道出许多法律论点。”

但是，贝克那天在法官面前只指出了两个论点，引用了很少但极具说服力的例子，并强调这两个论点不需要反复论述。

经过贝克简洁明了的阐述，案件最后真相大白，他用同样的论点完成了对当事人的辩护。

贝克与众不同的辩论引起了法官的兴趣，他逐一听了贝克的讲述，并完全领会了他的意思，认为很有道理。

可见，贝克的成功，除了他的专业技能过硬，更在于他事先就从细节处了解过这位法官的情况。

【口才点拨】

想要引起对方的注意，就要了解对方的个性，并在谈话中步步为营，以便达到自己最初的目的，在交流中攻心为上。

048 掌握对方情感的变化

战国时期，楚、韩两国雍氏之战的时候，韩国向周国征集粮草和兵器，让周国国君很为难。苏代得知此事后，前来晋见周王，并对他说："请主公不要忧虑，微臣有一个主意，不但能让韩国停止向您征集粮草，还会主动把高都送与您。"

周王听后，非常高兴，立即派苏代出使韩国。当苏代见到了韩国大臣公仲后，苏代对他说："您应该明白楚国有什么野心，楚王知道韩国缺少粮食，于是就使用饥饿之法攻击韩国。但是，现在围困雍氏好几个月了，可还是没有攻下，这是因为楚王不相信昭应的计策。如果您开始向周国征集粮食，这不相当于把粮食短缺之事告诉楚国了吗？"

公仲仔细想想，认为苏代的话很有道理。苏代看到公仲的反应，又接着说："您为何不把高都送给周国呢？"

公仲生气地说道："我不向周国征集粮食已经够便宜他们了，为什么还要将高都送给他呢？"

苏代回答道："只有把高都给了周国，才能让周国依附韩国啊，这样一来，秦国肯定会跟周国断绝来往，如此一来，你就可以用一个贫弱的高都换取整个周国了。”

公仲听后，随即露出佩服的表情，说道：“太高明了！”

于是，韩国不但不向周国征集粮食和兵器了，还把高都送与了周国。

鬼谷子云：“故计国事者，则当审权量；说人主，则当审揣情。”意思是说，谋划国家要事，应当认真权衡利弊；游说君主，则应当全面揣摩实情。用这种谋略去探知对方的谋划、想法、情感和欲望，以便根据实情制定出相应的策略。在苏代与公仲的对话中，不难发现苏代是一个交际高手，他不仅能忖度人情事理，而且能够揣摩对方的内心，把握对方情感的变化，真可谓是游说之才。

【口才点拨】

在与人交谈时，不仅要注意自己的言辞是否得当，同时更要注意对方的情感变化，这样才能使自己说出的话更加符合时宜。

049　与人说话要让人感觉到热情

有人说，生活就像镜子，你对它笑，它也对你笑；你对它哭，它也对你哭。与人交谈也是这样，人们大都喜欢热情的人，不喜欢那种交谈起来很是冷淡的人。因此，和人交谈时要热情。

有一天，汪放工作的手机店来了一位顾客，这位顾客看了之后说：“你这里手机价格有些高啊。”“我敢说，这里的价格和性价比都是最好的。”汪放笑道，“如果你真的相信我，我可以带你到附近转转，我在这儿工作很长时间了，对手机很熟悉，对各家店也很熟悉。”顾客同意了。

汪放没有让这位顾客失望，他果然业务熟练，又是砍价又是点评，对每一款手机都有独特见解，然而顾客还是没有看中任何一款。

就在汪放想对顾客表达自己无能为力的歉意时，顾客笑了：“小伙子，你这么热情，让我感到很受宠若惊啊，没有哪个店员会像你这样吧？我决定了，就买你家的手机好了，给我推荐一款！”

这一成功事例，恰恰说明了热情有多么重要。

【口才点拨】

心即世界，世界是心的影像。要想看到一个美好的世界，首先要拥有乐观美好的心灵。在与人交流时，保持乐观热情的心态，多表达内心美好的意愿，你将收获更多的美好。

050 用准确的表达方式说服对方

公元前341年，齐国和魏国交战于马陵，最后齐军大胜，不仅歼灭了十万魏国大军，还杀死了魏国太子申。

一天，魏惠王召见惠施，气愤地说："对齐国的仇恨永远都不会停止，虽然我国地域小，势力不强，但仍然想调动所有的军队去攻打齐国，你的意见如何？"

惠施毫不犹豫地否决道："绝对不可以。"

魏惠王问："为什么不可以？"

惠施回答说："但凡成就霸业的君主做事时，不仅得法，而且善于谋划，他们绝对不会贸然行事。大王想要出兵攻打齐国的想法疏于法度和谋划，如果做事缺少完备的计划，那么结果多半不会完满。况且，大王原本与赵国结怨在先，后与齐国作战的。如今战败了，国家还没有防守进攻的条件，而大王又想在这么艰难的时刻，调动所有军队去攻打齐国，这就是做事不得法和不善于谋划的典型表现，如果大王真的想要报仇，微臣倒有一计。"

魏惠王问："说来听听。"

惠施说："先改变王者的服饰，去拜见齐王，这样一来，楚王必定勃然大怒，然后大王再派人前往齐、楚两国，分别游说他们，使他们相互结怨并争斗，这样楚国必然会出兵攻打齐国。以精力充沛的楚军去攻打刚刚经历大战而疲惫不堪的齐国，齐国一定会被楚国打败，而大王不用损耗一兵一卒，就可以实现报仇的目的，岂不是更好吗？"

魏惠王听到惠施这个通过楚国打败齐国的计策后，连连点头称赞道："高明，太高明了，就按贤卿的意思办！"

于是，魏惠王马上派人前往齐国，向齐王报告说："魏王愿意臣服齐国，并且去朝拜齐王。”

齐相田婴听了魏国使者的话，非常高兴，毫不犹豫就答应了魏王的要求。

齐王让魏王称臣之事使赵王和楚王十分不满，于是，楚王亲自率大军攻打齐国，赵国也支持楚国。

结果，楚国在徐州把齐国打得溃不成军，魏惠王的复仇计划也得以实现。

故事中，惠施运用了准确的表达方式，向魏惠王提供了一个委曲求全的方法——改变王者的服饰，用来激怒楚王，从而达到借楚灭齐的目的。

【口才点拨】

运用巧妙的言辞及各种谋略技巧，去说服对方，使对方信服并为我方效力，若能运用准确的表达方式就可以助你纵横驰骋，建功立业。

051 找到与陌生人沟通的最好话题

在人际交往中，难免要同各种各样的人打交道，包括各方面的陌生人。人与人之间的距离，说长则长，说短则短。如果你懂得如何去接近陌生人，那么，双方就很容易由陌生人变为朋友，否则，就可能与对方永远无法沟通，永远是陌生人。

美国的一位交际学家在一本书中说，沟通的关键在于他们最初接触的五分钟。

一般来说，人们都喜欢跟友善的人打交道，所以和第一次见面的陌生人交谈的头五分钟，要尽可能表现出友好和自信，除此之外，最好还能体现出同情、理解、忧虑和祝愿。

另外，听到别人的赞美后，你应该道一声“谢谢”，表现出不卑不亢的态度。听到诽谤或者误解之词，也不要太过不高兴或者解释过多。在回答问题时，要尽可能地表现得诚恳、善良、友好。

需要提醒的是，在你与人见面的第一个五分钟里，绝对不要演戏给对方看，否则就会让对方有种虚伪的感觉。其次，在第一次见面时不要向人家诉苦、发牢骚，以免让对方产生误解，这些都可能使你失去一位很好的朋友。

与陌生人进行顺利沟通的前提是尽量多了解对方。比如说，他们个人最得意的是什么、做过何种事业、有什么个人爱好等，由此你就可以找到与他们沟通的最好话题，并很快消除彼此间的陌生感，与他们成功地进行沟通。

要开始一次交谈确实是很困难的，这时，你不要试图想出一些有深远意义的或不着边际的话题，只要向对方提一些简单的问题，或评论在你身边发生的事情即可，轻松的话题会消除你的紧张，并使你们双方都感到愉快。

与陌生人沟通，若能尊重对方的习惯、爱好，并正确利用这一点，就可能会收到意想不到的结果。

【口才点拨】

在社会交际中，难免要与陌生人打交道，这时就要用尽办法找到与陌生人沟通的最好话题。其实，陌生与熟悉之间只隔了一层薄薄的纸。在你的人脉圈里，必须要把陌生的人转变成熟悉的人，这就要求你把这层纸撕掉，给予对方热情、沟通、信任，以及其他可以互相了解的方式。

052　随物而转，言辞得当

公元249年，魏帝曹芳来到高平陵祭祀，曹爽和曹羲等人陪同前往，司马懿见时机成熟，于是就下令关闭了洛阳的城门，占领兵器库，接管了曹爽和曹羲的军营，又派兵到了洛河的浮桥上。随后，司马懿还给曹芳写了一道奏疏，上面清清楚楚地列着曹爽的罪过，要求罢去他的兵权。

曹爽拿到奏疏，自然十分惊讶，也没给曹芳看，心里惶恐不已，手足无措。这时，司马懿又派人前去劝说曹爽及早归罪，并承诺这次行动只是罢免曹爽的官衔，让他不必多虑。当时有一个叫桓范的大司农，他是曹爽的同乡，此人有些智谋，他劝说曹爽当机立断，首先把天子带到许昌，然后再用天子的名义征集各路人马，但是，懦弱的曹爽还是犹豫不决，迟迟拿不定主意。

桓范见状，急切地对曹爽说道："其实，此事非常明了，如果你能与天子相随，号令天下，那么就没有谁敢不响应，而曹羲在外另有军营，可以随时调兵遣将，从这里到许昌最多是一天的路程，许昌兵库中有足够的兵器供我们使用，现在我唯一担忧的就是军粮问题，不过，我们有大司农的印，所以总的来说，我们根本就没有什么顾虑……”就这样，桓范从黑天说到天亮，曹爽兄弟还是不敢行动。

傍晚，曹爽把刀朝地上一扔，信誓旦旦地说：“虽然司马懿得到了兵权，但我并不是一无所有，因为我还有爵位在身。”

桓范听到这话，悲愤地说：“曹子丹是一个多么聪慧的人，怎么会有你们这样愚蠢的儿子，我怕是要受你们连累而被灭族啊。”

最后，曹爽还是执意要将奏疏送到曹芳的手中，他被免官后回到了洛阳的家里，司马懿立刻将他软禁起来，曹爽也没有什么办法，很快，曹爽被以阴谋叛逆的罪名处死了。

真正的交际高手善于自我调整，善于随物而转，随变而处，以无穷的智慧应对各种情况，力求找到最为圆满的解决之道，使其说出的话也能达到一针见血的效果。曹爽正是由于缺乏随机应变的智慧，最终只能以悲剧收场。

【口才点拨】

在社交中，随物而转、随变而处的应变智慧尤为重要；在社交口才中，符合时宜的言辞更为重要，只有那些无论在何种境况下，与人交谈时言辞都得当的人，才能在人际交往中做到游刃有余。

053　微笑是一种穿越心灵的语言

结婚以来的18年里，威廉·斯坦哈几乎没有对自己的太太微笑过，即使是每天早晨醒来或者夜晚休息的时候，他甚至没有说过一句欢快的话。当然，太太也几乎不跟他说多余的话，很少对他微笑，于是斯坦哈总觉得自己或许是百老汇最不幸的人。

一次，在培训班结业时，老师让斯坦哈以“微笑的力量”为主要内容来演讲，并给了他一周的准备时间。

斯坦哈决定亲自体验一个星期。每天上班离开家的时候，斯坦哈总要对太太微笑着说："再见，亲爱的，过得愉快哦！"在上班的路上，他对售票小姐微笑着说："谢谢您！"到了上班的办公楼前，他对电梯管理员微笑着说："早上好，玛丽小姐！"不仅如此，他还微笑着跟办公楼前的保安员打招呼，在自己公司里，他试着对之前比较陌生的人微笑。

渐渐地，斯坦哈发现，几乎所有的人都报之以微笑。面对一些整天抱怨、满腹牢骚的人，他也报之以愉悦的态度，他一边真诚地听着别人的抱怨，一边微笑着思考，并试图找到解决问题的方法，这样一来，很多问题迎刃而解。斯坦哈发现，微笑不仅给自己带来了更多的收入，也带来了更多的快乐。

跟斯坦哈合共用一间办公室的年轻人是一个非常讨人喜欢的家伙，斯坦哈把自己最近的收获告诉了这位年轻的同事，他听了点点头说道："其实，开始时我觉得你是一个十分沉闷乏味的人，现在，我改变了这种看法，您微笑的时候，是多么迷人啊！"

当然，威廉·斯坦哈的演讲很成功，他由衷地感谢那位老师，因为他改变了自己的一生。

生活中的你，是否也曾经在别人的笑容中感受到尊重、友善……又是否将这份温暖传递下去呢？不要吝啬你的微笑，因为，微笑可以消融人与人之间的坚冰，可以拉近两颗心的距离，更可以温暖一颗心。

一个用微笑面对生活和他人的人，必然是一个有着磁石般人格魅力的人。他是个有心人，绝对不会为自己树敌，对他人及其事情表示出兴趣，也让他人永远地记住了自己。

在人际交往中，无论你面对任何人，都要报以自己真诚的微笑，这样不但能拉近人与人之间的距离，对人产生一种亲和力，还会使人在不经意之间就结成了一张关系网，使自己拥有好人缘。

【口才点拨】

笑容是善良的信使，它的光芒可以照亮身边的人。对于那些忧郁的人，你的笑容就像穿透乌云的阳光，特别是对于那些因上司、客户、亲人的指责而郁郁寡欢的人来说，你的笑容能够给他们力量，帮助他们渡过难关，使他们在绝望的谷底看到希望的太阳。微笑是一种穿透心灵的语言，它是我们应该学习的交际技巧之一。

054　隐晦地提示对方自己的意愿

在亚特伍德博士家附近住着一位富有的老妇人，人们都叫她帕特里克太太，她时常打发仆人佩蒂给亚特伍德送礼物，可是，亚特伍德博士接受她的礼物时，从不给佩蒂任何酬谢。

一天，亚特伍德博士正忙着写东西，佩蒂冲进了他的房间，把书一扒拉，将一个包裹扔在书桌上，说道："帕特里克太太送给你两只兔子。"

亚特伍德转过身来说："孩子，包裹可不能这样送啊。现在，你坐在我的位子上，看看我是怎么送的，一定要记取这个教训。"

佩蒂坐了下来，亚特伍德先生走出去，敲了敲门，等待回音。佩蒂说："请进。"亚特伍德先生进了门，走到桌旁说道："先生，帕特里克太太向您致以亲切的问候，并希望您收下这两只兔子，这是她儿子今天早上在地里捉到的。"

佩蒂微笑着回答说："谢谢你，我的孩子。向帕特里克太太和她的儿子致谢，谢谢他们的关心，这两个先令是送给你的小费。"

亚特伍德博士不好意思地笑了笑，从此，他从来没有忘记给仆人小费。

试着隐晦地提示对方自己所想的事，这样成功的机会会大很多。

【口才点拨】

任何人看问题的角度都不可能是一致的，正所谓"一千个读者就有一千个哈姆雷特"，如果想让对方知你所想，明你所明，某些时候隐晦地用语言提示是个好办法。

055　巧言相劝，避免纷争

战国时期，赵国有一位名叫蔺相如的著名谋士，他为人胸襟宽广，而且足智多谋。

秦、赵两国君王渑池之会结束后，赵王和众人回到赵国。由于蔺相如立了大功，所以赵王任命他为上卿，位在廉颇之上。廉颇不服气地说道："我作为赵国的将军，曾立下攻城野战的大功，而蔺相如只是耍耍嘴皮子，官位就能超越我，这不公平！再说，蔺相如是一个粗鄙低劣之人，在他的官位之下令我感到很羞耻，如果日后让我见到蔺相如，一定要好好羞辱他一番。"

廉颇的话传到了蔺相如的耳中，于是蔺相如便避免与他会面。每次上早朝，蔺相如都会以身体欠安为由避免与廉颇碰面，防止发生不必要的争执。

有一天，蔺相如外出，远远地看到廉颇，立即改道躲避。蔺相如的门客见状，纷纷对他说："我们之所以离开亲人来侍奉您，就是因为仰慕您的崇高道义。但是，如今您与廉颇平起平坐，他对您不敬在先，还散布了一些难以入耳的话，您非但不去讨公道，反而畏惧躲避，不敢面对他，这让普通的人都感到十分羞耻，更何况对于将相呢？我们实在无法忍受，请准许我们告辞离去。"

蔺相如对他们说："在你们看来，廉将军与秦王哪个更厉害？"门客们都毫不犹豫地说："当然是秦王更厉害。"蔺相如点了点头，说道："我曾在宫廷上呵斥秦王，羞辱他的大臣，由此看来，我虽然比较愚昧，但还不至于畏惧廉将军吧？"门客们面面相觑，纷纷点头。

蔺相如接着说："强大的秦国之所以不敢进攻赵国，就是因为赵国有我和廉将军两个人在，所以我必须想方设法避免与廉将军面对面起争执。倘若我与廉将军相斗，势必不能共存，正所谓'两虎相争，必有一伤'，我这样做的目的正是为了确保国家的安定，将个人的荣辱抛在脑后。"蔺相如的一席言辞，让众门客钦佩不已。

廉颇听说后顿时悔悟，袒露上身，背着荆条，到蔺相如的府上谢罪。他惭愧地说道："我才是一个粗鄙浅薄的人，真的是无颜面对蔺上卿，感谢您对我的宽容，没有让我继续盲目自大。"

最后，两个人终于和好，并且成为了生死之交。

正是因为蔺相如不为外界的荣辱而乱心分神，能够以大局为重，善于在小裂缝出现的时候及时进行修补，这才避免了一场大纷争。

【口才点拨】

在社交中，我们也经常碰到一些与自己意见相左的人，与他们交流时不能正面反驳对方的观点，最好旁敲侧击地指出对方的错误，巧言相劝，最后达到自己的目的。

056 敢于承认错误

人非圣贤，孰能无过？认识到自己的错误并敢于承认错误，发自内心地说一声抱歉，何尝不是一种“知耻近乎勇”的表现呢？一个敢于承认错误的人一定是内心充满责任感的人，这样的做人姿态会让他赢得更多人的青睐和赞赏。

杰克是一个12岁的小男孩，他聪明懂事，而且非常勤快，为了赚取零用钱，他总是利用课余时间给附近的居民送报纸。在那些居民中，有一位慈祥的老太太，杰克早已忘记了她的名字，但有一件事却深深地印在了杰克的脑海中，从来不曾忘记。

这天，阳光明媚，和风拂拂，杰克和几个小朋友躲在那位老太太屋子后面的花园中，朝着她的房顶上扔石子。在他们看来，这是一件非常有趣的事情。

杰克玩得十分开心，他又抓起一个小石子朝着老太太的屋顶扔去，可是，这颗石子偏离了方向，一下子砸到了后窗户上，窗户上的玻璃“哗啦啦”地碎了一地。杰克和小朋友们惊呆了，他们缓过神来，急忙跑掉了。

回到家后，杰克很害怕，他担心被老太太捉住。还好，尽管杰克觉得十分不自在，但他每天给老太太送报纸的时候，老太太仍然微笑着和他打招呼。很多天过去了，老太太并没有提起过此事。虽然杰克知道已经没事了，但他内心的恐惧感和罪恶感却与日俱增。

于是，小杰克决定把送报纸的钱攒下来，为老太太修窗户。很多天过去了，他已经攒了7美元，他想，这些钱应该已经足够了。于是，杰克给老太太写了一封信，并把钱装进了信封里。在信上，杰克说明了事情的来龙去脉，并表达了自己的歉意，希望得到老太太的宽恕。

傍晚，杰克悄悄地来到老太太家门口，小心翼翼地把这封信投到了她的信箱里。顿时，他感觉自己的灵魂得到了救赎，心中放下了千斤重担。

第二天，杰克又去送报纸。来到老太太家时，杰克坦然地喊了声：“您好，太太！”临走前，老太太递给杰克一样东西，说道：“这是我给你的礼物。”原来是一袋饼干。

杰克回到家后，高兴地吃起了饼干，然而当饼干吃到一半的时候，他却在袋子里发现了一个信封。杰克小心翼翼地将它打开，里面装着一张彩色信笺和7美元纸钞。打开信笺一看，杰克不禁愣住了，只见上面写着一行大大的字：“孩子，你很诚实，我为你骄傲！”

生活中，由于种种原因与他人产生冲突是很常见的事，关键是要掌握破解之道。当自己做错事情的时候，懂得向对方主动道歉是必须的选择，敢于承认错误的诚实举动能够帮你化解矛盾，赢得众人青睐。

【口才点拨】

良好关系的建立应该从道歉开始，如果你认识到了自己的错误，一定要敢于承认，并真诚地向对方表示歉意。类似“对不起”“这是我的错”之类的话是可能创造奇迹的，一个知错能改的人，才是一个真正负责、敢于担当的人，人们都喜欢与这样的人交往。

057 交流从真诚开始

人与人之间的交往最重要的就是交流，而交流的第一步就是打招呼。聪明者待人真诚、友善，他们从不会计较个人的得失，更不会因为别人有求于自己、麻烦自己而拒人千里之外。当然，这也是赢得友谊的一大策略。

莉莎太太是一个很普通的乡村老婆婆。一次，她要和侄子一起乘飞机出远门，但当她拖着两个很大的行李箱来到机场候机厅的时候，她的侄子却迟迟未出现。莉莎太太轻轻地叹了一口气，只好坐下来等候。由于她刚做过肾脏手术，因此需要比常人更频繁地去厕所，可如果这样的话，自己的行李箱就无人看管了。于是她焦急地东张西望，试图发现侄子的身影。

坐在莉莎太太身旁的是一个穿休闲装的年轻人，他似乎看出莉莎太太有什么困难，于是便微笑着问道：“太太，有什么可以帮您的吗？”

或许是对陌生人缺乏信任，莉莎太太打量了一下这个年轻人后谨慎地回绝道：“谢谢你，小伙子，我暂时不需要帮助。”年轻人冲莉莎太太微微一笑，掏出一本书，专心致志地阅读起来。

“这个不守时的家伙，真是可恶！”莉莎太太一边嘟囔着一边四处察看。

又过了一会儿，莉莎太太实在忍不住了，她只好向身边的这个年轻人求助：“小伙子，你帮我照看一下行李吧，我去一趟洗手间。”这位年轻人点了点头，愉快地答应了。

莉莎太太很快就回来了，她的东西丝毫未动，于是感激地掏出1美元，递给这位好心的年轻人，说道：“小伙子，谢谢你帮我照看行李，这是你应得的报酬。”望着老人一脸的认真，年轻人微笑着道了一声“谢谢”，然后谦恭地接过那1美元，放到了口袋里。

其实，这个年轻人就是世界首富比尔·盖茨。当然，有人对此感到疑惑不解，他们问比尔·盖茨：“你真的接受了老人1美元的酬劳？”

“当然！我应该理直气壮地接受自己应得的酬劳。更重要的是，接受这1美元是我对老人真诚感谢的尊重。”比尔·盖茨回答道。

聪明的人都知道真诚是无价之宝，它不仅能让你建立良好的人缘，赢得对方的友谊，还能给你带来意外的惊喜，更会给你带来获得财富和成功的机会。

【口才点拨】

人际交往中，我们应该怀着友善、理解、宽容及互敬互爱的精神。人际关系大致是由人与人的情感相互包容、相互认同等方面构成，我们首先要注重提高自我修养，用一颗真诚的心来给予每一个人微笑和问候，只有这样才能赢得真正的友情，得到他人的敬重，关键时刻才会有人肯出手相助。

第五章　处世口才：通过语言建立人脉网

058　给足他面子

本杰明·富兰克林开始创业时就没有顺利过，总有人反对他的计划。但他运用了一些巧妙的心理策略，只用了短短一晚上的时间，就成功地把一个对手变成了终生的朋友。

那么，他到底说了什么话呢？富兰克林不会忘记那时的情形。他说："那时，年轻的我开了一家印刷厂。在州选举过程中，我被选为议会下院的书记员，之后不久就出现了一些令人尴尬的事：一个新当选的议员在正式选举之前为难我，公开发表了一篇反对我的演说。我清晰地记得，那篇演说很长，措辞非常激烈、尖锐，一点儿都不把我放在眼里，并把我批得一文不值。

"这个出人意料的情况的确让我有些茫然。坦白地说，这些反对意见让我很生气，但他又是一位有才识而且德高望重的绅士，他个人的杰出才能也使他在议院中的地位举足轻重。当然，我并不想为讨好他、为博得他的好感而卑躬屈膝地面对他，于是我用了另外一种方法。

"我听说他收藏了几十本特别名贵的书，于是我就写信告诉他，表示我十分希望他能让我借阅那些珍贵的书。他接到信后很快就把书送过来了，一周后，我准时把那些书还了回去，同时还附信表达了我的感谢。

"他以前见面从不和我打招呼，但是后来我们在议院偶尔相遇时，他居然主动向我问候，而且态度和蔼，道别时还说以后会帮助和支持我。于是，我们就成了朋友。"

富兰克林通过向对方借书这个小举动，向他暗示自己对他的崇敬，证明他在自己心中是很重要的，这样一来，富兰克林主动"放低"了自己，给足了对方面子。

于是，在他们两者之间，那位议员就成了高高在上的“强者”，而富兰克林则成了乞求帮助的“弱者”。从心理学角度来解释就是，富兰克林通过这个策略给足了他人面子，激发了他人的自尊心。当我们与他人的观点正好一致时，就能获得他人的好感。

【口才点拨】

当我们表现出真心需要别人给予帮助时，就会在给足他面子的同时激发他的自尊心，这绝对是赢得别人（无论是支持你还是反对你）好感和关注的妙方。

059 随机应变

一个寒冷的夜晚，尚佳文站在镜子前，扣好西装领口的纽扣，打好领结，正了正西装，戴上礼帽，在镜子前做了一个鬼脸，从门后拿了一件貂皮大衣就走出了家门。他将前往一个俱乐部，参加在那里举行的酒会，尚佳文似乎对这个酒会有着极大的热情，从他精心的打扮上就能看得出。

到了俱乐部，尚佳文自然和大家一样，站在一起畅谈、喝酒、跳舞，大约两个小时的酒会很快就在温馨、融洽的气氛中落下了帷幕。于是，客人们纷纷起身穿衣服，尚佳文也不例外。他接过侍从递过来的貂皮大衣和礼帽，穿戴整齐准备往外走的时候，正好有位侍从在给客人递拐杖，拐杖上包的铁皮将尚佳文的貂皮大衣“吱——”地拉开了一道很长的破口。

此时，俱乐部的气氛立马紧张了起来，大家都惊讶地张大了嘴巴，注视着尚佳文，打算看他如何收场。那位侍从已经吓得手足无措，嘴里语无伦次：“我……我……”

大约过了十秒钟，尚佳文看了看被撕开的口子，微笑着对侍从说：“老弟，你以为为我拉开一条缝就能使我这个怕热的人凉快一点吗？”他的这句话让在场的宾客都哈哈大笑起来，尴尬的局面即刻被打破了，受惊的侍从也怔怔地笑了两声。

尚佳文正是借助调侃式的幽默，展示了自己胸怀的大度，维护了自我的尊严和他人的尊严。

【口才点拨】

当我们陷入尴尬的境地时，一定要做到随机应变，不妨学学故事中主人公的做法，使自己从中体面地脱身，同时也给别人一个可以下的台阶。

060　以静制动

其实有的时候并不是针锋相对才会使一些辩论明朗化，反而需要以静制动，静观其变，要么沉默以对，要么在之后找准机会说出自己的见解。

北宋初年有个人叫徐铉，他博学多才，博闻强识，世人皆知。

一次，他被南唐皇帝任命为使臣，前往宋朝京城送贡品。一般情况下，宋朝会派人保护他，跟他一起走，但是这次实在让人很难对付，因为宋朝的人都知道徐铉的言辞很犀利，说话有理有据，滔滔不绝。由于关系到朝廷脸面，宋朝的大臣们都很苦恼，不敢擅自定夺，于是就去问宋太祖该如何是好。

太祖说："选人这事就我自己来吧，你们先退下。"于是，太祖找了十个不认字的侍卫，选中了其中的一个，说："就这个人吧。"

这下朝中的人可是摸不到头脑了，不过由于是太祖钦定的，大家也不好说什么，赶紧让这侍卫和徐铉会合了。

徐铉刚开始就侃侃而谈，滔滔不绝，让一旁的人们都很惊讶。然而侍卫不识字，只能有一搭没一搭地应付。徐铉不知道这个侍卫不识字，自己继续说。

侍卫好几天都不回应他，徐铉也累得不行了，于是只得沉默下来。

【口才点拨】

当你面对喋喋不休的对手时，如果不能在言语上胜过他，那就用他自己的言语击垮他。静观其变，以静制动，他自己说得天花乱坠，又能如何？

061 在谈话中无形拔高自己

在与人交谈时，有些人因为虚荣心而将自己说得天花乱坠，这显然不可取，极有可能会带来反面效果，降低别人对你的好感，觉得你太自大。但是，如果将这一行为“隐化”，可能就没有那么多负面效果了，既能拔高自己，又能让对方在交谈中无形地心服口服。

比如有人问你：“如果看到落水儿童要不要立即打求救电话？”

如果你回答“不用打，我会游泳，我救他就可以了”自然是可以的，不过这种答案不能说最好。最佳答案是：“我想我还是一边打电话一边救吧，毕竟再怎么会游泳也还是可能遇到危险。”这一句话体现出了你的救人之心，还体现了你的谦虚，更体现了你心思缜密，所以，这一句话不仅说出了你会水的事实，还隐性地拔高了你一下。

“能不能给某某小说点个赞，给我加点人气呢？”这一句显然比“能不能给我写的小说点个赞”要隐性一些，把“小说作者是你”这一条件隐藏在了“小说名字”之下，让人觉得你谦虚，不仅说出了你会写作的事实，同样也拔高了自己。

这就是说话的艺术所在。

【口才点拨】

说话确实是一门艺术，一句话用不同的方法说出，得到的效果确实是不同的，所以多多掌握这里边的技巧吧，对工作生活都是很有帮助的。

062 学会自责

山上有两座庙，甲庙里的和尚经常为一点小事就打起架来，生活痛苦；另一座乙庙里的和尚相互谦让，个个笑容满面，生活快乐。

有一天，甲庙的住持怀着一颗好奇心前去请教乙庙的和尚。他在寺中碰到了一名小和尚，他正认真地打扫卫生。住持问他：“小和尚，你们为什么能永远保持愉快呢？”小和尚抬起头回答：“因为我们容易犯错。”

住持有些不明白。这时，他看见一老和尚从外面回来，刚进门时滑了一下摔倒了，正在拖地的和尚立刻跑了过去，扶起他说：“不好意思，都怪我把地擦得太湿了！”

另一名和尚也跟着过来道歉：“不好意思，我刚擦了地没跟你说呢。”被扶起的和尚则说：“这事怪我，我还是太不小心了。”

这时，甲庙住持深吸了一口气，心领神会地点了点头。

其实，“自责”也是一种做人的态度，当然我们也没必要什么事情都归咎于自己，也不需要把一切错误都揽在自己的身上，始终扮演一个无辜的“受气包”的角色。我们需要这种态度，彼此谦让的态度、勇于自责的态度。

每个人都不能免于犯错，可对待错误的态度却常常显示出一个人的品格，有错误其实并不可怕，可怕的是我们不敢去面对。

【口才点拨】

聪明的人会将认错视为完善和提升自我的有效途径，不会难堪。公开承认自己的弱点和缺陷，才能真正跟人建立关系，一个不能做到知错能改、不知弥补自己不足的人是不会进步的。

063 “吃亏”的口才

谈判中，如果陷入僵局则可以说出一些“吃亏”的话让对方心动，从而达到自己的目的。当然，这里的“吃亏”并非指真的吃亏，不是说什么都得无底线地让步，而是装作“吃亏”。

生意场上，有很多这样的例子。比如某餐馆老板和顾客因为上菜晚了一个小时而争论不休，暂时谁也没有说出个所以然来。餐馆老板想了想后对顾客说：“咱们这么谈下去对谁也没好处，不如这样吧，咱们交个朋友，这顿饭钱我替你们出了，之后再来这里都给你们打95折！”

他的话看起来很吃亏，自己掏了一顿饭钱不说，以后这些客人来了还要打95折。不过其实并非如此，一些优质顾客带来的效益要远远大于老板在这句话中所做的让步，他这么做，无形中是为自己的餐馆做了宣传，打下了良好的顾客基础。

这么做的要点是：一定要让人们觉得你是吃亏的，他们是有赚的，这样才能让他们乐于和你合作，乐于进入你布下的“圈套”，否则都是白费力气。所以，“吃亏”也是需要口才的。

【口才点拨】

生活中处处有交流，交流质量的好坏决定着我们生活质量的好坏。稍微“吃点小亏”能让我们的生活更加美好，正所谓“大勇若怯，大智若愚”。

064　如何表达自己的不满

在复杂的人生历程中，很少有人能真正做到心如止水，一般都会有喜怒哀乐，如果有人做了一些有违社会道德的事情，就应该坚决制止。但是，明着说出来有时候不仅不会起到制止的效果，还有可能使对方恼羞成怒变本加厉，所以需要委婉一点，隐晦一点。那么，怎样“委婉且隐晦”地告诉对方，你对他的做法很不满呢?

王川是一个机智的人，面对各种无所不用其极的骗术总是游刃有余。有一次，年仅27岁的王川接到了一条短信，大意是他是王川儿子，在大学打架惹事了，需要几千块钱去派出所交罚款。王川回了一句：“我的工资全在你妈那里啊，去找她要吧。”一句话就说得对方哑口无言，识趣地离开了。

他正是用这种办法告诉对方“别装了我知道你是骗子”，既不会引来可能的“打击报复”，也维护了自己的利益，可谓一举两得。

【口才点拨】

生活中有很多这种无法容忍的事，说得太过直白可能不太好，所以我们要学会用另外的方式进行告诫。

065 “模糊”回答问题

北宋仁宗朝，宰相韩亿奉命出使辽国。当时，章献太后的外亲担任副使，这位副使功利心很重，一直想找个合适的机会在章献太后面前显耀功德，以便得到封赏，所以他暗下决心，要借着这次出使辽国的机会好好表现，立个大功。于是，这位副使在辽国假传圣旨，说太后告谕辽国，南北两朝应该和好休战等等。

次日，辽国的皇帝就向韩亿询问此事，说：“既然皇太后有旨，为何大使不告诉我们呢？”韩亿对此事全然不知，听辽国皇帝如此说，他顿时就明白这一定是副使假传圣旨，表现自己。不过，此事关系到两国之间日后的关系，所以必须处理得妥妥当当，否则后果就严重了，必须找个适当的理由掩盖过去才行。想到这里，韩亿对辽国皇帝说：“陛下，您有所不知，本朝每次派遣使者外出时，皇太后都要用这样的话告诫我们，并不一定要我们转达到北朝。”

辽国皇帝对韩亿的回答很满意，便高兴地说：“太后如此圣明，这真是南北两朝百姓的福气啊！”

坐在一边的副使早已急出了一身大汗，他万万没有想到自己的一句话惹出了这么大的麻烦，正为自己的失言而担忧，生怕因此而闯祸。听了辽国皇帝与韩亿的谈话，副使才放下心来，对韩亿的答辩才能佩服不已。

由于皇太后根本没有下旨，作为使者是不能随便乱说的。那位副使急功近利，惹出了麻烦，如果韩亿对辽国皇帝说没有这回事，就一定会惹出麻烦。所以，他只有巧妙应对辽国皇帝的问题，做了一个模糊的回答，不仅宣扬了章献太后的仁德，还避免了一场可能引起的事端。

【口才点拨】

当对方提出的问题过于苛刻或者不能明确答复时，可以给出一个模糊的答案，这样可以避免不必要的麻烦。

066 将计就计，顺势而为

将计就计就是利用对方所用的计策，反过来对付对方，或者是顺着对方用计的态势来采取己方的行动，以达到预期的目标。

西安事变前夕，张学良和国民革命军第十七路总指挥杨虎城都有逼蒋抗日的想法，可在双方没把话挑明前，谁也不想把这层窗户纸捅破。但是蒋介石围剿共产党的命令估计几天后将会公布，时间不等人，双方都是欲说还休。

杨虎城下面有个共产党员叫王炳南，张学良也认识。在一次晤面中，杨虎城说道："王炳南是个激进分子，他主张扣留蒋介石！"张学良一看时机已到，就及时地将计就计接口道："这个办法可行。"

于是，张学良和杨虎城开始商谈行动计划，最终上演了西安事变，迫使蒋介石答应联共抗日。

【口才点拨】

谈话其实也是一个斗智斗勇的过程，有时将计就计、顺势而为不失为一个好方法，不仅可以避免使自己陷入尴尬的境地，而且还会营造对自己有利的谈话氛围。

067 藏巧于拙

在动物世界里，老鹰站立的时候好像在睡觉，老虎行走的样子好像生了病，这是它们为了捕获猎物采取的方法和战术。同样的，做人做事时善于藏巧于拙才能走得更远。历史上，"用晦而明"一直被奉为处世的良谋。

贾诩是三国时期众多谋士中最得善终的一位，他每一条计策都是非常高明的，但他不管是在狠毒的李傕手下，还是在多疑的曹操、曹丕手下，都过得非常安稳，若问为何，那便是他善于藏巧。

李傕、郭汜听取了贾诩的计谋，反攻长安之后行为暴虐，比董卓是有过之而无不及，让贾诩深感后悔，想和他们两个人划清界限。于是当李傕、郭汜二人打算封贾诩为侯的时候，贾诩说："我这计谋是为了保全我自己的性命，不算什么功劳。"于是坚决不接受封侯之位。之后二人又想封贾诩为尚书仆射，贾诩又说："尚书仆射当为天下榜样，我无名无望，怎能服众？"仍然坚决推辞不接受。

最后贾诩辗转来到曹魏，在曹操手下做事，此时他生怕曹操猜疑，于是非常低调，防止了曹操对他有什么不好的想法，最终得以安度晚年。

【口才点拨】

美国标准石油公司创始人约翰·洛克菲勒说："我生怕承受不了自己的巨大成功，一再告诫自己不要让任何愚蠢的主意冲昏了头脑。"聪明的人会认清自己的优势与劣势，而且在面对个人的"拙"时，或是用自己的优势将其隐蔽，或是借用有利时机，或是听取他人的善言，以各种方法来弥补自己的不足之处，这也是"藏拙"的最终目的。

068 谈话和心理挂钩

建安三年，曹操第二次大举进攻南阳军阀张绣。由于曹操的兵力太强大，张绣见情形不妙，就退兵于南阳，在城内固守。曹操继续进攻，却久攻不下，因此心情十分狂躁。无奈之下，曹操骑着战马围着南阳城转了三天，每转一次，他都仔细观察地形等情况，就在最后一圈时，他发现东南角城墙的砖石有新有旧，而且鹿角遭损十分严重。曹操见状，很是高兴，心想：张绣守城的致命破绽就在此了。于是，他立即传令在城的西北处堆积柴薪，并把所有的将领全都召集起来，对他们说："想要攻破城池，我们必须采用佯装之计，先摆出集中兵力攻西北方向的架势，以获取更多的时间和机会准备充足的攻城器具，一切就绪后，就从东南角突袭入城，这样就能做到出其不意，克敌制胜。"

众将领都认为他的这个计谋可行，都同意了。

张绣见曹操骑着战马围城观察了足足三天，又见曹军在城墙的西北角堆积了很多柴薪，对此他觉得非常奇怪。这时，张绣身边的谋士贾诩笑着说："曹操在城外看了三天，我在城内看他看了三天。他的用意我早就清楚了，我们现在可以将计就计，必定取胜。"

张绣惊异地问："此话怎讲？"

贾诩解释道："我当时站在城墙上看见曹操仔细察看东南城角砖石的新旧颜色，那时我就已经知道，他一定觉得此处是我们的薄弱环节，定会从这里进攻。不过，他表面上却在城的西北处堆积柴薪，想要诱骗我军主力防守此处，他就可以乘机从东南角偷袭城内，这就是他声东击西的计谋。"

张绣听后大惊，接着问："那我们该怎么办？"

贾诩回答说："其实，这个很简单，我们先令精锐士兵饱食轻装，埋伏在东南的房屋内，再让附近的百姓假扮成士兵，做出尽力防守西北的样子。夜晚时分，等到曹军从东南角进入城里的时候，立即燃炮，听到炮响，伏兵齐起，打他们个措手不及，这样就一定能将曹操活捉。"张绣听后，满意地点了点头，采纳了贾诩的建议。

曹操得报说："张绣现已将兵力集中到西北角上，并呐喊鼓噪，誓死守城，不过城的东南角防守大为欠缺。"

曹操听后，得意地大笑道："张绣果然中计了！"说罢，曹操就命令大军暗中准备好爬城的器具。第二天，他只是命令部队假装向西北角进攻，却让精锐主力爬上城墙，把鹿角砍开，但城内却一点动静也没有，于是他们就一拥而入。突然，一声炮响，张绣的伏兵蜂拥而上。曹操见状手足无措，慌忙退兵，张绣亲自率领精兵强将乘势追击，勇猛掩杀。

结果，曹军被张绣军打得大败，慌忙逃出城去，溃散数十里。张绣一直追杀曹军，直到天亮才回师入城。这场战役，曹操共损兵五万余人，辎重也损失惨重。

【口才点拨】

贾诩说话掷地有声，张绣不得不佩服。贾诩话语间表现出了强烈的自信，正是由于这强烈的自信，给了张绣信心。

069 鼓励要有度

国外某心理学家曾说：当你处于兴奋状态时，能把事情干得更好；当你处于极度兴奋时，随之而来的压力可能会使你完不成工作；当你一点儿兴奋都没有时，也就没有干好工作的动力了。

德国网坛名将鲍里斯·贝克尔被称为“常胜将军”，秘诀是保持半兴奋状态，这就是“贝克尔境界”。

鼓励别人是应该的，但这种鼓励也该考虑到分寸，太高或太低了都不合适，太高了，会给人加压；太低了，似乎又不起作用。也就是说，能使人保持在半兴奋状态下的鼓励才是真正的好鼓励。

一位跳高运动员参加一次重要的国际比赛，经过几轮激烈的竞争后，他如愿进入了最后的总决赛——金牌的取得就在这最后的一跳中。

快决赛时，他的疲倦和紧张也达到了顶点。他的教练也十分紧张，又怕他因体力不支而懈怠，心想：胜败在此一举了，应该激励他一下，鼓舞起他的士气。

于是，教练故作轻松地对他的运动员说：“跳过了这两厘米，你想要的那幢别墅就到手了，加油！”

“嗯。加油！”跳高运动员一边举起拳头，一边点着头说道，心中也树立了为别墅也要一搏的信心和勇气。只是，那若隐若现的别墅，遥远又切近，让他心里沉甸甸的。

决赛时，别墅的影子始终在他的脑海中闪现，以致不能使他完全放松地发挥，结果可想而知，他没有夺冠，没得到那块金牌，别墅的梦想也如泡影一样消失。显然，教练对他的鼓励反而给他施加了压力。

相比之下，另外一个教练却对他的运动员鼓励得恰到好处。

在洛杉矶奥运会上，当受了伤的跳水王子洛加尼斯同样面临着冲击金牌的最后一跳时，教练却是这么鼓励他的：“你妈妈在家等着你呢！跳完这轮，你就可以回家与母亲团聚了。”

兴奋紧张的状态是人生前进的驱动器和动力源，没有紧张和兴奋状态下的压力，就没有进步。但是，凡事都需有分寸，过犹不及，最好的状态是半兴奋状态。没有兴奋，会百无聊赖；激情过热，会把理智烧光。

每个人都希望用能力来证明自身的价值，但人又是容易安于现状和偷懒的，所以，我们不能在安逸的环境中待得太久，忘了自己的理想和志向，也会逐渐丧失斗志。因此，不仅要居安思危，还要不断给自己加压，让自己保持在半兴奋状态。

【口才点拨】

当人处于紧张状态时心理压力非常大，这就要我们善用适当的语言来舒缓其心理压力，达到更好的激励作用。

070 不吝啬地推荐别人

春秋时期，管仲和鲍叔牙是生意上的合作伙伴。后来，两人都当官了。当时齐国朝政很乱，很多王公大臣为了避祸，都逃到别的国家避风头，同时等待东山再起的机会。

当时，公子纠住在鲁国，管仲辅佐他，而鲍叔牙则辅佐居住在莒国的另一个齐国公子小白。

不久，齐国发生了暴乱，国王在这场暴乱中死亡，国家从此便没有了当家做主的人。公子纠和小白得到这一消息后，立即动身前往齐国，二人一心想抢夺王位。公子纠和小白率领的两支队伍在路上相遇。此时，管仲为了让纠能够得到王位，就向小白射了一箭，但这一箭恰巧射到了小白腰带的挂钩上，小白躲过了一劫。

后来，小白当上了国王，历史上称为“齐桓公”。

齐桓公上任后，提拔鲍叔牙为丞相，以辅佐他治理国家，但是鲍叔牙婉拒了齐桓公，认为自己没有当丞相的能力。

齐桓公问道：“那贤卿认为谁有能力当丞相呢？”

鲍叔牙诚恳地回答说：“微臣认为有能力担任丞相的唯有管仲。他谨慎机警，宽厚仁慈，忠实可信，不仅善于处理政事，能够制定出规范的国家制度，而且他还善于指挥军队，这些都是我做不到的，因此，陛下若想治理好国家，就要让管仲当丞相。”

齐桓公摇了摇头，说：“管仲当初射我一箭，我差点儿命丧他手，我不杀他就不错了，怎么还能让他当丞相呢？”

鲍叔牙回答说：“我听说贤君是不记仇的。再说管仲当初的做法是为公子纠效命。可见，他能忠心地为君王效力，是一位忠臣。如果陛下想称霸天下，没有管仲就不能成功，所以您一定要任用他。”

最终，齐桓公被鲍叔牙说服了，把管仲接回了齐国，并拜他为丞相，而鲍叔牙却甘心做他的助手。在管仲和鲍叔牙的合力治理下，齐国成为诸侯国中最强大的国家，齐桓公成为诸侯王中的霸主。

鲍叔牙的高风亮节和对管仲的提携之恩令人感佩，管仲曾说：“当初，我辅佐的公子纠失败了，别的大臣都以死誓忠，我却甘愿被囚困，鲍叔牙没有耻笑我没有气节，他知道我是为了图谋大业而不在乎一时之间的名声。生我的人是父母，了解我的人是鲍叔牙啊！”

【口才点拨】

获得友情和信任的最好办法就是在某个人最需要帮助的时候不离不弃，鲍叔牙深知管仲心中所想，不遗余力地推荐他，终于获得了一位知己，壮大了自己的国家。由此可见，交友不仅需要知心，还要不吝啬地推荐别人，才能让朋友心服口服。

071　大事明了，小事糊涂

经常听到有人说“活着真累”，这个世界纷繁复杂，如果大事小事都往心里去，如此下去，不累才奇怪呢。人的一生不应该对什么事都斤斤计较，该糊涂时糊涂，该聪明时聪明。不拘小节，在重大问题上坚持原则，是做人做事的最高境界。

观察问题要从大的方面来把握其实质，理清主线才能认清问题的全面，而对生活中无原则性的琐碎的枝节小事，不必认真计较。

其实，人的一生中，不能凡事都计较，该糊涂时糊涂，该明了时明了。有句成语“吕端大事不糊涂”，说的正是小事应该装糊涂，关键时刻显智谋。中国历史上，这样的大智若愚者不乏其人。

公元前606年，楚庄王平定了令尹斗越椒的叛乱后，大宴全体大臣。

席间，奏乐歌舞，一直欢饮到黄昏时分，仍然兴致未尽。于是，楚王命令下属继续点烛夜宴，还让他最宠爱的许姬、麦姬两位美人轮流向大臣们敬酒。

就在嫔妃敬酒之际，忽然刮起一阵风，把所有的蜡烛全都吹灭了，顿时一片漆黑，席上有一位官员乘机摸了许姬的玉手。许姬一甩手，将他的帽带扯了下来，急忙悄悄告诉楚王：“刚才有人乘机调戏我，我顺手将他的帽带扯了下来，大王快点儿叫人点起蜡烛瞧瞧谁没有帽带，就是他了。”

楚王听了，立即下令不要点烛，大声地说道：“今晚，寡人一定要与诸位大臣喝个痛快，请大家把自己的帽带解下，痛饮一番吧。”

于是，大臣们都解下了帽子。待楚王命令把蜡烛点燃后，大家都不戴帽子了，也就看不出是哪位大臣的帽带断了。

【口才点拨】

假装不懂可以化解很多难题，尤其是自己的谈判筹码很少的时候，将错就错，以不懂应万变，会让对手不知所措而不得不妥协让步。在与人交往的过程中，我们不妨尝试一下“装糊涂”，表面糊涂，而心中有数。

第六章 求人口才：会说话好办事

072 求人是办成事的捷径

大千世界芸芸众生，谁愿跑到别人面前低声下气地求人？可谁又能不求人就把一切事办了？早在二千多年前的庄子就说出“万事不求人”的话语，但直到今天，这句话仍然只是一句口号而已。

一个篱笆三个桩，在现今社会，人与人之间的相互帮助，是共同走向成功的有利捷径。有人身怀旷世才学，不管是处事还是为人都步履维艰；有人资质一般，却干出一番惊天动地的事业，原因就在于后者善于求人帮忙，从而立于从容之地。可以说，求人者生，不求人者死，只有肯求人，善求人，才能在这个竞争的环境中立于不败之地。

在求人办事方面，古今中外求贤若渴的例子比比皆是，比如周文王求姜子牙、萧何月下追韩信、洛克菲勒破格提升阿基勃特等都属于此类，尽管他们把这种行为冠以识才爱才的高帽，只不过是与自己利益有关。

一个国家的执政者得有文武官员的支持，一个大企业老板需要基层员工的辛勤工作。正如荀子在《劝学篇》所说：“假舆马者，非利足也，而致千里；假舟楫者，非能水也，而绝江河。君子生非异也，善假于物也。”也就是说，善假物者可以致千里，善假于人者则可以大展宏图。美国著名企业家洛克菲勒说：“为了得到有用的人才，我会不顾一切地去求他，即使是付出再高的代价也是值得的。”

【口才点拨】

在竞争日益激烈的今天；求人与成功更是关系密切。能力再大的人，如果仅凭一己之力，也会步履维艰，诸事难成，要成事就得求人。求人是办成难事的捷径，借力则是成功办事的智慧。

073 求人时怀揣诚心

东汉末年，被曹操打得大败的刘备屈居于荆州的新野。

为了将来能够恢复汉室江山，他四处访求人才，荆州名士徐庶便向他推荐了诸葛亮，刘备专程到隆中去拜访。刘备带着关羽和张飞第一次来到诸葛亮住处，报上姓名说："汉左将军宜城亭侯领豫州牧皇叔刘备特来拜见先生。"结果被童子抢白道："我记不得许多名字。"然后童子说："先生出门了，踪迹不定，不知何处去了。"刘备三人只好返回。

过了数日，刘备探听孔明已回，便教备马。张飞曰："量一村夫，何必哥哥自去，使人唤来便了。"玄德叱曰："汝岂不闻孟子云：'欲见贤而不以其道，犹欲其入而闭之门也。'孔明当世大贤，岂可召乎？"遂上马再往访孔明。时值隆冬，天气严寒，路上突然下起雪来。张飞曰："天寒地冻，尚不用兵，岂宜远见无益之人乎？不如回新野以避风雪。"玄德曰："吾正欲使孔明知我殷勤之意。如弟辈怕冷，可先回去。"但这一次仍然没有见到诸葛亮。直到第三次，刘备才见到诸葛亮，诸葛亮也被刘备的诚意打动，于是离开隆中，参与到恢复汉室江山的战争中。此后，诸葛亮成为刘备的军师，帮助蜀汉东联孙吴，北伐曹魏，占据荆、益两州，北向中原，建立蜀汉政权，形成与东吴、曹魏三国鼎立的局面。

【口才点拨】

求人的时候懂得用语言感动人、说服人、感染人，让对方接受自己的观点，就容易让他接受你的求助。

074 求助的时候不能"居高临下"

一位千金小姐和随身丫头一起逃难，干粮吃尽后，丫头要小姐一起去乞讨，小姐自认为身份高贵，根本不想去干这种事，丫头只好一个人去讨饭，讨得的饭并不够两个人吃的。千金小姐就认为下人无能，这点儿小事都做不好，于是和丫头一起去乞讨，好让她看看自己是怎么旗开得胜的。

主仆二人来到一大户门前，丫头向看门人说明来意后，看门人仔细将二位打量了一番，一直没说话的小姐这时开口了：“你先给我们两人一顿饭吃，我是大户人家的女儿，等我找到了我的亲人，再十倍还你。”看门人看了看这位小姐，什么话都没有说，突然把门给关上了，任凭丫头怎么叫，看门人都不再理会。

一天下来，她们两人乞讨的干粮还没有丫头一个人讨的多，小姐闷闷不乐地对丫头说：“他们怎么能这样呢？我对他们好言相道，还向他们保证以后会回报于他们的，他们为什么那么不领情，不相信我呢？”丫头叹气道：“小姐，不是他们不领情，是你请求的说话方法不对。我们现在的情景不同以前，以前在家里，你可以依你的身份来要求人们为你做事，奴婢们不能不从。现在我们到了外面，是无家可归的流浪人，我们现在连自身都难保，还怎么向人家做出承诺，又怎么让人家去相信我们呢？我们要想得到别人的帮助，就必须先放低姿态，屈尊降贵，只有这样，别人才会心甘情愿地帮助我们。”

【口才点拨】

当你需要帮助时，以地位作为借口是无法得到帮助的，这需要站在同一立场上达到自己的目的。当然，也不要过分地自我贬低。

075 说话时想对方之所想

梁坤是国内某著名大学的建筑设计师，又在国外一所名校获得了博士学位，可是当他带齐所有的文凭去一家500强企业应聘的时候，却遇到了麻烦。

这位企业家是个只有小学文化的人，根本不相信那些拥有高学历的人，更不喜欢那些年轻的人。当梁坤递上自己的学历证明时，想不到这位有名的企业家却对梁坤说：“你学到的只是一些书本上的理论，这对房子设计来说，根本没有用处。”梁坤听了并没有气馁，而是想了想说：“好吧，其实我在国外并没有学到什么，那几年一直在玩。”而这位企业家听了却改变了主意：“既然你这么诚实，本公司聘用你了。”就这样，梁坤找到了企业家的想法，于是进入了这家企业。

可能有人觉得梁坤这样做是不道德的，但他做到了既不伤害别人又把问题顺利地解决了。

同样的，帕金斯就任芝加哥大学校长时，有人怀疑他那么年轻，是否能胜任大学校长的职位，他知道后只说了一句：“一个30岁的人所知道的是那么少，需要依赖他的助手兼代理校长的地方是那么的多。”就这短短一句话，使那些原来怀疑他的人一下子就放心了。

【口才点拨】

人们往往喜欢表现自己比别人更有能力，或者努力地证明自己是有特殊能力的人，然而一个真正有能力的人是不会自吹的。所以，如果你要想得到大众的支持，就要想想大众需要怎样的话。

076 自损可以换来好处

人们都有这样的经验：当你自己表现得特别聪明，非常完美时，就会招来很多麻烦。而有时装装糊涂，才能保全自己，这是大多数人成功的经验。因此，求人帮忙的时候一定不要刻意表现得自己有多聪明，必要的时候要懂得自损，伏尔泰就是一个很好的例子。

在英法战争期间，伏尔泰被英国人抓住了，要被吊死。在被送到绞刑台上时，一些英国朋友前来替他辩解，说伏尔泰先生只是个学者，他从不参与政治，不能把他处死。但那些群众认为法国人就该死，非得把他吊死不可。在双方争执不下的时候，伏尔泰举起了双手，要求说几句心里话。他对群众深深鞠了个躬，说：“各位英国朋友！因为我是法国人，你们就要惩罚我。但是我生为法国人，却不能生为高贵的英国人，难道这惩罚还不够吗？”说完，英国人全都哈哈大笑了起来。这番话竟让伏尔泰死里逃生，他被当场释放了。

自贬常常是人智若愚的表现。一个人若懂得自贬，那他绝对是一个最善于求人帮忙的人。伏尔泰深谙“自我嘲笑、自我谦抑”的技巧，不仅化解了英国人对他的敌意，更挽救了自己的生命。有了“装装糊涂以提高别人的智慧”的指导思想，伏尔泰才能死里逃生；有了善于求人帮忙的技巧，也才能够得到别人的帮助。

求人能自损，所谓“大丈夫能屈能伸”就是这个道理。

【口才点拨】

凡是懂得求人帮忙的人，都不会对自己评价过高。所以，无论你自身条件如何好，都不要抬高自己，因为只有懂得自损，才会求得别人的帮助。

077 说服别人帮忙就要设身处地

在求人帮忙时，会不会说话是最关键的。假如你遇到了一件难事，仅靠自己的力量解决不了，想求人帮助，就必须有很好的语言能力，足以打动别人来帮助你。明朝开国皇帝朱元璋的口头功夫就很不错。

朱元璋在皇觉寺当和尚时的日子并不好过，后来投奔了安徽定远郭子兴的农民起义军，才算有了吃不愁穿无忧的生活。当时，起义军将领孙德崖正在离间郭子兴与赵均用的关系，他说郭子兴只宠爱彭大，赵均用在郭的眼中并不算什么人物。赵均用听了后怒不可遏，于是便想到了暗杀郭子兴的计谋。经过多次失败后，终于有一天，孙德崖得到机会把郭子兴绑架了。

朱元璋也知道，之所以会出现这样的结局，完全是由于郭子兴只顾把彭大当作心腹，而对赵均用却视若无睹的结果。虽然从表面上看是孙德崖绑架了郭子兴，其实暗地里是赵均用的主意。当务之急是只有请出彭大将军，才能救出郭子兴。于是，朱元璋带领两个心腹将领去找彭大。朱元璋把得失利弊都对彭大讲了，请他帮忙，说：“世人皆知郭子兴钦佩彭大将军，愿意与他结交，却没想到得罪了人。这些人想要陷害郭子兴，其实也就是轻视您彭大将军，他们今天能对郭子兴这样做，明天就会对您这样做。”性格耿直的彭大根本不知道朱元璋的葫芦里卖的什么药，只是很生气别人对自己的无礼，便答应朱元璋的请求，率领麾下将士一起把孙德崖的营地包围起来，这才救出了郭子兴。

【口才点拨】

同样一件事，有的人去说就不成，有的人去说就成功了，是因为他们长得招人喜欢还是位居高位？其实，能成功请到人帮忙并不在这些，关键是他们求人办事少不了说话，更把握好了说话的分寸。因此，只要你会说话，求人帮忙就容易成功。

078 说话要机巧

在生活中，一个人是否懂得求人帮忙，与成功有着很大的关系。那些笨嘴拙舌的人即使有定国安邦之才，也会在困难中遭遇失败。相反，那些善于求人的人，即使是才能稍微疏浅一点儿，也会把握住机遇。

想要求人办事成功，就得先把话说好，这是你求人成功的前提，如果你一开口就把人得罪了，谁还会帮你解决难题？不去涉及别人的缺点，是求人的礼仪。尤其是对方先天性的缺陷，所以最好别用，以免让对方感觉你是在拿他的缺陷开玩笑。在开口前要先想好自己该说什么话，否则，当你一句话不慎惹得他生气，也办不成事。

明太祖朱元璋还只是一个给别人放牛的小孩子时，由于他生性豪放，结交了一些和他一样的朋友。成为皇帝后，有两个穷朋友想求个一官半职的，因两人的话相差很大，最后的命运也大相径庭。

第一个朋友一进宫便毫无顾忌地说："请问皇上还记得我们小时候的事吗？那时我们几个孩子替人家放牛，把牛牵出去后，我们就在芦花荡里煮豆子吃。豆子还没煮熟，大家就开始抢。你一不小心把罐子都打破了，豆子撒了一地。你光顾抢豆吃，连草也吃了，结果被卡住了喉咙。还是我找了几片青菜叶子，叫你吞了下去，才把卡在喉咙的草咽进肚里去。"朱元璋听后脸色大变，厉声喝道："哪来的狂徒，给我打出宫去！"

等到太监传话让另一位旧友进去时，这位昔日的放牛娃说："你跟我学学吧。"于是他三步并做两步进得宫后，一见皇帝跪下便拜，之后，朱元璋给他一个座位，这位穷朋友说："皇上还记得以前的征战吗？当年微臣随驾扫荡芦州府，打破了罐州城后汤元帅逃跑了，你捉住了豆将军，但是红孩儿挡道，还是多亏菜将军帮忙，才大获全胜。"朱元璋对这位朋友的话大加赞赏，因为此人把这些儿时的丑事说得特别动听，又让他想起了当年吃不上饭而有难同当的情景，便封这位旧友为将军。

【口才点拨】

话说得是不是动听，结果会有天壤之别。此例中，朱元璋已不是当年的放牛娃，而是一国之君，若昔日小伙伴还是像以前那样口无遮拦，不仅会求官失败，还有可能招致性命危险。

079 取得对方的信任

生活之中，几乎人人都能说话，但把话说好却不是一件容易的事。会不会说话已经成为一种竞争能否取胜的保证，因此，求人帮忙时把话说得得体才能打动别人，让别人心甘情愿地帮你，达到你想要的结果。

求人办事时，话是非说不可的，还得必须说好。这需要一定的技巧，说话不能词不达意更不能过激，否则只有失败在等着你。你不仅要说，还要说服对方，让其愿意帮你做事，而取得对方的信任是最好的方法。只有对方信任你之后，才会去帮助你。心理学家认为，信任是人际交往的前提。只有对方信任你，才会帮助你，如果对方一直对你说的话持怀疑态度，即使你再能说会道，他也不会信任你的。因此在求人办事时，能否取得对方的信任，是非常重要的。

【口才点拨】

信任是人与人交流的根本，没有信任，就算表面上合作了，最后也会分崩离析。求人办事就需要取得对方的信任，这样才能使合作更长久，达到共赢。

080 给对方一定的缓冲余地

求人办事一定别死赖着对方，要求对方必须帮你做成什么事。换句话说，求人办事不能像孙悟空一样紧紧盯住人家，别人能给你办到什么样就办到什么样，不要一个劲地让别人办成他难以办到的事。例如，求人办事应该先考虑他有没有这个能力。如果你的要求过高，使对方很为难，最好不要给人出难题；其次，即使别人是不费吹灰之力，你也不要有十拿九稳的表现。

有些事情使你不得不去求助他人才能得到解决，能不能得到别人的帮助，取决于你懂不懂得求人的技巧。有些人一提到求人就皱眉头，就怀有这样的偏见：那是卑躬屈膝、低三下四的行为。其实，向他人求助是以自尊、自重、自爱为前提的，做到求而不卑、求而不倚，而要想成功地求得别人的帮助，必须遵守一定的原则。

首先是诚恳礼貌的问题。俗语说：精诚所至，金石为开，礼貌是求人成功的先决条件；其次是要避开忌讳，每个人因生活经历不同，对某些言辞会有所顾忌，因此千万不要去冒犯。《孙子兵法》上讲："知己知彼，百战不殆。"这句话同样适用于求人的技巧。当你有于求别人时，不妨对那个人的嗜好、性情做一番了解，然后再去寻求帮助，这样做效果会更如意一些。

你满怀信心地去求对方帮忙，对方不一定能达到你的满意。当你遭到拒绝时，不要过分伤心失望。的确，遇到拒绝后你会很难受，但如果你死缠烂打吃定对方，非让他帮你办成这件事不可，往往会导致鱼死网破的局面。你求人遇到拒绝后，也不要过分一意孤行。对方既已拒绝，必有原因，如果一味坚持自己的初衷，不但会使对方为难，而且也使自己显得没有人情味。人生不如意的事很多，又何必在这件事上斤斤计较呢？做到豁达大度，不抱成见。

当你料到对方能拒绝自己时，不妨直接表示你的大度，再安慰对方一下，请他不必介意。对方很可能会感到过意不去，说不定以后会很主动地帮助你呢。

【口才点拨】

在求人帮忙办事时，一定要给对方留出一些余地，让对方少一些压力，那么成功的机会就大很多。

081　必要的"好处"

大家都知道万事求人难，可在现实生活中，我们都需要和他人交往，有时候难免求人办事，或工作上的，或生活上的。不过，求人办事是一门展示自信、沟通和人际关系，乃至个人修养的艺术，总结起来就是求人也要有技巧。

顾建伟在北京一家机械公司上班，虽然在公司没有任何权力，但他依然工作勤恳，为人友善，赢得了许多人缘。

几天前，部门主管交给他一个新任务，要求他在半个月内完成。偏偏此时项目组长休假了，顾建伟急得团团转。郁闷中，顾建伟打电话向朋友诉苦："我真倒霉，我们的主管交给我和另外一个新同事一项新任务，我俩的水平都很一般，到时候完不成任务可怎么办？"朋友给他出了一个主意："请部门里的同事帮忙，大家同在一部门工作，天天抬头不见低头见的，帮个忙应该不是什么难事。"

听君一席话，胜读十年书，顾建伟顿悟，便趁下班之际到超市买了很多好吃的零食，上班时把这些东西往办公室一放，再加上他的诚恳求教，果然有同事伸出援手，帮他顺利地完成了任务。

【口才点拨】

诚信求助再加上一些小小的"收买"，几乎没有人会拒绝的。

082　你自己的个人魅力

大千世界众生芸芸，求人办事是最正常不过的事情，因为总有一些你力所不及的难题等着你去处理。有什么技巧呢？首先，得懂得如何求人。为此要记住：自信是解决难题的动力。

在求人之前，应对自己和对方的关系做个准确的判断，通过比较找出对方与自己的关系好到什么程度，如果还不错的话，那么你就应该有充分的自信。如果你总认为自己与对方的关系还一般，要办的事太难，他可能会办不成；反之，如果他想帮你，要办的事也确实在他的能力范围之内，则会使出浑身解数，最后一定成功。

其次是求人时要有耐心，如果你处处表现出异常急躁的样子，对方也会受你的感染。要学会自我控制，要向对方展示你的不仅是处乱不惊，而且还是一种修养——即使事情没办成，也不心生忌恨。保持平静，求人的把握也就多了几分。

最后，还要对结果抱着淡定的态度。或因过程曲折，或因难度太大，有可能遇到求人的结果适得其反，但也不要耿耿于怀，记恨对方一辈子。看开些，不妨表现得大度宽容一些。

求人办事要讲究技巧。一个人的说话水平，可以决定你的生活水平——善于说话的人大多时候很受人尊重，受人欢迎，能赢得他人的信任、支持，这样求人就容易得多。而肚子里有话却说不出的人，就好像“茶壶里煮饺子”，这样的人去求人办事往往会容易被人拒绝。

【口才点拨】

当你在风平浪静之时，也要学会多从实际出发，一点一滴地经营人脉关系，争取做到让别人对你有个好印象，增加个人魅力。一旦出现不测时，才可能左右逢源，让难题迎刃而解。

083　言语之中“捧”着领导

当你遇到一般人办不了的难题而要请领导帮你办时，就需要你平时和对方搞好关系。当然，并不是让你拍马溜须，而是要学会“捧”着领导，在领导面前显得嘴甜点儿，领导想要做什么，你心里已经明白个八九分了，看看能不能帮他分担一些，时间长了领导就会对你另眼相看，甚至成为好友，这时再让他帮你办事会容易很多。

每个上司都希望下属忠于他，困难时同舟共济，交代下来的任务能够既快又好地完成，并且不会透露自己的秘密，只有这样，领导在关键时刻才能与你有福同享。所以，对于一个合自己“口味”的领导，千万不要背叛他，一定要坚持，将上司的错误揽过来。虽然这样做可能损害到你的当前利益，但长远利益是无穷尽的，这样能让上司真真正正把你当朋友，在你有困难的时候，他也一定会挺身而出。

【口才点拨】

想求领导帮你办事，就一定要和领导搞好关系，“捧”着点儿他，在外人面前护着点儿他，只有这样才会有最好的结果。

084“捧”领导的注意事项

“捧”领导也是有技巧的，首先你要尊敬他。古话讲“忠心事主”。尽管他的官衔不一定大，但领导毕竟是你的领导，不管是说话还是做事要对他表现出尊敬的意思，也要对他的意见表示尊重。当你和领导的意见有分歧时，不能当众顶撞他，这样会让他很难堪，下不了台，只会对你怀恨在心。最好是私下里和他交流，说话也要温顺谦虚一点儿，不能让他察觉你对他有威胁，这样做除了能照顾他的面子外，对你也会产生好的影响。多赞扬、欣赏你的领导，员工精明强干，才会得到领导的器重。向领导请教，谦虚意味着你有自知之明，懂得尊重领导，谦逊可让你得到领导的支持，帮助你更好地成就事业。

其次，要学会谦逊。在与领导的交往中，谦逊是很重要的。要主动找领导谈话，请他对自己的工作多指教，这可以增强自己工作方面的能力；有不对的地方要虚心地接受他的批评，这样他会觉得你是一个求上进的人。有的人在领导批评他时，会一脸的不高兴，认为领导在故意找自己的麻烦，这是不对的。领导对自己提意见表示他很在意你的表现，要是无论你怎么样他都不管了的话，那才是真正的坏事。要学会韬光养晦，不与领导争功。

最后，要懂得多配合领导的工作。在领导面前过分在意金钱和物质方面的利益，并不是什么好事。作为下属，你的任务主要是协助领导，假如你硬要出来邀功争宠只会让人觉得你不自量力，不识大体，所以不要让领导感到你对他是一种威胁。切记不要跟领导抢功，这样表明你目中无人，不知道高低，到头来只会是功劳没有争到，还会在众人面前名声扫地。最好的办法是把功劳让领导给，而不是自己去抢。你应明白领导总需要一些忠心耿耿的追随者和支持者在身边，一旦他把你当成自己人看待，那就为你以后求他帮忙做好了铺垫。

【口才点拨】

谁都渴望得到他人的称赞，领导也不例外。如果你能巧妙地表现出你对领导的欣赏，他肯定是会非常高兴的，也会觉得你是一个知心人而愿意帮助你。

085　说漂亮话

戚家伟在一家不大的公司工作，上司是一个故步自封的人，但是戚家伟懂得上司的心理，知道如何让自己既不卑微又让上司喜欢。

一天，上司因工作而失误，上司还自以为自己是最正确的，这让本部门的下属很瞧不起。幸好戚家伟出面，去和上司说明情况，但他谈的根本不是上司做错的事，而是一些其他无关紧要的事。他们聊得很愉快，聊到最后上司居然谢谢他。后来，上司主动承认了自己的错误，戚家伟得到了上司的赏识，上司还对他的主管领导推荐了戚家伟。但是有一天，戚家伟因为家里有事而没来上班，向上司请假，上司早就把他当成好朋友了，就问戚家伟什么事，看他能否帮上忙。戚家伟说出来之后，上司一听正好能帮上，很快就帮他处理好了此事。之后俩人的关系越来越好，戚家伟也得到了上司的提拔。所以，求人能不能成功不是取决于上司，而是你自己，关键是你怎么获得上司的赏识。

当你取得一定的业绩时，应该先说感激的话，比如“业绩的取得，是上司和同事们帮助的结果”。这种套话虽然乏味得很，却有很大的作用：不仅说明你谦虚谨慎，还能减少上司、同事对你的嫉恨。好的东西谁都喜欢，越是好的东西越是舍不得给别人，这是人之常情。但如果你有远大抱负，就不要把这个业绩的取得据为己有，而应大大方方地把功劳让给你身边的人，特别是你的上司。这样，你的上司脸上也有光彩，以后少不了再给你更多的建功立业的机会；否则，如果你只会打眼前的算盘，急功近利，则会得罪身边的人，一旦你遇到难题去求人的时候，往往会没人肯出来帮忙。

不必因为同事的一些流言蜚语而躲避上司，你若希望上司看得起你，就应该让上司看得见你，忠于上司才会得到他的喜爱。上司一般都把下属当成自己的人，希望下属忠诚地听他指挥。如果下属背叛自己，或“身在曹营心在汉”，肯定得不到上司喜欢。

【口才点拨】

与自己的上司搞好关系是非常重要的，不但能工作得顺心如意，一旦遇到自己解决不了的困难时还可以求他帮忙，毕竟他的职位高，能力强，认识的朋友比你多，许多事你觉得比登天还难，可对他来说是小事一桩。

086 让难事变得容易

不论你求谁帮忙，是亲朋也好是好友也罢，求人毕竟是很难为情的事，如果懂得一定的窍门，难事也就变得容易了。

为人应该光明磊落，是处世的第一准则，但想说什么就说什么的人未必事事受欢迎，特别有时连自己也不明白事情的真相时。

仇天辉刚托好友尹总帮自己“办个事”，就听说他“进去了”，这让仇天辉有点儿惊慌失措，不知怎么办好。于是，他打算去尹总家里看看情况。在他到尹总家里的时候，确实只有尹夫人一个人，并且看上去很是愁苦。

仇天辉寻思：“这种事还是不要明摆着问，如果尹总真的进去了，夫人肯定会实话告诉我，我还是换个问法吧。”于是他问道：“哎？老尹呢？怎么不在？”

尹夫人叹气说：“他这不是有心脏病吗！上午发病，给送医院了。”原来如此啊。仇天辉暗地点了点头，心里的石头也落了下来。如果他实话询问，肯定得把尹夫人吓出个好歹。

韩三林在广东一家外资企业打工，在短短的半年之内，他连续两次提出改革建议，使企业的材料成本分别下降20%和100%。经理非常高兴，对韩三林说：“小伙子，好好干，公司是会发展起来的，你的待遇也会水涨船高的。”韩三林当然知道这句话可能意义重大，便轻松一笑，说：“我想你会把这句话放到我的薪水袋里。”经理会心一笑，爽快答应道：“会的，一定会的。”不久他就获得了加薪一倍的奖励。

面对经理的肯定，韩三林如果不是这样俏皮，而是坐下来认真严肃地提出加薪要求，并摆出理由若干条，可能就不会出现这样圆满的结果。

【口才点拨】

谈话之间时刻注意自己的言语，另换一种方式来表达自己的意思，得到的结果也许正是你想要的。

087 学会“拐弯抹角”

有时，如果你直接说出那些求人的话会显得尴尬，此时诱导对方先提出来，无疑是最高明的。

秦秀和他的好友单东一起合伙做生意，准备继续做大，于是他就给了单东一笔巨款。然而，生意还没开始，单东竟然就暴病身亡撒手人寰。

秦秀立即进退两难，开口要求退还资金太刺激单东的家人，不提的话自己根本没有能力再去筹集这样的一笔巨款了。他仔细想了想，对单夫人说：“没想到，我们的生意刚起步，单老大就去世了。这可如何是好？嫂子，你也认识他的那些关系户，我看不如咱们把这笔生意继续下去，也好跟单老大有个交代。我不怕吃苦，不怕卖力，有需要帮忙的，尽管向我开口就是了。”

结果单妻反而安慰他说：“算了，出了这样的事，我也没心思继续做生意了……你把钱收回去另寻他途吧，对不住了。”

求人办事常常遇到令人意外的情况，但你要学会含蓄地表达自己的想法，利用拐弯抹角的方法，往往可以收到意料不到的效果。

【口才点拨】

有些时候，一句话自己说出口会很尴尬，但是对方说出口则没有多大影响。此时就需要找准机会，让对方先把话说出来，使自己不至于难堪。

088 循序渐进和直取要害

美国某报社总编辑想找一位精明能干的副手，目光瞄准了年轻的约翰。那时，约翰刚刚辞去外交官的工作，正准备去另一个城市从事自己喜欢的文学创作，总编辑请他到当地一家很有名的饭店吃饭。饭后，他提议请约翰到报社去玩玩。按照总编辑的安排，那时报社“国外新闻”的编辑“正好不在”，于是他对约翰说：“我能不能请你为明天的报纸写一段关于国际时事的社论？”约翰见他态度这样诚恳，无法拒绝，便帮忙写了一篇。社论写得很棒，于是总编辑再次请约翰帮忙。就这样一天接一天，最后过了一个月，渐渐地约翰习惯了这一职务，他就这样在不知不觉中放弃了到另一个城市从事创作的计划。

这就是循序渐进的策略，即先从简单的小事入手，慢慢让对方习惯，之后再提出一些别的要求，这样要求被答应下来的机会就会大很多。当然，除了这一招，还有跟这完全相反的策略——“直取要害”。

一位不出名的小学老师是个非常热心的工作者，一天，她到图书馆去，想借一些有关儿童教育的书籍，她问图书馆的管理员：“一个借书证能否借10册书？”管理员告诉她：“一个人一次只能借走6册，因为要借书的人并不只你一个人。”小学老师听了这些话后便说：“我知道，那么，以后我每周都带我的学生来，让他们每人都借一本。”

结果，原本很顽固的管理员听了她的话之后突然改变了态度，取消了原来的规定。

在这件事中，当这位小学老师提出要让每个学生来借书时，图书管理员就打破了要遵守规定的规则。图书管理员虽然知道应该遵守规定，但他又不想那么繁琐，所以才做出上面的决定。这个策略就是让他做出选择，也正是这样，小学老师才抓住了图书管理员的要害所在。

【口才点拨】

这是两种截然相反的策略，关键看对方是什么样的人。有的人适合循循善诱、循序渐进的策略，而有的人则适合直取要害，直接让他在两个选项中做出选择。

089 适当的承诺有助于实现求人目标

如果你的信誉够好，完全可以在求人时给对方一些承诺，这样会更加容易实现自己的求人目标。在对方为你办完事情之后，一定要记得将承诺兑现，俗话说“有借有还，再借不难”，求人办事同样是这个道理。

时下的一些寻人启事也好，寻物启事也好，在正文最后一般都会有几句例如交还失物后会支付一定的报酬和感谢金之类的话，这就是一个承诺。虽然让失物物归原主或者让走丢的人重新回家确实是我们应该做的，不过如果有这样一个小小的感谢和承诺，我们会更加高兴。

这就是承诺的力量。

除了这些，古代的军令状同样是一种承诺，只不过这种承诺背负的担子十分沉重而已，不过同样能够表达将士们对自己能力的信心以及对国家的忠诚，使君主能够把大事交给你，让你去做。将士实力足够的话，这将是主动谋取升迁和获得军功的最好方法。

【口才点拨】

求人时如果能够给对方一个承诺，对方自然会很乐意帮助你，毕竟互利互惠的事情几乎是无法拒绝的。但是，这种承诺一定要把握好度，太大或者太小都无法达到最好的效果，所以这就要求自己一定要掌握好对方的心理。

090　求人学会看脸色

俗话说“出门观天色，求人看脸色”，观天色可知天气是晴还是雨，看脸色，可知他人心理好或坏。懂得察言观色，便于你了解对方的态度，甚至获得语言上表达不出来的真实意思。因此，善于察言观色能够让自己说出的话更加完美。

察言观色首先要观察对方表情，一个人的心理是好还是坏都会在脸上展现出来。另一个观察他人心理活动的方法是，观看他的一行一动透露出来的信息。例如，一个人双臂交叉抱在胸前，表示他对周围的事物漠不关心；抱着头，表明他缺乏安全感，一筹莫展；低着头脚步沉重地走路，说明他心中有事，心灰意冷；昂头挺胸，阔步行走，是得意的表现；抖动双腿常常是内心焦灼、苦思对策的表现；轻微颤动，则可能是心情悠闲的表现。

当然，对对方的了解，不能只停留在表情方面，还要从他的言行中发现微妙之处，并找到突破口。

清末的李莲英就非常善于察言观色。据说，慈禧太后某天走过李莲英的住处，见大门上挂着“总管李寓”的匾额，便不由得多看了几眼。李莲英何等样人，他明白自己虽然真的是总管，但这牌匾显然太招摇了。于是他等慈禧回到宫中后，马上命人摘下匾额，去掉了上边的金字。之后，他回到宫中向慈禧报告：“奴才久不归家，今日有幸回去看看，却发现门上挂了一块那样的匾额，想来是下人们不懂事。我已经摘下了匾额，去掉了金字，现在恳请老佛爷把那个不长眼的奴才交给内务府查办。”慈禧原本想借这事给李莲英一点儿颜色，听他这么说之后气也消了，反倒高兴起来，还让他放了那个小太监。

【口才点拨】

无论后人们如何评价李莲英，这些传说都可以证明他非常善于察言观色，否则他决不会升任到太监总管的位置。当然，这也可以成为求人者的绝好借鉴。

091　表达自己的决心

在生活中，遭到冷遇是无法避免的。当你在求人办事时，也会遭到别人的冷遇，此时，你不能知难而退，而是要表达出自己的决心。

求人办事时要记得尽量谈那些对方关心的事情，避免引起对方反感。因此，要想让对方愉快地帮你办成事，必须从对方所关心的事情开始引出你要说的事情，不断提起，不断深化。

第二次世界大战刚结束时，土光敏夫就被推举为日本石川岛播磨公司总经理。当时，百姓生活都成了难以解决的问题，企业的发展就更别提了，资金异常短缺。并且由于公司太小，没有银行愿意贷款出来。土光上任不久资金就见底了，于是他不得不亲自去银行求贷款。

一天，土光走进日本第一银行总行，与银行主管长谷重川郎协商贷款。

长谷颇为“无奈”地告诉他自己也无能为力，并且态度很是冷淡，任土光自己在那儿说了大半天，他就是不说话，谈了半天什么结果也没有。

于是就这么耗着，耗着耗着，不知不觉就到了晚餐时间。土光伸了个懒腰，看到长谷似乎有要走的迹象，就拿出了带来的饭盒：“长谷先生，我看你也饿了，不如边吃边谈，我这里吃喝管够，明天早饭也有着落。”他摆明了态度，就是不想让长谷先生离开。

正是这句话，体现出了他全部的决心，长谷被他的决心打动，最终借给了土光所希望的款项。后来，为了求得政府的资助，土光又使用了同样的方式向政府申诉。其实，土光敏夫的手段可以归纳为：脸皮要厚，不至于一遇到拒绝就放弃，明显地表达出不达目的不罢休的决心，表面上是软磨硬泡的无理性，其实是以真诚感动了对方。

【口才点拨】

如果你一遭受冷遇便失去信心，就无法得到他人的帮助。要让他人帮助自己，不妨处冷遇而不惊，始终不卑不亢，理智行事，从改变他人的印象开始。决心是这时候最重要的东西，始终坚持，总会成功。

第七章　幽默口才：幽默也有大学问

092　幽默地自嘲

和人交谈时，免不了会有很多让人尴尬不已的局面，或对方有意为之，或对方无意为之，若是偶尔幽默地自嘲一番，便可以避免这种尴尬。

美国总统林肯就遇到过这种尴尬的事情。

有一次，林肯在路上散步时，遭到了一位老妇人的取笑。她不留情面地说："如果有人问我这世界上谁最丑，我肯定会说是你。"

林肯笑了："夫人，长成这样又不是我想要的，你得体谅体谅啊。"

林肯没有指责和反击，而是以这样一句看似无奈的话结束了这段对话。正因为有着良好的修养，他才能幽默地嘲笑自己的外貌，化解了尴尬，这位老妇人想来也不会再为难他了。

外貌的缺陷只是社交中遭人嘲笑的原因其一，还有一个敏感问题年龄则是很多人的另一死穴，因为年龄而闹出尴尬的人比比皆是，这时就需要用自嘲来化解尴尬。一位老教授的故事就告诉了我们这个道理：

老教授的演讲时间和该校一个汇演冲突了，因此参加这场演讲人并不多，并且还有好些人在门口徘徊，打算离开。

老教授说："啊，感谢你们给同学占座。门口的同学们，你们在老头子和少男少女之间选择了我，宁愿站着也要听我的讲座，老头子我真是倍感荣幸，谢谢大家了！"

打算离开的学生们很是不好意思，便都进场坐下了，演讲也非常顺利。

【口才点拨】

生活中若是遇到尴尬的事，适当的自嘲可以改变气氛，拉近人与人的距离，同样使谈话更和谐。敢于自嘲者有大智慧，只有眼光足够高远，才勇于嘲笑自己，取悦他人。当被问及不愿细谈或明言的问题时，以自嘲的语调幽默以对，是一种有效的回答方式。

093 幽默地反讽

若把幽默用在讽刺之中，会让语言更加锋利。生活中不乏恶意诋毁、讽刺的人，对这种人进行幽默的反讽不仅可以有力反击，还可以保持自己的风度。

法国著名作家莫泊桑因文笔太过犀利，常常遭到一些傲慢贵族的奚落。一次，一位极其自大的公爵夫人在和他交谈时说："说真的，你的小说没什么了不起，不过，你的胡子倒是十分好看。你为什么要留这样一个大胡子呢？"

莫泊桑没有因对方的无理提问而勃然大怒，反而笑道："这个大胡子至少能给那些对文学一窍不通的人一个赞美我的东西。"

如果争论"莫泊桑的小说是否优秀"这个问题，以莫泊桑的机智，那位贵族夫人哪里是这位文坛巨匠的对手，但这样的争论只能让莫泊桑显得没有风度，甚至显得自负。于是莫泊桑选择了反讽，"暗地里"给了傲慢夫人一个漂亮的回击，让对方识趣地结束这场令自己不愉快的谈话。

莫泊桑的话语如同笑里藏刀，与他的话相比，某些反讽更加直接。

孔融十岁的时候，随父亲到洛阳，到当时名气很大的司隶校尉李元礼家做客。李元礼的宾客都是些才智出众或有清高声誉的人，他们和李元礼本人都对孔融的才智啧啧称奇。

然而太中大夫陈韪却说："小时了了，大未必佳。"意思是小的时候很聪明，长大了未必很有才华。孔融听后笑笑说："想君小时必当了了。"意思是我想您小的时候一定很聪明。一句话说得陈韪不知如何回答。

【口才点拨】

伶牙俐齿、巧舌如簧能让人纵横于唇枪舌剑中。在对话中加入幽默能避免直接驳斥所带来的激烈争执，不失风度地给无礼的对手一个漂亮的回击。

094 幽默地指点

如果有人向你吐苦水，向你抱怨，我们就需要给他讲一些道理，安慰一下，很多时候这样做是成功的，但是也有可能使他更加烦躁。对方是否能静下心来听我们提出的意见或建议是关键所在。

一位大师曾听到一位不出名的小说作家抱怨说：“我在一周内写好的文章，出版却需要等一年，真是难以想象。”

大师思索片刻，说：“如果你用整一年的时间来写一篇文章，那它一定能够在一个星期之内出版。”

大师并没有直接指出小说作家的不足，而是将他的话反着说了一遍，委婉地指出了他的不足之处，让他醍醐灌顶。大师的话既让对方了解到了自己的不足，又没有伤及对方尊严，可谓神来之笔。

【口才点拨】

大道理无处不在，但大道理因其说教性，往往让人望而生畏。相反，寓道理于小幽默中，却往往容易引起人们的共鸣，从而让人更容易接受。如果习惯于说教，不妨换种方式，来点儿幽默。

095 幽默地装糊涂

智慧有时就隐藏在假装糊涂的幽默中。在一些特殊的场合，我们常常会碰到一些意想不到的事情，处理不好着实使人尴尬万分。遇到这类情况时，想要化解难堪，不妨假装糊涂，幽默应变。

马克常向人们吹嘘他神奇的枪法，并自认为是神枪手。一天，他的朋友邀请他一同去打猎。来到河边，朋友指了指游动的野鸭子，对马克说：“快举枪瞄准呀！”

马克端枪便打，然而并没有打中，野鸭子飞了。他挠挠头，很纳闷地对朋友说：“呃，我这是第一次看到死鸭子飞！”

死鸭子当然不能飞，马克借糊涂掩饰自己的脱靶，荒诞中不失俏皮，用一句话摆脱了自己的窘境。

“糊涂”一词看似贬义，但其实其中深意颇多，除却囫囵愚钝、不甚精明之外，它还蕴涵有大智若愚的意思。在幽默的王国里，只要运用得当，“糊涂”也是可以被表现得大愚若智的。

王安石有个儿子叫王元泽，从小聪颖。有一天别人问他，关在一起的两个动物哪个是獐，哪个是鹿。小元泽从未见过这两种动物，他也不含糊：“獐旁边的那只是鹿，鹿旁边的是獐。”

王元泽似是而非的回答就是幽默糊涂的最好注解。明明含含糊糊，回答却清清楚楚，以幽默的方式使难题迎刃而解。

【口才点拨】

郑板桥题字云：“难得糊涂。”在一些场合中，幽默的糊涂方式往往能够使人聪明地从困窘中解脱出来。

096 幽默地化解争端

现实生活中常常不乏令人碰得头破血流仍然得不到解决的问题，但是，如果来点儿幽默，却往往会使之迎刃而解，化干戈为玉帛。

小赵和小孙都是刚进公司的小青年，小赵血气方刚，容易冲动，小孙则比较沉稳，具有幽默感。一次，两人工作中发生了摩擦，小赵怒气冲冲地将小孙拉到外面的走廊里，嚷着要找个时间选个地方跟小孙决斗。

小孙说：“单挑我可不怕你，不过，时间、地点及武器由我决定。”

小赵同意了。

小孙说："时间就是现在，地点就在走廊里，武器用空气。"

小赵一愣，然后哈哈大笑，他能做的就只有挠小孙的胳肢窝了。

这种以幽默玩笑的方式来缓解矛盾，即使对方把弦绷得很紧，处在"一级战备"状态，也会做出相应热情的反应。

【口才点拨】

生活中的磕磕绊绊在所难免，愚者剑拔弩张，将战火蔓延到生活各处；智者则坦然处之，一笑泯恩仇。

097　幽默地回绝别人

拒绝别人是需要技巧的，太直接生硬的方式会让对方感觉难堪，甚至伤及双方关系。懂得随机应变，学会幽默而有技巧地说"不"，是每个人都应该学会的处世技巧，它能让你的生活变得更加轻松自在。

我国著名文学家钱锺书在其小说《围城》出版后，很多媒体的记者通过种种途径找到钱锺书的朋友们，想要采访他。

钱锺书由于不喜应酬，便幽默地对他的朋友们说："你们帮我转告他们吧，既然已经见过鸡蛋了，为什么还要千方百计地想要见到那只下蛋的老母鸡呢？"

钱锺书把自己辛苦写就的小说《围城》比作"鸡蛋"，而把自己比作"下蛋的老母鸡"，这一比喻新奇有趣，让听者禁不住会心一笑，他以这种方式幽默地拒绝了记者们采访的要求，更显出其聪明睿智。

爱因斯坦有一天在纽约街上遇到一位朋友，"爱因斯坦先生，"这位朋友说，"你似乎有必要添置一件新大衣了。瞧，你身上穿得多么旧啊！""这有什么关系？在纽约谁也不认识我。"爱因斯坦坦诚地回答道。

数年后，他们又偶然相遇。这时的爱因斯坦已成为有名的物理学家，但他依旧穿着那件旧大衣，他的朋友又不厌其烦地劝他去换一件新大衣，"何必呢？"爱因斯坦答道，"现在，这里的每一个人都认识我了！"

爱因斯坦在穿着方面跟朋友发生了分歧。第一次分歧时，爱因斯坦用直接的语言表明了自己的想法。而第二次遇见时，爱因斯坦重复使用第一次的句式，巧妙地坚持了自己的观点，朋友一是无可奈何，二是感觉到其幽默，此后再也没提过这件事。

【口才点拨】

学会拒绝是人际交往的一门必修课。幽默而委婉地拒绝，可以让你在人际交往中少一些尴尬，多一些顺心。你的幽默，会让你在拒绝的同时，也赢得更多的理解。

098　幽默能够缓解压力

不只是成年人有各种压力，学生们也常背负着沉重的课业压力，如果处理不好，很有可能会酿成像各种传媒报道的种种悲剧。在激烈的竞争面前，学生有必要学会各种办法进行自我调节，以经得起这些压力的考验。

马上就要高考了，大家都在教室里紧张地复习着，谁也没有闲工夫去说话搞笑。就在这时，教室里突然发出一声“哐当”的巨响，一个学生因座椅坏了而摔倒在地，只听得他说：“唉，学习给它的压力太大了。”

全班同学哄堂大笑。

看看这位同学的自我调节能力有多强，在高考的压力下，许多学生都苦不堪言，而他却能苦中作乐，更重要的是，他的这种幽默在自我调节的同时，还愉悦了其他同学，这位同学的幽默真的很值得我们欣赏。

不论压力来自哪里，我们都无法避免，能将压力转化为动力的是智者，能将压力化解于无形的是聪明的人，而愚笨的人则只能终日饱受压力的折磨。我们承认，智者并不好当，那我们就当一个聪明的人，想办法自我幽默，自我调节，做一个轻松快乐的自己。

【口才点拨】

在竞争日趋激烈的时代，我们是被各种压力击溃，还是将各种压力击溃，全在于我们自己。我们迎击压力的武器很简单，就是一个小幽默，一脸阳光的微笑。

099 紧张了，幽默一下吧

小陈是一位新手，第一次参加话剧演出，特别紧张，总害怕在台上出丑。终于等到上台了，在舞台上，小陈扮演的是一位民警，当他在击毙敌人的一刹那，手枪竟没有响。再次射击时，仍无声音。台下的观众哗然，议论的声音逐渐大了起来。小陈一时不知所措，显得更加慌乱。他无意识地抬起脚，朝敌人狠狠踢去。扮演敌人的演员却很老练，只见他慢慢地倒在了地上，然后吃力地抬起了头，用微弱的声音说道："他的靴子，原来有毒！我，我真的不行了……"台下的观众被这戏剧性的一幕惊呆了，随之台下爆发出了热烈的掌声。

小陈作为一名新演员，在台上因遇到突发状况而紧张是在所难免的。虽然他的紧急处理方式有些不当，但他的搭档很老练，幽默地处理了这一尴尬场面，避免台下观众的起哄，同时也让小陈焦急、不知所措的心安定了下来。

回想我们的生活就会发现，当事情总是按照我们所预想的那样进行时，总会显得波澜不惊。但一旦有意外发生时，不管是谁，总会顿生一种紧张感，而且这种感觉还会蔓延开来，导致周边都弥漫着一种紧张的氛围。如果此时能有一个人跳出来，适当地用幽默调节情绪，大家肯定会感激他。

【口才点拨】

不论凡夫俗子还是伟人，总免不了会遇到令人紧张的局面。在这种情况下，如果处理不好，不仅会令我们的形象大打折扣，更糟糕的则可能带来一系列灾难。但如果能幽默地将紧张化解，那后面的一切就简单多了。

100 幽默地道歉

几乎对每个人来说，道歉都是很难为情的事情，因为这会让我们觉得很没"面子"。这时候，如果你试着幽默地表达自己的歉意，则可以很好地化解这个难题。下面故事中的黄先生就为我们做出了很好的榜样。

黄先生是一位商场人士，因为工作忙，所以经常忘记太太的生日，为此，太太跟他闹过好几次。黄先生也向太太保证过：再也不忘记她的生日了。但是，今年他偏偏又把这一特殊的日子给忘掉了。

生日刚过了三天，黄先生突然想起太太的生日，马上就去为太太买了个漂亮的手镯，并对太太说："老婆，你的样子太年轻了，我都没想起你又长了一岁，这也难怪我记不得你的生日。"

听到丈夫这样一说，妻子会心地笑了。

黄先生忘记了太太的生日，可能会让太太不高兴，但他在弥补自己过失、给太太道歉的同时，巧妙地借机称赞太太年轻貌美，这样的道歉，即使是再生气的太太也会无力拒绝。

【口才点拨】

幽默是一种人生的态度，是一道精神的出口，是一杯生活的美酒，学会幽默，即使是在道歉的时候也会显得丰富多彩。

101 巧言让人轻松愉快

所谓歪解，就是利用文字的歧义性，并将其加以发挥，让其含义完全不同，从而达到出人意料的幽默效果。利用文字的多重性含义，在正解之外别出一番歪解，就会产生特殊的幽默效果，歪解得越贴切，幽默的效果越好。写于唐代的《唐颜录》中记载了北齐高祖手下一位十分善于运用歪曲幽默的大师石动简的故事。

有一次，石动简去参观国子监，一些经学家正在辩论，正说到孔子门徒中有七十二人在仕途上能够施展自己的抱负。这时，石动简插进来问道："这七十二人中，有几个是童子，有几个是成年人？"这个很草根的问题却难住了所有的学界泰斗，因为存世的典籍都没有记载这个问题。石动简却笑着说道："《论语》上说'冠者五六人，童子六七人。'五六三十，成年人为三十人；六七四十二，未成年人为四十二人，加起来正好七十二人嘛。"

石动简把《论语》里的约数“五到六人”和“六到七人”，曲解为五六和六七相乘以后，再与孔子门徒七十二贤附会起来，形成数字上的天然巧合，最终成为一个天衣无缝的小幽默。

歪解幽默的一个特性就是利用语言文字的歧义性，汉字按照它的使用习惯有相对固定的解释，如果仅仅望文生义就会贻笑大方，而歪解的成功与否很大程度上取决于两种含义之间的差异是否具有别开生面的效果。一般来说，两种含义的差异越大效果越好，比如中外差异、古今差异以及行业差异等。

【口才点拨】

正解往往是不苟言笑的，而歪解却能带来俏皮的幽默感，用似是而非的荒唐道理去解释某种事物，使其产生奇巧怪诡的谐趣，让人啼笑皆非。

102 用幽默巧妙指出错误

归谬是指把本身错误的事件加以引申，推导这样做可能产生的荒谬后果，从而让对方无立足之地。由于归谬常常会产生荒唐感，因而容易产生幽默的效果。当你发现对方的论调是错误的，不妨先假装肯定它，再推出与此自相矛盾的结论出来，让谬论不攻自破，从而在谬中取胜。在运用这种方法的时候，所引申出来的谬论要求越荒谬越好。

出家人以慈悲为怀。某日，一位僧人在开始宣扬不可杀生之理，他说：“今生杀一头牛或一头猪，来世就会变成牛或猪。”一位不信此道的人很不屑于他的这一说法，便反驳道：“依你这样说，如果来世想要再做人的话，今生就必须得杀一个人才行啊？”僧人顿时哑口无言。

这人沿着错误的前提——“杀猪下一世就会变成猪”而推出了“为了让自己来生再变成人，最好先杀一个人”的荒唐结论，从而从根本上否定了对方的观点，逼得僧人狼狈而逃。

有一次，张老师对全班的作文都很不满意，因为在这次作文《记一件好事》中，全班50个同学中有40个写的都是救溺水小孩的故事，但是他不打算直接批评，而是想了一个好办法。

走进教室，张老师在黑板上写下了这样一道应用题让学生们解答：“一个班级一共50人，其中有40个人在同一时间分别救起一个溺水的小孩，按这个比例，在我们这个总人数为1300人的学校里，一共能够救起多少小孩呢？全国两亿学生一共能救起多少个小孩呢？”

全班同学哄堂大笑，许多学生异口同声地说：“老师，让我们重新写一篇真实的作文吧。”

张老师把原本荒唐的故事引向极致，让学生们在笑声中明白到他的真实含义，并乐于积极地改正自己的错误。

【口才点拨】

归谬的幽默，处处闪烁着智慧的光芒。善用归谬的幽默，可以戳破西洋镜，搅乱水中月，以推翻谬论，暗讽他人，解围自身。

103　幽默并不等于浅薄

对许多人来说，宁愿衣服穿得破烂点儿，或者没有豪华汽车，也不想让别人觉得自己没有幽默。这种说法虽然有点儿偏激，却说明了幽默的重要性。但是，幽默并不等于浅薄，而是智慧的体现。同时，幽默也是一种应对技巧，可以帮助人们摆脱窘境。

诗人莫非在北京时，应邀到某大学中文系举行讲座。在谈到自己的习作时，想朗诵一段，可是诗稿却放在学员的课桌上，莫非便走下讲台。教室是阶梯式的，他上台阶时一不小心摔倒在台阶上，惹得大家哄堂大笑。莫非站起来指着台阶说：“你们看，上一个台阶有多难，生活就是如此，写诗也如此。”莫非的话顿时赢得了热烈的掌声。

在生活中，用幽默来给自己解围的例子很多。

《实话实说》节目主持人崔永元去参加一个书市的开幕式，在书市门口与读者见面，不少人开始向他提问，有个小伙子问：“崔老师，‘实话实说’怎么没过去好看了？”崔永元愣了一下，说：“不错，我也觉得没过去好看了，我们有责任。不过，主要的责任在你。”大家觉得他这话很诧异，崔永元笑着问：“小伙子，你结婚了没有？”小伙子摇摇头，崔永元说：“我告诉你，结婚以后和恋爱的感觉是不一样的。”大家哄笑。

面对不怀好意的提问，崔永元始终用轻松的玩笑回答问话，体现了其高超的语言能力，那充满谐趣的妙接妙对，既逗乐了大家，同时也给自己解除了尴尬，可谓皆大欢喜。

【口才点拨】

与人沟通时多一些幽默当然好，但并非一味浅薄，因为你说出的话要富于艺术性，具备幽默感，它的目的是用艺术之美来感动别人。幽默的话语，蕴涵着其中的开朗、通达，最好的幽默背后，是由智慧和真诚支撑的。

104　调侃味道的幽默

很久以前，一位国王看够了珍禽异兽，有一段时间特别喜欢麻雀，还得是外国的。一位善于投机钻营的人便在花鸟市场上买了六只麻雀，准备讨好国王。按照该国的习俗，七是吉利的数字。如果送“六”，他担心国王会立刻杀他的头，于是就决定买一只本国的麻雀凑够数。

国王一见有人给他送来了非常喜欢的麻雀，果然大为高兴。但他仔细观赏一番后，意外地发现其中一只是本国的，立即怒火冲天：“这家伙太胆大包天了，竟然混进只本国的麻雀来欺骗我没有文化！”这位进献者吓了一跳，但他并没有失去理智，过了一会儿，他解释说：“陛下的眼力果然犀利，可是陛下有所不知，这只麻雀本是其他六只异国麻雀的随行翻译啊！”国王听了他的话，觉得虽然荒谬，但见他脑袋机灵，也就没有责罚他。

一天，乾隆皇帝突然问大臣刘墉一个怪问题：“京城一共有多少人？”没有一点儿思想准备的刘墉立刻被问住了，乾隆皇帝又问了一次有多少人，刘墉立刻回答说：“回皇上的话，只有两人。”乾隆问：“两个人，我看京城里这么多人来来去去的，怎么会是两个人？”刘墉冷静地说：“回皇上的话，人再多，其实只有男女两种，岂不是只有两人？”乾隆又问：“今年京城里有多少人出生？有多少人去世？”刘墉回答：“启禀皇上，只有一人出生，有十二人去世。”乾隆问：“又在此胡说，怎么会这样呢？”刘墉说：“回皇上的话，今年出生的人再多，也都是一个属相，岂不是只出世一人？今年去世的人则十二种属相皆有，岂不是死去十二人？”乾隆听了大笑。确实，刘墉的回答可谓机智至极。

【口才点拨】

在特定情况下，带有调侃意味的幽默比油腔滑调更能给人带来乐趣，这种调侃式的幽默不仅可以化解一些令人尴尬的事情，还能挽救人的生命。

105　制造喜剧的效果

某先生到饭店吃饭，点了油焖龙虾。当龙虾上来后，他发现其中有只龙虾少了一螯，于是便质问服务员。服务员也说不出个所以然来，只好找到了老板。老板谦虚地对他说：“真不好意思，龙虾是一种生性好斗的动物，您点的龙虾可能在打架时掉了一只螯。”顾客回答说：“那么，就请给我换打胜的那只吧。”

老板用了幽默的方式来回答客人的问题，而客人也巧妙地顺着老板的回答达到了自己的目的。

这就是被人们称为“趣味思维”的方式，也是反常的“错位思维”，即不按常规的思路走，而是拐到有趣的方面，从而制造喜剧的效果。

比如，美国文坛泰斗罗伯特哪儿都好，但他有个缺点就是秃头，有人时常拿他的秃头开玩笑，他也不生气，反而幽默地说：“你们只知道秃头的糗处，却不懂得其中的奥秘：我可是天下第一个知道下雨的人。”

此时，罗伯特一点儿也不觉得自己是个“秃顶”而沮丧，反而以秃头为美，于是便找到了让人发笑的因素，用幽默巧妙地化解了尴尬。

比如，有位将军问一位下属：“黑格尔是哪国人？”下属回答说：“是美国人吧？”将军似笑非笑地说了一句：“哦，黑格尔有时也想搬家。”

下属连一个常识性的问题都不知道，令将军非常失望，但他幽默的话语脱口而出，包含了对下属善意的批评，又给下属留了面子。

在谈话过程中，你是否会经常遇到一些想都没想到的事情，或是自己言不由衷，或是对方故意出难题，等等。总之，这些意外的话题往往会令人非常尴尬，此时最好的应对方法，就是用机智来化解尴尬。

【口才点拨】

用机智化解尴尬是一种智慧，这需要你具备高层次的文化修养，而且得脑子反应快，出口也快，既出人意料之外，又在情理之中。有时候你在帮助别人摆脱尴尬，也给自己找了个台阶，此时，别人称赞的不只是你的幽默，而是你的修养。最主要的是，你也因此化解了就要发生的矛盾，赢得了朋友的赞赏。

106　幽默的反语效果更好

古罗马修辞学家将反语称为“欲褒则虚贬，欲贬则虚褒”的幽默表达方式，它使人们在诙谐的反语中领悟并确定了一种是非观念。反语，是利用刚好相反的词语来表达本来的意思，使说出来的反话和所表达的本意构成交叉。在幽默语言的技巧中，反语以语义的相互对立为前提，依靠具体的语言环境中正反两种语义的联系，把相反的双重意义以辅助性手段，例如语言符号或者语音语调等衬托出来，使人们由字面含义悟及其反面本意，从而发出会心的微笑。

有一次，国王带着阿凡提去视察犯人，所看到的除了一个是真正的犯人外，其余的都是无辜的百姓。阿凡提想提醒一下国王，但是他没有直接把话说出来，反而指着那个真正的罪犯说：“请下命令，把这个人撵出去吧！他怎么混到你的监牢里来了，你的监牢里要关的应该是另外一些人呀！”

阿凡提把反话说绝，其目的就是以荒谬的说法使得对方自己反向思考，表面上是在说应该把强盗放了，实际上说的是应该把无辜的百姓放了。

【口才点拨】

反语幽默一般有一定的攻击性，这也就是为什么反语幽默常常被用在讽刺之中，所以使用这种幽默的时候，一定要注意分寸，主要看对方与你的关系是否经得住这种幽默。准确地把握对方的心境和环境的性质，同时掌握好自己说话的分寸，是幽默家的重要修养，如果在这一点上粗枝大叶，那就非但幽默不起来，而且可能冒犯了对方的自尊心，弄僵与对方的关系。

107 让幽默为你圆话

断章取义，是指不顾全篇文章或谈话的内容，孤立地取其中的一词或一句的意思。断章取义得到的结果，往往与所引用原意不符。用这种方法产生的幽默，就是通过对字、词、句等要素加以不恰当的判断而产生荒诞的幽默。

1935年，在法国巴黎大学，中国留学生陆侃如正在进行博士论文答辩，一路应答如流，不过，主考官突然向他提出一个怪问题："为什么孔雀不往西北飞呢？"

这很显然是在说《孔雀东南飞》这首诗。

众所周知，正如"刀枪入库，马放南山"这句一样，里边的东南西北只不过是虚的，未必北山就不可以放马，但这么回答总显得刻板了一些。

陆侃如想了想说："因为'西北有高楼'。"这句话引用的是古诗十九首的名句"西北有高楼，上与浮云齐"，"西北"刚好跟"东南"相对，西北的楼高，孔雀飞不过，只好改道东南飞了。

断章取义幽默技巧的关键在于能否荒谬断句，断句后意义越偏离越荒诞，就越幽默。它的目的性隐含于这种"断句"中，有时你也可以根据自己的需要"恰当"断句，当你的需要由于你的"断句"而被表明或被满足时，幽默的情趣就油然而生了。

【口才点拨】

孤立的语句通常要放置在特殊的语境下才会有比较明确的意思，而断章取义的幽默正是将只言片语从整个段落句子中抽离出来，再加以引用，以获得不和谐的诙谐效果。

108 有针对性地使用幽默

随机套用是最有实践价值的幽默手段，因为它本身是建立在日常偶发事件——一件事、一句话、一个动作等基础上，将这些事件作为素材来使用，寻找其与自己所要达到的目的之间的契合点，然后通过类比、套用等方式，顺水推舟，既不做作，又充满幽默的乐趣。

随机套用既可以是生活化的，简洁朴素；又可以是文学化的，文雅抒情。随机套用既可以表现俏皮可爱，又能够表达讽刺与不屑。它的形式、内容与说话者的目的紧紧相连，绝不放空炮。

在婚后生活中，有些夫妻在外边遇到烦恼，常有意或无意地往家里带，发泄在无辜的家人身上，这是不明智之举。家应该是个温暖的驿站，而无端的怒气最易破坏亲人间的情感，所以，每个成熟的人都应该掌握转移和淡化烦恼的技巧。

煤气公司门前排着长队，老吴一连跑了几天依然带着空罐回家。

妻子："灌上气了吗？"

老吴："灌得满满的。"

妻子欣然打开煤气灶准备做饭，但连点几次也点不着火，就问道："喂，老头子，你灌的这是什么气啊？"

"霉气。"

"怎么点不着火呢？"

"火在我肚子里憋着呢！"

老吴套用了"煤气"——"霉气""点火"——"发火"中的"火"和"窝火"中的"火"的联系，用一种委婉的方式表达了心中的怒火。

【口才点拨】

人与人之间能长久地交往下去，靠的是幽默感，某些时候真的发火可能会让事情更糟，不如幽默地说一句，自己也就不那么难过了。

109 用幽默讲出自己的所想

假如有个人说起一些你不认同的话，而你又想告诉他真正的道理，该如何说才不会让他失了面子呢?

汉武帝以前一直相信自己能够长生不老，一天，他对大臣们说："朕最近刚看了一本相书，上面说如果'人中'长一寸的人能活到100多岁，'人中'越长寿命越长，也不知道到底是不是真的。"

东方朔当时就在旁边，他寻思皇帝肯定又在做长生不老之梦了，嘴里就不自觉地"哼"了一声。没想到他这哼声被汉武帝听到了，汉武帝面露愠色地喝道："你敢笑我？"东方朔忙恭恭敬敬地答道："微臣不敢，臣是在笑彭祖的脸太难看了。"听了这话，汉武帝先是一愣，之后哈哈大笑起来。

据古代典籍记载，养生家彭祖是颛顼的玄孙，传说中他历经唐虞、夏、商等代，活了八百多岁。东方朔提及彭祖，正是让汉武帝明白他想法的不切实际，因为按照汉武帝的说法，人中长一寸可以活100岁，相传彭祖800岁，那么他的人中就有8寸长了。

【口才点拨】

在生活中，有的人一说起话就滔滔不绝，总是急于表现自己的才情，却引不起听众的兴趣；有些人寥寥数语，却紧紧地抓住了听众的心。这是为什么呢？很简单，后者在话语中充满真诚，所以才能打动人心。

110 幽默可以处理难题

在工作之中，总有一些让我们非常棘手的问题等着我们去解决，比如对付难缠的客户，应付纠缠不清的同事，讨好斤斤计较的老板，等等。在解决这些麻烦问题的时候，也正是考验我们工作能力的时候，其实只要凭借我们的聪明才智，化繁为简，迎难而上，什么事情都可以幽默轻松地搞定。

陈芳是一个公司的接待员，她的工作非常零碎：接电话、招待访客、打字和照顾上司。工作本身就比较繁忙了，可总有人给她出难题。

一天，一位自以为是的人打来电话，高傲地说："我要和你的老板说话。"

"请问我能告诉他是谁的电话吗？"

"不要啰唆，快接你的老板！"

"先生，非常对不起，老板花钱雇我来接电话，似乎很傻，因为10个电话中有9个是找他的。"

来电话的人笑了，然后就留下了他的姓名及电话号码。

面对客户的无理刁难，陈芳如果直面回击，不仅有损公司的形象，而且还有可能损害公司的利益，进而会被老板炒鱿鱼，而她用自我贬低的方式来获得对方的认同，达到了幽默的效果，也使对方自然而然地留下了联系方式。在工作中遇到这类难缠的客户实在是让人头疼，而如果遇到难缠的老板，不想些幽默的点子也不好应付。

【口才点拨】

处理艰难的工作就像是媳妇伺候一位难缠的婆婆，稍不留心就会被迫面临非常棘手的事情，这就需要媳妇练就一身善于左右逢源的幽默之术，才能够让自己在对付刁钻的婆婆时，都可以游刃有余。

111 幽默地认错

小陈刚刚在一家大型企业中谋得一份相当不错的工作，然而新公司离家有很长的一段距离，他每天要转好几趟公交车，所以很容易迟到。但公司有项规定：每月上班迟到累计超过三次者，公司将对其解聘。

恰好这个月，小陈已经迟到两次了，所以老板曾提醒过小陈："就等你下次了！"没想到在星期二的早上，小陈偷了点儿懒，多睡了一会儿，不觉又迟到了，当他企图溜进办公室的时候，被老板发现了。

小陈灵机一动，对老板说道："您好，老板！本人小陈，今年25岁，本科文凭，工作经验丰富，愿毛遂自荐，申请我即将失去的这份工作。"听了小陈的一席话，老板忍不住笑了起来，大步走出了办公室。

小陈的工作保住了。

对于公司的规定，小陈不知道如何狡辩，但他却从另外一个角度去化险为夷，让自己即将失去的工作得到了保留。小陈的这种幽默让老板开心，至于迟到这件事情就不再刻意追究了。

【口才点拨】

犯了错误并不可怕，如果能够将自己的错误进行轻松诙谐的诠释，就有让你从险境脱身的机会；只要你的笑容够灿烂，就有摧毁一切的威力。

112　幽默使人心情愉悦

有时当我们狂热地迷恋一些东西时，经常会因此而患得患失，心情也会随之起伏。如果长期保持这种心情，难免会使我们的正常生活受到影响，此时适当地调侃一下自己，微量的阿Q元素是再合适不过了。

小王是个超级球迷，只要是足球，不管男足还是女足他都看。有一天，中国男足的比赛又输了，他心情非常郁闷，干什么也提不起劲来，一副无精打采的样子，但为了公事，他又不得不出差。

坐上前往机场出租车的时候，他依然一脸的不高兴。好心的出租车司机得知他不开心的原因后，就对他说：“不要这么丧气，中国男足可是号称‘梦之队’啊！”小王听后，大惑不解，司机笑答：“谁看了谁都做噩梦，当然是‘梦之队’啊。”小王听后大笑，心情莫名地也好了起来。

这位出租车司机其实也没有特别想一些劝慰小王的话，只是将“梦之队”这个词反义使用，产生了一个反讽的幽默，就让小王心情大好，这就是小小幽默产生的巨大力量。

生活就是如此，总会遇到种种不如意，既然我们无法避免心情不好的时候，那就自然地接受它，选择用幽默去驱散心中的乌云，还自己一份轻松的好心情。

【口才点拨】

在现实生活中遇到不快、郁闷、沮丧是在所难免的事，而幽默就是对付坏心情的最佳武器，它能驱散心中的阴霾，让我们在笑声中放松、成长。

第八章　拒绝口才：懂得虚与委蛇

113　拒绝的重要性

在看似平淡却又处处暗藏玄机的生活中，是不是会常常碰到有人前来请你帮忙？但是，这些要求有时候你是不能答应的。例如，好友请你到他家玩，你不得不听从上司的安排：加班；主管让你星期天加班，你必须照顾家中无人照料的病妻；同事托你回老家时捎点儿土特产，你却因回来的东西太多，遗忘在老家了；好友来你家要求周转一下紧张的手头问题，而你却无能为力；某同事请求你代其打考勤卡，等等。当你遇到这样的事情，会如何处理呢？全部答应下来肯定不现实，你也没有这个能力。如果你东道西说，不置可否，也不是理想的处理办法，这会让对方觉得你不够朋友，也没这个能力。

孙束认识一个女孩，特别直率大胆，她在外人面前直言不讳地说自己喜欢孙束。可是孙束对她并没有什么想法，就打算拒绝。然而，直接说“不爱你”恐怕会伤了这个女孩的心，毕竟她人还不错。

某天在电话里，女孩非要问孙束喜欢不喜欢她，孙束说有好感，但是俩人不太合适。谁知道她在电话那头哭了起来，说眼看就要去外地，再也没有时间了。孙束只好暗自叹气，约她明天谈谈心。第二天，孙束带她出去好好玩了玩，说了说心里话，终于让她看开了。

可是，就这一天孙束花了几百块钱，但他并非什么有钱的人，一个月工资也就一千多元，还想着多给父母买些营养品，这次玩下来，就所剩无几了。虽然孙束认为这是应该花的，也没去想太多，但如果他知道如何拒绝女孩子的要求，把这笔钱省下来，岂不是更好？

【口才点拨】

你不想拒绝别人的原因可能很多，比如，担心伤了双方的友谊，怕伤了对方的自尊心，怕由此致使十几年的友谊不复存在，等等。正是由于这些看似合理的原因，使得你不能果断地拒绝对方，甚至还违心地给了对方肯定的答复。就像郭冬临演的小品《有事您说话》那样，最后把自己搞得很尴尬。

114　拒绝该拒绝的

在公司的一次开发会议上，经理拿出一个为公司发售新产品而设计的标志征求大家意见，该标志是旭日的样子。经理说："我们设计的这个旭日很像日本的国旗，如果我们公司的产品拿到日本去销售，他们见了一定会愉快购买我们的产品。"开发部主任和设计部主任都极力称赞这个设想，但销售部主任说："这个设想是不错，设计与日本国旗极其相似，日本人肯定喜欢。但是，我们最主要的市场是中国的消费者，他们也能联想到这是日本国旗，就会产生讨好日本的感觉，结果就不会来买我们的产品，这显然是因小失大了。""说得对，你的话很精确。"经理点头说。

【口才点拨】

不懂得拒绝的人，只要一出口就可能失去多年建立起来的关系网；懂得周旋的人，尽管事事都在拒绝，仍然能得到支持，极少招致埋怨。遇到事情的时候，过分率直就会得罪人，过分顺从则使自己陷入绝境。谁都有讨好别人的心理，谁也会因为被人拒绝而受伤，这就是现实，也是你成为一个有经验的人的必经之路。

115　随时准备说"不"

你从一开始就根本不想伤害对方，或者很难给对方一个满意的答案，而你又给了对方肯定的答复，其结果就会是这样：首先是自我不安，产生惶恐不安的情绪，后悔当初如何如何；其次是随便敷衍了事，使自己受到意想不到的损害；最后是得个没有诚意的定论，可能会引起别人的谴责，甚至记恨。为了有效地处理人际关系，把你毅然采取的拒绝所引起的不良后果降到最低限度，应当随时准备说“不”。

前些日子，姚君认识了一个一身匪气的人，虽然他很讲诚信义气，但姚君不太喜欢这样的人。然而这人似乎把姚君当作了最好的朋友，天天来找他玩，还经常请他一起去饭馆吃饭，姚君也只能勉强答应。

周末这人又来了，叫姚君出去吃饭。姚君也是没办法，寻思着就这么终止的话似乎不太好，不如这回自己结个账，之后不搭理他得了。然而这一顿饭却花了几百块钱，让姚君安安心疼不已。就是因为不懂得拒绝，他只好有苦往肚里咽。

虽然大家都认为在必要的时候应该说“不”，但真正能说出“不”的人并不多。的确，毅然拒绝肯定会引起对方的不满，坚决而直截了当地说“不”，会让人觉得你是一个不识抬举的人。如果一遇到邀请或别人求你出手相助，而你却连声说“不”，不仅会让你表现得懦弱无能，还可能会破坏人际关系，断送多年来的交往，或许还会毁坏自己的前程。正因为这种种顾忌，让我们不敢拒绝，不会拒绝，就像上面事例中的姚君那样，给自己带来不必要的麻烦。

【口才点拨】

拒绝别人其实是有一定难度且是有学问的事情，应当好好学习和探讨，要善于根据不同情况使用不同的拒绝技巧，以收到理想的效果。

116 学会说“不”

生活在这个社会的人，无论你如何伟大，也不管你怎样完美，都拒绝过他人，也被别人拒绝过。如果他人拒绝了你的请求，并不说明他人讨厌你，他只是出于无奈而拒绝了你的要求。当你拒绝他人时，不管是合理的还是蛮横的，你都可以和风细雨地说“不”。

有对夫妇留下了一个孤儿，孩子的姑姑收留了他，尽管生活相当艰苦，但是为了他，姑姑把自己的一切都给了孩子。后来，孩子经过不懈的努力，终于考入当地最好的一所大学。他一边打零工赚钱，一边上学，某天，孩子觉得应该报答一下姑姑了，打电话让姑姑来省城，要好好地孝敬孝敬姑姑。

姑姑来到省城之后，孩子请她到饭店吃饭。本来他打算去一家普通饭店的，但为了面子，他特意让姑姑选一家她喜欢的饭店。他陪着姑姑一起走过多家饭店，但姑姑都不喜欢。最后，两人来到了一家高级饭店门口，姑姑说："这家好，就在这里吧！"孩子的心里开始打鼓了："姑姑呀，您不知这是家高级饭店吗？我一个学生怎么能承担得起啊！"可是想到姑姑辛辛苦苦地把自己养育大，他怎么也说不出拒绝的话。

吃饭的时候，孩子的衬衫渗出了汗水，可是他始终用笑脸陪着姑姑。后来，他借着去洗手间的机会，到服务台看了一下菜单。回到饭桌旁，孩子更加如坐针毡，终于，他用自己才能听得到的声音对姑姑说："姑姑，我没有……"姑姑说："早就料到会这样，我已经做好准备了。不过我要告诉你，今天就是想让你明白，什么是拒绝别人。你没有钱，为什么和我进了这样高级的饭店，为什么不说'姑姑，我没有钱，换一家吧'？你拒绝了我，不就解除了尴尬吗？"

其实，人生有很多这样的事情。如果我们懂得了如何拒绝，就会让自己感觉更轻松。

【口才点拨】

如果你没有办法替对方做到某件事，就要努力做到说"不"，即使很难开口，也要懂得说"不"。不要因为对方恳求的眼神，就答应自己根本办不到的事。这会让你焦头烂额，筋疲力尽，烦恼懊悔。所以，一定要学会说"不"。

117　拒绝要明智

当你在说"不"的时候，首先要在态度上尊重对方，语气要温和，多使用一些敬语，就会消除彼此间的不愉快。可能你也有过这样的经历，在亲人、朋友面前，言语上可能随意一些，有话直说，不转弯拐角。而在对陌生人时，就能彬彬有礼，说话很有分寸。当需要拒绝的时候也用敬语，就会表现出对他人的格外尊重，别人也因此会有一种亲切的感觉。

魏建行和孙吉明是同乡，更是亲戚。一天，魏建行来到孙吉明的公司请求孙吉明帮他一个忙，为他的弟弟出气。原来魏建行的弟弟被饭店的顾客打了，魏建行决心要为弟弟讨个说法，但想到那位顾客身高体壮，一个人打不过他，于是请孙吉明帮忙。孙吉明听后，心中很明白，尽管那位顾客把魏建行的弟弟打了，应该给他点儿颜色瞧瞧，但如果一味蛮干，轻则拘留，重则判刑，后果不堪设想。因此，孙吉明很果断地拒绝了他："对不起，这个忙我不能帮。不仅不能帮，我劝你也别这么干。"

魏建行怒气冲天地问道："为什么？"

孙吉明据理力争："你这么做是想得到什么？拘留还是判刑？那位顾客的所作所为自然不对，但是以暴制暴也是不可取的，我们应该用法律来办事，个人英雄主义行不通。"魏建行听了孙吉明的一席话后幡然醒悟，打消了复仇的念头。

【口才点拨】

如果拒绝方法不当，后果也是多种多样，反正不会是好结果。所以，如果你不想左右两难，还是把拒绝说得委婉一些吧。

118 注意说话的语气

生活中，看起来很平凡的人际交往，包含着难以言尽的技巧。比如在公园里，经常会发现两个人谈笑风生，其实却早已各人有各人的心事；昨天还打得死去活来的两人，今天却亲密得如相好了几十年的老友……不难看出人际关系确实是比乱麻还乱，让人理不清，也看不明。但是，其中也有最基本的原理：谁都希望自己多得到一些他人的照顾与理解，并在遭到困难时获得别人的支持。因此在生活中，要学会理解他人，同时也要懂得一些处理事情的技巧，尤其是因各种原因而无法满足对方的要求时，一定要说明理由。

例如，当你拒绝帮助别人时，只是语气粗暴地说“我很忙”，很可能你会得到的答复是：“看你这辈子别再求别人帮忙。”所以，拒绝别人时要态度温和，并用谦虚的语言说明拒绝的原因。再比如，你正忙着维修第二天要跑远路的汽车时，邻居走过来对你说：“麻烦您，请帮我把刚买的沙发搬上三楼。”这时，你要正确地向他说明第二天要跑远路，汽车必须尽快保养一下，然后让邻居再找其他人帮忙。

当然，在生活中，谁都会遭到被人拒绝的时刻，因为谁都会受到客观条件的限制，如时间、技术、能力等限制，或者是主观情感等限制。这些限制使得这个忙有能为不能为、愿为不愿为之分，对于情感上无意、能力不及的事情，应该拒绝，因为生活就是在拒绝之中度过的，就像春夏秋冬循环往复一样。“这种事情很难办呀”“我现在没你想象的那个经济实力，否则我不会不帮你”“大家都是一样的人，要我帮你的忙，是不是有点儿……”当听到这样的话后，你会做何感想，会不急不躁、很客气地说“这么说，是我给你添麻烦了，实在抱歉”吗？恰恰相反，大多数人会立刻反目成仇，毫不留情地回击对方：“你这个人怎么能这样呀！你忘了你求我的时候吗？”然后愤恨而去，对这次屈辱铭记在心。因此，拒绝别人时，要用温和的态度和谦虚的语气安抚对方，这样即使你拒绝了他，他也不会觉得你刻薄无情。

【口才点拨】

拒绝别人时，如果你没有采用合适的方法和相应的技巧，就会伤害对方，引起他的不满和怨恨，从而破坏你们之间的关系，甚至令你陷入事事被动的境地。即使没有走到这一步，因拒绝而出现的不快也将让对方耿耿于怀，处处与你为难。

119　方式很重要

有时候，你与朋友产生矛盾，并不是因为拒绝的原因，大多是因为拒绝的话语和方式不对，才引起对方的不快。大多数情况下，这些请求可能来自下属、上司、朋友或同事，这些要求一般有以下三个方面：首先是你职责范围内的或必须要做的，其次是与职务相关，但是没法答应或不符合情理的，最后是没有必要的，对于后面两类要采取拒绝措施。

一般来说，你应当首先感谢对方在有需求时第一个想到你，并且表达出你的歉意。切忌不要在其刚开口时就坚决拒绝，过于武断的拒绝最易使对方心生嫉恨，明智的做法是耐心地听对方述说，站在对方角度认真地思考，明白对方的请求，这样再进行拒绝会让对方懂得你的拒绝是有原因的，是迫不得已的。

要记住，拒绝一定要把握好尺度，否则会给对方一种虚伪的印象。不要目空一切，也不要表现出厌恶，更不要用过激的话去伤害对方，这些很容易让对方对你产生怨恨心理。从听对方述说要求到拒绝对方，始终都要保持和蔼的态度，以表达你的真诚。

【口才点拨】

有人时常以“我再看看吧”这种方式来拒绝对方，是希望对方知趣而退。然而这不是明智的拒绝方式，应当对于别人的请求表示理解，并说明自己的苦衷，再加上“抱歉”“请原谅”等歉意词语。

120　不要愧疚，应当坦率

拒绝他人时虽有些许愧疚，但面对无法办到的事，应坦率地说“不”，似是而非的话会让对方产生误解，引发不必要的怨恨。正如俗话所说，快刀斩乱麻，一下就让对方对你不再抱有幻想，否则会得不偿失，贻害无穷。

拒绝对方时不要就用一个“不”字，想使对方真正理解你的难处，就应给“不”加上合理的解释，让对方懂得拒绝他不是出于你的本意，也不是借口，而是你确有无能为力的原因及不易说出口的苦衷，请求对方能够理解。如果你觉得拒绝的理由有些牵强，也可以直接拒绝，没有理由，一定不要编造理由，因为谎言肯定会种下恶果。当你说明情况时，对方可能会与你争辩，你千万不可与之较劲，再次重申拒绝就可以了。

因为你的拒绝必定给对方造成不愉快，使他不能顺利地实现目的，甚至使他的计划成为泡影，若能给他提供一些其他办法，也许可以减轻对方对你的怨恨，如“如果我下班后有时间，可能会去那家酒吧”，或“我只能借给你皮鞋和上衣，但裤子的问题，也许你可以去找小伟帮忙，他有许多名牌衣服”之类的话，以此向对方证明你愿意帮他的忙，从而向对方说明你是有诚意的。

【口才点拨】

明智地拒绝对方的请求，可以省去许多不必要的麻烦，还可以消除因拒绝对方的请求所带来的压力。最有效的方法就是在拒绝前必须慎重考虑，以做到不伤彼此的和气。之后，你再根据具体的场合、具体的情况，采取有效的拒绝措施，这样才能避免对彼此的伤害，从而保持双方的友好交往。

121　有时候不能说不

当你失败的时候，你会失望，会感觉力量单薄；当你快乐时，需要有人分享，成功时需要有鼓励和掌声；当你痛苦时需要有人来安慰……不要做一个孤独的人，你的身边不能缺少朋友。

一次，田青要到一个目前很红火的企业去办事，但她的汽车被老公开走了。朋友文丽愿意伸出援助之手，可是田青却不想麻烦她，一口拒绝了。田青扣上手机时，从文丽的语气中感觉到有些怨恨的成分。从那天起，两人的友谊不再像往常那样了，直到有一天，田青打电话给她，说：“我要去我乡下的婆家了，不知谁能替我照顾一下我的老光（一只鸟）。”“如果你能放心的话，就交给我来照顾吧。”文丽热情地表示。这一次，田青愉快地接受了她的好意，之后，她们的友谊加深了，这让田青体会到了“如果你想某个人成为你的朋友，不要断然拒绝他”的真正含义。

这是一个快节奏的时代，人们一般只想到自己的重要，不会去考虑别人的感受。我们应该学会摆脱这种思维，多想想别人，在必要的时候请别人帮你一个力所能及的小忙，那你就会成为一个受欢迎的人。

【口才点拨】

与人交往时，既要善于拒绝别人你做不到的事情，也要善于接受别人的帮助，让别人觉得能帮你是一种情谊。只有善于拒绝别人，又善于接受别人帮助的人，才是受欢迎的人。

122 言辞委婉，曲折连环

20世纪40年代，陶行知在南京师范学校担任教务主任时，附中招新生，国民政府一位高官的两个儿子也想进这所学校。但是，这两人只会吃喝玩乐，根本没有读多少书，结果因为成绩问题而名落孙山。于是，这位高官便给陶行知带话，希望他能照顾照顾，但被陶行知婉言拒绝了。

不久，高官便派秘书来求情，陶行知说：“敝校招新生，一向是择优录取，没有成绩的话，就失去了录取新生的准绳。两位公子今年虽未考取，只要勤奋用功，还是可以再考嘛！”秘书见状，便说：“先生年轻有为，只要能给个面子，今后一定能有所成就。”说完，拿出数额巨大的银票递了过去，“这是长官的一点儿小意思，希望陶先生笑纳。”陶行知推开秘书的手说：“先生，苏东坡有诗一首：‘治学不求富，读书不求官。譬如饮不醉，陶然有余欢。’请上复你家先生，恕陶某未能从命。”秘书只好收起银票，匆匆离去。

陶行知以引用名人的话来拒绝，是一种行之有效的方法，尽管他让高官的秘书匆匆离去，哪怕给自己带来什么意外，也不愿意违背学校的招生制度。

仇伯是某公司的项目主管，最近三四个月负责一项桥梁施工的任务，因为以前根本没有干过这样的工作，所以常在某个想不到的地方出现纰漏，导致工程进度缓慢，弄得他饭吃不香觉睡不好。正在他忙得抓耳挠腮的时候，经理又来电话让他去参加颁奖大会，仇伯颇不耐烦地说：“不行啊，我现在根本抽不出身去参加什么颁奖会啊。”经理听后，很生气地说：“好吧，那从此以后你就再也不用去开什么会了！”显然，仇伯在言辞上有问题。碰到这种情形，重要的是要把经理的请求当作命令。一旦命令到时，就没有拒绝，如果你当即拒绝，经理肯定会很没面子。

【口才点拨】

在拒绝别人时，最忌直接说“不”。当经理让你去开会时，即使真的脱不开身，也要委婉地拒绝：“真对不起经理，尽管我很想去，可是我现在正被三号桥墩如何才能吊上去搞得头昏脑涨，您看是不是……”如果因着急说了经理忌讳的话，要马上请求他原谅。如果你已经让上司丢了面子，就要立刻表示歉意：“对不起，我被工作搞得……”

123 举个例子能让拒绝被谅解

当上司安排你做一件分外的事情，你要想想是否能胜任，之后再做决定。如果只是为了让上司高兴，把无法做到的事情接下来，最后面临尴尬的还是你自己。即使是曾经关照过自己的上司委托的你，你明知无法做到，就应该坦然地告诉他：“对不起！这件事确实超出了我的能力范围。”否则，在上司的眼里你就会是一个办事不力的人；如果你觉得这是上司安排的，不便拒绝，或拒绝了上司会不高兴，那么，你接下来的日子会很尴尬。当然，拒绝更需要技巧，采用何种方法才能让上司接受，这里面也是很有学问的。

当上司给你安排一件你无法做到的工作时，如果你直言拒绝，就会让上司失去威信。你可以说一件与此类似的事情，让上司知道其中的难度，放弃这个安排。比如：秦王听信谗言，想吃公鸡蛋，命令文武百官去寻找，五天内找不到的都要处死，大臣甘茂为这事天天愁得寝食不安。甘茂的孙子甘罗看到他这样，就问发生了什么事。甘茂把事情的来龙去脉告诉了甘罗。甘罗听了，小眼睛眨了半天，高兴地对爷爷说：“爷爷，我有个办法，可以让你不必发愁。”第二天，甘罗就代替爷爷上朝了。秦王一见到他，特别生气：“小孩子到这里来干什么！你爷爷呢？”甘罗说：“你找我爷爷呀，他正在家坐月子呢，所以我来替他上朝。”秦王笑着说：“这孩子，不是大白天说胡话吗，哪有男人生孩子的？”甘罗说：“既然大王明知男人不能生小孩，那公鸡又怎么会下蛋呢？”秦王觉得他说的有理，放弃了寻找公鸡蛋的念头。正是因为得体、巧妙的拒绝，使得秦王欣然接受了甘罗的建议。

【口才点拨】

当上司交给你的任务没法做到时，就要表现出你已尽全力的样子，让上司放弃这些无理的要求。例如，你可以使用下列技巧答复："您的意思我明白了，我会认真地去做。"几天后再向他汇报："这几天某某出差，过几天都能回来，我再立即通知他。"再过几天，再向他汇报："您的命令我已转告某某了，他答应在公司的会议上让大家讨论讨论。"哪怕结果有头无尾，你也能给上司留下好印象，因为你已尽全力了。

124 隐晦的拒绝语言

一般来说，上司对下达的命令总是牢记于心，但如果过些日子得不到你的下文，就会断定你不重视他，怨恨、报复或许就由此而生。但是，如果你真的不能满足上司的要求，也要让他看到你努力了，这样他就不会向你问责了，甚至会对你另眼相看，主动撤回自己的无理要求。

比如，上司要求你做某件不合理的事情时，你很想拒绝他，但又说不出口，此时，你可以联合几位平时相好的同事，和你一起到上司那里去，大家一起去"演戏"。记住，要说好谁是赞成的那方，谁是反对的一方，然后在上司面前争论，之后你再出面："原来是这样，这可能没法完成。"这样，你可以不必直接向上司说"不"，就能表明态度。这种方法会给上司"你们是进行过论证后才得出的结论"的印象，上司自然会放弃这项命令。

抗战时期，蒋经国担任装甲兵少校之职。一天，他去上海办事，买了一张卧铺下铺票。走进车厢后，他把手枪从身上解下来挂在床头，躺在铺上。一位少将进来了，他的铺位是上铺。他一看下铺人的军衔是少校，便官气十足地说："让开，让开，上铺睡去。"蒋经国一看对方是将军，立即起身给将军行了一个军礼，并立即执行。

这时，将军一转身就发现了挂在床头的手枪，顺手拿了过来。他一看，居然是武器中罕见的艺术作品，顿生爱慕之意。他对上铺说："少校，这么小的家伙管啥用？咱们换了吧。"说着掏出一把大手枪。话刚落地，蒋经国从上铺跳到地上，又恭恭敬敬地行了个军礼，他礼貌又不失威严地回答："报告将军，我想服从命令却不能服从。"少将问："什么意思？"答："德国特意制造了两把这样的手枪赠予家父，家父将其中的一把赠给了我。"少将问："那把在哪里？"蒋经国答："珍藏在家父身边。"少将问："令尊是谁？"蒋经国答："报告将军，家父是蒋委员长。"少将一听，连忙从铺上站起来，三步并作两步地走出车厢，再也没有返回这里。

蒋经国是蒋介石的儿子，他没有依仗特殊的身份与上司顶撞，但对于上司的无理要求，他没有唯唯诺诺，而是从侧面透露自己的身份，让对方知难而退，展现了巧妙的拒绝技巧。

【口才点拨】

当上司安排的工作是你一个人无法完成的时候，要用婉转的话告诉他："是的，经理我了解，这项工作我一个人所用的时间可能比您希望的时间要长，因此……"先接下任务，之后再说明你的困难及完不成的原因，这样上司也不会生气。如果是你必须立刻拒绝的问题，更应该马上告诉他。用"是的……但是……"的方法是委婉的技巧，虽然你是拒绝，但上司会觉得你是因为客观原因而无法完成任务，也就不会太在意。

125　有时候必须直截了当

一天，滴酒不沾的你参加了一场同学聚会，有人给你一杯酒要与你干一杯，你接受还是拒绝？你从来不去那种灯红酒绿的场所，却有人偏偏拖着你一起去KTV，给你一个话筒让你一展歌喉，你是接受还是拒绝？你的朋友要强行把你从云南带回来的彩石拿走，答应按价给你补偿，但你觉得这样做是不应该的，你又该接受还是拒绝？的确，人生有许多面临选择的时候，即使你无法做出选择，也不得不去做出选择。

一天，在上司的安排下，冯秀秀认识了一位有车有别墅的"未婚男"，他似乎对她一见钟情，邀请示爱源源不绝。这个男子本人并没什么问题，是个很优秀的人，然而冯秀秀并不喜欢他。

到最后，冯秀秀有点儿招架不住了。这一天，“未婚男”让冯秀秀给个明确的答复，冯秀秀谎称说她已经有男朋友了。结果男子说，他早就问过了她的老板，知道冯秀秀并没有男朋友，因此，男子还是抱着一丝希望。冯秀秀又说自己现在并不想谈恋爱，但男子却回答可以先慢慢了解，这让冯秀秀很尴尬。

于是冯秀秀无奈地找到了自己的上司，她叹了口气说：“我还是希望您能尊重我的隐私，不要将我的私人情况告诉给客户。另外我想请几天假，这几天太累了，需要休息一下。”上司看了看冯秀秀，颇有点儿不好意思地笑道：“对不起。”

【口才点拨】

碍于情面，在拒绝对方时总有不好意思的成分在里面，这是受观念的影响。不会拒绝别人的人，其实是戴着另一副面具生活的人，天天过得很累，总是找不到自我，事后非常后悔，但又摆脱不了这种好面子的习惯，所以总是处于自责、自卑的境地。因此，学一些拒绝别人的技巧是有必要的。

126　幽默风趣地拒绝

当富兰克林·德拉诺·罗斯福还没有成为美国第32任总统时，他只是一名海军部长助理。某天，一位从其他地方来的军官向他打听海军的情况，罗斯福向周围看了一眼，小声说：“你得保证不说出去。”这位军官道：“这没问题，我可以保证。”罗斯福笑着说：“不好意思，我也像你这样保证过。”这种幽默风趣的拒绝让对方感受到事态的严重性，也让对方有了面子，不至于使他在心理、在情感上产生失望。

人在职场，总要面对上司提出的许多要求。有些是分内之事，有些则是老板的无理要求，这时候我们总是会抱着“人在屋檐下，不得不低头”的心态，接受老板的无理要求，但是有时候拒绝老板并不是那么可怕和困难。

【口才点拨】

如果你还没有达到非常幽默的境界，必须设法使自己镇定下来，并认真考虑对方所说的话，进而发现对方话中可被我利用之处，机智地抓住它，再把自己的意思和它联系起来，以表达自己的真实想法。

127 要学会“软硬不吃”

如果一个你非常不喜欢的人要你去做一件你不喜欢的事，那你就要坚决拒绝，否则答应下来既显得你没有原则，而且答应之后你还得后悔。

刘宝瑞的相声《斗法》中就有这么一段：

老道和孙德龙打哑谜，老道伸一个手指头，意为“一佛顶礼”。孙德龙伸出两根手指，老道以为他“二圣护身”。于是老道又伸了三个手指头，意为“三皇治世”。孙德龙伸五个手指头，老道以为“五帝为君”。老道一拍心口，意为“佛在心头坐”。孙掌柜手拍脑袋一下，老道以为“头上有青天”。然而事实并不是这样，孙德龙完全就是蒙的。

之后斗法，老道想火烧孙德龙不成，反被孙德龙所伤，一下子就虚了。

在他看来，这个孙德龙是软硬不吃的，所以也就根本没有赢他的可能了。

【口才点拨】

言语之间的坚定也是如此，必须做到不为谗言所动，不为言语所惧，这样才能得到自己想要的结果。

128 拒绝有时候并不是坏事

一个人是否具有丰富的人生经验，可以看他能否很好地处理别人的要求，能否承受得了别人的拒绝。能够巧妙地拒绝他人，并能够承受被人拒绝，这是需要一定的心理素质的。不会拒绝也不能承受别人的拒绝，这样的人总是热心助人，大家都说他好，别人一有什么难题喜欢去找他，可苦水只有自己喝，这是死要面子的结果。

比如，某天有一位员工在走廊里与你相遇（这可能是他有意这么做的），员工忙停下脚步："哎呀，主任，好不容易遇到你了。有一个问题，我一直想向你请示一下该怎么办。"之后，他如此这般把自己的请示汇报一番。尽管你有急事要立刻出发，但还是不好意思让急切想把工作干好的员工失望，于是你只能是非常认真地听他述说，可你也有非常紧急的事情要处理……

二十分钟后，你看了看手表："噢，我现在有件急事得去处理一下。这个问题，看来我现在还答复不了你。这样吧，让我考虑一下，过两天再给你回复好不好？"你赶忙离开，从此之后，你背上了一个大大的心理包袱。

几天后，这位员工又来到你的办公室问你："主任，前几天向你请示的事情，你看该怎么办？"你静下心来想了一下，才记起他讲的是什么，"哦，真不好意思。这两天我特别忙，还没有时间考虑这个问题，再过几天，可以吗？""好好，你先忙。"这位员工非常能体谅你。然而，一周之后，你又接到他的电话，还不等他开口，你已经感到十分歉意，并再一次请求他再等几天……此刻，你似乎是在穷于应付这位认真的员工了，因为你的心里已经装满了内疚，你觉得自己已成为问题的真正中心……

上面的情景其实并不少见。这位主任就是因为不善于拒绝别人，从而让自己背上了不必要的包袱。因此，根据自己的实际能力和情况，适当地拒绝别人，既不会把别人请托的事情延误下去，也不会让自己陷入尴尬和被动局面。

【口才点拨】

在人际交往中，帮助别人时一定不要事事满口应承。拒绝有时并不是坏事，你办不成的事情，必须拒绝。一个合乎对方期望的回答，即使是拒绝，也能让对方很容易地接受。

129 模糊回答

一般来说，不善于拒绝别人的人，在过去的经历和人际关系中，一定存在墨守成规或好孩子一个的现象。在这种环境下长大的人，其思维和思想均被长期制约着，很难看到他在遇到一件事情时，发挥一下自己的自主性和创造力，这些人的所作所为被一种无形的力量控制着，总是听到“你不能……”“你不该……”“如果……就会……”这样的训导，思想里装着与“不”相关的内容，由于害怕失败，他们对拒绝很敏感，也担心被拒绝。

所以，有的时候如果担心直接拒绝会有坏效果的话，不妨使自己的回答模糊一些。

林秀梅向上司建议重新装修一下他家的客厅，她对上司说：“我认为应该把你家的会客厅装饰得更现代化一点儿。”但是，上司更喜欢古典的东西，他不想改变客厅的布局。这时候该怎么办？上司说：“这个主意听上去还是很好的，让我再考虑考虑吧。”第二天上司说：“我跟我家里的人认真讨论了你的建议，我觉得还是有点儿问题。你想，一个更现代化的外观也许的确能吸引一些人，改变一下，说不定会取得更好的效果，但跟我家来往的大多数人可都是非常沉稳的中老年人。他们很多人都认为我家客厅的主色调不错，我也觉得暂时没必要重新装修，你觉得呢？”过了一会儿，上司说：“但你的建议让我想到了，应该在客厅周围做些改变，比如正像你说的，儿童间的颜色就应该换成一个更活泼、更时髦的，墙上挂的那幅画也应该换一换了。非常感谢你给我提出的建议，没有你，我是决不会想到这些好主意的，我还希望听到你对公司一些事情的意见。”上司充分考虑了林秀梅的建议，高度评价了她的建议，这样林秀梅也非常满意。

婉转地拒绝别人的要求或建议是改变关系、建立互相尊重的重要技巧，因此，急于拒绝别人的要求和建议有时并不可取。

【口才点拨】

工作中最常见的，就是想办法把“难题”转嫁给其他人，如果你坚决地推辞回绝，就会给自己制造一个敌意的对手。所以，在对方向你提要求时，你应该十分注意，要做到合理拒绝对方，控制好自己的情绪，给他一个下得去的台阶。

130 让对方知难而退

某公司一名员工找到部门主管要求调换工种，其实部门主管知道调不了，但他没有当面说这事不可能，而是说："这样吧，我把你的要求交给公司，让领导们讨论一下吧。"主管这样的回答，让这名员工听出了话外之音，他明白调工种不是主管一个人说了算的事，虽然他的要求没有得到圆满解决，但也让他有了心理准备。因此，主管的回答比直接拒绝效果要好得多。

一家木材公司的销售业务人员在跟一个大客户谈生意时，这位客户突然要求看看木材公司的成本数字，而这些数字是公司的绝密资料，绝不可能让别人看到的，但是如果当场就拒绝这位客户的要求，势必会失去这笔生意，甚至导致其他客户跟风而退。此时，这位销售人员并没有说"不可以"之类的话，而是婉转地说："那……好吧，这类材料都锁在保险柜里，等我们上司来了，我一定让他把保险柜打开，到时你再看吧。"知趣的客户听了这番话后，就再也不提看材料的事了。

【口才点拨】

一般来说，当对方向你提出要求后，为了不伤害对方的自尊，最好让他自己明白这个问题是无法回答的。比如说："嗯，如果……我们就……"可以搬出一些事实，或者搬出自己的上司，让对方明白这件事并非你说了算。

131 不要伤了对方的自尊

一次，庄子因家里没钱买米下锅了，就向河监（古代监河的官员）去借钱。河监根本不想借钱给庄子，因为他认为庄子还不起钱，但又不想让庄子下不来台，于是就说："好，再过几天，等我去把租子收上来的时候，就借给你。"河监没有当场说不借，也不说具体的时间，只是说过几天收租后再借。这番话含有多种意思：首先是我现在手上没有，根本不能借给你；其次暗指我也不是有钱的人；最后是过几天再说，到时借不借还说不定。庄子听了这番话后已经明白了，所以也没有再纠缠不休。因为河监没有当场说不借给他，只是说过几天再说，这让他感到自己很有面子，不至于觉得伤了自尊。

如何才能让这种不愉快降低到最低程度，使双方的交往关系进入一个柳暗花明的境界呢？言语诚恳是关键。委婉地拒绝别人，其实就是为了给对方一个面子，特别是能照顾到对方的自尊心，让对方明白你并不是玩心眼捉弄他。

所以，当你委婉地拒绝他人的要求时，言语一定要诚恳，让他觉得你就是他的朋友，不会欺骗他。特别是上司拒绝员工、老师拒绝学生的要求时，更不能高高在上目空一切，要以真诚的态度讲述理由，取得他人的谅解。拒绝他人之后，要真诚地表示歉意。

【口才点拨】

不在当场拒绝对方是以保留对方面子为前提的，把要求巧妙地推托下去，比当场拒绝更有效且让人觉得很有面子，唯有这样，对方才会把急迫的要求暂时放下来。

132 业务销售中的拒绝

上个星期，业务员郑明趁主管刚到公司的机会，提出了自己的要求。他在给潜在的客户们打电话的时候，常常遇到这样一个问题：很多潜在顾客一接到他的电话，就会要求把公司的清洁液快递一份样品过去，等他们试用一下再决定。

郑明本想以此方法引起客户的购买欲，可是后来他却发现：虽然快递了大量的样品，花了许多快递费不说，谈成的生意却并不多。他有了不再快递样品的想法，但又担心影响和客户之间的关系，于是找到主管，想听一下他的意见。

尽管郑明快递了很多清洁液的样品，本希望顾客能大量购买，可是哪能那么容易呢？一般情况下，客户感觉清洁液好，又有需求，会告诉业务员一声，销售部得到这样的消息，就会派业务员过去，然后再落实合同，要来回沟通好几次才能成交。主管认为可以拒绝快递样品，但是拒绝的方法一定要巧妙。郑明想说最近清洁液太贵，不能满足要求。主管道："这样的拒绝太生硬，不接触就成交的情况并不多见，你不妨把销售过程中的一个环节提到前面来，就会貌似没有拒绝要求，又能甄别出真正的客户。你可以这样说：'您看这样好吗，您如果需要清洁液，我就带着样品过去拜访您。亲自和您沟通，并谈定供货细节，好吗？'"

郑明听了，觉得这个方法是可行的，决定回去后按照这个方法与客户交谈。一个月之后，他的真实客户果然比以前多了许多。

【口才点拨】

主管的方法非常有效，把"拒绝"藏了起来，直接把难题抛给客户去选择。姜还是老的辣，郑明的确应该按照主管的方法去做。

第九章 反驳口才：把对方驳到无语

133 反戈一击

某地有个秀才姓杜，整天就知道埋头在书堆里，不管遇到什么事，养成了一个遇事不会分析只会照本宣科的坏习惯，书本上没写的，就全盘否定。当然，杜秀才读的都是经典，这些书确实讲了许多道理。

某天，杜秀才突然发现了孙武的《孙子兵法》，立刻对行军打仗方面的事产生了兴趣，很想当个将军或元帅什么的，于是，他就找了几本比较有名的兵书，学了起来。一年之后，杜秀才把他找到的这几部兵书读得烂熟，几乎达到倒背如流的程度了。

当时，正逢地方势力造反，一位将军听说杜秀才精通兵法，就把他请到军队当参谋。每当打仗的时候，杜秀才就将随身携带的兵书拿出来，教将军如何如何布阵用兵。不料，仗还没有打完，将军的兵马就被敌军打得落花流水，杜秀才也差点儿丢了性命。将军批评他瞎出主意，可他还说："兵法上是这么说的，难道书还会错吗？"将军很不高兴，就下令把杜秀才处死，杜秀才大喊冤枉："我是照书上说的教你的，怎么会有错呢？除非是你打错了仗！"将军说："动摇军心者斩，这也是兵书上说的，难道书还会错吗？"

【口才点拨】

杜秀才在行军打仗时，严格按照书上的理论行事，将军以他的理论对他本身进行反驳，杜秀才自然有口难辩。

134 亦步亦趋

北方某校派代表到南方去洽谈联合办学事宜。他们与南方一家民办学校的负责人协商，希望南方学校负责招生和毕业后推荐就业工作，北方学校负责教学与发证。洽谈到了即将成功的关键时刻，南方学校的负责人又找来几位同行共同商定。

一位年纪稍大的同行提出异议："此两学校一南一北，相距数千里，气候差异大，易生冷暖之病，此事不可行。"大家一听，立刻凉了半截，南方负责人也没有话可说。

此人年龄大、有经验，说话自然有一定的分量。遇此这样精明的对手，如果再继续谈下去，可能会使结果越来越僵，于是，北方代表用了一个特殊的反驳方法。

北方代表微笑着说："此话有理。哎，南方的天气真热，请把空调开大一点儿。"南方代表一副很得意的样子。北方代表继续说："老人家，请问洗手间在哪里？"南方代表热情地说："出门右转。"

北方代表回来后说道："多谢老人家了。"南方代表说："不用客气。"北方代表："老人家高寿？""今年六十一。""您不显老，真的！听口音，您不是南方人吧？""东北人。""哟，比我们还远哪！来这里多少年了？""快五年了吧。""佩服，佩服。您这年纪，还红光满面的，这说明精神很好，得向您学习呀！""哪里哪里。""生活习惯否？""嗯，还算习惯。""您刚来南方时，怕总有点儿——""啊，不，刚来我就很适应。""您是没问题的，恐怕年轻人就不如您了。""老人了，比不了年轻人。""那……刚才您说相距数千里，气候差异大……""呵，可以，可以啊……"

于是，这次联合办学的洽谈最后成功了。

【口才点拨】

如果就某个论点直接辩论，己方可能没有什么优势。但是如果将这个论点进行剖析，就像剥洋葱一样层层深入地和对方进行辩驳，往往就能有好的效果。

135 借力打力

20世纪70年代，美苏两国举行高层会谈。天还没亮，美国的一位工作人员在苏联的一家旅馆里向在场的各国记者介绍美苏关于签署限制战略武器的四个协定的会谈情况。这名工作人员透露说：“苏联的生产能力我是透露了的，各位记者先生，如果在这里我被当成间谍抓起来，我们知道都得怪谁。”此时，有一名美国记者站起来，向这位工作人员问道：“我们的情况呢？我们美国有多少潜艇导弹正在配置分导式多弹头？”

这位工作人员无奈地说：“我不知道正在配置的这种导弹有多少。对于潜艇的数量，我是知道一点的，但不知道这是否是保密的。”这位记者马上说：“不是保密的。”这位工作人员反问道：“如果真是这样的话，请你告诉我是多少呢？”这位记者一听就没词了，只好以微笑来应答。

在这里，这位工作人员根本不想回答记者的提问，假装不知道此事是否保密，似乎是在暗示记者：如果不属于保密范围，将公布于世。而这个记者不知道对方想借他的攻击来反击他，连忙声明不是保密的。他以为这样一来，这位工作人员便会告诉他实情。岂料这位工作人员放的是“烟幕弹”，紧接着，他便留给记者一个难题：既然你说是不保密的，那就是公开的了，既然人所共知，那么就让你来回答这个数字吧！当记者为这个难以回答的问题傻笑时，这位工作人员已经胜利了。

有些人把掌握一些高层机密作为向别人炫耀的资本，特别是那些媒体工作者，常常在一些高级的新闻发布会上，通过向高层人员提出问题，来证实自己的能力是无与伦比的，有时甚至提出一些涉及国家机密的问题，通过这种方式来证明自己的消息是正确的。遇到这种情况，主持人可借用对方的话语来还治其人之身。

【口才点拨】

金庸的武侠小说中有个“借力打力”的招数，是说内力深厚的人，可以借对方的攻击之力反击对方，这种方法也可以运用到反驳中来，即以对方的例证反治其身，从而给对方以有力的反驳。

136 偷天换日

在反驳别人的时候，适当利用一下对方话语中存在缺陷的部分，变成自己有利的观点，往往可以收到“四两拨千斤”的奇效。

曾有一个关于“知难行易还是知易行难”辩论的例子：正方问：“众所周知，《西游记》中的美猴王正是孙行者，可是为何不叫孙知者？”反方接下来说：“美猴王法名孙悟空，‘悟’即是‘知’。”

正方的例证看似无懈可击，然而，以“孙行者”为什么不叫“孙知者”为理由太过强词夺理，有其片面性，于是反方便可从“孙悟空”这三个字下手，“悟”即是“知”，成功反驳对方。

当然，在人际交往中，时时都会有意想不到的事发生，不是处处都有孙行者、孙悟空这样现成的材料供你使用的，也就是说，要想成功地使用偷天换日法，需要你对对方当时的观点和己方立场进行精当的归纳或演绎。

【口才点拨】

当你与别人争论时，适当地运用一下偷天换日法，就可以收到“四两拨千斤”的奇效。但是，这需要你拥有丰富的文化知识和具有勇于反击的精神，因为这种反驳技巧难度实在有些大。

137 欲扬先抑

某博物馆需要招聘一名解说员，一位在职的女教师在回答面试官时说：“您好，根据招聘启事规定，我不否认我有两个不利条件：首先是我的年龄，招聘书上说招30岁以下的，而我却已经超过这个年龄了。不过任何事物都有它好的一面，我会通过充满青春活力的工作态度和热情、幽默来弥补。可以说，要不是我的简历上写着34岁，请问您会觉得我有这么大年龄吗？从另一方面说，年龄大一点儿就是成熟，是可以信赖的标志，而这些，可能正是解说工作所需要的吧。第二点是我的职业，招聘书上说不招教师，这可能是因为博物馆觉得教师无法全身心投入解说工作。而我是在学校讲历史的，一周就三天课，就是说我一周有四天休息时间。再说我们学校与博物馆相邻，特别方便，正因为我教历史，尤其是我区历史及沿革，我能做到有问必答、有疑必解；况且，经过10多年工作的锻炼，我的普通话和表达能力均能胜任解说工作。”

在面试官见她之前，已有几位时髦女孩大谈自己的优点、特长，但均以失败收场。但是，这位应聘者先抑后扬，首先坦率地承认年龄因素和职业因素都“不符合条件”，接下来把两个不利条件转化为最有利的竞争条件：形象、活力、热情、幽默、成熟、可信、内行、口才……把这些实力一一展现出来，取得最后的胜利那是肯定的。

【口才点拨】

反驳是一种技巧，可以采用欲扬先抑的方式，先行道破自己的不足，体现自己的谦逊，然后再占据主动，说出自己的长处，从而使对方无力反驳。

138 旁敲侧击

一家旅行社要聘一名国际导游，主要条件是毕业于经贸大学的本科及以上学历人员。经过几轮角逐，只剩下一位刚刚毕业一年的荀女士和一位在另一家旅游公司当导游的中年男子。旅行社陷入了矛盾之中，经过几位主要领导的协商、研究后，决定让二人就“招聘条件”做一次阐述，再决定取舍。当然，荀女士无论是相貌还是学历都占绝对优势，大家都这样认为。可那位中年男子却这样阐述道：“是的，正如大家看到的，荀女士的确很年轻，充满青春的活力，咱们旅行社所需要的，正是像荀女士这样既有文化又有口才的年轻人。可是，旅行社已有几十名国际导游，而且全部都是女性，没有一个男性。我想，那许许多多的女游客，恐怕不会都对女导游感兴趣吧？……”

中年男子的学历、相貌确实欠缺点儿，荀女士要比他好得多，凭几位主要领导者的感觉，非荀女士莫属。然而这位中年男子并未否认对方的优势，也没有否认自己的劣势，不过，他先肯定对荀女士的评价：年轻貌美，风采照人，给在场领导一种心理顺应感。紧接着，他又分析了对荀女士不利的因素：虽年轻貌美但没有男人的阳刚之气，不能引起女游客的兴趣。最后，这位中年男子以高姿态获胜。

【口才点拨】

在某种情况下，直接反驳效果并不一定好，特别是在去一些企业参加面试的时候，如果你一味地反驳别人，更证明你还不如别人。对于那些不能立即反驳的事情，也应该拿出一个姿态，否则会前功尽弃。此外，由于反驳可能会影响对方，也影响事情的结果，所以应该先看清事实的真相再去反驳。

139 随机应变，顺势而为

《庄子·达生》篇记载：一次，孔子到吕梁山旅游，看见这里的瀑布很高，水流的泡沫发出巨大的声响，鼋鼍鱼鳖也无法在这里生存，却看见一个男子在水里游泳，认为他是因痛苦而想自杀的人，便叫弟子顺着水流去救他。谁知这个人游了很远又出来了，披着头发在塘埂下唱着歌漫步。

孔子走到他身边问道：“吕梁瀑布这么高，你却敢在这里游泳，我还以为你是鬼怪，仔细一看原来是个人，请问游泳有技术吗？”那人说：“没有什么技术，我从水的流势起步，顺着水的本性起伏，不知不觉就成功了。与漩涡一起进入水流的中心，与涌出的水流一起浮出水面，顺从水的流动方向而不另出己见，这就是我游泳的方法。”

孔子问：“什么叫从水的流势起步，顺着水的本性起伏，不知不觉就成功了？”那人说：“我生在山区就安心住在山上，这就是从这里的条件起步；长在水边就安心住在水边，这就是顺着水的本性成长；不知道我为什么会成功却成功了，这就是不知不觉的成功。”

【口才点拨】

在人际交往中，也应像吕梁瀑布中的游泳者那样，随着水的流势起步，顺着水的本性起伏，只有这样才能做到处事不惊，保持冷静的头脑，最终在不知不觉中走向成功。

140 洞若观火

有句古话叫作“洞若观火，运筹帷幄”，辩论也是这个道理，只有纵观全局，才能在辩论之中所向披靡。

三国初期，董卓死后，他的旧部李傕、郭汜两人便即解散部队，打算回乡。他们在路上碰到了贾诩，贾诩说：“这是要去哪里？”

当贾诩听说两人准备回乡时，贾诩笑道：“现在你们没有了军队，随便一个亭长就能捉了你们两个。”“依先生之见，该当如何？”二人问。贾诩说：“现在你们可以继续找回遣散的军队，掉头杀回长安，为董太师报仇。之后挟持皇帝，就可以号令天下。”

结果这两个人听从了贾诩的计策，于是加速了东汉的覆灭，促成了三国鼎立局面的到来。

【口才点拨】

李傕、郭汜当时所处的形势不容乐观，因为讨伐董卓的诸侯还没有散去。但是贾诩的话为何能够奏效，令两人听从呢？正是因为贾诩纵观全局，对整个局势做出了正确的分析，因此他才能够说服二人。当然，辩论大同小异，掌控了全局，离成功也就不远了。

141 顺水推舟

在运用“顺水推舟”的口才技巧的时候，要注意两点：一是“推”得巧妙，二是“顺”得自然。

“推”的重点在于：推敲对方的真实想法，用一些巧妙的话语暗中加以驳斥。

“顺”的精髓在于：顺着对方的辩词，试着推论出一个与对方论点完全相反的事实，让其无法再辩解下去，或者推出令对方难以接受又无法辩驳的结论，让其无话可说。

但是，要注意一点：“顺”并非放弃自己的立场，而是为克敌制胜而采用的一种手段。“顺”要做得有隐蔽性，这样才能达到出其不意、攻其不备的目的。例如，在“愚公应该移山还是应该搬家”的论辩中，反方说：“愚公搬家解决了困难，保护了资源，节省了人力、财力，这不是更好吗？”针对反方的这一观点，正方该如何反驳呢？正方反击道：“愚公搬家不失为一种解决问题的好办法，可愚公所处的地方连门都难出去，家又怎么搬？……可见，搬家姑且可以考虑，那也得在他移完山之后再搬呀！”

在这场辩论中，正方非常巧妙地先顺着反方的观点，肯定搬家不失为一种解决问题的好办法，既而又以愚公所处的地方连门都难出去这一条件，自然而然地导出家又怎么搬的诘问，最后水到渠成，得出先移山、后搬家的结论。如此一系列推论环环相扣，把反方的观点立即驳倒，可谓精彩绝伦！

【口才点拨】

顺水推舟法可以有效吸引对方的注意力，借自己之口道出对方所想，进一步控制论辩走势，从而成功反驳对方赢得论辩。

142 高瞻远瞩

那些在工作或生活中左右逢源的人，往往具备一些普通人所不具备的能力，他们到什么地方都能如鱼得水，就像渔民懂得看“水势”一样，会将问题顺利解决。相反，一个人即使很有才华，但若看不清水势的话，也必将到处碰壁，最终失败无疑。所以，如果你要想成功地反驳某人某事，一定要学会运用独到的眼光。

清朝晚期的栋梁之臣曾国藩就是在关键时刻，用独到的眼光和敏锐的嗅觉分辨出水流的方向，然后顺水推舟，使其成为自己的东风而走向成功的。曾国藩正是将顺水推舟发挥到极致的一代名臣。

曾国藩的成功在于创办湘军，当年他在家乡为母亲守丧期间，接到咸丰帝的朱谕诏示：创办团练。这就为曾国藩创办湘军提供了一个绝好的机会。他因势在家乡湖南一带依靠复杂的人际关系，建立了一支地方团练，称为湘勇。他独立于时代潮流，汲取中国传统文化的精华，继承和发扬林则徐、魏源的经世致用之学，学习西方，开展自强新政，最后成为中国近代史上的风云人物。

【口才点拨】

如果曾国藩当时看不清水流的方向，从而拒绝出山的话，那么清政府不仅少了一个重要的功臣，曾国藩也无法实现自己的人生价值和理想。没有高瞻远瞩的眼光，说出的话也将如井底之蛙，没有说服力。

143 釜底抽薪

当你与别人发生争论的时候，能碰到有些人之所以成竹在胸，自认为有恃无恐，是因为他手中握有重要的东西。要想战胜他，应当找出他手中的底牌究竟是什么。只要把这些搞明白，对手失去了优势地位，他还能这样有恃无恐吗？这正如俗语所说：“与其扬汤止沸，不如釜底抽薪。”一锅开水，如果不想让它沸腾了，只要把锅底燃烧的柴火拿掉，开水就不会沸腾了，这就是釜底抽薪的反驳技巧。

某法院开庭审理一起贪污受贿案，检察院指控刘某犯有贪污受贿罪，举出了一系列理由和根据。其律师针对这些理由和根据，展开了法庭辩论。

公诉人说：“本院现对刘某提起诉讼，原因是本院认为刘某犯有贪污受贿罪，刘某在主持修建城中高速公路时索取了回扣。当时有五家承包商找他，都明确表示过要给他回扣，他并未拒绝，而是含糊其词地说‘到时再说’。但后来城中高速公路工程却以高出这五家的报价，给了另一承包商，这不说明其受贿吗？这里，有那五家承包商的证词。”

律师辩驳说：“我现在不否认证词到底是不是真的，但这并不能证明我的当事人索取了回扣。就是说，公诉人所持的论据，与公诉人的论点之间，没有必然的逻辑联系，因此，这些证明是无效的。至于为什么要包给另一家，那是另外一个问题了。”

“对了，因为另一家要无偿为被告建造一栋面积300平方米的二层小楼！这笔达60万元之巨的建造费，是要算到高速公路工程中去的，这不是贪污，又是什么？”

“这60万元是怎样得出来的？”

“这里有市建筑公司技术员的检测核算报告为证。”

“但这份报告是不足为据的。检测核算者是土建技术员，而并非熟悉设计楼房的工程师，他的鉴定没有权威性。省里和地区都有工程师协会，据本律师取证，建造费还达不到40万元。”

“这是各自的算法问题。本案的要害是被告并没有付款！”

“并没有付款不等于就不付款。这里有建造者的证明，其清楚地写明：‘事前已讲好，各账各清，完工结账。’这说明是要付款的。之所以选择这家承包工程，是因为这家技术力量最强，历来工程质量都最好，这是众所周知的。”

“既然是‘完工结账’，为什么楼房完工已一年多，至今不结账？”

“我要提醒公诉人，我的当事人已被拘押一年有余，他怎么去结账？”

至此，法庭建议公诉人撤诉。在这场诉讼中，律师就是运用了釜底抽薪的反驳技巧获得了胜诉的。

【口才点拨】

如果想要揭穿对方的真正目的，最好的办法就是点破其论据，让它不成立，再运用釜底抽薪法是最有力的，这是把主攻目标对准对方提出的说辞；并且分析其实质，击中其要害。只要对方的说法不能成立，这些证明必然是虚假的。

144 据理力争

诸葛亮去联合东吴抗击曹操时，张昭攻击其比不上管仲与乐毅，其论据是刘备的军队面对曹军的进攻，竟然“丢盔弃甲，望风鼠窜”，以至于出现“弃新野、走樊城、败当阳、奔夏口”的惨相。

诸葛亮据理力争道：“刘备起兵之时，兵只有几百人，将只有赵、关、张。新野地方也小，缺粮少人。但仅在博望坡和新野的两次战斗，就打败夏侯惇、曹仁十万大军，比起管仲和乐毅也不遑多让。当年汉高祖屡败于项羽，到垓下之战时，终于根据韩信的策略获得最后胜利。”诸葛亮先以事实反驳了张昭论据的错误，接着就针对“无容身之地”的诬蔑，引用韩信辅佐刘邦之例，说明胜败乃兵家常事，求得最后的决胜是刘备的战略方针。张昭最后无言以对，只好承认自己无能。

【口才点拨】

对方为了证明自己是正确的，就要说出他的理由和根据。因为这个证据是获得胜利的基础，如果证据不足，他的理论也就不攻自破。实行釜底抽薪的办法，就是放下对手的论点，抓住他的论据不放。只要指出对手的论据是无效的、不能成立的，或证明其论据与论点无关，证明不了他的论点，那么，他的争论就是失败的。

145 暗度陈仓

从前有个名叫阿三的船夫，撑船给别人运送货物时，碰上了坏天气，一阵狂风把他的船吹歪，撞断了大财主陈家的柱子。陈家是此地一霸，看到傍水赏月的楼房柱子被撞断，很是生气，让人把阿三毒打了一顿，押送到了县衙。于是，阿三的妻子急忙去请当地打抱不平的状师帮忙。

状师说："此计难不倒我，到时候你让阿三叫我舅舅，我自有办法。"

第二天堂上，县官大吼："阿三，你撞毁陈家石柱，可知罪？现在应先重打四十板，没收木船，你妻子去陈家做奴婢。"状师在大堂下听到这些话，立即站了出来。阿三连忙高喊："舅舅救我！"状师问："你犯了什么罪？"阿三一五一十说了一遍。只见状师卷起衣袖，怒气冲冲地连打阿三几个耳光，并且骂道："真的是叫你往东你往西，怎么就把船开到地面上了？"阿三委屈地说道："可是我并没有把船开上岸。"状师又骂："你莫诓我！船没有上岸如何撞断陈家柱子？"阿三大叫："因为他的楼建在河里啊！"状师一听，脸色大变，转身对县官说道："老爷，运河是行船的地方，理应保持通畅，怎能建楼！"县官瞬间哑口无言，良久才说："那这并非阿三之错，刚才的判决取消。"

陈财主不甘心地叫道："老爷，你为什么不秉公办案！"状师立刻问道："你在运河上私造民房，阻塞河道，该当何罪？"阿三也插嘴道："县太爷，我那木船前边也被撞坏了。"状师一听，自是紧追不放："陈财主，若你不知悔改，不赔偿阿三木船损失，在这里我就先告你一次！"自知理亏的陈财主没有任何办法，只好赔了木船，既恨又气地走出县衙。

【口才点拨】

有时候，可以尝试着先从别的方向入手，暗度陈仓，使对方卸下防备，之后一击制敌。

146 以毒攻毒

某人欠了别人的债迟迟不肯归还，债主好不容易找到他讨要时，他却说：“万物都在发展，以前借你债的那个我，已不是今天的我了，所以，我不欠你什么钱。”债主见他根本无心还账，就不再提要钱的事，还请他第二天到家里吃饭。第二天，他准时来到债主家里，心想：你的钱不用还，还可以大吃一顿，真是好运。但当他到了债主家之后，天都快黑了，饿得他肚子咕咕直叫，也不见债主出来请他入席。他只得进去问道：“你怎么还不请我吃饭啊？”债主说：“我并没说要请你吃饭啊。”他说：“你昨天亲口对我说的！”债主说：“万物都在发展，昨天请你吃饭的那个我，已不是今天的我了，昨天的我说过，今天的我可没说过。”

他一听这话就与债主吵了起来，债主拿起棍子就打。他喊道：“你不但不兑现你的承诺还打人！我明天就去告你！”债主笑着说：“万物都在发展，你明天告我的时候，我已经不是打你时的我，你也不是被打时的你，那你怎么告？”他最后只好还钱给债主。

【口才点拨】

否认事实是诡辩论者常用的手法，以“万物都在发展”为借口，故意把谬论说成真理，颠倒黑白，混淆是非。对付这种人的最好办法是以毒攻毒，对他用同样的办法来治他。

147 虚实难辨

有个奴隶主嫌自己的奴隶太多了，想处死其中的一些人。虽然那个时代奴隶主想要处死自己的奴隶不违反任何法律，但是，这个奴隶主想捉弄一下这些人，他对奴隶们说："为了表示我是一个宽容的人，现在你们有权力选择自己的死法，一种是砍头，另一种是绞刑。选择的方法是这样的：如果你说了真话，就处绞刑；如果你说了假话，那就砍头。现在你们每人说一句话吧！"一个奴隶说："我不想被绞死，也不想砍头！"奴隶主觉得这是真话，于是把这个人处以绞刑。第二个奴隶说："您绞死我也好，砍我头也好，我都愿意！"奴隶主觉得他说的是假话，就砍了他的头。第三个奴隶说："我想留个全尸，就处绞刑吧！"奴隶主觉得他说的也是真话，就把他处以绞刑……结果，那些奴隶不是因为说了真话而被绞死，就是因为说了假话而被砍头，有的奴隶因为说不出话来，就作为默认真话被处以绞刑。至于那些说了一句不能马上证明是真是假的含糊话的人，也被当作说假话而砍了头……

后来，有一位奴隶说："你要砍我的头。"奴隶主听了后，想了半天也决定不了对他实行砍头还是绞刑，既不能砍他的头，又不能绞死他，只得将这个奴隶放了。

让这个奴隶主为难的是：如果砍他的头，说明他说的是真话，但说真话是要被处以绞刑的；如果奴隶主对他处以绞刑，对于"你要砍我的头"这句话来说就是假话，说假话是要砍头的。如果真的砍了他的头，那又证明了"你要砍我的头"又是一句真话……这样来说，奴隶主无论将他绞死，还是砍他的头，都要当众违背自己原来的言论，所以，奴隶主最后只能把这个聪明的奴隶释放了。

【口才点拨】

由于对方的提问是属于两难式的，直接反驳对自己不利，可以采用模糊反驳法。模糊反驳可用含义不清的语言或模糊不清的概念，使得对方不得要领，无法准确地把握含义。这种反驳法有点像外交辞令，在外交场合使用比较多。

148　一针见血

春秋战国时期，著名思想家孟子也是一个非常善辩的人。《孟子·离娄》记载：齐国人淳于髡也是个见解精深、思辨缜密的人才，无论国君还是士庶都很佩服他。有一次，两人不期而遇，于是发生了一场十分精彩的对话。

孟子的政治论是以仁政为内容的王道，其本质是为封建统治阶级服务的。淳于髡向孟子提出政治伦理方面的敏感问题，来试探孟子。孟子的回答思路严密、敏捷，并采用偷渡法，将对方的观点引进自己的逻辑，在化解对方攻势的同时，反戈一击，陷对方于被动。淳于髡问："男女之间不亲手传递和接受东西，这是礼制所规定的吗？""当然是礼制规定的。"孟子答道。"假如嫂嫂掉在水里，小叔子看见了，能不能用手去拉她呢？"淳于髡接着问。孟子说："嫂嫂掉在水里，不去拉她，那简直是没有人性的豺狼。男女之间不亲手递接东西，这是通常的礼制；嫂嫂掉在水里，小叔子用手去拉她，这是一时权宜变通的办法。"淳于髡接着又问："现在天下人民正在受苦，这和个人掉在水里一样，你不伸手救援他们，这是为什么？"孟子从容答道："天下人民遭受落水般的痛苦，这只能用'道'去救援，你难道要我用手去一个一个地拯救他们吗？"

【口才点拨】

归谬法是反驳对方论题的非常有力的方法，其特色是：用无法反驳的例证击垮对方。论证过程是：以退为进，导入荒谬；一针见血，驳倒对方。为了驳倒对方的论题，先承认对方的论题是正确的，然后在这个假定正确的论题上进行推理，并导出荒谬的结论，最后由否定荒谬的结论到否定对方的论题，一针见血地完成反驳。

149 以迂为直

《战国策》记载，赵孝成王元年（公元前265年），惠文王去世之后，其儿子孝成王继承王位，由于年纪轻，故由太后代为管理国政。赵太后刚执政不久，秦国便发兵一举攻占了赵国的三座城池。赵国向齐国求救，齐王提出以长安君作为人质后才能发兵。赵太后爱子心切，对劝谏的大臣们说："现在谁也不许提这事！否则我就朝他脸上吐唾沫！"

大臣们便不敢多说。

一天，左师触龙希望拜见赵太后。赵太后认为触龙一定是为劝谏而来，于是便气势汹汹地等着。不料，触龙走了半天才走到太后面前，不好意思地说：

“这几天，老臣身体多有不便，没能来拜见。不知您这些日子是否还好？饭量没有减少吧？”太后答道：“每天吃粥。”触龙又说：“我也如此，但只有每天坚持散步，才渐渐能吃下饭，身体也渐渐好转。”

触龙一字不提人质的事，赵太后的心情也渐渐稳定，就和触龙聊了起来。

触龙道：“我的小儿子叫舒祺，颇不成器，可我最疼爱他。现在，我冒死恳求太后允许他在宫中谋个差事。”太后问：“可以，他几岁了？”触龙答道：“15岁。虽然他年龄不大，可是我想在去世前把他托付给您。”赵太后听到后深表同情：“男人也会疼爱小儿子啊！”触龙说：“比女人有过之而无不及。”太后不服气地说：“还是女人更爱小儿子。”触龙见时机已到，便说：“我认为您爱小儿子还不如您爱女儿。”太后不以为然。触龙解释说：“父母爱孩子，就要为孩子做长久的打算。想当初，您送燕后远嫁燕国时，虽然为她远离而伤心，可是又希望她不要回来，并且还希望她的子孙一代一代地继续当燕国的国君。您能为她想得这样长远，这才是真正的爱。”

触龙接着说：“您如今虽然赐给长安君许多土地、珠宝，但如果不让他为国立功，一旦您去世，长安君凭什么在赵国站住脚呢？我觉得您为长安君打算得太短了，因此我认为您疼爱他比不上疼爱燕后。”赵太后被说得心服口服，立即决定把长安君送到齐国当人质，同时也催促齐国出兵援助。不久，齐国终于出兵解了赵国之围。

触龙说服赵太后便是运用迂回的策略。触龙深知赵太后喜爱长安君，如果从正面去力劝，让长安君到齐国当人质，肯定会失败。所以，他采用了迂回的方式，从关心太后的饮食起居、身体健康的侧面话题谈起，接着，再迎合太后的爱子之心，谈起自己对儿子的关心，诱发太后对自己“爱子之见”的谈兴。直到太后非要寻根究底时，方才阐明爱子就必须让他为国立功，这才是真正的爱子之道，让赵太后有所醒悟。

【口才点拨】

这种迂回的策略不失为有效的辩论办法。运用避开正面的战术，采用迂回策略，以带有隐蔽性，甚至符合对方心理的方式，比较容易地让对方在毫无防备的状态下，逐步诱使其接受自己的观点。

150 偷梁换柱

北京某大学财经系女生颜真玉的口才之好，在全校是有名的。

一次，颜真玉与几个同学在一起聊天，她在反驳对方“三纲”时，差点出了洋相。正确的答案是：君为臣纲，父为子纲，夫为妻纲。由于颜真玉心急所至，随口答道：“臣为君纲，子为父纲，妻为夫纲。”把三者的关系弄颠倒了。同学发出嗤笑声。此时，颜真玉不动声色地说：“不要笑嘛，我这‘三纲’是新‘三纲’，与古代的旧‘三纲’完全是两码事。”对方问：“从没听说过有这么个新‘三纲’，你倒是解释解释看。”颜真玉看了对方一眼，说道：“现在，我们中国人民当家做主，是主人，而领导者不管官职多大，都是人民的公仆，岂不是‘臣为君纲’吗？我们的国家以计划生育为国策，一对夫妇只生一个孩子，于是孩子在家庭里都成了‘小皇帝’，岂不是‘子为父纲’吗？许多家庭中，妻子的权力一般都超过丈夫，所谓‘妻管严’、‘模范丈夫’，不都是‘妻为夫纲’吗？”大家佩服得五体投地。

【口才点拨】

当你在辩论的时候，一不小心出现一些逻辑上或理论上的错误时，就要学会采用“偷梁换柱”的方法，引入新的概念来化解困难。

151 去伪存真

曾就读于西点军校、做过测绘员的惠斯勒是美国著名画家，他做梦也没想到，自己的一幅画会引出一场官司。

1875年，他那幅画名为《泰晤士河上散落的烟火：黑和金的小夜曲》，画中是静谧的夜晚，烟火宛如天上的星辰翩然坠落。泰晤士河在这样幽然的光芒中倒映出河边的树，远方的星星、灯光、烟火，交织映衬出河边零星的观看烟火的游人。一场烟火并没有让泰晤士河畔变得热闹非凡，反而使它更加安静、神秘。作者用黑绿色表现夜空，用金、橘、白、红调和成绚烂的烟火，让人感受到的是流动的夜空、流动的烟火、流动的河水。一切都是如此静谧，仿佛永远都不会停止，但又可以看出，一切终将随着泰晤士河悄无声息的流动而静寂。此画在英国伦敦展销时，定价为200吉尼（美国旧时金币）。著名评论家约翰·拉斯金对这幅画颇为不满："把颜料罐打翻在画布上还要观众付钱，实在是一种欺骗。"惠斯勒一气之下把拉斯金告上了法院。

法庭开庭那天，检察长与被告的辩护人一唱一和地替拉斯金开脱。检察长问惠斯勒："你完成那幅《小夜曲》需要多长时间，你能告诉我吗？"惠斯勒回答说："检察长先生，能劳驾您再重复一遍吗？"看惠斯勒那不亢不卑的神情，检察长马上感到自己的问话确实有些不妥，脸上的肌肉不由自主抽搐了一下。惠勒斯答话："噢，让我想想，大约一天，要是第二天画没干，就再补几笔。噢，对啦，一共工作了两天。"检察长发问："亲爱的画家，两天的工作，就要价200吉尼吗？"惠斯勒大声说："不，我要的是终生学识价。"检察长不知说什么好。法官见状，急忙站出来打圆场，判决拉斯金登报向惠斯勒道歉。

【口才点拨】

知识和学识成果的价值，是不能以个人投入劳动时间的长短来衡量的，这是人所共知的真理。说话也是一样，去伪存真，方显口才。

152 淡然置之

战国时，秦国国君秦昭王第一次召见范雎时，范雎所采用的便是冷处理法。当时秦国的军政权力依然掌握在宣太后和穰侯手中，范雎就是在这种情况下来到秦国的。他先给昭王上书，说自己有办法使秦国变得强大起来，还暗示了如何处理昭王与宣太后及穰侯的关系。

于是昭王决定召见范雎。

到了那天，范雎事先在接见地附近四处闲逛，昭王驾到时，侍臣看到有人在附近闲逛，便喊道：“大王驾到，回避！”范雎却高声说道：“秦国只有宣太后和穰侯，哪里有大王呢？”昭王自然明白其中之意，不安地接见范雎说：“寡人政务烦心，每天要请示太后，所以一直没去见您，我生性愚钝，请先生多加教诲。”

然而范雎却一言不发，只是静静地看着别处，如同时间凝固了，闹得大臣们都有些不安。昭王让大家先退下，范雎仍然一言不发。昭王又问：“先生可愿赐教我？”范雎“嗯”了一声。过了一会儿，秦王又一次请教，范雎仍只“嗯”一声了事。

后来，昭王长跪不起，说：“先生不肯指教我吗？”这时，范雎才拜谢道：“不敢如此。”他说了很多有利于秦国的国策，并且分析了当下的情况。秦昭王非常高兴，马上任命他为顾问，几年后，又让他做了宰相。

【口才点拨】

范雎的冷处理法，确有妙不可言的独特效力。不仅使昭王屏退了众臣，更让昭王加重了对自己的敬重。会见前范雎已点明昭王的心事，所以不担心昭王不来找他，正是有了这种十足的把握，他才敢采用冷处理法。

153　攻其不备

一天，两个人跑到了大堂，其中一人说另一人借了他的钱不还，另一人则声称和那原告只是初次见，也没有借他的钱。县官只好问原告：“你在什么地方借给他钱的？”原告说：“在离城不远的一棵树下。”县官点点头后，说：“你再去一趟，带两片那棵树的叶子回来，它们自会告诉我真相。”于是，原告前去摘取树叶，大喊冤枉的被告留在大堂上，县官则自顾自地审理别的案子。

正当被告好奇地观看县官审案时，县官突然回过头问他：“他现在走到那棵树没有？”被告答道：“我看不可能，那段路长着呢！”顿时，县官严肃地问：“既然你没跟他去过那儿，你怎会知道那段路还有多长？”被告这才发现自己不小心露出了马脚，只好认罪。

【口才点拨】

在这里，县官让原告去借钱的地方找树叶，又审理其他案子，直到被告失去戒备，再看似不经意间提出问题，诱使对方在没有防备的情况下说出真相，使被告不得不承认自己的罪行。

第十章　禁忌口才：小心祸从口出

154　不要信口开河

俗语说：吉人之言少。换一种说法就是“事要多知，话要少说”。作为一名公司员工，尤其是刚进入公司的员工，初来乍到时一定要少说话，以免言多有失。即便因为你的沉默寡言给人造成一种不合群、孤僻的印象，但与喋喋不休的人比起来，你会更安全。作为刚进入公司的员工，说话要有分寸，要明白有些话可以说，有些话不能说。所以，会说话的员工善于言谈，也更懂得适可而止，该保持沉默的时候就决不开口。

总公司市场部经理雷加丽初次来分公司指导工作，中午请公司同事一起吃饭，席间谈起一位刚刚离职的副总。新人斯小米说：“此人很难交流。”雷加丽说：“哦？难道是因为工作压力太大了？”斯小米说：“也许不是吧，我看她三十多岁了还不结婚，保准是单身太久心理有些不正常了。”听到这句话，刚才还争相发言的人都不说话了，因为雷加丽也是个三十多岁并且没结婚的女人。

事后得知真相的斯小米为这句话付出了离职的代价。

【口才点拨】

在和同一公司的员工交往中，一定要少说话，并分清什么话能说，什么话不能说，什么话可信，什么话不可信，这些都要在脑子里多想几遍，心里有个数，这样才能够与同事和谐相处，避免犯下不可挽回的错误。因此，新进公司的员工一定不要信口开河，因为你刚到公司，对很多情况不熟悉不了解，自以为是地乱说话，会给你带来难以弥补的损失，甚至会在你以后的晋升道路上埋下地雷。

155 献计而非决策

工作中，有些员工因为能力比一般人强，处处自以为是，即便在上司面前也很放肆，动不动会说：“由于季节的原因，我决定将咱们的那批货降价脱手。”如果你是上司，听了这话有什么感觉？虽然不能否认一些员工在工作中的聪明才智，能独当一面，但你的越俎代庖，会让他觉得你是自作聪明，不尊重他，所以，对上司可以献策，而非决策。

陈宝娟工作很认真，公司同事都说她应该是最有希望晋升的。

一天，公司经理把陈宝娟叫了过去：“你经验丰富，能力又强，现在公司开展一个新项目，就交给你负责吧。”

听到这个消息，陈宝娟非常兴奋。恰好这天她要带几个人到附近的城市出差，人比较多，坐大客不方便，还会因为劳累影响谈判效果。打车的话必须打两辆，费用不低，由此看来，租一辆大车是最好的选择了。于是陈宝娟去了一趟经理办公室，打算把自己的决定汇报给上司。

陈宝娟把几种方案的利弊分析了一番，接着说：“我决定租一辆大车。”汇报完毕，她满心欢喜地等着赞赏。

但是，经理却说：“可是我认为这个方案不太好，你们还是买票坐大客去吧。”陈宝娟愣住了，她万万没想到，经理竟然不同意这样一个合情合理的建议。

其实，问题就出在给经理做决定上。在上司面前说“我决定如何”是最要不得的。如果陈宝娟换一种方式说：“经理，现在我们有三个选择，各有利弊。我个人认为包车比较可行，但我做不了主，您做个决定吧。”经理若听到这样的话，绝对会做个顺水人情，答应你的请求，这样才会两全其美。

【口才点拨】

上司喜欢的是那些虚心负责的员工，而不是自以为是、不把上司放在眼里的人，你要学会把你的想法告诉他，从主动的提议变成被动地接受。千万不要急躁粗暴，多倾听和征询上司的意见，少替上司做一些决定，即使你是正确的。对待性格温柔的上司，同样也要保持尊重，不擅自行动和做决定，这些如果你都做不到，就有可能遭受他的冷遇。

156 谨言慎行

道人洪应明收集编著的《菜根谭》中说："十语九中未必称奇，一语不中则愆尤并集；十谋九成未必归功，一谋不成则訾议丛兴。君子所以宁默勿躁，宁拙勿巧。"这句话之意大致如此：你做事哪怕一直正确，也未必会招来称赞，但是只要错了，就会招来指责。你的计谋哪怕一直成功，也不会有人给你记功，但是只要你计谋失误一次，就会被埋怨。于是，最好是少说话，宁可表现得愚钝一些，也不要表现得过于明白。

不要在公司里进行辩论。有些人在说话时有大炮筒子的坏习惯，喜欢与别人一争高低，一定要胜过别人才觉得有面子。假如你实在爱好并擅长辩论，建议你最好把这项才华留在公司外去发挥，否则，即使你胜过了对方，但也损害了他的尊严。对方很可能从此记恨在心，说不定有一天他就会用某种方式还击。

最要不得的是成为小道消息的广播者。小道消息就是在别人背后说的话，是最让人下不来台的事情。只要是人多的地方，就会有闲言碎语。有时，你可能一不小心就成为"放话"的人；有时，你也可能是别人"攻击"的对象。这些耳语，比如领导喜欢谁、谁最吃得开、谁又有绯闻，等等，就像噪声一样影响别人的工作情绪。聪明的你要懂得，该说的就勇敢说，不该说的绝对不要说。

【口才点拨】

在同一个公司工作，同事之间相处的时间最长，谈话可能涉及生活的方方面面，"讲错话"常常会给你带来不必要的麻烦。与同事谈话时如何把握分寸，就成了混迹职场必须重视的一环。

157　不要把心里的话都掏出来

俗话说：害人之心不可有，防人之心不可无。在说话上，也是如此。刚进入职场的人说话一定要三思，有时你好心前去劝架，却惹得别人怒火冲天，轻则从此失去友谊，重则引起新的争斗。如果你的同事有缺点、有错误，你想给他指出来让他改正，但前提是你必须确认他能接受你的建议，不然，你说也是白说，还会结下仇怨。如果你还多言，可真是“咸吃萝卜淡操心”了。

在工作中，有些人性格忠厚，对谁都不设防，随时可以把心里的话都掏出来，逢人便是知己。有些员工性格沉默寡言，不苟言笑，总是心直口快，直言不讳。正因为他们总把精力放都在工作上，难免不懂得职场上的人情世故，因此，说话就更要注意，管好自己的嘴巴，三思而后行。当然，管好自己的嘴，不是一言不发，而是要有的放矢。

当你在工作上有了什么难题，尽量不要在办公室里向其他人公开，不妨与几个知心朋友好好聊聊。办公室是流言蜚语的滋生地，大家在休息时很愿意找些话题来闲聊，为了不让闲聊伤害到自己，最好以新闻、热点、影视剧作为话题，避开个人问题。

如果你懂得职场的沉浮，就要谨慎说话，更不要在背后说人坏话。

【口才点拨】

哪怕你是一个很有能力的人，在职场上也应该小心谨慎，强中自有强中手，如果哪天来了个更加能干的员工，那你马上成为别人的笑料。如果老板额外给了你一笔奖金，你就更不能在办公室里炫耀了，别人在一边恭喜你的同时，一边也在嫉恨你呢。

158　闲谈时不要制造流言蜚语

历来素有“逆鳞”之说，即使一条最无能的龙，也有其反叛的一面。意思是说：龙的喉部之下有块“逆鳞”，全身只有这个部位的鳞是反方向生长的，如果不小心触摸到“逆鳞”，必会被愤怒的龙所杀；其他的部位任你如何抚摸都没有关系，只有这一片逆鳞无论如何也接近不得。

在工作中，也有像“逆鳞”般的禁区，说话时千万不要信口开河，一旦你说错了话很可能会带来无法挽回的恶果。说话之前，要明白哪些话什么时候该说，什么时候不该说。

在与同事说话时切不可信马由缰，让人觉得你是个“透明人”。说话时，更不能随口就说某某人的短处，这样会让人觉得你的水平一般，让人有吃饭吃到沙子的感觉。

有些人不太善于与人闲聊，难免被好事者扯进他们的话题。职场上总有特别喜欢聊别人的隐私的人，什么老板昨天又与一个漂亮的女人一起逛街，主管前天与自己的老婆打架了，某同事想签订一个大单结果成了泡影，等等这些都是他们的最爱。虽然这样的交谈能够很快拉近人与人之间的距离，但是，又有谁能够严守秘密？因此，遇到这种情况，最好不要掺和进去。

【口才点拨】

一般而言，流言蜚语通常是在办公室休息时闲扯出来的。既然是闲谈，就要轻松一点、愉快一点，在制造笑声时，恶毒的讽刺与挖苦并不会让人觉得轻松多少。其实，获得乐趣、制造笑声的方法有太多太多，何必要论人是非？

159　掌握好说话的度

如果你认为除了说说某某人的隐私，再没有其他的话可以说，那你趴到办公桌上打个盹也是个不错的办法，比起讨论别人的是非要好得多。总之，在办公室说话一定要有分寸，不经考虑就随口而出的话，说不定什么时候就伤害到你自己，古人认为做事“三思而后行”，才能不出大错，而在办公室也一定要懂得“三思而后说”。

打人不打脸骂人不揭短，可以说是真理。身处职场，一定要记住这句话。同事之间一旦出现意见不能统一的情况，一定要就事论事，千万不能因此而进行揭短式的人身攻击。要想获得良好的职场人际关系，很重要的一点就是学会发现对方身上的优点，夸奖对方的长处。

也许你也遇到过这样的人：他们总是喜欢揭短，像什么谈恋爱被抛弃，做生意赔本，上班被开除等等，却闭口不谈别人的优点。这个世界上就没有十全十美的人，每个人都有长处和短处，喜欢说闲话的人往往不愿谈及别人的长处。在闲谈中，切不可说人之短，要多议论别人的长处，否则不仅损害别人的尊严，也显示出你品德上的缺陷。

要注意避免提及他人的伤疤。不谈及他人的短处就容易与他人建立起感情，创造融洽的交谈气氛，谈论他人短处则会令他人生厌；不小心谈及他人的短处，虽无意害他人，但依旧容易引起别人的不满。因此，与他人交谈时，应该避免谈论别人的短处。

只要静下心来想想就会明白，自己所知道的别人的事不一定是真的，也许别人还有许多事情是故意让你了解的，若你贸然散播听到的言论，很可能对他人造成不良影响。人与人的关系比较复杂，你若不知内幕就不要去说。有一种人好推波助澜，把别人的一点小事说得很大。你虽不是这种人，但偶尔谈论别人的短处，也许无意中就掉进了别人设下的陷阱里面。

【口才点拨】

如果你对某件事情还不能确定它是不是真的时，千万不要开口谈论。另外，当别人向你谈起某人短处的时候，最好办法是听了也就听了，不必将它记在心中，更不可做传声筒，而且还要提醒谈论者不要随便乱说。

160　不要揭短

不吝赞美他人可以让你获得一个好人缘，而揭人之短则会让别人对你产生反感和憎恶。不管你跟同事之间的关系多铁，揭短的话最好不要说。因为你揭别人的短，对别人来说就是一种侮辱，你就是在给自己前进的道路上添石头。

某公司年终组织旅游，晚饭过后大家都在宾馆附近散步聊天。聊天气氛本来很好，可是当说到打台球这个话题时，一向快言快语的汪中信就说李薄的台球瘾特别大。其实李薄早就不打台球了，于是他就争辩了一句。可是汪中信不但没有停止，反而说："别逗了，你儿子学习成绩差不就是因为你总打台球吗？晚上你总出去打到半夜，孩子也回不了家。你这丈夫和爸爸做得不称职啊，妻子孩子都不管。"李薄只听得红了脸，兴致全无地先回宾馆了。

李薄之前确实爱打台球，但现在已经改掉了这个毛病，当然不想别人再提这个旧伤疤。可汪中信却口无遮拦地当众揭他的短，李薄特别不高兴，他与汪中信本来相处得不错，但从此李薄再也不跟汪中信说话了。汪中信后来也觉得对不起李薄，有一次遇见李薄，主动跟他打招呼，李薄看都不看他一眼，让汪中信觉得很尴尬。之后两个人就像陌路人一样，不再往来。

【口才点拨】

不管你与同事的关系多亲近，说话也不能随意揭人之短。说话时应当避开那些焦点问题，因为他们并非喜欢做错事时候的自己，也或许现在已经改过自新，不想再去提起当年的丑事。所以，以己度人想一想，最好不要去揭人家的短。

161　家事并不是对谁都可以说

伊向东经常在午休时对同事说儿子非常不听话，处处和他对着干。由于儿子的叛逆，每天回家以后家里的氛围都很紧张，他这样做，也许是想通过倾诉来减少来自家庭的压力。最近公司开始了一个新的重大项目，伊向东一直以为自己是负责这个项目的最佳人选，但是结果却大出意料，公司领导层选了其他人而没有选他。这是为什么呢？因为公司领导层觉得"他儿子的事情已经够多了，估计他没有能力做这么重要的项目"，或讲得更直接一点就是："你连自己儿子的事情都处理不好，怎么能负责这么重要的项目呢？"

如果你家里有什么不顺心的事，一定不要把自己的无限烦恼告诉同事或上司，因为对上司来说，你很烦恼说明你不能全心全意地投入到工作中，这样你的上司肯定会对你不放心，他甚至会提前想对策或再额外招人，这样的话即使你把家里的一切难题都处理好了，也有可能面临失去工作的尴尬局面。

与同事成为朋友更要慎之又慎，因为大家同在一个办公室上班，交友不慎将影响你在公司的处境。起初，同事之间大多不会显露出对公司的意见，但是“路遥知马力，日久见人心”，只要一起吃过几次饭，一些见识浅薄的人就很容易把自己的不满倾诉给你听。对于这种人，你不应和他有更深的交往，只做普通同事就可以了。有些人只是闲谈的对象，至于真心的倾诉需要交心之后方可，而知心的朋友非一两天的交往就能交成。

【口才点拨】

如果你刚进入一家公司不久，与一起搭档的同事交情一般，将自己的不幸一股脑儿地向对方倾诉，的确能引起他的同情，对方虽然表现出一副感同身受的模样，但是在他的心里并没有多大的分量，说不定还在看你的笑话，会将你的事到处宣扬，这样的人绝对不是一个可以深交的人。

162　小心别人传播你的隐私

在职场上，有些人因为没有多少能力，引不起别人的关注，只好凭散播一些别人的隐私来提高自己的身份。看见老板昨天晚上去歌舞厅了、那天李经理对张总的态度很不好、刘主管对奇峰不满等话语是这种人的“口头禅”。

“我已经答应别人了呀……好吧！谢谢……再……”关婷婷的“再见”还没说完，对方已经挂了电话，她呆站着，电话还在手里发出“嘟嘟”的声响，“怎么了？不开心？”她抬头一看，是新来的向朝红。“没什么事，”她回答，“你还没走？”“回家还不如在办公室觉得充实些。呵，家里那点事……”关婷婷抬头看了看这个中年的女人，她显得很落寞，似乎也是有心事。

关婷婷笑了，“要不要一块儿去吃饭，我请客！”

谈话间，关婷婷猛然发现，向朝红简直就是自己的翻版，想到这儿，她再次流下泪来，向朝红问：“什么事让你伤心，难道……”关婷婷的心理防线崩溃了，多少年来，从不曾对人倾吐的秘密，如同滚下的泪水般全涌了出来。

回到家后，她觉得好轻松，觉得终于遇到一个跟她有着同样痛苦、同样煎熬的人，发觉自己不再孤独。向朝红一夕之间成为她最好的朋友。只是她不明白，为什么其他同事渐渐地对她露出奇怪的眼光，桌上的电话才响，她就感觉到几十双眼睛都在盯着她，几十只耳朵都在听。

一天，郭燕燕偷偷对她说："你的事都算不得新闻了！其实，你不该对别人提起那种事，大家同事六七年，你都没说，为什么向朝红才来，你就告诉她呢？她又是大嘴巴，到处吹牛，说她知道你的私事。""可是她，她也一样……""她也一样什么？跟你一样爱上了有妇之夫？那才是笑话呢，她今年才结婚！"

【口才点拨】

在职场上，又有谁能交到亲如兄弟姐妹那样的知心朋友呢！小心别人传播你的隐私。

163 谈话之间要有距离

不管你是在哪个企业工作，应该记住的是：跟同事一定要保持适当的距离，切莫见人就深交。人们都喜欢用"亲密无间"这个词来形容关系要好的朋友，其实真的到了亲密无间的程度往往会适得其反。朋友之间保持一定的距离是很有必要的，而身在职场的同事之间更是如此。"物以类聚，人以群分"，紧张的工作节奏让你有大部分时间都和同事在一起，甚至午餐、休息和购物都是拉帮结伙、难舍难分。由于工作上的关系，你们之间的共同语言比较多，在患难与共之间，容易成为互相安抚对方工作烦恼和挫折的职场朋友，但走得过近会埋下隐患。天下没有不透风的墙，一旦关系破裂，后果不堪设想。如何把握办公室里同事之间的距离，并不是那么简单的事情。

在一个企业上班，大家都是来自四面八方，为了使公司更有发展、自己也有所收获，你与其他同事相处不错，应该是好事，但要记住，同事之间不一定要成为朋友，同事就是因为工作关系才在一起的，不是朋友。交朋友除了志趣相投外，相互的忠诚是最重要的。一旦你选择了对方或是对方选择了你，彼此信任、忠诚是双方相处长久的基本，也是最重要的保证。同事就不同了，一般来说，如果不是自己创业，也想在这个公司好好干下去，那么，你最好不要选择同事作为朋友，除非你在人事部门工作。

【口才点拨】

谈话掌握好距离感，不要让上司认为你拉帮结派，否则一旦出现后果可不是很容易就能解决的。

164 莫说对自己的未来前途不利的话

高才家境比较富裕，刘可却比较贫穷，由于两人的兴趣爱好有许多相同的地方，她们成了形影不离的好朋友，在大学时就是出了名的好姐妹。毕业后，她们又同时进了同一家公司，而且还住在同一间公寓，感情越来越深厚。

由于家庭条件不好，在读书的时候，父母为刘可借了许多钱，为了帮家里还债，她就悄悄找了份兼职，帮一家小公司管理财务。高才发现她下班后仍然忙得不可开交，追问之下，刘可就把自己做兼职的事情告诉了高才。

但最近发生了一件事，让两人的感情迅速走向危机。公司每年都会选派一名优秀员工到商学院培训，根据工作表现和成绩，高才和刘可都被选进了名单。高才对刘可说："如果我们姐妹俩都能去该多好啊。"刘可说："谁说不是呢？"

但在确定人选的时候，高才成为公司唯一参加培训的人。刘可非常失落，她特别想获得这次培训的机会，她找到经理，请求参加这次培训。经理看了刘可一会儿，平静地说："你太忙了，就免了吧。"刘可急忙说："手头上的项目，我会尽快完成的。"经理沉下脸来说："你那家小公司怎么办，谁给管理财务？"刘可立即愣住了，她一时搞不明白经理怎么知道她兼职的事。她本能地辩解说："我兼职是有原因的，这并没有影响我在公司的工作……"经理打断刘可的话说："好了，你忙你的去吧，我还有事。"接着又冲刘可摆摆手，刘可只好伤心地离开。

"你太忙了！"——这句话成为刘可失去培训的理由。

【口才点拨】

某些话如果对自己的前途不利，即使现在看不出来也不要说，因为说不定什么时候就成了你成功的绊脚石。

165 说话的中庸之道

俗话说得好，“说者无心，听者有意”，意思是说你自己不认为自己说的话有什么偏向，但是却会引起别人不好的想法。所以，说话时不能带有明确的偏向，“中庸”才是最应该注意的。

比如，你的一位好友让你评论另一位好友时，如果你的两个朋友关系很要好那自不用说，如果关系不好你就该小心了，必须秉持中庸之道来说这番话，评价时一定要“中庸”，不褒不贬，不讲优点也不讲缺点。

【口才点拨】

这样的说话方式比较圆滑，老好人谁也不得罪，不过恰恰因为这个特性，有时会招致某些人的反感，所以，这种话一定要看清楚交谈对象。

166 职场口才策略

对那些喜欢事事显示自己很了不起的人来说，要想和别人融洽相处，并获得人们的信任，首先要学会和别人说话，而且要明白每个人都是平等的，即便是你再有能力，再有后台，再有财力，也不可视别人为草芥。同时，要完善自己的性格，注重后天的培养，性格好，别人才愿意和你交往。除此之外，要多学习，多读书，因为沟通和相处是需要技巧的，只有掌握更多的知识，才能运用各种技巧与不同的人进行沟通交流。

当你进入一家企业的时候，如果招聘的那位告诉你“公司多么人性化，多么言论自由”等等，你可以呵呵一笑，因为这或许不是真的；并且，假如开会时上司说“大家畅所欲言，有什么不足和要求尽管提，有什么想法大胆说”之类，你也可以呵呵一笑，因为这也不一定是真的。你要是真的信了，将来也许会给自己的工作造成隐患。

其实，大多数公司的“言论自由”根本就不自由，假如真的有人对你说这番话，冲他意味深长地笑一下就行了。如果你真的说出了真实的想法，在公开场合质疑公司的制度或者上司的某些决策，公司就会把你当作破坏公司积极氛围的反动派，之后的结果相信不用多说。

【口才点拨】

工作场所山高水深，要懂得把自己的真实情感包裹起来，成为一个独立的区域，这才是明智的。为了不让闲聊入侵内心，最好有意围绕社会新闻去聊天，不仅没有禁忌，而且安全无害。

167　职场中莫谈工资

即便是在同一家企业里，同事之间的工资待遇差别也有可能很大，老板特别忌讳同事之间相互打听工资，所以对公司的员工，老板一般不会公开某人的工资，并叮嘱其不要让别人知道。同工不同酬是某些老板常用的手段，所以老板对“包打听”之类的人总是格外防备。

有些人为了得到别人工资的真实信息，会先说：“我这月工资是多少多少，奖金是多少多少，你呢？”如果他比你钱多，他会心里暗暗得意。如果他没你多，就会心理不平衡了，表面上可能一脸羡慕，内心却很不服气甚至嫉妒。

应该记住的是，千万不要打探别人的工资待遇是多少。如果你碰上这样的人，当他想说工资待遇方面的事时，要适时远离他。如果他说话很快，没等你拦住就把话都说了，你就用外交辞令冷处理：“对不起，我不想谈这个问题。”你这样斩钉截铁地回答，他就不会再继续问下去了。

【口才点拨】

做人坦诚也要看人看事，有些事情知道的人越少越好，被人嫉妒可不是什么好事。工资问题最好不要在办公室里谈论，以免出现别的状况。

168　最要不得的口舌之灾

不管是在工作时间还是在下班时刻，最忌讳三五个人在一起窃窃私语，这是职场上最要不得的“口舌之灾”。大家天天在一个部门里一起工作，难免会有意见不统一的时候，这时就应该平心静气，心平气和，寻找最好的沟通方法。如果真的不幸吵起来，那也应该控制住自己的情绪，小吵怡情，千万不要人身攻击或揭露个人隐私，更不要口吐脏字降低自己的素质。

说话时，要找好恰当的言辞。要想在办公室里如鱼得水左右逢源，不让无意中的言辞伤到别人，就必须管好自己的嘴。面对领导、同事，千万要谨慎，说话之前一定要再三斟酌，这也是为了防止这些话在之后的工作中带给你不必要的麻烦。俗话说“祸从口出”，不说话也就没有祸端。

【口才点拨】

虽然俗话说“祸从口出”“言多必失”，但是我们毕竟不能不说话，那么在说话时就得三思，不只是为了对方，也为了自己。

第十一章　论辩口才：赢得论辩的技术

169　向对方提出一些“陷阱问题”

论辩不仅是一种追求真理，让自己重新获得主动权和话语权的方式，也是我们达到预期目的的一种重要的语言表达艺术。

从前，有一位渔民，在一次出海捕鱼的时候不幸淹死在海里，他的儿子在这之后还是毅然冒着风浪在海上打鱼。

一天，有个“聪明人”问他：“你怎么还来海上打渔呀？你的父亲不是被大海淹死了吗？”

他点了点头，说：“是的。”

“聪明人”接着问道：“那是什么原因促使你到这个危险的海上来打鱼的呢？”

他反问“聪明人”：“请问你的父亲是在哪儿死的呢？”

“聪明人”回答说：“我的父亲是死在了家里的床上。”

他接着问：“那是什么原因促使你还睡在危险的床上呢？”

“聪明人”红了脸，一句话都说不出来了。

这位渔民的儿子通过提出一系列“陷阱问题”，使那个自认为聪明的“聪明人”不知不觉地进入了圈套。最后，渔民的儿子轻巧地反驳，就让那“聪明人”哑口无言。

【口才点拨】

在论辩时，可以向对方提出一些“陷阱问题”，比如利用一些包含假象的问句来向对方发问，在对方没有防备的情况下，诱使对方陷入自己为之设置的圈套之中，进而获得主动权，并设法将其制服。

170　幽默答辩，论辩取胜

陈明在广东一家大的合资企业工作，她总是喜欢利用上班的时间去理发，当然，这种行为并不符合公司规定，因为职工在上班期间不能擅自离职，去做与工作毫无关系的事情。

一天，当陈明正在理发店理发的时候，她所在部门的主管经理也来理发。

经理见到她，好奇地问："陈明，你为什么在上班的时间来理发？"

陈明说："经理，我也是没办法呀，因为我现在剪下来的头发都是在上班的时间长出来的，所以，我只能在上班的期间把它们剪掉，否则会影响我的形象，这样会给公司带来不利的影响的。"

经理立即说："你的这个理由并不充分，因为有些头发是在你下班的时间长的。"

陈明礼貌地回答说："是的，经理，您说得很对，但我现在只剪上班时长的那部分。"

经理和陈明都笑了。

幽默是人类智慧的结晶。每个人都希望自己能够克服困难、乐观向上，并赢得别人信任，幽默能够帮助我们与他人更轻松友善地沟通和交往，帮助我们轻而易举地处理一些棘手的问题，顺利渡过难关，实现最初的目标。

下面这则幽默故事也充分体现了这一技巧的妙用。

在美国的街道拐角处，有一家百货商店，商店门口的牌子上写着几个大字："应有尽有货物全，若有缺货送十万。"

一个法国人正巧路过，看到这个牌子，对那十万元很是憧憬，于是他进店寻找没有的东西："请问，潜水艇在什么地方？"经理把他带到二十层楼，这里果真有一艘潜水艇。

法国人很惊讶，又问："那有飞船吗？"经理把他带到十楼，这里果真有一架飞船。

这位法国人非常的震惊，不过他可不想放弃这十万元，于是问道："有肚脐长在脚下面的人吗？"他以为这次经理应该没办法了，可谁知经理对一位店员说："当然有！来，倒立一下，让客人看看。"

很容易就能看出，这个法国人并不是来买东西的，经理也深知这一点，让他不得不扫兴而归。

【口才点拨】

幽默能够帮助我们在社会交往中与人建立一种和谐关系，在论辩中，运用有趣、可笑、寓意深长的幽默语言进行答辩，可以鲜明地在舒畅的气氛中表达观点，营造有利于己方的气势，给对方造成压力，进而达到取胜的目的。

171 巧用类推的口才技巧驳倒对方

为了解开事物的谜底，古往今来，成大事者往往不会采取直截了当的方法，不会把时间浪费在观察表象上，而是通过表象类推出这一现象发生的原因，再用一种反观、复验的方法进行思考，通过很多正面和反面的线索进行推理、类比。这样得出的判断准确度和真实度更高，制定的应变谋略也更有效。

春秋时期，郑国国王郑庄公的母亲姜氏一手策划他的弟弟造反，郑庄公将此事平定后，发誓说："不及黄泉，无相见也！"意思是说，有生之年，他再也不见他的母亲了。但庄公回到国都后慢慢后悔起来，常常自语道："我真是有罪，杀了自己的弟弟，赶走了自己的母亲！"

当时，郑国有一个叫颍考叔的人，此人为人正直，大公无私，品德高尚，尤以孝敬父母、诚信交友而闻名。颍考叔得知此事，说："母亲为孩子着想，即使得到的关爱不同也没错，但做儿子的不能体谅母亲，就是大不敬，有伤风化啊。"于是，颍考叔带上数只鸮鸟，用进贡野味的名义求见庄公。

庄公见到颍考叔后问道："这是什么鸟？"

颍考叔回答说："这种鸟名叫'鸮'，幼时靠母亲抚养，长大后却把母亲吃掉，是一种不孝之鸟，必须把它吃掉。"

庄公听了颍考叔的话，面露愧色，沉默不语。

就在这时，厨师来献蒸羊，庄公撕下一条羊腿给颍考叔，颍考叔小心翼翼把好肉撕下来，用纸包好，收藏起来。

庄公好奇地问他："为什么把肉包起来？"

颍考叔回答说："请主公见谅，小臣家中有年迈的老母，家中贫困，每日三餐只能用野菜饱肚，从来没有享受过如此美味，所以我想把好肉收起来，带回去孝敬母亲。"

庄公长叹一声："你是个孝子啊！"

颍考叔问："主公为何叹气？"

庄公说："你有老母可以尽孝，寡人却没有这个机会了。"

颍考叔装糊涂地问："姜夫人现在还很康健，为何无机会？"

庄公将姜氏与太叔（庄公之弟）共谋造反一事告诉了颍考叔，并说道："之前因一时之气发下了'黄泉'之誓，现在追悔莫及。"

颍考叔说："如今，太叔已经过世了，对于姜夫人而言，您是她唯一的儿子，若是主公不奉养她，那与鸮鸟有什么不同呢？臣有一计，可以解决黄泉之誓的难题。"

庄公急忙说："快快请讲！"

颍考叔说："建造一个能够见到泉水的地下室，让姜夫人居住其中。若将主公想念之情告知她，她一定会答应的。这样并没有违背当初的'黄泉'之誓，又可尽孝，实乃一举两得。"

庄公大喜，立即命颍考叔招募五百名壮士，在曲洧牛脾山下挖地十余丈深，终于看见泉水涌出，于是就在这里修建地下室，之后邀请姜夫人来到地下室和庄公见面。

至此，郑庄公与母亲冰释前嫌，其孝子美名也流芳千古。

【口才点拨】

在与人交流或者辩论的过程中，若能撷取几件相似的事物来推理或论证，不但能够让人心悦诚服，还能缓和谈话气氛，展现自己的才识，从而拓宽交际圈。

172 辩论过程中要善于推敲事情真相

公元251年，姜维、夏侯霸亲自率领数万强兵进攻陇西。

雍州刺史王经是一个自以为是的人，行事往往凭主观臆断，不听旁人的劝告。面对此次大军来犯，他自信地对将军陈泰说："我得知姜维把兵分成三路，一路向石营，一路奔祁山，一路赴金城。对此，我们当然也要相应分兵三路与其抗衡。所以，依我所见，将军应同时出兵侧翼保石营，派讨蜀护军徐质保祁山，调凉州军至枹罕保金城。"

陈泰是一位沉着冷静、心思缜密的人，他善于推敲事情真相，对王经的话，他有不同的看法，他认为以姜维的实力一定不会分取三路，而且自己的兵力也不能分开，以免削减实力，于是对王经说："先别急，仔细分析一下形势，了解敌人的意图再作定夺。"

后来，姜维果然没有分兵三路，他率领全部兵力抵达枹罕，想要夺取狄道，觊觎关陇。陈泰了解了敌人的意图，急忙派王经去守护狄道，并再三叮嘱他一定要等到大军赶到后再与姜维开战。陈泰自己则率领军队抵达陈仓，想从侧翼发动攻击，以出其不意制胜。

可是，王经率兵至目的地后，没有听从陈泰的嘱咐，不但不守狄道，反而带领军队在故关与姜维开战，结果全军大败，仓皇逃到狄道，利用残军来防守。但此战失利已经给了敌人可乘之机，姜维乘胜追击，将狄道包围起来。陈泰知道狄道形势严峻，侧翼进攻已经毫无用处，于是立刻领兵去狄道解围。大部队刚到上邽，邓艾、王秘等人便领兵赶到。

邓艾对陈泰说："王经的人马已被姜维打得溃不成军，目前形势对我方十分不利，敌强我寡，难以抵挡。而将军率领的部队实为乌合之众，失败之后，士气大大消沉，军心溃散，陇右动荡不安，为今之计也只有忍受小失而保全大局了。陇右的危险大过腹蛇，狄道不正是不守之地吗？姜维的部队乘勇前进，我们现在不能迎风而上，否则损失就会更严重，所以，我们最好放弃狄道，先求自保，等到兵力恢复了，再想办法进军陇右，这才是最佳的计策。"

陈泰思考片刻后，说："姜维率领轻兵深入远地，对他们而言，最大的问题就是军粮不足，所以，他们必定要速战速决。我命王经高壁深垒，坚守不出，以挫其锐气，消耗其能量。但王经不知形势，擅作主张与敌速战，正是中了敌军的计谋，所以才使敌人包围了狄道。倘若姜维在攻破狄道后，引兵东进，把栎阳粮米之地全部占领，驻兵在这里，再招降纳叛，勾结羌人，东争关陇，那么，姜维就会占领此处四郡，其势力将会变得更加强大，这样一来，我们想要在对战中取胜就更不可能了。但是，如果不征讨的话，姜维觊觎中原已久，危险时刻存在；如果征讨，姜维派兵据城坚守，攻守形势不同，我军也难以取胜。现在姜维调集大军深入，急于交战，这就表明他们的粮草一定不继，此时正是我军攻破敌人的最佳时机，只要全力进攻，顺势而发，姜维必破无疑。而且现在作战对我军是有利的，因为我军居高临下，姜维的兵在下边，以上击下，易如反掌。对于实力强大的敌寇，不能轻视，但也不可纵容，被围的狄道不会坚持太久，诸位将军为何有如此消极的心态呢？”

邓艾等人听了陈泰的这番分析，认为很有道理，所以大家答应与其并肩作战。

在狄道之战中，陈泰的智谋表现得淋漓尽致，他想要先守住敌军的必经之路狄道，然后从陈仓发动侧翼反攻。但由于王经自作主张，导致此战失利，狄道危急，侧翼反攻无法实施，面对这一现状，陈泰冷静分析，在与邓艾的论辩中，推测出姜维会设伏，铁一般的论据让众人信服，于是大家与他一同作战，最终保住了狄道。此战一胜，连司马懿对陈泰也是赞不绝口。

【口才点拨】

在与人辩论的过程中，要不断反视对方，即站在对方的立场、以对方的视角去观察分析事物、审察自己，由“此”推“彼”，由“彼”推“此”，如此循环，反复推敲事情的真相，这样方能不断深化认识，做到知己知彼，在论辩中取胜。

173 因势利导，巧妙辩答

因势利导的辩论技巧就是指在辩论的过程中发现对手的意图后，沿着对手的逻辑，以便引诱对手继续深入论述，然后再借对手之力，顺势反驳，确立自己的论点，进而达到使对手折服的目的。

看一下下面的例子就可以了解这种辩论技巧的微妙之处了。

有一个“穴头”在看样片的时候，看准了一个演员，他很想拉这位电影演员到自己的班子里“走穴”捞钱。但让他没有想到的是，无论他提出多么优厚的条件，这位演员都不为所动。“穴头”觉得很不解，于是对那位演员说：“你也太古板了，你看现在那么多的明星都在抢着搭班子，想多赚点钱，你怎么还守着老一套呢？再说，这演唱会也是为观众服务嘛！”

这位演员说：“说得好！既然是为广大观众服务，那我就义务演出吧，我不收一文报酬，你也不要收一分钱。”

听到这里，“穴头”无言以对了。

在这个例子中，这名演员没有迎头痛击，而是运用了“因势利导”的方法，针对其“演唱会也是为观众服务”这句话，顺势一击，轻而易举地揭穿了“穴头”借为观众服务而自己打小算盘的心思，最后使得这位“穴头”反而被自己的话套住，无言以对。

【口才点拨】

在与人交流的过程中，如果试图说服对方信服与其相左或不尽一致的观点，我们可以顺着对方的观点，向有利于实现我们目的的方向引导，使用“因势利导”的辩论技巧。

174　自我辩解也要找好时机

一位表演艺术家上台前，弟子告诉他他的鞋带松了。表演家急忙点头道谢，认真地把鞋带系好，等到弟子转身离开后，他又匆匆将鞋带松散开。

旁观者疑惑地望着他，问道：“您为何又要将鞋带松散开呢？”

表演家笑着回答道：“因为我表演的是一位长途跋涉的旅人，鞋带松散开可以表现他的疲惫憔悴。”

旁观者更加不解地问：“你为何不直接告诉弟子呢？”

表演家微笑着说："他热心地告诉我鞋带松了，说明他很关心我，我要保护他的这种热情，所以，我就把鞋带系好了。至于将鞋带松散开的原因，他以后会慢慢学到的。"

【口才点拨】

在工作当中，人们难免会遇到一些令人烦心的诘难、质疑和责问，这时候就需要我们为自己做出一番辩解和辩护。然而，就像这个例子一样，为了别人的情绪，这些话有时候需要找准时机才能说。

175 "自嘲辩解法"助你摆脱困境

众所周知，丘吉尔曾要求蒙巴顿将军担任亚洲军区的总司令，蒙巴顿对此很是意外，并不十分愿意，想推辞不从。

丘吉尔诘难道："你认为自己能力不济，不足以担此重任吗？"

蒙巴顿道："您知道的，我最大的毛病就是过于自信，能够承担任何工作，所以才像棋子一样被人摆来摆去。"

顿时，丘吉尔哑口无言。

蒙巴顿的回答显然是一句反讽之语，它集夸张、比喻为一体，很显然，这种辩解技巧在于：利用自我嘲弄的方式，反过来为自己辩解开脱，让对方难以继续这个话题。

【口才点拨】

自嘲有时是自卫的一种方式，一种以退为进的沟通技巧，因为自嘲的人别人往往反而不敢嘲笑。自嘲的沟通艺术是让人拿自己的短处"开涮"，甚至夸大自己的缺点，博众人一笑，有时还能讽刺一些含沙射影的小人。在适当的社交场中，不妨拿自己的短板"开涮"，靠自我调侃来化解误会和尴尬，同时展示自己的风度和智慧。

176 两大辩才的精彩对决

一天，司马错、张仪二人为了战事争论不休。司马错认为，秦国应该先攻蜀国，张仪则主张先攻韩国，秦惠王让张仪先说说想法。

张仪说：“与楚魏结盟，发兵至三川，挡屯留孤道，则可阻断魏国与南阳。楚军逼进南郑，则攻新城、宜阳，驻兵二周城外，惩罚二周，可进楚魏。周王身陷险境则必交出传国之宝，我们拥有九鼎，再按照地图户籍，借周天子的名义向诸侯发令，则天下皆从也，此霸王之业。蜀国则不必担心，地处边远之地，野蛮人治国，则无须费时费力攻之。三川周室乃普天下的朝廷和市场，夺之可成霸业。”

司马错听了张仪的分析，立即反驳道：“臣认为张仪所言差矣。若想繁荣富强，首要就是扩张领土；若想兵强马壮，重点就在人民富足；若想百姓拥戴，就必须广施仁德。这三点做到，天下可得。但现在大王领土狭小，百姓贫瘠，所以臣认为大王宜攻蜀国，扩大版图，利用蜀国的财富使老百姓过上富裕的生活。虽是用兵，但并不伤害百姓，还能让蜀国投降。这样，只要伐蜀，便可以坐收名利，获得除暴安良的美名。但是攻韩国等于劫持天子，不仅得不到任何利益，还会落得不仁不义的骂名。况且，周天子是全天下的共主，如果周王和韩王得知此事，两国一定会联合起来，联络齐、赵为楚、魏解围。所以，伐蜀才是万全之计。”

秦惠王说：“很有道理！寡人听你的。”

就这样，秦国出兵攻蜀，经过十个月的苦战，终于占领了蜀地。

【口才点拨】

辩论如下棋博弈一般，对手是最好的老师。认真分析对手的思维方式，了解实情，像司马错那样，理顺自己的思路，促使对方认可自己的见解，从而使双方达成共鸣。

177 装糊涂的口才技巧

每个人都有竞争心理，目的并不一定是要证明自己高人一等，而是希望别人理解、认同和支持自己的观点。真正的聪明人正是懂得这个道理，所以绝不会刻意让人们去仰视自己，而是以低调的傻瓜原则处世，以人格的力量创造出无形的权威来。

著名外交家海·约翰便很会用此策略，毕修伯曾这样写道：“海·约翰谈吐不凡，很善于从听众那里获取灵感，而有意表现出自己的平凡。在这方面，他和法国有着谈话天才美称的雷加米尔夫人很相似，她有一种能力是：让与她交谈的人感觉到自己的优秀。”

他们很会驾驭他人，其中的妙处在于：藏起自己的聪明，隐约之中让对方感觉到自己的聪明。所以，在人际交往中，要顾及别人的感受，尤其是你想赢得对方的友谊时，就一定要注意小心维护好对方的形象和自尊，在他们面前要保持低调，避免自吹自擂、自我炫耀，而是要处处显示出你对他的重视。

纵观那些有大智慧的人，往往不在众人面前显露才华，很低调，还看起来貌似很愚笨。毋庸置疑，清朝大画家郑板桥是位智者，不过，他可有一枚闲章：“难得糊涂”。此章一出，立刻受到了人们的极端关注，因为他道出了一条处世原则：假借糊涂之象行聪明之道，不智不愚。

有一个老者，他是个非常成功的企业家，从来不吃早餐，也不吃保健品，但是他的身体非常健康，每天都红光焕发，笑口常开。

有一天，一个老友好奇地问他其中的奥妙，他笑着回答道：“其实，就是一个字‘傻’。我什么都不懂，只懂经营管理和喝酒。”

其实，谁都清楚像他这样成功的人，成功之路绝不会是一帆风顺，商场中也绝不会缺少人情世故的干扰和与竞争对手之间的较量。但正是一个“傻”字将一切都遮掩过去了，反而为自己赢得了一份好心情、一个好环境。这位老者虽然嘴上说自己很“傻”，其实正是一种很高的智慧和境界。

所谓大直若屈、大巧若拙、大辩若讷、大勇若怯、大智若愚，都是告诫世人不要自以为是，否则将会弄巧成拙、得不偿失。假痴不癫是三十六计中的一计，它说的就是让人们表面假装痴愚糊涂，内心清晰理性，用这样的假象麻痹敌人，反守为攻，克敌制胜。

当然，装糊涂也是需要技巧的，演戏要入戏，露了马脚反而会弄巧成拙，而且要思维巧妙，不要没装成糊涂，反倒被人认为你没常识。

【口才点拨】

“难得糊涂”是很高明的处世之道，表面糊涂、内心清晰是大智若愚的一种表现。在与人交往的过程中，要学会适时“装傻”：不要轻易显露自己的高明，更不能纠正对方的错误。运用这一沟通技巧，必须拥有良好的演技，“糊涂”得恰到好处。

178　善于显示笨拙

一个人善于用显示自己“笨拙”的表达方式表现真诚的态度，替代机巧的做事手段，其实是一种大智慧。因为做人做事，只有善于藏巧于拙，才能明哲保身。

然而，某些人自以为很聪明，但往往不知道或不明白人的“知”与“不知”是相对的，有一点点成就就兴高采烈目中无人，自我感觉过于良好。俗话说枪打出头鸟，高处不胜寒，你要是太过自负，把自己摆得过高，就会变成别人眼中的出头鸟，给自己造成不必要的麻烦，影响自己的前程甚至危及生命。

才华和志向是一个梦想成功的人必须要有的，然而，你必须保证在达到这些目标、实现这些梦想之前不要倒在了路上，否则一切都是空谈。不要去做那出头鸟，不要站在那寒冷的高处，更不能功高震主，否则最严重的后果就是生命安全遭到威胁。

【口才点拨】

在与人交往的过程中，不要一味地展示自己的才识，适当地显示自己“笨拙”也是必要的，这样能够最大程度上降低对方的猜忌，实现明哲保身。

第十二章　说服口才：通过说服力得到你想要的东西

179　二度引申法

“二度引申法”是一种强有力的说服方法。利用这种技巧，常常使对手进退维谷、左右为难，进而达到说服他人的目的。

北魏时期，吐谷浑部落酋长阿柴共生养了20个儿子，他们个个英勇善战。阿柴担心自己死后，儿子们因大位之争而相互争斗。他深知如果一个国家内部四分五裂，亡国便近在眼前。所以，阿柴在病重的时候，硬撑着病体安排各项政务。临终前，阿柴将自己的弟弟、子侄们召集到病床前。阿柴让儿子们各自取出一支箭来，他先拿出一支交给弟弟慕利延，让他把这支箭折断。这很轻松，但是慕利延不知道哥哥为什么要让他这样做。

随后，阿柴将剩下的19支箭捆在一起，拿给慕利延，这回慕利延用尽全身的力气，也没有折断。

阿柴指着这些箭，问道：“你们知道其中道理吗？”

众人摇了摇头。阿柴语重心长地对众人解释道：“一支箭容易折断，19支很难折断，这就意味着，如果王国内讧，单凭个人的力量是无法抵御外敌的，国家很快就会灭亡，只有大家同心协力，才能更好地发展下去。”

阿柴支撑着说完这番话，就与世长辞了。

吐谷浑部落的人们都按照阿柴的遗志去做，他们的部落也越来越兴旺，百姓的生活也日益安定了。

阿柴不仅是一位开明君主，而且是一位深谙“二度引申法”的智者，在弥留之际以箭为例，进一步对大家说明团结的重要性，这让众人受益无穷，也使他的部落安定繁荣。

其实，智慧最可贵之处在于有条不紊。听言贵在清楚明白，智慧贵在明辨事理，言辞贵在变化莫测。与聪明的人交谈，要展现自己的知识才华；与笨拙的人交谈，就要技巧多变；与善于辩论的人交谈，要简明扼要，一针见血；与有地位的人交谈，就要有与之匹配的气势；与富有的人交谈，就要表现出自己的高雅；与贫穷的人交谈，就要用利益去说服他；与卑微的人交谈，就要时刻保持谦逊恭敬；与勇敢的人交谈，自己也要果敢；与行为过激的人交谈，自己一定要思维敏捷。可见，人有很多种，自己的言辞也应该随之变化，这样才可以进退自如，游刃有余。

【口才点拨】

与人交流的过程中，特别是要论证或者辩驳一个观点时，我们可以尝试着使用“二度引申法”。通过对相似事物的合理引申，强调正确的主张，从而有力地论证自己的观点，像上例中的阿柴那样，让人心悦诚服。

180　说服对方之前，需要做足准备

1971年，韩国商人郑周永在投资建立蔚山造船厂时，想要建造一艘百万吨级的油轮。当时对于郑周永来说，造船业是一个他从来没有了解过的陌生行业，但他却信心十足地说：“其实，造船就和造发电厂一样，总是由不了解到了解，从不熟悉到熟悉，只要有心就不难！”

没过多久，郑周永就筹集了足够的资金，一心等客户来订货。但是，想要得到一个订货单根本就不容易，当时的外商都不相信韩国的企业会有这样强大的实力。这该如何是好？郑周永为此终日沉思。

终于，他想到了一个好办法：他把一大堆发黄的旧钞票翻了出来，挑了一张500元的纸币，上面印着15世纪朝鲜民族英雄李舜臣发明的龟甲船，这是古代的一种形似油轮的运兵船，李舜臣就是用这种船打败日本人，抵挡住了丰臣秀吉的侵略。

郑周永随即带着这张纸币信心满满地四处游说，他宣称朝鲜在400多年前就已经具备了造船的能力，而且经验极为丰富。他的方法果然奏效，外商都信以为真，没过多久，他就接到了两张26万吨级油轮的订单。

真正的交际高手在谋划游说技巧时懂得因人而异。在与人交流之前，要做好充分的准备，根据对方的困惑，随时改变谈话的内容，根据谈话情势的变化确定要点。郑周永的成功就是他深谙游说之谋的结果，他的生意经很值得商人们学习。

【口才点拨】

在与人交流之前，一定要做好各种准备，只有做到心中有数，才能使谈话更顺利，才能在对方诘难时轻松应答，并引导对方的大脑走向我们的思维之路，成功说服对方。

181 利用人的某些习惯

安迪是个聪明的家伙，他知道自己富裕的邻居昆尼尔先生爱贪小便宜，于是想出一个办法来捉弄他。

这天，安迪到昆尼尔家里，诚恳地要求借一个银勺子，昆尼尔借给了他。几天后，安迪把银勺子连同另一个小银勺一起还了回来。

“这是怎会回事？”昆尼尔问道，“我只借给你一个勺子啊！”

安迪回答说：“你的勺子生下了小勺子，所以我把母子俩都带来，因为它们理应都属于你。”

昆尼尔十分高兴地把两个银勺都收下了。

过了几天，安迪又来向昆尼尔借银酒杯。几天后，安迪又送来了一大一小两只银酒杯，“恭喜你，昆尼尔先生，您的酒杯又生了个小酒杯。”昆尼尔心花怒放，他想，安迪真是个傻瓜！

过了一些时候，安迪第三次来找昆尼尔：“你能借给我一块金表吗？”昆尼尔很爽快地答应了，他心里乐开了花，过几天又能多一块小金表了！

日子一天一天地过去，可安迪始终没有出现。昆尼尔等得不耐烦了，来到安迪家里。“我的金表呢？”昆尼尔问道。

安迪长叹一口气，悲伤地说：“天哪！让我告诉你一件不幸的事吧，你的金表不幸去世了！”

“去世了？你这是什么意思？”昆尼尔生气地说，“金表怎么可能死掉呢？”

安迪摊开手反问道：“如果你相信银勺能生小银勺，酒杯能生小酒杯，为什么却怀疑金表去世呢？”

【口才点拨】

在人际交往中，我们可以在适当的情况下使用这种方法，以其人之道还治其人之身，用这种方式让对方认识到自己观点或行为的错误，从而说服或者驳倒对方。

182 揣摩对方的心理

玛利亚是一个比较内敛的女孩，她只有一张中专毕业证书，这样的学历想要在竞争激烈、经济衰退的年代找到工作是很难的。

在经历多次应聘失败后，玛利亚费了很大的精力才找到工作，在一家珠宝店当售货员。虽然在这里需要面对形形色色的顾客，但玛利亚还是决定要一心一意干好这份来之不易的工作。

圣诞节的前一天，刚好是玛利亚值班，在她忙着摆放新到的首饰时，店门被推开了，玛利亚礼貌地说：“欢迎光临。”

这是一位30岁左右的男顾客，他穿着一条蓝色的牛仔裤和一件白色的衬衫，看上去很有修养。但是，在他的眼神中却透露出一种挫败的哀愁，或许他也正遭受失业的打击。

这时，珠宝店里只剩下玛利亚一个人，其他几个职员刚刚换班回家去了。玛利亚向他打招呼时，男子僵硬地笑了一下后，目光马上从玛利亚的脸上慌忙地躲闪开：“不用理我，我只是进来看看。”

突然，店里的电话铃响了。玛利亚对这位男士说：“先生，不好意思，您先慢慢看，我去接个电话。”然而她一不小心，将摆在柜台上装满戒指的盒子碰翻了。

盒子里有六枚精美绝伦的金戒指，相继掉在了地上。玛利亚慌忙弯下腰去捡。可是，她只找到五枚，第六枚无论如何都不见了踪影。

玛利亚抬起头，看见那名男子正朝门口走去。她想，那第六枚戒指肯定在他那儿。玛利亚非常紧张，心想：“如果他是一个危险的人，我该怎么办？他会不会……我是要叫住他，还是报警求救呢？”

就在玛利亚作思想斗争的时候，男子那双充满忧伤的眼睛浮现在她的脑海中，想到这里，玛利亚没有忍心呼叫和报警，因为她下意识地觉得这个人并不是一个危险的人。

当男子的手将要触碰到店门的把手时，玛利亚柔声地叫道：“先生，您稍等。”

男子缓缓地转过身来，两人无言以对，沉默了足足一分钟，“有什么事情？”男子终于问道。

玛利亚极力控制自己的情绪，鼓足勇气对他说：“先生，这是我第一份工作。您知道的，现在的工作来之不易，能不能……”

男子很不自然地看着她，脸上浮现出一丝微笑。“是的，的确如此。”他脸上的肌肉颤动了一下，“那么，祝你在这里工作顺利。”

说罢，男子便向玛利亚走去，抬起她的手，轻轻吻了吻她的手背。

玛利亚默默地望着这名男子的背影，他的背影渐渐在门外消失。玛利亚转身来到柜台，将手中的第六枚戒指放回了原处。

玛利亚是一个极富同情心的人，她既具备自我察觉力，又能正确地揣摩那位男子的心情和感受。

最后，玛利亚不但找回了那枚戒指，进而避免了自己因为此事而丢掉工作的可能性，而且还为那位男子提供了一个“回头是岸”的机会，让他真正体会到了友善的力量。

弗洛伊德说过：“人无秘密可言，即使他们嘴上不说，指头也定会喋喋不休，内心的秘密总会通过每一个毛孔泄露出来。”

其实，每个人都具有体察他人情感的敏感性。如果一个人失去了这种感觉，就会“情感失灵”。这种失灵会使人们误解别人的情绪，或者对别人的感受无动于衷，或是说话和行为不考虑时间和场合。所有这些，都会导致对别人的不理解、不宽容、不谅解，从而也会致使别人对你产生误解。

【口才点拨】

与人交往的过程中，多揣摩对方的心理或情感，在此基础上，对症下药，用富有感情的语言和表情去说服或者征服对方。

183 合纵之术，妙不可言

众所周知，战国时期，社会的巨大变革和各国之间激烈的竞争使得谋略家显得尤为重要，他们在政治、经济、军事等重要领域扮演着令人钦佩的角色，那些深谋远虑、高瞻远瞩的布衣之士也有了实现自我人生价值的平台。

当时，苏秦的合纵之术迫切地想在除秦国以外的诸侯国中实施，所以苏秦不遗余力地前往各国游说。

苏秦首先来到魏国，对魏襄王说："大王的国土，南边有鸿沟、陈地、汝南、许地等地，东边有淮水、颍水、沂水、海盐、无疏等地，西面以长城为边界，北方以河外、卷地为边界，方圆上千里。这些地方到处都是良田农舍，没有放牧的地方，人口稠密，车马成群。所以在我看来，大王的国力比楚国强。可那些人却让大王连横，让魏国结交豺狼一般的秦国去侵略别国，如果魏国因为这些而遭受祸患，那些人却不能为国家分忧解难，这些人依仗强秦的势力挟持自己的国家，这罪行实在太严重。

"况且，您是圣明的君主，魏国国力之强也有目共睹，如今竟然有意向西朝拜侍奉秦国，还自称是秦国的属国，为秦帝修建行宫，接受秦国的命令，我为大王深感惭愧。听说越王勾践用三千名残兵败将擒杀了吴王夫差，仅有三千士兵、三百辆战车的周武王也能在牧野击败商纣王，这是因为他们能鼓舞士气，而并非兵力强盛。我了解到，大王的军队拥有武士二十万人，精兵二十万人，普通士兵二十万人，杂役十万人，还有六百辆战车，五千匹战马，这个数字肯定远远超过越王勾践和武王的力量！但是，现在您却想要向秦国屈服，一旦向秦国割让土地，送上人质，即使没有交战，国家的元气也已经亏损了。

"只有佞臣才会主张依附秦国，真正的忠臣不会这样。作为臣民，为了讨秦国欢心，竟然妄图割让自己国家的土地，谋取一时的功名和好处而置后患于不顾，为了满足个人的私利与欲望而不顾国家利益。大王若能听从我的建议，六国建立联盟，共同抵抗秦国，就一定不会遭受强秦的侵犯。敝国的赵王，派我作为使者向大王进献并非高明的计策，并呈上已经拟定好的盟约，那么结果如何，全凭大王的决断。”

魏王说：“我没有才能，以前还从未领教过如此高明的指教，现在您奉赵王的诏令前来教导我，我愿意率领魏国民众听从您的安排。”

苏秦又随即来到赵国，对赵王说：“小人斗胆，敢问大王，您认为赵国与秦国相比谁更强大呢？”

赵王诚恳地回答道：“自然是秦国。”

苏秦问赵王：“如果秦国利用全国的兵力攻打赵国，赵国将会怎样？”

赵王回答说：“只会亡国。”

苏秦接着问：“倘若不让大王增添一兵一卒，还不让大王增加军费开支，就可以让秦兵再也不敢出函谷关半步，又怎么样？”

赵王说：“自然很好，但是不知该如何为之。”

苏秦接着说道：“请问大王，秦国跟六国比起来，谁更强大呢？”

赵王说：“当然是六国更强大。”

苏秦说：“所以，眼下只要把六国联合起来，共同讨伐秦国，才能有机会大胜，如此一来，大王所担心的事不就迎刃而解了吗？”

赵王一听，颇为中意地点了点头说：“贤卿言之有理，全凭贤卿做主。”

就这样，苏秦又成功地说服了其他四个国家的国王，于是六国相印顺理成章地揣进了苏秦的怀里。

【口才点拨】

在充满竞争的世界，“合纵之术”在人际关系的处理中是必不可少的。所谓“合纵”，就是“合众弱以攻一强”，就是许多弱小者联合起来对抗一个强大的对手，以防止被其兼并。在与人辩论或者试图反驳某一强大的对手时，不妨试试这种“合纵之术”。

184 引导对方说“是”

与人交谈时，如果你仔细观察，就不难发现当一个人说“不”时的表情大多很不自然。不过，当一个人说“是”的时候，他的表情是很舒畅的，这种肯定性的回答也可以使对方心情愉快，而且这种舒畅的情绪会自然而然地呈现在脸上。回答说“不”的人与说“是”的人，两者在表情上有很大的差异，这完全是由于心理感受不同的缘故。若想将对方不愉快的心理感觉降到最低限度，最好是运用“引导”的方式。

吴起穿着儒生的服装，为军机大事觐见魏文侯。文侯说：“我对军事不感兴趣。”

吴起说：“我从您的表现来推测您的内心，从您过去的言行中观察您的志向，可是，您为何言不由衷呢？现在您一年四季都命令人制作兽皮，涂漆画丹青，然而它们做的衣服冬不暖夏不凉，它们包裹的战车也并不华丽，坐上去也不轻便，不知您为何要这些无用的东西？如果用它们和敌军交战，就好像孵雏的母鸡之于狸猫，吃奶的小狗之于猛虎，决心虽在但结果必会失败。古时候承桑氏的国君重文轻武，结果使国家灭亡。有扈氏的国君穷兵黩武，结果也使国家灭亡。所以，贤明的君主应当内修文德，外备军马。不敢进攻敌人，并不能说是仁，替死去的将士悲伤，也并不能说是义。”

文侯听完这番话，立即在祖庙宴请吴起，任命他为大将，防守西河。

对于潜意识中常存有“不”这个字眼的人，千万不可硬碰硬，必须设法引导他，使他感到不回答“是”是不行的。吴起通过一番非常有力度的话，由表及里，逐步引导文侯说“是”，最终达到了自己的目标。

【口才点拨】

本来对方对某一问题的回答是“不”，但我们却可以引导他说“是”，使对方接受我们的劝告。这种说服方式最易接受，所以这种方法有时对那些“顽固”的人十分有效。

185“打比方”的说服方法

楚国著名将领昭阳率领楚军攻打魏国，歼灭魏军，先后占领了八座城池，又调兵攻打齐国。陈轸担任齐王使者，去拜见昭阳，再拜之后祝贺他的胜利，随后向昭阳问道：“按照楚国的制度，杀敌灭将会获得什么官爵禄位？”

昭阳答道：“赏赐上柱国官职，封给上执珪爵位。”

陈轸接着又问道：“除此之外还有比这更尊贵的官爵吗？”

昭阳回答道：“那就只有令尹了。”

陈轸说：“令尹是最显贵的官位，但是楚王不可能设置两个令尹。从前楚国有个贵族在祭过祖先之后，想请他的门客喝一壶酒。门客们商量道：‘一壶酒，我们这几个人是肯定不够喝的，一个人享用的话又太多了，我们在地上画条蛇吧，谁先画完谁就先喝。’有个门客很快画好了一条蛇，于是拿过壶来准备喝酒。然而他右手又开始在地面上画了起来，嘴里还念念有词地说：‘我还能给蛇添上脚。’这位门客还没来得及把脚画完，另一门客就画好了蛇，于是夺过他手中的酒，说道：‘蛇本来是没有脚的，你怎么可以随便给它添上脚呢？’于是，这个人就喝了这壶酒，而画蛇添足的人最终没有喝到酒。如今将军辅佐楚王攻打魏国，虽然占领了魏国的八个城邑，但是楚国的将士都已疲惫不堪，这种情况下进攻齐国实在太冒险。况且就算险胜，将军的官位也无法再加封。始终打胜仗的人大都是懂得适可而止的人，如果过度贪婪，很可能丢了已得到的官爵。”

昭阳思忖半晌，点了点头，撤兵回国了。

陈轸用“画蛇添足”的寓言故事做比方，以此警醒昭阳，令他深切地体会到攻打齐国对自己没有任何好处。最终昭阳退兵归国，进而避免使国家和兵力遭受到不必要的损失。

【口才点拨】

在与人交流的过程中，在解释一些对方比较陌生的事物或理论时，不妨采用“打比方”的沟通技巧，用一个熟悉的事物来比喻要说明的事物，抓住两者的共同点，从而生动形象地说明道理，说服对方。

186 找到自己与对方的契合之处

赵武灵王执政时期，有很多北方部落不断侵犯赵国，使赵国的安全受到了极大的威胁。为了抵抗外来势力的侵扰，并积累实力与秦、齐等诸侯强国抗衡，赵武灵王决定实行制度改革，包括将传统的步兵车战的作战方式改成骑兵战阵，将传统的宽袍长袖式的服饰改成有利于骑射的轻便胡服，但这些改革制度却遭到了以公子成为首的一批宗室贵戚保守势力的反对。

一天，赵武灵王让王继将自己的意见告诉公子成，说："我现在已经穿胡服去上朝了，希望您跟我一致，如果王叔不穿，我怕天下的人会因此而对我议论纷纷。治理国家要有一定的法则，以有利于民众为根本，处理政事要有一定的法则，以政令能够通行为首要。现在，我只是担心王叔违背了从政的原则。而且，我听说，做有利于国家的事情就不会错，借贵族的力量做事就不会损坏声誉。所以，寡人让王继去拜见叔父，希望您能跟我一致。"

公子成再三拜谢道："臣早就听说大王改穿胡服之事了，可是如今我正卧病在床，行动很是不便，所以没有尽早拜见大王。现在大王下达了命令，臣依旧竭力尽忠大王。只是我听说，中原地区不仅是各种仁人志士的居住之地，还是各类物资的聚集之地。现在大王却要舍弃那些优秀的文化，来沿袭落后部落的服装，这样是有悖古人教导和众人心意的，当然也是背离传统的，臣望大王慎重考虑此事。"

使者将公子成的话汇报给了赵武灵王。

武灵王听后，便马上前往公子成家里，对他说："衣服，是便于应用的东西；礼制，是便于行事的礼节。圣贤之人考察当地的习俗来因地制宜地制作服装，根据行事的便利来制定礼法，这样做是为了有利于民众，增加国家的实力。地域不同，风俗习惯也不同，事情不同，使用的礼制也不同。儒家的师法相同，但是传下来的礼法却各不相同；中原地区的风俗相同，但各国的政教却不同，更何况是地处偏僻山区的生活习惯呢。

"再有智慧的人也无法阻止风俗礼制的扬弃或改变，再圣明的君主也无法统一不同地域的服装首饰。穷乡僻壤多异俗，寡闻学者多诡辩。不轻易怀疑自己不知道的事，不排斥和自己不同的习惯才是追求真理的态度。现在王叔所说的是有关世俗的意见，而寡人所说的则是革新之论。

"现在，我们国家的东面临近黄河、漳水，跟齐国、中山共同利用这些资源。过去，中山国依靠齐国强大的军队做后盾，侵犯我们的土地，掳掠囚禁我国的百姓，并引水围困鄗，差点失守。先王对这件事十分气愤，到今日，他们的仇恨还没有报。如果我军能够改穿便于骑射的胡服，不仅可以就近防守像上党这样地势险要的位置，而且还能报中山侵略先王的仇。可王叔却固守中原旧俗，违背简主和襄主的遗愿，反对改穿胡服的倡议，忘掉了国家曾遭受的奇耻大辱，这不是寡人所期望您做的，相信这也不是天下百姓所要的。"

听了武灵王的一席话，公子成连忙跪拜，对武灵王说："臣愚昧无知，竟没有体会到大王的良苦用心，只知道陈述一些世俗的言论。现在大王想要继承简主和襄主的遗志，来完成先王的心愿，臣怎么敢不服从命令呢？"

【口才点拨】

想要说服对方，必须先根据客观需求做出最正确的判断，在找到自己与对方的契合之处后，当机立断，见缝插针，再结合内情和外情，使自己的行为合乎事理，再通过巧妙的言辞进行说服，达到预期目的。

187　巧用"威胁说服法"

一次聚会，当大家纷纷赶到预定的场所时，却被告知房间套房停水了，为了此事，这次活动的组织者约见了这个场所的主管。

组织者对主管说："这么晚还打扰您真的很抱歉，不过现在没有水，无法洗澡，这肯定是不行的，您也保证说一定会供应热水的。"

主管说："当时我们是承诺过，但锅炉工忘了放水，现在已经回家了。这是突发状况，我们无能为力，只能开放集体浴室了，你们可以到那里去洗。"

组织者说："这个没什么问题，不过我想说套房价格里包含着热水费用，如果我们去集体浴室洗澡，就只能付没有浴室的普通标准房的价格了。"

主管说："不好意思，这样不行。"

组织者："那就只能供应热水了。"

主管生气地说："对不起，我无能为力。"

组织者说："不不不，还是有办法的。"

主管的脸色稍缓和了些，好奇地问："什么办法？"

组织者说："要么把那位玩忽职守的锅炉工找回，要么您给每个房间拎两桶热水，当然，我会配合您劝大家耐心等待。"

没办法，主管只好派人将那位失职的锅炉工找回，半个多小时之后，每间套房的浴室里正常供应了热水。

事例中的组织者就是适当地运用了"威胁法"，最后达到了自己的目的。

在某些情况下，威胁的方法能够增强说服力，当然也要注意几点：首先，态度友善；再者，必须明明白白地讲清楚后果；另外，程度不能太过分，不然会适得其反。

【口才点拨】

威胁说服法，就是用威胁的言论来威慑对方，从而达到自己的目的。假如对方理亏却死不认账，或者遇到原则性问题的时候，不妨试试这种方法增强说服力，但力度要适当。

188 "由表及里"的说服方法

楚襄王时，楚国已渐渐衰弱，楚襄王一味贪图享乐，听信奸臣，不理朝政，更没有复兴楚国的大志，所以被秦国击败，失去了大片国土，无奈之下迁都于陈。当时，有一个深谋远虑、足智多谋的臣子名叫庄辛，他劝楚襄王到赵国避难，然而楚襄王听不进他的话，仍然一意孤行，于是庄辛只好自己前往赵国。

五个月后，秦国果然发兵攻占了鄢、郢等地，楚襄王逃到城阳。夜深人静时，襄王想起庄辛当初说的话，这才恍然大悟，于是派人到赵国去请庄辛。

庄辛回到城阳后，楚襄王对他说："悔不该不听你的劝告，致有今日！现在寡人非常后悔，可还有办法？”

庄辛回答说：“亡羊补牢，为时不晚。现在楚国的土地虽小，但若能截长补短，拥有数千里土地也并不难。大王可曾听说过黄雀？当它得意洋洋翱翔于空中时，自以为很是安全，却不知下边的人正要用弹弓射它。黄雀可能是小事，但蔡灵侯就不是这么简单了。他曾游历大江南北，尝尽天下美味，与美貌的侍妾吃喝玩乐，无心理会国事，却不知道子发正在接受宣王的命令，向他的城池发动进攻，要将他俘虏。蔡灵侯的事也许还称不上是至关重要的事，但关系到您的事就不是小事了。您是一国之主，关系到天下大众的生死存亡，如今州侯、夏侯、鄢陵君和寿陵君一直在君王身边，并与您乘坐同一车辆，驰骋在云梦地区，国家政事无暇顾及。但您却不知道，秦王已经派穰侯魏冉在塞南布下重兵了。”

楚襄王听了庄辛的话，大惊失色。此后，楚襄王封庄辛为阳陵君，一心重用他。在庄辛的帮助下，楚襄王很快收复了淮北的失地。

楚国败于秦国后，庄辛再次对襄王进行劝谏，以由小到大、由远及近、由表及里的说服方法，以“黄雀、蔡灵侯、楚襄王”作为内在根据，向楚襄王一再地说明如果一国之君昏庸纵欲、偏安一隅、居安忘危，那么结果也会像蔡灵侯的国家一样难逃被“分而食之”的命运。终于，庄辛用扣人心弦的雄辩使楚襄王从浑浑噩噩的睡梦中惊醒。

【口才点拨】

在说服对方时，一定要做到有理有据，一旦掌握了足够的理论依据，就可以运用“由表及里”的说服方法，由外至内，层层剖析，步步深入，从而使对方心悦诚服。

189 用“讲故事”的方法

如果在交谈中遇到一些难以说服的人时，我们就可以采用“讲故事”的方法，借故事本身具备的寓意来开导对方，不露声色地将自己的意思传递给对方，从而收到意想不到的效果。

杰克是一家公司的总裁，他发现一位部门主管最近无精打采，于是，他把这位主管叫到自己的办公室，想和他好好谈一谈。

原来，这位部门主管对一件事深感为难，他担心说出来会遭到非议，危及自己的地位，在杰克的追问下，他决定把事情说出来听听上司的意见。

杰克听完他的情况汇报后，并没有明确表态，只是讲了一个故事。

杰克说："从前，有一个船长，他的船在一次航行的时候突然触礁，破了一个洞，海水从破洞处不断地涌进。他一边让船员赶紧抽水，一边跑到圣母塑像前去祈祷。可惜的是，祈祷并没有起到效果，舱里的海水还是越来越多。船长非常气愤，将圣母塑像扔进了船舱。奇怪的是，他这么做之后海水竟然不再涌进来。船员们都很惊异，立即将船舱中的海水抽干。这时他们才发现，原来被扔到船舱中的圣母塑像正好堵住了那个漏洞。如果圣母像就是宪法，我们为什么不能用它来堵住自己的漏洞呢？合不合规矩还重要吗？"

这位部门主管听了杰克的这番话恍然大悟：他知道总裁是在劝告自己，不必理睬别人的非议，只要做好自己就无所谓。想到这儿，他暗暗下定了决心。

杰克就是借用"讲故事"的方法使那位忧心忡忡的主管重获自信，可见这种方法确实行之有效。

【口才点拨】

有些寓言故事看似笑话，却一语双关，包含着深刻的哲理。在说服或开导别人时，不妨多使用这个方法。

190　旁征博引，效果加倍

楚庄王任楚国国君时，盟国陈国发生内乱，大臣夏征舒将陈灵公杀害了。在仓惶之际，很多陈国的臣子都纷纷逃往楚国保命，并请求楚庄王帮助陈国平定内乱。

楚庄王答应了陈国大臣的请求，并以主持正义的名义，派遣大军一举灭掉了陈国，把陈国改为楚国的一个县。

事后，文武百官接踵而来向他朝贺，就连南方属国的君主和众多小部族的首领也前来向他道喜。高兴之余，他突然发现唯独大夫申叔时没有来道喜。这是何故？楚庄王正想到这儿，只见刚出使齐国回来的申叔时神色凝重地走了进来。

申叔时向楚庄王行过礼，把他去齐国后的所见所闻全部报告给楚庄王，却没说一句道喜的话。

楚庄王大怒，呵斥申叔时道："难道你不向我道喜吗？"

申叔时一愣，说："大王，喜从何来？"

楚庄王忍着气把事情原原本本说了一遍。

申叔时听后，诚惶诚恐地向楚庄王行了个礼，说："请大王不要误会，当然不是。臣的心里正想着一件解决不了的案子，这才没有顾得上说，还请大王见谅。"

楚庄王听了，怒气渐消，好奇地问道："什么案子？"

申叔时回答说："有个人急着回家，牵着牛从别人的田里穿过去，谁知那牛踩坏了田主的庄稼。田主知道后很生气，将那个人的牛抢走了。无论那人说什么，田主就是不肯把牛还给他。臣愚昧，敢问大王，这个案子如何处理？"

楚庄王说："我认为，应该把牛还给人家。"

申叔时问："为什么呢？"

楚庄王说："那人牵着牛从人家的田里走，破坏了人家的庄稼，这是他的不对，但是，这样就抢别人的牛实在是不妥……"

楚庄王说到这里，忽然脸色一变，盯着申叔时看了半天，接着说道："我明白了，我明白了，我知道该怎么做了。"

于是，楚庄王恢复了陈国。陈成公知道这件事之后，匆匆地从晋国赶回，他对楚庄王十分感激，心甘情愿地归附于楚国。

【口才点拨】

旁征博引能够让说服的效果加倍，所以平时要注意积累各种知识，要多读书，多思考。只有这样，才能在与人交流的过程中，引用大量材料作为依据或例证，从而说服对方。

191　欲擒故纵，打动对方

当预知自己的要求很可能被拒绝时，不妨采取欲擒故纵的方法，先说一些无关紧要的话，然后见机行事，与对方巧妙周旋，最终让对方接受自己的要求。

秦朝末年，按照义军先前的约定，刘邦先攻占咸阳，应该称王，但是由于项羽的兵力比刘邦强大得多，刘邦只好听从项羽的分封，到汉中去做王。

刘邦抵达南郑后，为了让项羽放心，他按照张良的计谋烧了通往关中的栈道，又把萧何提拔为丞相，把曹参、樊哙等贤能提拔为将军。

刘邦就在汉中养精蓄锐，可是，由于他的部下将士大都是崤山、函谷夫以东地区的山东人，不太适应汉中的生活，每天都有人开小差。刘邦看到这种情形，心里很着急。

有一天，有人向刘邦报告："大王，不好了，萧丞相逃走了！"这个消息让刘邦目瞪口呆，赶忙派人去追。

三天后，萧何才回到南郑，刘邦质问萧何："你为什么要逃走啊？"

萧何不紧不慢地说："我并非逃走，而是去追人。"

刘邦问："追何人？"

萧何说："韩信！"

韩信父母双亡，家境贫苦，不仅遭人白眼，甚至还受过"胯下之辱"，然而他自幼拜师学艺，文武双全。当义军首领项梁到达淮阴的时候，他先后投在项梁和项羽的手下，但没有得到项梁和项羽的重用，为此非常苦闷，于是来到汉中投奔刘邦，不过刘邦也只是让他当了一个管粮物的小官。

韩信大失所望，骑马离开了南郑。萧何听说韩信走了，没来得及向刘邦报告就追了出去，然而，好不容易追上了，韩信却不肯回去。

萧何百般劝说，最后对韩信说道："要是大王再不听我的劝告，我和你一起走！"

韩信感动地说："丞相如此看得起我，我真是太感动了，这就随您回去。以后，我定会全心服从于你，誓死效忠，以示报答！"

回到南郑后，萧何劝刘邦命韩信为领兵大将。刘邦见萧何如此信任韩信，终于同意让韩信统领汉军，韩信也没有令萧何和刘邦失望，帮助刘邦打下了天下。

【口才点拨】

即使你跟对方的观点不甚相同，但是尊重别人的选择或者看法，欲擒故纵，依然可以打动对方，从而相互信任，真诚相待，建立良好的人际关系。

192 找到合适的机会向对方陈述自己的观点

苏代是著名纵横家苏秦的弟弟，他同样是一个聪明机智的人。

一天，苏代知道赵惠王将要出兵进攻燕国，他觉得这个做法不利于赵、燕两国，于是决定去劝说赵惠王。

苏代见到赵惠王后，并没有直接提到此事，反而对赵惠王说："大王，我经过易水时，看到了一件稀奇事儿。"

赵惠王好奇地问："什么事啊？"

苏代说："我看见有一只河蚌夹着一只鹬的喙，好奇地过去看。听到鹬说：'如果这两天不下雨，你会被烤成肉干的。'河蚌说：'如果两天你不吃饭，你会被饿死的。'它们谁也不肯相让，结果过路的渔夫把它们两个全捉住了。"

赵王听了感觉很有趣，心情大好。

苏代抓住这个机会，诚恳地进言道："我听说大王要出兵攻打和我们实力相当的燕国，那么短时间内不可能成功，会长期对峙。这样一来，百姓饱受战乱之苦，国家上下混乱不堪，强秦定会变成故事中的渔翁，所以，希望大王再三考虑。"

赵惠王恍然大悟，诚恳地说："君所言极是，我马上取消攻打燕国的计划。"

苏代在游说赵惠王时，只用了一个寓言故事，就免除了燕国的一场兵祸，也使百姓逃过了一次劫难。

【口才点拨】

在了解了别人的意图后，要找到合适的机会向对方陈述自己的观点。在陈述自己观点时，要懂得察言观色，同时要不断地思考自己谋略的可行性，随着对方思路的改变而改变说服对方的策略。当预感到对方已被自己说服时，就要明确指出成败得失，此时对方一定会做出回应。只要接下来继续抓住变化、控制变化、引导变化，就可以驾驭对方的意愿，最终使对方欣然接受自己的建议。

第十三章　劝谏口才：获得诤友的高效技巧

193　抓住良机，巧言进谏

在人际交往中，口无遮拦的人极有可能招致打击、报复。和上司沟通、提建议的时候，采取灵活的表达方式、准确拿捏上司的心意，显得尤其重要。

齐景公当政的时候，曾经有过几天连续下雪的日子，于是景公披着狐皮大衣，坐在台阶上看雪。晏婴进宫找他，在他旁边站了好一会儿。景公突然说："真是怪事！下了三天的雪，理应天气寒冷，但是现在似乎不冷啊。"晏婴问道："真的是这样吗？"听到他这一句问话，景公大笑道："确实不冷。"晏婴摇摇头说："我听说，不论自己饱不饱都会想着还有人在挨饿，不论暖不暖都知道有人在遭受寒冷，不论安逸与否都知道别人的辛苦的国君才是贤明的国君，然而现在大王似乎不知道啊。"

景公听罢，很是惭愧地说："先生说得是，我听从您的教诲。"于是景公下令给全国饥饿寒冷的人发放衣服和粮食。正是由于晏婴巧妙地进谏，才使得景公察觉自己的错误，实行仁政。

【口才点拨】

在说话的时候，要懂得观察环境变化，善于发现机会，寻求有利于自身的机缘，必要的时候创造机遇。

194 探测对方的真实想法

战国时期，有一个名叫蔡泽的说客，他曾到好几个国家求职，但一直没有受到重用，正在他一筹莫展之时，听说了另一个说客范雎的事情，原来范雎投奔到秦国，受到秦王重用，但由于用人不当，连累自己失去了秦王的信任。蔡泽认为自己出人头地的时机已到，于是，他到秦国放出风声："名士蔡泽能言善辩，机智过人，只要能够见秦王一面，就能取相国之位，取代范雎。"

范雎听说此事后，非常气愤，叫来蔡泽问道："你为什么这样说？"

蔡泽道："先生也是聪明之人，想必深知其中道理。人人都想谋取富贵功名，人人都想益寿延年，可历史上却总有失败的事例。楚国吴起身中乱箭而亡，商鞅遭受车裂之刑，都不是什么好的结局。此二人都是盖世奇才，其结局悲惨的原因就在于功成后没有及时退隐，先生认为此二人和先生相比如何呢？"

范雎诚实地说道："我无法和他们相比。"蔡泽说："是啊，但您的地位、名声和财富却远超他们，这才为您担忧啊。"这确实是范雎的心事所在，此时蔡泽故意点出，也是想看看范雎的反应，范雎果然求教说："先生认为我该如何做？"

蔡泽回答说："常言道，乐极生悲。先生如今功成名就，最该学陶朱公范蠡功成退隐，以得善终。正所谓'识时务者为俊杰'，先生何不趁名声大振之时归隐山中，安享晚年呢？这样一来，先生既得到了贤相之名，又保住了自己的功业，何乐而不为呢？"

范雎虽不情愿，但也只能如此做，于是在秦王面前力荐蔡泽之后请求辞官，秦王多次挽留无果，只好答应范雎。

蔡泽之所以能够成功地取代范雎成为一国之相，就是因为他深谙揣摩之术，懂得用巧言试探对方，准确地揣摩对方心理，进而驾驭对方，达到自己的目的。

【口才点拨】

与人交谈时，必须根据对方的意愿暗中进行揣摩，探测对方的真实想法，其内在情感就会与外在表现相呼应。内外相应，就必然有行为表现。达到揣摩的目的之后，要悄悄地离开，也就是隐藏起来，消除痕迹，隐藏外貌，掩饰实情，使别人无法知道，这样就能办成了事，却不留祸患。

195 冷静思考，揣摩真相

齐威王执政初期，据说好几年都不管国事。邹忌是齐国的名臣，此人不仅容貌俊美，身材高大，而且为人耿直，才干出众。

有一天早晨，邹忌穿好衣服，站到镜子前看了看，突然问他的夫人说："你看我跟美男子徐公比，哪个更俊美？"

夫人回答道："你这么美，徐公怎么比得上你呢？"城北的徐公是齐国出名的美男子，邹忌听夫人如此说，还是不太相信，于是又去问妾："我和徐公哪个更美？"妾说："徐公哪里比得上您呢？"

第二天，有位客人前来拜访，邹忌与他闲谈时又问："我与徐公相比，谁更俊美？"客人回答说："徐公不如您。"

次日，徐公到邹忌府上有公事，邹忌看了看他之后自觉不如徐公英俊。他想："我的妻子偏爱我才这么说，我的妾畏惧我才这么说，我的客人有求于我才这么说，其实我根本没有徐公俊美。"

于是，邹忌在上朝时对威王说："我自认没有徐公俊美，可是妻子偏爱我，妾害怕我，客人有求于我，所以他们都说我比徐公俊美。现在大王拥有大片土地，宫中的妃嫔偏私大王，朝廷的群臣畏惧大王，齐国境内的人有求于大王，由此可见，大王实在被人蒙蔽得很厉害啊！"

齐威王称赞道："贤卿言之有理。"并立即颁布诏令："自今日起，凡是大臣百姓，能够当面指出寡人错误的，可以得到上赏；能上书激励寡人，直谏寡人过错的，可接受中赏；能够在街头巷尾批评寡人过错的，只要寡人能听到，即可接受下赏。"

【口才点拨】

劝谏时，一定要先冷静思考，想到深层次的道理，这样才能更好地说出自己的话。

196 注重说话谋略，讲究语言艺术

战国时，楚国的春申君黄歇与魏国的信陵君魏无忌、赵国的平原君赵胜、齐国的孟尝君田文并称为“战国四公子”。秦国攻打赵国，春申君立即率领军队去援救赵国，这时信陵君魏无忌也伪造军令把晋鄙的军队归于自己的部下，率其前往救援赵国。

援兵还没有到的时候，秦国加紧围攻邯郸，邯郸城眼看就要陷落，平原君对此十分担忧。这时，邯郸驿站官吏之子李谈对平原君说：“你不担心赵国灭亡吗？”

平原君说：“当然担心了！”

李谈严肃地说道：“连年战争使得军队物资匮乏，只能砍下木头作为长矛勾戟，邯郸百姓生活非常困苦，几乎到了易子而食的地步。而您后宫的妻妾数百人，衣服华贵，食物丰盛，穿金戴银，赵国灭亡后您也将无法再拥有了，但若是赵国安全无恙，这些就不足为虑。”

平原君想了想说：“依先生之见该当如何？”

李谈说：“可以让夫人以下的妾妇和士卒一同为国尽力，将家中财物与士兵分享。士兵们士气大增，一心为您效忠，那胜利就触手可及了。”

平原君点了点头，按照他说的做了，城中众多勇士誓死抵抗秦兵，坚持到援兵赶来。

【口才点拨】

无论是献策，还是劝谏，在谈话时都要讲求方法。凡是难以启齿的言辞，都是驳斥对方的论点；驳斥对方的论点，就是要诱出对方隐秘的意图。想要成功劝谏，就必须注重说话谋略，讲究语言艺术，这需要平时的积累和思考。

197 巧用“揣摩术”

东汉初年，大将军窦固奉汉明帝之命亲率大军向西攻打匈奴，班超也随军效力。为了成功讨伐匈奴，窦固决定联合西域诸国共同对付匈奴，于是，他派班超为使者到西域去。

班超接到任务后，立即带着三十六个随从，历尽千辛万苦，率先来到了鄯善。起初的几天，鄯善王对班超一行人的态度非常热情，也很友好，但不知什么原因，几天后鄯善王就对他们冷淡起来了。

班超见鄯善王的态度转变如此之快，便猜想一定是匈奴的使者前来对他施加了压力，迫使他不敢与汉朝使者太过接近。

就在这时，鄯善王的侍者进来了，班超就问他：“匈奴的使者现在住在哪里啊？”

来访者见班超知道这么多事情，以为汉使已经掌握了所有机密，只能彻底承认。班超得到确认后，便把来访者抓了起来，召集所有的随从人员，对他们说：“我们此次来到西域，就是想报效国家建功立业。现在匈奴使者刚到三天，鄯善王的态度就变了，如果再发生什么事情，他把我们抓起来送给匈奴人，我们定会死无葬身之地。你们说，我们应该怎么办呢？”

大家同声说道：“如今到了紧要关头，我们都听将军的。”

班超说：“为今之计，只有在夜间趁匈奴来使毫无准备之机，包围其帐篷，一面放火，一面进攻，使他们自乱阵脚，消灭所有的匈奴使者，这样一来，鄯善王才会对汉朝友好。”

深夜，班超安排十人埋伏在匈奴帐篷后，派另一些人埋伏在帐篷前守住门口，他自己率领其余六人顺风放火，约定见火鸣鼓。当火起时，埋伏在匈奴帐篷后面的十人立即擂鼓呐喊，其余一起杀入匈奴帐篷。匈奴使者从梦中惊醒，惊慌失措，被悉数斩杀。

第二天，班超去见鄯善王，在他面前拿出了匈奴使者的首级，同时告诫他不要再与匈奴来往。鄯善王见状只得当机立断，决心与匈奴断绝关系，全心归附东汉。为了表示诚意，鄯善王还把自己的儿子送到洛阳去做人质。

班超把此事的来龙去脉报告给窦固，窦固听后大喜，替班超向朝廷请功，班超被升为军司马。从这以后，班超就承担起了联络西域诸国的重任。

【口才点拨】

善于运用揣摩之术的人，就像拿着钓钩到水潭边上去钓鱼一样，投下鱼饵，就一定能钓到鱼，所以说，按照这种法则行事，能在别人不知不觉的情况下达到目的。

198 静观其变，适时劝诱的秘诀

春秋末期，战火不断，各大诸侯之间相互吞并。楚国的势力非常强大，拥有精兵强将，因此称霸一方，决定出兵攻打吴国。当时的吴国势单力薄，根本没有能力与之抗衡，吴王得知此事后，便急忙派使臣带着金银玉帛和佳酿美酒前去慰劳楚军，想要阻止这场战争。

楚将收下吴国使者送来的物品后，毫不客气地吼道："杀了他，把他的血抹在战鼓上。"

使臣急忙争辩道："为何杀我？吴王是诚心慰劳的啊！"

楚将大笑说道："什么？慰劳？这叫进贡！你们吴国地小人薄，只要楚兵每人吐一口唾沫，就可以把你们淹死，我们根本无须礼遇你们这种弱国草民。"说罢，便命人将吴国的使臣绑起来。

使臣见状，心想：若是坐以待毙，必死无疑，不如自我拯救。于是，他仰天大笑，说："这次吴王派小臣前来楚国，果然大吉！这是我们大王的恩德呀，小臣至死感激不尽！"

楚将被使臣的行为和言语弄糊涂了，好奇地问道："你死到临头，吉在哪里呀？"

吴国使臣道："将军要杀我，正是大吉。"

楚将听得越来越糊涂："此话怎讲？"

吴国使臣说："将军有所不知，吴王派我来是为了试探将军的反应。将军的态度十分平和，就代表贵国不会出兵进攻我国；如果将军大怒，那么就代表贵国攻打我国的决心不变，我军自然要做防备，深挖护城河，高筑壁垒，一样都不能少，即使知道无法与之抗衡，但还是要做垂死挣扎，与楚军决一死战。若我死，则吴国定会加强警戒，有了防备，胜算自然高一筹，牺牲我一个人而保全了国家，此乃大吉也！”

楚将听了使臣的话，猛然醒悟，对卫士挥挥手说：“放他走吧。”

就这样，使臣终于不辱使命，平安地回到了吴国。楚国知道吴国已经做足了战前的准备，便打消了进攻的念头。

可见，把握事情变化的征兆是重中之重，而根据征兆预测变化趋势，根据变化趋势制定应对谋略，则是明智的表现。

当时局已经发展到无可救药的地步时，智者在这种情况下不会迎风而上，他们会静观事态变化，随机应变，在合适的时间劝诱对方，以达到自己的目的。就像故事中那位聪明的吴国使者，在危及生命的紧要关头，急中生智给楚将来了一个“因化说事”，结果拯救了自己，也解除了吴国的危难，算是真正的智者。

【口才点拨】

适时说服一般运用恰当的语言和形象的比喻，把道理用另外一种形式表达出来，并解释清楚，因为正面对一个事物进行解释，可能会遭到对方的抵触情绪，对方就会先入为主地进行辩驳。而当通过另外一件事把道理解释清楚后，再回到原来的位置，对方就会有种恍然大悟的感觉，此时离达到自己的目的就很近了。

第十四章　赞美口才：好话也要巧说

199　不要谄媚地恭维他人

为什么大家喜欢听赞美的话？这是因为赞美可以引起虚荣心，让人有种满足感。但是，赞美他人不是出口就来的事，一旦哪里说得不好就会给人一种谄媚的印象，至少也给人拍马的嫌疑。当对方发现你言过其实时，就会把事情搞得一团糟，所以，一定不要谄媚地恭维他人。

如果为了赞美某个人，只是一味地阿谀谄媚，不但会毁坏了你的名声，同时也会引起别人的反感，不论从哪方面来说，这都是一种拙劣的方式，即使是一般人也会对这种方式嗤之以鼻的，正如孔子所说："巧言令色鲜矣仁。"的确，只会阿谀谄媚的拍马之人是很可耻的。

在人际交往过程中，那些习惯于谄媚之人，大多会抱着一种功利的心态，他们没有让人佩服的工作能力，无法以出色的成绩取得别人的赞赏，只得以谄媚来提高自己的地位。这些谄媚地恭维别人的人，一般只会夸夸其谈，一番云山雾绕的话，只会把那些缺乏判断力的人说得飘飘然。天底下"闻顺言而喜"的人太多了，这种人一听到赞美便笑逐颜开。然而，对于稍有判断力的人来说，听到这种廉价的谄媚式赞美时，不但不会接受这种赞美，反而会远离这种谄媚赞美的人，使其难以达到"赞美"的目的。

【口才点拨】

赞美别人时，一定不要凭空乱赞。比如你对一个侏儒说：哎，你的个子真高啊！他听了肯定不会认为你是赞扬，一定会觉得你是在取笑他。相反，如果你对他说一句符合实际的赞美话：你真的很有同情心！没准他会处处表现自己的爱心。克里斯托夫·巴拉蒂导演的电影《放牛班的春天》就是个例子，助理教师克莱门特真诚地称赞那些曾经犯过罪的孩子都是优秀的人，所以那些孩子都成为了最优秀的人才。

200　懂得赞扬他人

俗话说：好言一语三冬暖，恶语伤人六月寒。这里的“好言”不是指忠言，而是指夸赞的话。你恰到好处地赞美了一个人，比如你对公交售票员说一句“你的声音真好听”，那天乘坐这辆车的人可能就会多得到几个亲切微笑；比如你对部门主管说一句“你的声音真好听”，他的员工那一天可能就不会有人挨骂了；你对一位有潜力的歌手说一句“你的声音真好听”，她说不定会成为歌唱家。

有一位女歌手的丈夫是位严厉的音乐老师，一天不幸去世，却成就了她的事业。几个月后的一天，一个送奶工到她家送奶，她正好在家唱歌。送奶工夸奖说：“你唱得真好，我很久没听到这么美妙的声音，为什么你不到音乐厅唱歌呢？”“没人让我去。”她说。“不可能吧，我有个朋友是一家音乐厅的经理，我可以推荐你去唱歌。”送奶工真诚地说。

到她唱歌的时候，送奶工请了许多同事来到音乐厅，她唱完一首歌，人们就起劲地鼓掌，还有人给她送上鲜花。突然出现这么多人的鼓励，她立刻增加了自信。从此，每当她登台演出，这位送奶工就放下工作去捧她的场，不仅鼓掌，还送给她鲜花。在送奶工的鼓励下，她的歌唱得越来越好，最后成为著名的歌唱家。

【口才点拨】

赞美别人时，如果你赞美的是他真正值得赞美的地方，你在人际交往中就能如虎添翼。因为人人都喜欢赞美，正如美国幽默作家马克·吐温所说：“得到一次赞扬，我可以多活两个月。”

201　多准备几顶“高帽子”

如果你想与对方愉快地交谈下去，就要多准备几顶“高帽子”，而“高帽子”一词是指多说些奉承话、恭维的话，把别人的长处加以夸大，所以，在给他人“戴高帽”时，一定要“戴”得不露痕迹。

有个人去世了，到阎罗殿里去报到。阎王见到他后说：“据说你生前善于拍马溜须、给人戴高帽？哼，你这种人，该进拔舌地狱。”他连忙辩解道：“冤枉啊，我冤枉！”阎王问他：“喊什么，还冤枉你了？”他说：“阎王啊，并非小人喜欢给人戴高帽，其实是他们都喜欢别人给自己戴高帽。如果他们都像您这样不徇私情、秉公执法，小人就是再长俩胆也不敢送高帽的。”阎王一听，立刻笑开了花：“嗯，看来你说的是有道理。这样吧，今天就放你一马，赶快还阳去吧。”此人心中暗喜：连阎王也喜欢戴高帽子啊！

没有人会拒绝赞美，就连“阎王爷”也喜欢别人奉承。能与别人愉快地交流并不容易，但如果借助赞美的魔力，就会容易多了。

有位出版社的编辑，与那些很著名的作家都能顺利地交谈下去，不论他们怎样繁忙，他都能想出办法让他们答应为其写稿，这些作家怎么也不好意思拒绝他的要求，且看他是怎样说的：“我知道您很忙，但不得不前来打扰您，无论如何请您帮帮我……毕竟您写的作品总是比那些业余作家写得好。”在他的记忆当中，这种说法屡试不爽。

【口才点拨】

一般来说，对方已经做好拒绝的准备的话，想让他接受你的话是非常困难的。但若能给对方戴几顶“高帽子”，他就会欣然接受，这就是把对方的拒绝变成接受的技巧。

202　投其所好

有一个漂亮的女青年在马路上走，忽然她发现后面有一个男青年紧跟着她，这种情况下说安全也还安全，但说危险也是相当危险的。于是，她立即做出了应对，打算先试探一下。

她突然回过头，看着这个被发现后不知所措的男人说：“为何跟踪我？”男人也算是老练，急忙调整了心态，笑嘻嘻地说：“妹妹，你长得真好看，我发现我真心真意地爱上你了。”姑娘听完，笑说：“哪里哪里，后边我妹妹更好看呢。”

“此话当真？”男人一愣，下意识地回头看，然而并没有发现什么“妹妹”。

他这才发现受骗，马上追回去：“为什么骗我？”

她说：“不不不，这是在考验你。你说真心真意爱我，为什么又去找我那‘妹妹’呢？这么没诚意，咱们没可能了。”说完她便头也不回地走了。

男人没占到什么好处，只能悻悻离开。

【口才点拨】

交谈中情况瞬息万变，如果你想达到自己的目的，有时可以投其所好，顺着对方的思路去发现对方的破绽，之后想必读者们也能想到应对的办法了。

203 打开别人心房的万能钥匙

有些人不懂得如何与人交流，几乎说不出一句让人开心的话，他们不知道，赞美是打开别人心房的万能钥匙。与人谈话时多赞美一下对方，不仅体现了对对方的尊重、期望和信任，更有助于缩短双方的距离，因此这是一条获得友谊的最佳方法。谁都有值得赞美的地方，只不过有大有小、有多有少而已，只要你有赞美别人的心，就能随时打开别人的心房。即使错误多于成绩的人，只要发现他的长处，就应给予赞扬，不仅仅是为了打开别人的心房，更是在为继续交往打下基础。

然而，对至爱亲朋说一些让他开心的话，可能是出于善意的，你可以尽情发挥，但对他人的评价绝不能凭空而来，言辞也应有节制。如果你是一家企业的董事长，要在大庭广众之下公开说一些让某人开心的话，也要客观、公正，因为你的肯定一般被当成最具权威性的评价，不仅关系到当事人，而且很有可能造成舆论导向。

当你想寻些让对方开心的话时，不要一味地锦上添花，而要达到雪中送炭的效果。最需要听到好话的不是事业有成的人，而是那些正在底层拼搏的，特别是那些被认为是碌碌无为的“金子”。他们天天很难听到一句开心的话，一旦有人当众对其说出好话，就有可能自信心复苏，进入另一番天地。具体到某一个人，对其说出一些好听的话，不只是关系他本人的前途，可能更连接到他的家人、朋友，这会给他们无限的动力。这种开心的话，为进一步激发他潜在的智慧开辟了新领域，有助于他在未来人生的道路上更进一步。

【口才点拨】

思想明确、有的放矢的开心话，比不着边际的赞美可敬、可信。与其不负责任地随口说一些让对方开心的话，不如具体地说出他做过的几件有意义的事，即使是小到帮别人一个小忙，也有助于其发挥优势，激发坚定的进取心、自豪感。

201 发自内心地称赞

谁都喜欢受到别人尤其是受到同事的赞扬。在写字楼某间办公室的你，也许会认为自己是本公司的风云人物，虽然对于刻意的讨好、巴结会感到很不自在，但内心却渴望得到同事真诚的赞扬。所以，发自内心的称赞会让我们如沐春风。

不管是刚学会走路的孩子，还是一头白发的老人，都希望被人赞美。卡耐基曾经说过：“当我们想改变别人时，为什么不用赞美来代替责备呢？”

美国钢铁公司总经理施瓦布年薪过百万，有人问他：“公司老板为什么会付你这么多薪金，你到底有什么秘诀？”施瓦布回答说：“尽管我对钢铁懂得并不多，但我的最大能力是能把员工鼓舞起来。而鼓舞员工的最好方法，就是表达真诚的赞赏和鼓励。”说穿了，施瓦布就是凭他会赞美人而得到高薪的。赞美是说话的艺术，是最人性的点金石。

1870年，一个13岁的孩子远离父母在一家饭店当服务员，早上天没亮他就要开始打扫卫生，每天十三四个小时的工作，把孩子累得腰都直不起来了。两年后，孩子再也忍受不了了，他趁大家还没有起床时偷偷地从饭店跑了出来，连早餐都没吃，一口气跑了很远的路，找到在另一个城市打工的妈妈。他失声痛哭，请求妈妈不要再让他干那个活了。之后，他就给老校长写了一封长信，说他不想再生活下去了。老校长看信后，给了他无私的赞美，诚恳地称赞他是个聪明孩子，应该从事更好的工作，并把他介绍给了一位老师。从此，因为赞美，孩子的命运改变了，并在英国文学史上留下了光辉的形象，这个孩子就是韦尔斯。

爱因斯坦不仅是一位科学家，还非常喜欢弹钢琴，并擅长拉小提琴。有一年，他应邀去比利时访问，他的朋友比利时王后也是一个音乐迷。他和王后合奏了一场弦乐四重奏，演奏后，爱因斯坦笑着说："恕我直言，您完全可以不要王后这个职业了！您演奏得棒极了！"王后自然大喜。

【口才点拨】

赞美是激励，是信心，给人的动力是无法取代的，而冷漠的面孔和没有好话的嘴的确让人提不起精神。

如果你想让赞扬成为点金石，那就及时、直接地说出来。

205 赞美不是刻意的

在生活中，如果你想当面赞美某个人而又找不到合适的时机，那就可以在他的朋友或同事面前说说他的好话，效果只会更好。1861年，美国发生了南北战争，北方联军被南方军打得节节败退。后来，林肯选用了有"酒鬼"之称的格兰特出任北方军总司令。当时，许多人反对林肯用这么个酒鬼去领兵打仗，认为这注定会遭到失败，于是这些人纷纷向林肯建议，要求撤掉格兰特的总司令之职。林肯大度并幽默地对这些人说："你们都不要再多说了，如果我知道他喜欢喝哪种牌子的酒，我一定要多送几桶给他喝。"果然，格兰特不负林肯众望，在南北战争中立下了赫赫战功。

《红楼梦》中的王熙凤在赞美别人时就显示出了高超的水平。当林黛玉刚到贾府时，出现过这样一个画面："这熙凤携着黛玉的手，上下细细打量了一回，便仍送至贾母身边坐下，笑道：'天下真有这样标致的人物，我今儿才算见了！况且这通身的气派，竟不像老祖宗的外孙女儿，竟是个嫡亲的孙女，怨不得老祖宗天天口头心头一时不忘。只可怜我这妹妹这样命苦，怎么姑妈偏就去世了！'说罢便用帕拭泪。"当贾母让她别再提及那些伤心话题时，"这熙凤听了，忙转悲为喜道：'正是呢！我一见了妹妹，一心都在她身上了，又是喜欢，又是伤心，竟忘记了老祖宗。该打，该打！’”又携着黛玉之手，问长问短，吩咐婆子们去准备房间。

通过以上描写，我们发现王熙凤特别善于赞美别人，一面赞美黛玉身材气质，一面迎合了贾母疼爱外孙女的心态。不但如此，她还善于声情并茂，为黛玉的不幸际遇而伤心不已。为了应付贾母，自称心思都在黛玉身上，竟忘了还有贾母在场。

另外，王熙凤在交谈中绝不提及自己，总是把黛玉放在首要位置，并处处关注贾母的情绪，她的赞美可以说是滴水不漏，处处说到了贾母、黛玉的心里。大量的事实证明，女人是特别在意赞美者对自己是否是真心的，这在与女性的交往中特别突出。由此可见，赞美女人不仅仅要注意她的容貌，更要关注她的生活、命运和情感。

【口才点拨】

事实证明，在背后赞美别人比当面恭维更有效，试想如果有人告诉你某某说你好话，你能不高兴吗？哪怕你曾和他有过不愉快，听了这话以后也会立刻释怀。当然，如果你想让这种赞美发挥效果，不妨告诉他的好朋友，或乐于担当赞美的“桥梁”。

206 赞美别人的最佳方法

精通英文、法文、德文、意大利文及拉丁文、西班牙文的钱锺书先生同样很会赞美。

他访问日本时，应早稻田大学的邀请，在文学教授座谈会上即席做了《诗可以怨》的演讲。他一开始就说：“到日本来讲学，是很大胆的举动，就算一个中国学者来讲他的本国学问，虽然不必通身是胆，也得有斗大的胆。理由很明白简单，日本对中国文化各方面的卓越研究是世界公认的，通晓日语的中国学者也满心钦佩和虚心地采用你们的成果，深知要讲一些值得向各位请教的新鲜东西，实在不是轻易的事。我是日语文盲，面对贵国汉学的丰富宝库，就像一个既不懂号码锁又没有开锁工具的穷光棍，瞧着大保险箱，只好眼睁睁地发愣。但是，盲目无知往往是勇气的源泉，意大利有一句嘲笑人的俗语说：‘他

发明了雨伞。'

"据说有那么一个穷乡僻壤的土包子，一天在路上走时忽然下起了小雨。当时他凑巧拿着一根棒和一方布，人急智生，把棒撑了布，遮住头顶，到家后居然没有淋得像落汤鸡。他自我欣赏之余，也觉得对人类做出了贡献，应该公布于世。他听说城里有一个发明专利局，就兴冲冲拿棍连布，赶进城去，到那局里报告和表演他的新发明。局里的职员听他说明来意，哈哈大笑，拿出一把雨伞来，让他看个仔细。我今天就仿佛那个上注册局的乡下佬，孤陋寡闻，没见过雨伞。不过，在找不到屋檐躲雨的时候，用棒撑着布也不失为一种有效的应急办法。"

这段话首先说出了不敢小觑日本的汉学研究，即使是中国专家在日本讲自己国家的学问，也要考虑到听众的水平。其次是说自己不懂得日语，唯一的资本就是勇气，然而，这却是赞美别人的最佳方法。

【口才点拨】

如果你具备了相当的学识、机智，赞美别人的话便可不留痕迹，声声入耳，这就不能称为"拍马屁"了，而应称之为谦逊。

207 让人听不出谄媚与逢迎

小刘与很多人都相处得很好，因工作之便，她和某位夫人的友谊甚至超过了与其丈夫的友谊。小刘先认识的是这位夫人的丈夫，然而却成了她的朋友，这一切都得益于小刘在与她初次见面的宴会上说的一句话。

那天，小刘被介绍给这位夫人时，由于当时人多，她们恰好坐在一起，小刘就没话找话地说了一句"你的项链很特别啊，很少见"，企图掩饰一下尴尬的氛围。小刘这么说完全不是有意的，因为她根本不懂金银饰品。但让她没想到的是，这条项链还真的很特别也很少见，只有在国外才能买得到，这是那位夫人引以为自豪的。小刘随口说的一句话，使夫人联想起有关项链的种种往事，从此俩人便成了好朋友。

如果你从其他渠道得到了某人的信息，在见面的时候，你可以利用这些信息巧妙地夸奖对方，有时也会达到预期的目的。但是，如果你将这些信息直接转述给对方，只会遭到讥笑。因为那些有关他的消息是人们对他公认的评价，相信他早已经听过无数次，也许已经听得耳朵起茧了，甚至会说："又来了！还是那套！没水平！"并将你打入平庸者的行列。

因此，赞美别人时，要尽量避开一般性的赞美话语，而是注意赞美其他人很少关注的地方。正如著名作家三岛由纪夫的著作《不道德教育演讲》中的将军，每当别人称赞他的大胡子时，他都会特别开心，而别人对他作战方面的赞誉却从未让他这么高兴过。之所以会出现这种情况，可能是很多人赞美过这位将军的英勇及军事才干，但作为一名将军，不论在这方面怎样下功夫，也只是赞歌中的同一个调子，不会让他产生自豪感。然而，如果对他军事才能以外的方面加以赞赏，等于在赞美中用了新的手法，他便会感到特别的愉快。

【口才点拨】

如果称赞没有找对点，就会遭人反感。为了让对方心情愉快地听你说话，最好能找到对方特别自豪、特别喜欢被人称赞的地方，然后再大加赞美。没有找到对方感到特别自豪之处前一般不要随口称赞，以免让对方觉得你是在故意谄媚。

208 懂得赞美别人

能用几句话就让人心情愉快，也是一种艺术。懂得赞美别人的艺术，你就会有更大的收获。在这方面，小孟就是一个很好的例子。

小孟是个非常懂得赞美别人的人，一次，有个同事上班时在大家眼前走来走去，而她以前并没有这种现象，常常一坐就是一上午。小孟觉得这位同事今天很特别，经过细心观察，小孟找到这位同事表现异常的原因了，原来是她穿了身崭新的服装。趁着午间休息的时候，小孟对这位同事说："你今天穿的衣服很有个性啊，在哪儿买的？我也想买一身！"这位同事本来就想引起别人的注意，这一上午也没得到一声好话，小孟的几句话，让她的心情在整个下午都非常愉快。

可以说，每个与小孟接触过的人都会很快和她成为朋友。她也常对同事表示她的欣赏，即使碰到男孩子戴了新眼镜，她也会说一句：“哦，真帅！”有女同事换了新发型，她也会惊奇地说：“原来是你，我以为是哪个大牌演员来了！”可以想象，小孟与公司里每一个人都相处得很好，而良好的人际关系也给她带来了很多便利。她晋升比别人都快，并不是因为她的工作能力有多出色，其实就是凭她会赞美人。

【口才点拨】

不管是什么样的赞美，都是你对某人或事的认可。对于员工来说，公开赞美某人的行为，不仅能使他自己受到激励，也是对别人的认可。

209　赞美必须选对“点”

关于赞美的效果，大家谁都明白，不必多说。有趣的是，谁都喜欢听到别人的赞美，但很多人却不懂得如何赞美别人。他们之所以不去赞美别人，可能是担心自己会为这种赞美担负某种责任，因为在大家的意识中，时不时地赞美别人，可能会心中隐藏着什么目的，这是为人不齿的投机行为，也是一种“小人行径”，只有小人才会时时想着去讨好别人。或许是孔子的名言“君子坦荡荡，小人长戚戚”及“君子之交淡如水”深深地根植于人们的心中，那些不善言谈的人总是担心，赞美别人会给别人留下不好的映像，认为自己必有所图，从而产生某种道德意义上的自我约束。其实，这样想实在是大可不必。

社会的道德早已井然有序，为使人际交往和谐融洽，人们已经把赞美别人作为一种常用的、有效的交往方式，即便你不喜欢赞美他人，他们也会赞美你，因此，作为回报你也该赞美别人。既然你该赞美别人，就应该把赞美别人这门学问学好。

国画大师张大千先生拥有一脸很漂亮的胡子，被大家称为“美髯公”。与他见面的人大多会赞美他的胡子，谁也不提他在绘画方面的成就，这让他耿耿于怀。一天，几个前来拜访的人又大加赞美他的胡子如何如何，他终于忍不住说了一个故事：

三国后期，诸葛亮想找一位能够行军打仗的主帅，张飞的儿子张苞与关公的儿子关兴都担任元帅一职，诸葛亮不便很快做出决定，便让他们二人各自称赞父亲的功劳，谁称赞得好，就让谁当主帅。张苞说：“我父亲站在当阳桥上大喝一声，吓退曹操十多万兵将；释放严颜，重信重义；在百万大军中取上将首级，更如探囊取物。”关兴因为口吃，其父关公的事迹一时着急说不出来，只得说：“我父亲的胡子很长。”这时关公显灵，生气地斥责儿子：“你这个混蛋儿子，我当年过五关斩六将，一世英名你不知道赞美，只说这些没用的，气煞我也！”

【口才点拨】

赞美并非一件特别难做到的事，但也绝不是很容易的事。赞美别人时如没有一定的技巧，即使你是真诚的，也会使好事变为坏事。如果赞美不到位，不但会让对方反感，还会引起厌恶，所以说，赞美必须选对“点”。

210 有效运用赞美的技巧

怎样才能有效运用赞美的技巧呢？

其实赞美说起来也简单，人有长幼男女之分，赞美自然也有技巧运用之妙。事实上，有技巧的赞美比泛泛而谈的赞美要好得多。比如，老年人喜欢谈及自己曾经的辉煌，年轻人喜欢自己当下的成就和未来的美好愿景；从事商业的人喜欢提及自己的创业史及成功因素，政府机关工作者喜欢别人夸赞他作风清正廉明，知识分子喜欢别人认为他淡泊名利、满腹经纶……当然，这一切赞美都必须立足于事实。

赞美对方，让对方感到你的真挚、亲切和可信，你们之间的人际距离就会越来越近。如果你只是含糊其辞地赞美对方，说一些“你最近一定不错”或者“你真了不起”等泛泛之语，不但不能与对方愉快地交流下去，甚至可能使对方生气地拂袖而去。

【口才点拨】

在现实生活中，人们有出类拔萃成绩的并不多，因此，赞美别人应从身边的点滴小事入手，善于发现对方最不起眼的长处，给予恰当的赞美。赞美用语愈翔实具体，说明你对对方愈了解，对他的长处和成绩愈看重。

211 这样称赞女同事

对于上班族来说，一般人认为称赞女同事的时候，应该先从她的外貌开始，但问题是一旦碰到貌不出众，甚至是吓倒一大片的女同事怎么办?

比如，你今天上班时遇到一位相貌平平的女同事，就可以从她的工作能力上找话题，说她自进入公司以来一直是大家学习的榜样等。许多女性尽管长相一般，但相当有内涵，接触一段时间后就会给人一种特殊的气质和修养。可以说，一个有着良好修养的女性，尽管其外表不会引起别人的注意，但是随着其能力的一一展现，魅力也会愈来愈大。这种女同事的吸引力是内在的，她可以让公司的人都为之叹服，所以，你就要在这方面给予赞美。例如，对沉默寡言的女同事说："你是咱们公司最文静的女孩。"对尖嘴利牙的女同事说："你是咱们销售部最活泼的女孩。"对不修边幅的女同事说："我就不喜欢化妆很浓的女孩，太俗气。"对特别关注自己形象的女同事说："你都可以成为化妆师了，看来你的审美情趣不一般。"等等。

【口才点拨】

每个女人都有与其他人不一样的特点，有着别人所没有的特征，包括脸型、身高、胖瘦、气质等，所以，每个女同事的长相和气质也不一样，这就要根据不同的人进行有针对性的称赞和夸奖。

212 学会赞美各类人

不知你发现没有，女同事凭借细腻的知觉就可以了解别人的心理，这使她能对别人的需求做出及时的反应。

善解人意是女同事征服别人的技巧和本能，这让别人在不知不觉中就成为其俘虏，但这并不能说明你不能赞美她了，相反，你可以对多愁善感的女同事说："你是属于那种感情充沛的类型，一定是个善良温柔的女孩。"对倔强的女同事说："我看你办事从来不认输，不像别的女孩一遇到困难就愁得不行了，很坚强。"对讲卫生的女同事说："你真是个爱干净的人，将来一定是一个出色的家庭主妇。"对一个孝顺的女同事说："我姐姐也和你一样，处处想着我的爸妈。"

在日新月异的社会中，女同事已经渐渐成为一个企业不可或缺的力量，而且越是相貌不怎么出众的女性工作能力越强。尽管她们的长相一般，但是其魅力不亚于那些有着天生漂亮脸蛋的姑娘，有些女性的事业心比男人还强烈，这些人从不会围着男人转，你夸奖她的办事能力、审美水平、知识修养等都会引起她的兴趣。

例如，你可以对勤于家务的女同事说："你怎么什么都会，工作也是一把手。"对刚刚在公司大会上提意见的女同事说："你的意见其实就是大家的意见，不过大家都不敢说，我很欣赏你的勇气。"对心机重的女同事说："你怎么什么事都能沉得住气？别看你刚进公司，说不定你一两个月就会成为大家的英雄。"对高学历的女同事说："我绝不赞成女子无才便是德这个观点，看看那些能力超群的女孩，哪个不是拿两三个学位的人？别听那些说学历没用的人的话，没读过书的人能研究出原子弹来？"对学历不高的女同事说："一般来说，学历并不代表能力，有很多人守着一大堆学历却找不到工作，像你有这样成绩的，真是少数。"

【口才点拨】

对女性的肯定要注重对其魅力的欣赏，会大大增加她们的信心。你不妨一试，毕竟赞美是取悦女性最简单、最有效的方法。女性最关心的问题是谁对自己最欣赏，她们对赞美过自己的人印象最深刻，很少有女性不会对甜言蜜语的赞美动心。

213 从不同的角度去赞美

赞美别人并不是你一出口就要获得别人的好感，特别是赞美女同事更难，在她情绪低落时，你的一句"小李，你今天特别漂亮"，会让她认为自己以前都不漂亮。赞美是要恰当而不留痕迹的，否则就会给人一种逢迎或违心阿谀的感觉。因此，赞美除了要真心实意，还要注意恰当、巧妙。如果你对女同事说："你的鼻子像孙悦的一样漂亮。"不如说："你的举止优雅，机智幽默，对了，你是如何做到的呢？"这种赞美会使对方大为感动。

注意，当你与几个同一部门的人在一起的时候，不要过分地去夸奖其中的一个，否则当你在得到一个人满意的同时会招来大家的不满。要知道，周围的人有着不同的性格，有些人比较豁达，有些人比较小气，对于一件事物的评价往往会天马行空地想到别的东西，弄不好就会因为一句话而得罪这样的人。

所以，在一个公司中要特别注意，夸奖的时候切记一碗水端平，别说什么"你比某某怎样怎样"这种自带长短板的话，以免造成负面影响。与女同事相处时更要把握好这个尺度，因为有些女性是特别敏感的，更注重对某一细节的联想。因此，在你当着一个女同事去赞美另一个，特别是赞美她容貌的时候，一定要谨慎，也许你无意间的赞美很有可能会变成对他人的嘲讽，甚至坠入"醋缸"内。

【口才点拨】

大多数人都会乐于接受别人一切夸奖的言辞，但同样的赞美话从不同的角度去说，就会产生出不同的结果。

214　赞扬也应掌握好分寸

要想获得别人的赞美，你必须具备被人赞美的资格。赞美别人也不容易，你必须具备赞美别人的能力与原则，这就要求将赞美建立在客观事实的基础上。明明这个人的工作能力一般，你却说他"非常优秀，百里挑一，机智超群，聪明绝顶"，他就会觉得你是在有意挖苦他。所以说，恰当的赞美会使别人感到快乐，肉麻的赞扬、空洞的谄媚会令对方特别厌恶你，甚至有可能令其心生反感，认为你不怀好意。

比如你赞美一个孩子时说："真是个好孩子，不仅听话还特别聪明，将来一定比我强。"这就很有技巧。但如果你说："这孩子智慧过人，真是个天才，世上无人能比。"这就过分了。在称赞别人时说一些毫无原则的话，比如"你这个零件车得特别好""你这次的成绩很突出""你打字的速度是第一的"……这类没有真情实感的赞扬并不能引起别人的好感，反而会引起别人的反感。

现代思想家李宗吾先生说过这样一句话：“见人短命，遇货贴钱”，用在赞美人上，再恰当不过了。如果你的谈话对象是个年龄稍大的人，你要把他的年龄尽量说小一点儿，尽快打开他的心门。见到一个五十多岁的人，你可以问：“你四十几了？”他回答：“不止，五十多了。”你就说：“不会吧？看上去这么年轻的人，最多也只有四十几岁。”青年是人生的黄金时期，谁不希望自己看上去年轻？再比如，当你要满足别人虚荣心的时候，可以把他心爱的东西价钱夸大，比如别人穿了件一千元的衣服，你就说：“你这件衣服两千多吧？”对方说：“没有，才一千多点。”你却惊奇地问：“怎么会？这么好的衣服肯定两千多。”对方说：“真的只要一千多。”你再感叹：“你真会买衣服，这么漂亮的衣服才一千多。”

【口才点拨】

在尊重事实的基础上，赞扬的话语也应掌握好分寸，要真诚，不要老调重弹，装腔作势。

215 真正的赞美

赞美别人时要做到“点到为止，四两拨千斤”，所要赞美的事也并非一定是大事，即使是别人一个不起眼的优点，只要给予恰如其分的赞美，就不会让他感到你是在有意“拍马屁”。

有一位特别不懂得与人交往的先生，只要与别人说话，用不了几句就会吵起来。后来，有人告诉他说得学会赞美，这样才能与人交流下去。他好像得到了真经一样，见人就说赞美的话。一天，他在大街上遇到一位五十多岁的妇女，他一脸恭敬地对这位妇女说：“大姐，您真是太年轻了！”没想到这位妇女生气地指着他的鼻子说：“你是不是早上出来没有吃药？”

与人交谈的时候，赞美对方是向对方表示肯定和欣赏，让对方能从自己的话中得到快乐。如果你的赞美不到位，不仅不会起到好的作用，反而会引起对方反感。当你的赞美正中对方下怀时，会加倍增强他的自豪感，这的确是与人交往的有效方法，同时也是加深双方友谊的有效捷径。

真正的赞美都是最恰当的，如果言过其实，就会变成“拍马屁”了。如果你对一位捡破烂的这样赞美：“您真是一位了不起的成功人士啊！你的家人一定会因你骄傲的！”对方一定会认为你有精神病，说不定还会回敬你一砖头。因此，赞美他人一定要把握好某些原则，才能引起对方的兴趣，从而获得对方的好感，加深彼此的情感。

【口才点拨】

赞美的第一个原则就是不要大而化之，要具体，否则可能会让对方感到你不是有诚意的。具体的赞美越说明你对对方很了解，也更容易让对方愉快地接受这份赞美。

216　赞美要具体，要分析人的心理

罗斯福因患脊髓灰质炎导致下肢瘫痪，因此，克莱斯勒公司为他制造了一辆专用小汽车。当工程师把汽车开进白宫后，总统立即对它产生了极大的兴趣：“有趣的东西！一按按钮就能像正常的车子那样上路！”他还当着大家的面说：“能够做出它的人们真的太了不起了，谢谢你们为我造的车！”他还夸赞了这辆小汽车的车灯和散热器等部分。罗斯福提到了车的每一个细节，非常具体，让克莱斯勒公司的工程师同样非常兴奋。

销售部主管小邓不仅每天接待客户，还要打理税务和财物，天天忙得脚不沾地。这份工作让她几乎没有吃午饭的时间，每次过了吃饭的时间总会感到饥肠辘辘。这一次，她正想出去吃饭，销售部经理却过来递给她一沓文件，还应付似地说：“你是想休息一会儿，还是继续把这些文件处理完毕？……不过，我知道你永远是最能干的！”她只得打消了出去吃点东西的念头，同时心里也没有感受到经理对自己的夸奖是出自真心的，因为对方根本就没有顾及她是否吃过了午饭；在小邓看来，经理只是想用一句廉价的赞美来催促她不停地工作，在经理眼里，自己不过是一个干活儿的工具。

当你与别人交谈时，一定要学会注意观察对方的情绪，如果对方情绪不

佳时，虚情假意的赞美往往会引起对方的抵触心理，所以一定要注重对方的情绪。一天，小刘见到同事王强和夫人在散步。王强显老，而他夫人却显得很年轻。由于小刘是第一次见到王强的夫人，为了给对方一个好印象，小刘便对她赞美道：“大姐好漂亮啊，看上去比王哥年轻二十岁，不知道的，还以为你们是父女……”王强当即就生气地说：“你这也太肉麻了吧！”然后拉着夫人走了，把小刘晾在了一边。之所以出现这样的结果，就是因为小刘赞美不当。

【口才点拨】

赞美别人的目的有时是为了激发他的谈话兴趣，以推动双方的友谊能继续发展下去,但在赞美别人时不懂得一定的原则,即使你赞美得再动听,也会把好事变成坏事。

217 赞美最好有新意

奥斯卡影后奥黛丽·赫本说过：“美丽的双眼善于看到人的优点，魅力的双唇说出亲切友善的语言。”懂得赞美他人是一种艺术，这是搭建友谊的桥梁，是融入群体的妙招。

那些刚刚走出校门的大学生没有多少交际经验，他们总是把书本上的一些现成词语，诸如久仰大名、如雷贯耳、百闻不如一见等司空见惯、特别虚假的恭维话用来赞美别人，这种公式化的套词，使人感觉缺乏诚意、虚伪，甚至给人留下不良的印象。

有人在赞美别人时，不知道怎样赞美才好，只能学说别人的话，拾人牙慧，他们就没想想“吃别人嚼过的肉没味”。

后梁皇帝朱温的身边就有一些喜欢鹦鹉学舌拍马屁的人。一次，朱温与几个大臣在大柳树下小憩，独自说了句：“好大柳树！”几个平日善于拍马的大臣为了讨好他，纷纷赞叹：“好大柳树。”朱温听了觉得好笑，又道：“好大柳树，可做车头。”其实柳树是不能做车头的，但还是有很多人随声附和：“可做车头。”朱温对这些人云亦云、没有主见的人斥责道：“柳树岂可做车头！我见人说秦时指鹿为马，有甚难事！”于是把这些只顾拍马屁不顾廉耻的人抓起来杀了。

【口才点拨】

在赞美他人时，尽量不要重复他人听得起茧的话，尤其是对那些事业有成的人，他们一定经常听到别人赞美。例如那些特别成功的企业家，一定不要千篇一律地去赞美他如何有能力有头脑，要尽量注意寻找别人没有注意到的细节，只有这样，才能引起对方的注意。

218 “内行”与“外行”

很多人都有自己的专长，人们往往都只关注到这一点，赞美这项专长的人也最多，天长日久，被赞美的人也失去了兴趣，你的赞美也就不起作用了。张翠花是某企业的创造者。她把企业经营得有声有色，被大家称为“铁娘子”。有一位记者前去采访张女士说：“董事长，大家都称您为‘铁娘子’，我倒不这么认为，我觉得您身上更具有传统女性的魅力，善良、心细。”听到这番别具一格的赞扬，张女士非常高兴，忙说：“他们只看到我的外表，其实并不真正了解我的内心。”记者的这番话得到张女士的好感，是因为她听到“有魄力懂管理”的赞美太多了，而这位记者称赞她具有女人的特质让她感到新颖，这种颇为“外行”的回答恰巧适用。

赞美别人时应诚实，有一说一有二说二，一定不要不懂装懂，硬充内行。如果对方对某一具体的事比你懂得多，你就没有必要在对方面前假装内行。比如对成功的经商者，称赞他们会经商，可以说“你的买卖做得真有特色，什么时候指点指点我”即可，没有必要再称赞他的商业经。

然而，并非什么地方都需要“外行”。

有个根本不懂诗的人，在一个偶然的机会遇到了一位诗人，这人趁机恭维道：“您的诗写得实在高深，看过几遍仍不知其中之意。”他是只知其然而不知其所以然，这位诗人的好诗究竟好在哪儿呢？你得懂。所以，用读不懂来说明诗很好并无用处。

【口才点拨】

赞美他人是想达到自己的目的，至少是引起对方的兴趣，所以，赞美他人时“内行”话和“外行”话一定要注意取舍，有时还需要相辅相成，相得益彰。

219 赞美，一定要与众不同

在小说《天龙八部》里面，有一个星宿派的掌门星宿老怪，非常喜欢弟子们对他说些赞扬的话，他的那些弟子也精于此道，不厌其烦地说“星宿老仙，法力无边，神通广大，法驾中原”这么一句话，重复来重复去的，没什么新意，老怪听多了也没什么兴趣了。可是，他的弟子阿紫却是鬼点子最多，老怪为何最喜欢她？就是因为她说的奉承话很有新意、很有特色。

通过这个例子，我们明白：赞美对方一定要显得与众不同。比如，如果你面对一个知名的杂技演员，就不要像别人一样去夸奖他表演的杂技如何让人惊心动魄，而应该赞扬他有什么与别人不同的优秀之处。有一个叫管军的记者，前去拜访一位能在钢丝上骑单车的杂技演员，管军发现他家的墙上贴了好多山水画，桌子上还放了一张与某著名画家的合影，管军就开始跟他谈绘画，夸他与别的演员不同，是一个很有艺术造诣的人，结果这位杂技演员听了非常高兴。所以，在赞美别人的时候，一定不要重复那些让人听得起茧的老话。尤其是对那些事业成功的人，他们一定经常听到别人赞美，所以千万不要人云亦云，而是要寻找别人没有注意到的优秀之处进行赞美，只有这样，才能引起对方的兴趣。

【口才点拨】

赞美他人的心理大多是善意的，但如果只是一般的泛泛赞美，往往会产生不良的后果。因此，掌握赞美他人的技巧需要在生活中多观察，只有这样，才能够准确恰当地运用它来达到与他人建立友谊的目的。

第十五章　批评口才：忠言也可以顺耳

220　先表扬后批评

批评是对犯错误者的忠告、教导、指正，目的是让他改正缺点。虽说千人千思想，但人都有这样一个共性：喜欢听好话而反对批评。要想让批评达到预期的目的，除了要端正心态，做到对事不对人外，还要把握好批评的时机。在合理的时机内，批评才能达到改正错误的目的，如果你不顾批评的合理时机，不但达不到批评的目的，还可能会因此伤害了他的脸面，引起更为严重的后果。在日常工作中尤其要注意，不然就会出现与其结仇的局面，所以，在批评他人的时候，不妨先表扬再批评。

让我们来看看，著名教育家陶行知是如何批评他人的。

陶行知在一所小学担任校长时，在校园看到一个男学生正在与同班同学打架，陶行知上前制止了他，并让他下课后到校长办公室去。

下课后，陶行知来到办公室，见那个男同学已经站在屋里准备接受批评了。于是，陶行知掏出一块糖送给他说："这是奖给你的，因为你能听话地来到这里。"这个男同学惊疑地看着校长，陶行知又掏出一块糖，对他说："这块糖也是奖给你的，当我不让你打人时，你立即住手了。"这个男同学更搞不明白了，心想校长到底要干啥？这时陶行知又掏出来一块糖，塞到男同学的手里："我听其他同学说，你之所以跟那个同学打架，是因为他欺负女生，你能站出来跟这样的人斗争，说明你很勇敢，所以应该奖励你。"这个男同学特别感动，哭着说："陶校长，我错了，我不该与同学打架！"陶行知笑了笑，又掏出一块糖递过去："你能很好地明白自己错了，再奖你一次。"就这样，陶行知既没有苦口婆心式的批评，也没有耳光棍子一齐上的粗暴，就让这个男同学真正认识到了自己的错误。

陶行知没有当众批评这个打架的男同学，而是把他单独叫到办公室，使用的方法是先表扬，然后再批评，慢慢让他明白自己的错误，整个批评过程让他觉得校长仿佛在对他说："孩子，你太棒了，除了不对的地方。"

【口才点拨】

批评别人要讲究艺术，有时听上去简直像表扬，使他人的心里觉得春天般的温暖，这就是暗示式的批评。想想看，当你见到员工犯错误时，也用这种方式去批评他，谁会不接受呢？这种批评他人的方式值得我们好好学习。

221　给他人留点面子

大家普遍认为律师是最能说会道的人，其实不然，鲜明的例子是：律师出身的卡尔文·柯立芝还没有登上美国总统宝座时，就是一位少言寡语的人，当上总统后更是惜字如金，被身边的同事和下属们戏称为"沉默的卡尔"，但他也有让人大跌眼镜的时候。

一天晚上，一个小偷越窗潜入柯立芝的房间。他翻遍了挂在衣架上的每一件衣服，终于在最后一件衣服中找到了一个钱夹，他还在这件衣服上发现了一块怀表。正当他想解下怀表时，黑暗之中响起一个平静的声音："请不要把我的怀表拿走。"

这句意外的话把小偷吓了一跳，竟脱口问道："为什么？"

躺在床上的柯立芝说："其实这表值不了几个钱，但它对我却是非常重要的，你看看表后盖上刻的是什么。"

小偷走到有亮光的地方，打开怀表："送给参议院议长卡尔文·柯立芝先生——麻州高级法院。"小偷不相信眼前发生的一切："你真的是柯立芝总统？"

"是的，你一点儿也没有说错，请你不要拿走这块怀表。"停了一会儿，柯立芝又问："孩子，你为什么要这样呢？"

小偷解释说，他和一个同学来首都旅游，可是带的钱不知什么时候丢了，他对柯立芝说："如果你同意的话，我就拿走这个钱夹。"

柯立芝说自己同意，并替小偷算了一下，所有的费用加在一起是32美元。柯立芝对小偷说："我决定，这32美元算我借给你的。以后，等你有钱了，就要还给我。"小偷满口答应下来。这时，柯立芝又说道："孩子，我知道你是一个好人，可你今天的行为很不光彩。以后，一定要记住你是谁。"

【口才点拨】

有些人在批评别人，特别是下属时一点儿也不给面子，语言特别严厉，不管对方承受得了承受不了。面对这样的批评，谁会乐意接受呢？我们能不能向柯立芝学习批评的艺术呢？

222　批评，从侧面入手

刚进入部队的战士小李，优点是写字很不错，班里的黑板报每期都是他写的，缺点是太邋遢，早晨起床后从不认真叠好自己的被褥，排里进行评比时，他所在班总是最差的。为此，班长对其进行过多次批评，他当时答应得好好的，过后依然我行我素。某天，排长见小李正在练字，走过去夸奖道："字写得很好嘛！"小李扭头一看是排长，特别得意，随口说了句："你也懂？"排长不显山不露水地说："我们中国的汉字是世界上最有内涵的文字，其中既有美学，又有力学。"接着，排长从书法家王羲之、颜真卿、柳公权，说到现在的刘炳森、启功、沈鹏。小李没想到排长懂得这么多，不由得暗暗佩服。

排长趁机说："宋朝著名文学家苏轼在《答张文潜书》中说，文如其人，遗憾的是，你的字与你本人反差太大呀。"排长笑了笑，指着他的床铺说："看看你写的字，个个遒劲有力、潇洒利落，可你的被子却惨不忍睹……"排长接着说道："在书法当中，如果有一个字没写好，就会影响到整篇文字的形象，失去了美观还谈什么书法，这个道理我不说你也懂。同样，一个人也会影响整个集体呀！”小李听了脸立刻红了，他诚恳地说：“对不起排长，我错了，保证今后不再拖班级的后腿。”

同样是批评一个新战士的不足，班长的批评，他就当耳边风，吹过去就算了，但排长的批评却让他产生了转变，决心改掉自己的不足之处。这是因为排长的批评不是直接指出缺点，而是很委婉地从小李的长处入手，以此指出他的毛病，当然会让小李从心里认识到自己的错误。

【口才点拨】

在批评别人的时候，要委婉地进行，从侧面入手，让对方觉得自己也是个有优点的人。对有错误的人如果一味地鼓励、表扬，就会让他认识不到自己的错误，而一味批评又会使他们产生破罐子破摔的心理，只有把这两种方式结合起来，才能让批评和建议收到预期的效果。

223 掌握批评的要领

管理层的人有时不得不对下属进行工作上的必要批评，然而这对人际交往有百害而无一利，提起此类事情，总是有人大发感慨：“这得罪人的事真的难做。”但是，批评能够对被批评者的行为进行指导和纠正，使他们提升，只是必须掌握一些要领。

通常情况下，在批评下属时，需要遵循态度温和的原则，即让管理者在批评下属时，做到忠言也顺耳，良药不苦口。对犯错误者来说，即使上司的批评很正确，也会使其觉得很没有面子，特别是一些管理者在批评下属时不讲究方法，导致下属反感，不仅没有帮助下属改正好错误，反而激起了下属的对抗心理。因此，在批评下属时，应该在态度温和，不使下属感到没面子的前提下指出其错误，如果能做到这一点，就会赢得下属的心。

小张和小王是某菜市场的管理员，一天，二人接到客户报告说，有人以批发菜的名义实施偷盗。二人就到市场上去巡逻，走着走着，小张看到一位妇女正拖着一大袋芹菜吃力地往前走，不远处有几个人正在向这边追过来。小张立刻冲向前去拦住她，厉声呵斥，并令其缴纳罚金。谁知那人不但不承认自己偷了别人的菜，还一个劲地狡辩，见说不过小张，竟然一下躺在地上撒起泼来，弄得小张好不尴尬。这时，小王也闻讯赶了过来，她对那位妇女说道："大姐，我们也知道你不容易，但在市场上搞批发的这些商户们更不容易。你这样做不仅影响了市场的秩序，你在这儿躺着，要是让你的亲朋好友看见了多不好啊！你还是起来吧。"那妇女立刻爬起来，把菜还给批发者，还交了罚款。

【口才点拨】

批评，是说话方式中很主要的一部分，有些人会说话，即使是批评也让人愿意听；有些人不善于沟通，说出表扬的话也很刺耳，批评别人时往往说不了几句两人就争论起来，因此，批评别人的话语是否得体就显得十分重要。

224　批评要出于善意

对犯错误的人进行善意的批评，是一种行之有效的教育方法，这是因为批评者是出自善意的，而善于接受批评的人也能更快地进步。孔子的学生宰予曾经白天睡觉，孔子批评他"朽木不可雕也"。宰予接受了这一批评，后来终于成为战国时期很有影响的人物。正是孔子的严格要求、时常的批评，终于在那个战乱的时代培养出一大批人才，孔子的批评中无处不渗透着无限的善意。

《左传·宣公二年》中有一句"知错能改，善莫大焉"，表明批评不是为了向别人显示自己的权力有多大，显示自己有多么优秀，而是让有错误的人改正错误。人无完人，没有人会从来不犯错误，而且犯错误并不可怕，可怕的是批评有错误者的心态不正。因此，批评别人时应该带着无限的善意，让他在接受批评的时候感受到你的诚意。

第二节课间操时，小北与小丽、小娟等同学发生了冲突。李老师正好碰到，就把小北拉到了办公室，他生气地对老师说："你不知道她们有多气人，常常在背后说我坏话。"李老师看他这么激动，知道现在说什么也等于零，于是让他在另一间办公室面壁思过，不管听到什么都不要出来。

就这样，李老师先把小丽找来，小丽不承认自己说过小北的坏话。老师知道这孩子有个不好的习惯，平时喜欢对他人说三道四，于是就说："老师知道你不是一个想打架的人，而且特别善良，没有坏心眼，所以有时说话不注意影响，你觉得没什么，可能人家听着就不舒服了。"小丽一边流泪一边点头，然后说："他也说过我的。"李老师说："我知道，肯定是这样，一个人打不起架来。但是小丽你想一想，如果他说了你一句，你再说他两句，他就不干了，这样一来，两个人说着说着，不就打起来了？再想一想，他说了你，你大度一点儿，就当没听见，你让他几次，那他也会觉得没劲，就到此为止了。"小丽点头表示同意。

【口才点拨】

"人非圣贤，孰能无过"，没有谁能从来不犯错误，关键是应该以怎样的心态去批评别人。高高在上地教训别人，没有人会乐意接受这种批评。所以，必须搞清楚批评的真正目的，要以善意为主。

225 批评他人，不翻旧账

不管是在生活还是工作中，有的人在批评他人时，为了证明自己是正确的，会不顾场合地当着其他人的面，把犯错误者以前的不足之处全部翻出来，结果，这样做往往会激起对方反抗，最终导致大家都很难堪。

首先应该明白，不管对谁来说，犯错误都是难以避免的，更何况错误只能代表当时的做法不对，你再把往事翻出来，对方不仅会认为你的批评太过苛刻，还会认为你是有意当众出他的洋相，一定会对你的批评置之不理或一味抵触。其次，批评他人时翻其旧账，往往会使对方认为你对他那些不光彩的事念念不忘，时时想着报复他，这会让对方更加怨恨你。

此外，以前的错误往往是一个人今生最难以忘怀的伤痛，不顾他人的情绪去揭伤疤不仅是不尊重的表现，而且很容易激起对方强烈的怨恨，影响双方关系。因此，批评他人时，尽量不要去翻陈年老账。

【口才点拨】

金无足赤，人无完人，有些错误确实无法避免，但每个人都有自己的长处和优点。在批评他人时，能够客观地就事论事，不去翻旧账，肯定他人的长处，并告诉对方其实他也很优秀，如果能够改正某些缺点的话，会变得更出色，这会激起他的进取心，达到批评的最终目的。

226 把爱摆在第一位

初三某班一男一女两个同学因为一点儿小事，相互之间动了手，郑老师一气之下把两个人都叫到了办公室。

郑老师举例子摆事实，说了半天，见两人都没有火气了，继续说："宽容是人们之间最好的润滑剂，不但谅解了别人，同时也能给自己带来快乐。如果你天天和这个同学生气，与那个同学斤斤计较，看不惯坐在你前面的同学，不待见后面的同学，认为其他同学都是缺点，你自己会快乐吗？"男学生摇摇头。看到这位同学知道错了，郑老师说："能够在同一间教室里上学，也是缘分，最多还有三个月的时间，你们就各奔东西，也许今生再也见不到面了，为什么非要打得老死不相往来，记恨一辈子呢？等到你们踏上社会，什么样的人都有，那可比同学关系复杂得多，即使你换个单位，再找个工作，还会碰到你讨厌的人，无论走到哪儿，都不可能全是你的朋友，最好的方法就是学会与不同的人相处，去宽容别人，理解别人。我送给你们一句话：无知的男人用拳头解决问题，无能的女人用眼泪做武器，而聪明的男人、女人会用微笑做武器。"旁边的女学生听了，也用力地点了点头。

然后，郑老师又对女学生说："真正的同学关系，应该是当他沮丧时懂得去安慰，当他生气时帮他分析问题，让他理智地正视问题，而不是雪上加霜。像今天，你不仅没起积极作用，反而使矛盾进一步恶化，如果老师没有看到，结果会怎样，你想过吗？你觉得是得到了面子还是害了自己呢？"女学生红着脸，承认自己错了。

故事中的郑老师不是把批评当成很简单的事，而是把自己对学生的爱放在前面，使她的话显得语重心长，达到了教育学生的目的。

【口才点拨】

怎么才能让别人虚心接受批评呢？答案就是要让对方感觉到你的批评是在为他着想，跟对方进行心灵的沟通，让对方明白批评也是一种爱。当下属或同事犯错时，应该把对他们的爱摆在第一位，把上司或同事的期望、关心化为一丝丝春雨，流进他们的心田，使他们尽快从失败中站起来。

227　给人留有余地

在人际交往中，为别人留有余地是十分重要的，特别是在工作中，说话、做事给他人留有余地，会使自己左右逢源。

弗雷德·克拉克是一位非常敬业的工程师，可公司的老总并不是一个通情达理的人。一次，公司开生产会议，老总高高在上地提出了一个尖锐的问题，矛头指向弗雷德·克拉克。为了避免在同事中出丑，弗雷德·克拉克选择了沉默。这使老总更为恼火，直骂弗雷德·克拉克是个骗子。他不知道，这种状况会毁坏一切友好的过去。弗雷德·克拉克再也不想继续留在这家公司，跳槽后很快得到新公司总裁的青睐，成了那家公司的骨干。

【口才点拨】

纵使下属犯了错误，在对其进行批评时如果没有给他留有余地，就会毁了一个优秀的员工。给他人留有余地是何等重要，而有些人，特别是位居高层的管理者却很少想到这个问题，常喜欢耍威风、唯我独尊，在众人面前指责孩子似的批评员工，没有多为员工考虑考虑。所以，在管理工作中，一定要学会给人留有余地。

228 注意语言的艺术

如果能经常得到别人的赞美，肯定是件令人振奋的事，但是，有时候难免会遭到别人的批评，也难免会批评别人的缺点。可以说，正确的批评的确是使人走向成熟的捷径，如果你把批评看成对自己的侮辱或打击，听到批评就特别反感、怒火冲天，无论如何都不会进步，这就是如何看待别人的批评问题。当你批评别人的时候，要注意语言的艺术，不要一板一眼地给人讲道理，因为这样往往会适得其反。

某人在一个禁捕的池塘里打鱼，远处有一个警察正向这里走过来，打鱼者心想这下完了。警察走到他面前后，不仅没有厉声训斥，反而和气地说："先生，您在这里洗网，下游的河水是不是就会被污染了？"这令打鱼者特别感动，连忙诚恳地向警察道歉。如果警察当时掏出警棍，指着他的脸责骂，结果肯定不一样了。

一个星期以来，公司员工小王就愁得天昏地暗的，因为他马上要成为别人的老公了。朋友见他这样天天不开心，就问他："兄弟，你们的婚礼何时办呀？"小王面有难色地说："如果按我的意思，摆几桌酒席就行了，可是，丈母娘说，她就这一个女儿……"朋友说："是这样啊？可是，咱们公司也不光小娟是独生子女啊！"

上面的小王和朋友都用了隐语。小王的意思是因为手头紧张，铺张浪费的婚礼操办不起，朋友没有直接反驳他，暗示公司里其他人也是独生女，有多少钱办多大事。因此，对那些特别好面子的人，不要对其进行露骨的批评，而是采用暗示批评，效果反而会更佳。

自从小肖进入东方文化公司以来，就显得信心百倍，不仅在开会时大胆讲出自己的想法，而且在平时的工作中对文字把握到位、对作者及时催稿，工作和为人都表现很好。但是，作为一名吃文字饭的编辑，他的文稿总是有很多小毛病，需要别人给他加个标点、补充个句子，而且错误率较高，这让编辑部主任很头疼。

在公司年终评选中，小肖被大家选为最佳编辑，主任趁热打铁，为他所获得的成绩表示祝贺，说："你的能力在公司人所共知，成了同事们学习的榜样，祝贺你成为最佳编辑。"接着，主任就转变了话题，"的确，公司其他人的优点也很多，都有值得学习的地方。你看，小李做出来的稿子非常整洁，完全达到了公司要求的清、齐、定的标准，几乎不用校对就能排版出片；小田呢，稿子出手快，质量好，几乎不用再动手术，你也应该学习他们哦！"小肖立刻意识到自己的不足，欣然接受了暗示式的批评。

这样的批评有保护他人自尊心的功能，运用得当，大多数情况下会得到理想的结果。

某公司的员工小刘这几天上班不是迟到就是早退，还在上班时间聊天。部门主管为整顿纪律，召开了一次员工会议，他在会上说："最近几个星期以来，设计部的纪律大体是好的，但也有某些同志表现较差，偶尔迟到早退，偶尔在上班时间聊天……"会议之后，小刘就再也没有犯过那些错误。部门主管用了模糊语言"大体""某些""偶尔"等等，指出问题的同时没有让小刘丢面子，效果自然非常好。

【口才点拨】

暗示、委婉、模糊、关心等等这些都是批评的艺术，管理者在批评员工的时候掌握了这些艺术，人际关系就会更加完美。

229 批评和安慰混着来

员工小张在一次工作中出现了一个较大的错误，主任在对他进行一番批评之后，说："小张啊，你在精车0432号刹车毂的时候的确是差了三个毫米。你要记住这次教训，以后可千万不要出现这样的错误了。当然，也不必耿耿于怀，领导批评你也是为了让你在工作上别再出残品了。你刚刚接手这个工作不久，尽管技术不过关，但你很有潜力，只要多努力多学习，以后你一定会做得更加出色的！"

还没有获得"世界短篇小说之父"头衔的时候，莫泊桑拜著名作家福楼拜为师，学习小说创作。福楼拜喝着香槟酒听完莫泊桑的小说后说："你这篇小说，句子虽然疙里疙瘩，像块牛蹄筋，不过还不是我读过的最坏的小说。这篇小说就像这杯香槟酒，勉强还能吞下。"这评语虽严厉，但留有余地，给了莫泊桑一些安慰。

在电视剧《康熙王朝》中，姚启圣自恃才高，多次与上司发生矛盾，康熙五年被贬至盛京（现沈阳）。

康熙把姚启圣关进大牢，并下令供给最好的饮食，让他三个月内不准和任何人说话。回京途中，康熙让姚启圣坐在囚车上，待其受尽寒风和饥饿折磨，才让他进入行宫，赏点心吃，又让其读御书。之后康熙一声大叫："朕真想杀了你！"姚启圣抬头一看，康熙正站在自己面前，姚启圣连忙叩首，康熙说："你几十年来愤世嫉俗，嘲骂达官贵人，讥讽皇亲国戚，屡屡游离法网之外。蔑视大清官员，不守常道，情愿饲马不愿为官……朕最恨的就是你这种人，在心里已把你杀一千次了。"

康熙对姚启圣的明冷暗暖再加上这番知心话，让姚启圣感觉到了康熙的领导能力，也体会到了他的良苦用心。康熙进京后，姚启圣对他说："皇驾进京，好比雷霆万钧，却又寂静无声，实是难得。"第二天，姚启圣在养心殿的早朝上谈论起安邦治国之道，最后献上收复台湾的绝妙计策。康熙十分赞赏他的计划，遂封姚启圣为福建总督，姚启圣从此更加尽心为朝廷出力，在收复台湾时立下了大功。

【口才点拨】

在管理过程中，只使用软的或硬的手段都不能达到理想的效果，最有效的是软中有硬。这种管理十分注重采取软硬兼施、因人因事地实施相应的管理手段，即批评别人时要顾及时间、场合、对方的性格、心理，不能直截了当地一通批评，因为这样根本达不到批评的目的。可以对员工实行软硬兼施的方法，与其进行长谈，让他感觉到你确实是为他们着想，这样就可以感动员工，促使其改正错误。

230 批评，话不在多

批评别人时，大多数人的习惯是唠叨，特别是那些企业的管理者。当然，员工最烦的也是唠叨，他们最讨厌管理者拿员工的缺点与其他员工的优点比。管理者往往从工作、态度、认真程度等方面喋喋不休地挑剔，总觉得手下的员工不如其他部门的好，人家的员工是金子，自己的员工是沙子，人家的员工是天才，自己的员工是蠢才。

当然，有些管理者的唠叨并不都是错的，说得也在理，但员工为啥不愿意听呢？原因是本来说一遍员工就能记住的，你却翻来覆去地唠叨，低估了员工，把他们看扁了。当你指出员工的错误时，不要滔滔不绝地讲起来没完没了，这样做不仅使他们没有时间和机会来思考你所提出的意见，还会使他们觉得没有受到尊重。

在批评别人时应该向心理医生学习，他们常常在讲话中故意停顿一下，以观察对方是不是有话要说，同时还会运用沉默来暗示对方提出问题，这样可以有效促进医生和咨询者之间的共鸣。同样，管理者批评员工也应如此，如果只顾自己不停地讲话，而不给员工表达、理解、接受的机会，就达不到批评的目的，员工会认为你在把自己的意见强加于他。可以说，批评员工的话不在多而在精。精练的话语往往能一语中的，使员工在短短的时间里获得较多的信息，一针见血，使员工为之震动，幡然醒悟。如果拖泥带水地东扯西拉，会让员工不得要领，如在云里雾里，反而达不到批评的目的。

还要注意批评点到为止，不要重复批评，否则会给员工造成负面心理暗示，使他们不自觉地又一次犯同样的错误。一次批评员工基本上可以接受，也愿意改正，但若抓住员工的小错误不放，没完没了地批评，就是在侮辱他了。

【口才点拨】

批评员工的话不在多，关键是目的明确，简单明了。有管理者在做员工的思想工作时空话连篇，没完没了地唠叨，不仅会让员工烦躁，也达不到批评的效果。

231 恰当地批评下级

在工作中，有些下属会出现偏差或错误，但由于自身能力或态度的原因，他们往往难以觉察到这些错误，此时管理者就必须及时提出批评，纠正偏差，保证工作顺利完成。由此可见，管理者适时地、恰当地批评下级不仅是必要的，也是重要的，这时，管理者要注意批评的技巧。

作为管理者，对下属在工作中出现的偏差或错误要当面提出批评的话，不要摆出一副高高在上的架势，要低调一点儿，以同事的口吻去询问对方："怎么了？""我能为你做些什么？"或"让我们来看看该如何解决"，等等，这有助于更好地解决问题。你可以直接告诉他你的要求，但不要说"你为什么会这样做呢？""这样做绝对不行。"你可以说"我希望你能这样……""我觉得你能做得更好……""这样做好像没真正发挥你的水平……"用类似提醒的口吻指出员工的错误。

指出错误后再心平气和地提出自己的想法，跟员工讲道理，这样他才会心服口服地接受你的批评。反之，如果你以很有权威的口吻去批评他们，很可能会引起下属的不满，从而达不到批评的目的。所以，一定要注意自己的态度，要知道，在批评之前先对对方进行安慰，待其冷静之后再批评就会事半功倍。

在对下属进行批评时不要人身攻击，因为这样做不但无法纠正错误，还会恶化你们之间的关系。

【口才点拨】

批评方式复杂多变，正如行军打仗随机应变一样，批评也要随机应变，综合考虑对方的各种情况和所犯的错误，考虑好之后，再想如何进行批评，而不能凭自己的意气用事。

232　采取攻心策略

作为批评者，首先要知道如何才能攻心。不管怎么说，只要是批评就会使犯错误者感觉心情不太舒服，但有些批评是不得不做的。

当你准备批评他人时，预先要有一个详细的计划，并事先通知他，让其有心理准备。然后，再整理一下自己要说的话，去除其中会带来负面作用的部分。

批评他人时，千万不要用“我认为”来开始，这会给对方造成很大的压力。你可以心平气和地说：“你这几天总是迟到，是不是家里发生了什么事？”“公司有公司的规定，你私拿公司的财物，对公司的财产造成一定损失，公司是不会置之不理的！”“我佩服你工作干脆利索的作风，但希望你能按公司的规矩来，以免给公司或个人造成不必要的损失。”

有的人没有积极性，这是批评所无法给予的，必须靠他自己来调整，此时只能明确鼓励，在批评中想办法对其进行暗示。这时，如果批评者找到了病根对症下药，就很容易药到病除。比如某人喜好军事，就可以从这方面入手，想办法让他把自己的事情和军事联系起来，这样他的积极性自然就有了。

【口才点拨】

对于那些没有积极性的人，单纯的正常批评没有多少效果，那就需要进行暗示，将他喜欢的东西融合进他要做的事中去，这样能激发其积极性，批评自然就会起到应有的效果。

233　用一种隐喻的批评

如果批评者能够深挖错误的根源，帮助犯错者认识到错误，就能使犯错者深刻地反省自己的错误。那么，如何深挖根源而不让被批评者难堪呢？如果在批评下属时穿插一些哲理小故事或是双关语等，就能达到这种既不让人难堪又能引人深思的目的。

伏尔泰有一位懒惰的仆人，有一天，伏尔泰穿鞋时发现鞋子上全是灰尘，就问仆人："这个鞋子怎么没有擦？"仆人答道："我想不用擦它，先生。你穿出去之后，没多久又会和现在一样了。"伏尔泰并没有说话，笑了笑，走出了门。仆人赶忙追上说："先生！我中午要吃饭，请把厨房钥匙给我！"伏尔泰冲他笑笑，说："我想你不用吃了，你吃了之后，没过多久又会和现在一样饿。"这件事之后，这个仆人勤快了许多。当然，如果伏尔泰厉声批评他，事情可能会没有现在这么完美。

当然，如果下属犯的错误没有影响到全局，或者他所犯的错误并不是故意的，管理者就没有必要大张旗鼓地对其进行批评，用温和的话语点明问题就可以了。

【口才点拨】

批评下属时应以教育为主，用事实去教育，用道理去开导，用后果去提醒，从而使下属心服口服地接受批评。

234　批评切忌恶语伤人

当人犯了错误时，批评者都要履行自己的职责，对其进行批评。值得注意的是，谁都有自尊要面子，因此批评时一定要平等对待，绝不能以掌权者自居，更不能落井下石，甚至恶语伤人，否则不仅不能纠正错误，更会令对方觉得侮辱了他的自尊。所以应心平气和地提出批评，给对方一种爱护、亲近的感觉。谁都有自尊，批评应是在和风细雨的基础上进行的，态度上的严厉不等于话语上的恶毒，只有无能的管理者才去揭人之短，这种看人笑话的行为不仅会寒了犯错者的心，还会使其他人对你产生反感。短处谁都有，看到别人犯错不要幸灾乐祸，要帮他想想如何改正，而不是为了批评而批评，这样才能反映出批评者的自我修养，所以并非小事。

【口才点拨】

批评下属时切忌恶语伤人，就算下属犯了错误，他在人格上与你依然是平等的。当然更不要随意贬低、污辱对方，在批评时要注意在语调、体态、表达方式等方面力求适当，尽量用对方乐意接受的话语。

235 最忌捕风捉影

在批评犯错者时，要想使其心服口服，就得有的放矢才行，是因为对方真的有了错误才批评。如果没有错误，平白挨一顿批评，谁都不乐意。故意夸大或歪曲真相，很容易让对方觉得你是在找茬儿，从而大大降低他对你的好感。

因此，批评者应该胸怀宽广，实事求是，不要捕风捉影。如果你只从某些人那里得到一点儿消息或假情报就直接劈头盖脸一顿批评，对方定然不服，还会对你产生厌恶。所以，批评之前要查明真相，还原事件本质，分清谁该批谁不该批。如果这么做了，那么在批评时你就会有理有据，令人信服了。

此外，晕轮效应也不能带入批评里。例如，批评者看不惯某人，之后就觉得此人处处不如别人，甚至把别人的错误也主观地认为是他造成的，这只会导致对方的心态越来越差。因此管理者在批评时，一定要避免这种情况。

某些批评者喜欢落井下石，这是最不可取的。试想如果你认错之后本想要改正，可是对方更加激烈地批评你，你定然是怒火中烧，甚至破罐子破摔。所以，这种批评是非常愚蠢的。

【口才点拨】

有些管理者在批评时喜欢捕风捉影，把平时道听途说的一些表面现象当作重要证据来批评下属，这不但起不到治病救人的效果，反而还会火上浇油。所以，管理者在批评下属时，要做到凭证据讲道理。

第十六章　谈判口才：你也能成为一个出色的谈判专家

236　取舍有度的谈判口才艺术

事实上，“谈判和辩论”和日常生活中的交谈没有本质区别，因为对方也是具体的人，和我们一样有利益诉求。所以，拿捏好对方心思，懂得人情世故，做到取舍有度，就容易大功告成。

1984年，年轻气盛、学识渊博的蒙代尔在美国大选的电视辩论中大肆攻击里根，说他年纪大了，无法担此重任，以此衬托自己。

里根年纪确实太大，他如果恼羞成怒予以还击，的确有些不沉稳，但如果放任蒙代尔肆意攻击，又显得自己懦弱无能。在这种进退两难的情况下，里根只用一句话就逆转了形势，他微笑着说：“虽然蒙代尔用年迈且精力衰退等理由来攻击我，但是我并不打算用过于年轻以及不成熟等理由去攻击他。”此话一出，全场掌声瞬间爆发，里根也获得了更多的选票。

里根表面上否定了自己，但是在暗处却给了蒙代尔致命的一击，不仅显得自己包容大度，还体现了对方的肤浅和狭隘，可谓一举两得。

人的一生都离不开“谈判”。在商业活动中，交易是通过谈判完成的，所以掌握谈判的艺术是取得商业成功的必要手段。很多人对商务谈判心存畏惧，总害怕被对手控制，失去谈判的主动权。

谈判不仅需要智商、机智和口才，还需要高度、胸怀及独特的人格魅力，更需要深谙人情世故。双赢的谈判必然是有合作意识的谈判，受益的不仅是双方，还有社会；真正的谈判应该充满理性的乐趣，而不是一场战争。

然而，总有些人过于争强好胜，不懂得退让，不善于换位思考，在谈判中过于强调自己的利益，看不到对方的利益诉求，这样自然会形成激烈的对抗，难以达成合作。还有些人喜欢讲究哥们儿义气，在商务谈判中，他们会把对方当作毫无利益冲突的朋友，这样一来，尽管顺利签约，但很快就会发现自己吃了大亏，后悔莫及，最后双方很可能失去相互信任的基础，甚至分道扬镳。其实，谈判和做人一样，必须取舍有度，避免走极端，真正做到和而不同、求同存异，才能建立牢固的合作基础，实现共赢目标。

【口才点拨】

在与人交往的过程中，“取舍”是人们不得不面临的问题，任何“事”都是由“人”来完成的。做买卖要谈价钱、谈合作，一方面必须懂得让步，才能给对方人情，实现合作；另一方面要坚守自己的利益，这是做人做事的原则。总之，掌握取舍有度的谈判艺术，会让你的生活更加精彩。

237 当机立断，见缝插针

在与人谈判的过程中，有时需要软化对方的思想，使其同意自己的观点，进而替对方下决断，促使事情向自己希望的方向发展。但是需要注意一点：凡是替他人决断事情，必定会让对方存有疑虑，因为人们都希望遇到好事，厌恶遇上灾祸之兆。其实，即使是不利的、有害的事，通过循循善诱也可以让人避免陷入疑惑。事物总是存在利益，失去利益就不会被接受，这就需要发挥智慧，让人接受你的意见和建议。如果决策表面是做善事，而实际上却暗中作恶的话是不会被别人接受的。所以，如果决策让人失去利益，使人遭遇危害，那就是失误，不会得到对方的认可。

三国时，汉臣司徒王允有一位国色天香的歌伎，她便是貂蝉，王允对她宠爱有加。当时，董卓掌控大权，挟持天子以令诸侯，大臣们对此都敢怒而不敢言，王允也为此事而整日烦忧。貂蝉很为主人忧虑，便于月下焚香祷告上天，愿为主人分忧。在一个月明星稀的夜晚，貂蝉在后花园烧香跪地，为主人祈祷：“我是老爷的婢女，愿为国为民，万死不辞。”

这时，王允正好来到花园散步，他见此情景，甚为感动，于是急忙上前，将貂蝉扶起。王允问道：“你说能为我分忧，可你知道我忧在何处吗？”

貂蝉回答说：“知道，大人。”

“那你能助我讨国贼，杀董卓吗？”王允问道。

“只要大人信得过奴婢，奴婢赴汤蹈火，在所不辞。”王允听罢，两手一合，当即给貂蝉一拜，从此便和貂蝉以父女相称。

一年多后，王允对董卓设下连环计，事先暗地里将貂蝉许给吕布，又明面上将貂蝉献给董卓。吕布和董卓都是贪图美色之人，为了拉拢吕布，董卓收吕布为义子，此后貂蝉便周旋于他们之间，对吕布送去秋波，对董卓尽显妩媚，令二人都沉迷于她的独特魅力而无法自拔。

但是，董卓收貂蝉入府为姬，吕布当然心怀怨恨。这一天，吕布乘董卓上朝之际，乘机来到董卓的府中，专门探视貂蝉，并邀她到凤仪亭相会。貂蝉见到吕布后，故意装出可怜的样子，向他哭诉被董卓霸占之苦，吕布听后自然大为光火。

就在这时，董卓回府，这一幕恰巧被他撞见。董卓大步上前，抢过吕布的方天画戟朝吕布刺去，吕布飞身逃走。从这以后，两人开始互相猜忌，王允则乘着他们内讧的机会，说服了吕布，铲除了董卓。

吕布和董卓正是没有意识到其中的道理，所以才中了王允的连环计，而王允之所以能够成功设计，让吕布铲除了汉贼董卓，就是因为他抓住了他们贪图美色的弱点，当机立断，见缝插针，对症下药，最终实现了自己的目的。其实，这也是一种谈判技巧，即抓住对方的弱点时，一定要想方设法加以说服。

【口才点拨】

在与人交往的过程中，找准时机后千万不要犹豫，否则会失去千载难逢的好机会，后悔莫及。要学会当机立断，见缝插针，不失时机地抓住对方的弱点，对症下药，从而达到预期的目的。

238 “你动我静，静观其变”的谈判策略

在谈判的过程中，需要与各种各样的对手打交道。不过，在与人沟通和谈判时，需要一定的技巧和策略。

某些谈判新手因为心虚紧张等原因，往往在一开始谈判的时候就咄咄逼人，气势汹汹，试图直接将对方拖入不利状态，从而谋取更多利益。

某些老成谈判者在与对方谈判时，会引经据典，旁征博引，字里字外恨不得把智慧和博学全都写在脸上，但如果对方以硬碰硬，同样旁征博引，就会使谈判陷入僵局。

那么，面对这两种情况，又该如何？“你动我静，静观其变”确实是一个不错的策略，会使对手不得不调整策略，以平等的姿态重新进行谈判。

我国某外贸公司在与美国某工业集团就一项贸易合同进行谈判的时候，美方觉得自己实力雄厚，执意要求将谈判地点定在美国；而我方的谈判代表李经理早知其中有诈，于是，李经理决定将计就计，表面上同意了美方的要求，他想知道美方的葫芦里卖的是什么药。

果然，在谈判一开始，美方的谈判人员语言犀利，很明显没把年纪轻轻的李经理放在眼里。他们作为卖方主动报盘，陈述整个事件的始末，不仅气势狂妄，而且滔滔不绝。

美方的谈判人员列举了多个对其有利的条件，长篇大论，从上午8点开始，一直持续到12点。同时，美方的谈判人员还通过数字图表、计算机显示、大屏幕投影仪等高科技形式，用一些深奥难懂的图像、数据穿插在论证中，以证明他们的要求和要价是公正合理的。

论证结束后，美方的谈判人员带着得意的微笑，充满自信地瞟了一眼我方的谈判代表李经理，用带有挑衅的语气问道：“我就介绍到这里，你们觉得还可以吗？”

美方代表发言的过程中，我方代表李经理只是静静地坐着，一直没有说话。听到美方代表的提问，她也回敬了一个微笑，平静地回答道：“真的是很遗憾啊，您介绍的内容我们还不是很清楚。”

美方谈判人员一听，脸色微变，说道：“我已经介绍得很仔细了，你们还有什么地方不清楚的？好吧，有什么不明白的地方，你可以提出来，我可以为你们解释。”

李经理微笑着说：“对您介绍的内容几乎都不是很清楚。”

美方代表沮丧地直捶脑袋，有些气愤，问道：“请问，你这是什么意思？”

李经理一笑而过，不发一言，只是平静地看着美方代表。这时已经是下午1点了，美方代表有气无力地说：“无论你有什么不明白的，我都不会再讲一遍了，我想那样做也于事无补。既然这样，我们下午重新开始谈吧。”

下午的情况可想而知：美方代表的精力已没有上午那样充足，语言上也显得很无力，中方代表就是以沉着冷静为自己赢得了有利的谈判地位，最终达到了自己的目的。

【口才点拨】

在与人谈判的过程中，当对方表现出较强的优越感时，不妨让他尽情表演，待他精疲力竭、气势消退时，再从容发动进攻，这样往往可以收到事半功倍的效果。试着学会沉着应对看似强大的对手，静观其变，等待良机，谋定而后动。

239 摸准对方的禀性

战国时期，著名的纵横家张仪很精通谈判术。他先到了楚国欲谋求重职，但没有想到楚怀王对他并不重视，而是给了他一个无关紧要的职位。张仪对此很不甘心，想到其他的国家碰碰运气，但身上的盘缠不够，无奈之下，他再次求见楚怀王。

张仪见到楚怀王，说道："在贵国的这段时间，我尽心尽力，不过还是得不到大王的重用，所以我想到秦国碰碰运气，请求大王成全。"

楚怀王听了张仪的话，不屑一顾地说道："先生自便吧。"张仪谢恩后，却没有走开，反而上前一步对楚怀王继续说道："虽然我即将离开楚国，但大王今日对我的接待之恩，我是不会忘记的，如果日后我从秦国再来楚国的话，不知给大王带些什么礼物好呢？"

楚怀王冷冷地说："黄金白银、象牙犀角，我都已经拥有了，不稀罕什么礼物，秦国那边也没有什么稀奇之宝，所以就算了吧。"张仪听后，并没有惊讶，于是故作神秘地对怀王说："难道大王对秦国的美女也没有兴趣吗？"

楚怀王听到美女，立刻来了精神，凑过身来问道："什么美女？"张仪见楚怀王的反应，更加卖力地说道："秦国的美女犹如天仙一般美丽动人，雪白的肌肤、粉红的脸蛋……"

楚怀王没等张仪说完，就打断他说："如今，本王地位、财势都有了，就是缺少如此美丽的女子相伴，太好了，请先生回来时，务必多带些这种礼物来。”

张仪心中暗喜，但表面上依然故作迟疑。

楚怀王看了张仪一眼，说道：“先生有何为难之处啊？”张仪答道：“可是，这来回的盘缠还没有着落。”

楚怀王听后，笑着说道：“我还以为是什么难处呢，盘缠的问题先生不必劳神了，我这就让人去准备。”

张仪这才微露得意的笑容，慢步走开了。

张仪之所以能轻松地解决盘缠短缺的问题，正是因为他能够摸准楚怀王好色的禀性，用一番言辞钳制住楚怀王，让他自愿拿出银两。可见，正确认识对方的个性喜好是谈判取胜的关键之一。

【口才点拨】

在与人谈判时，千万不可被暂时的敌对关系扰乱思绪，一定要沉着冷静，在谈话的过程中，仔细推敲对方的意图，尤其重要的是，必须摸准对方的禀性特征，并以此为攻击点，再用有力度的言辞钳制住对方，这样就可以取得谈判的胜利。

240　囚徒困境博弈：合作通过真诚的沟通来实现

“囚徒困境”讲的是有关两个囚徒的故事。这两个囚徒一起做违法的事情，结果被警察发现，把他们都抓了起来，分别关在两个独立的、不能互通信息的牢房里进行审讯。

在这种情形下，两个囚徒都将面临两个选择：一，供认不讳，与警察合作，背叛同伙；二，保持沉默，与同伙合作，欺骗警察。

但是，两个囚徒也清楚，如果他们俩都一直保持沉默，最后也将会被释放，因为那样警方因缺少证据无法给他们定罪，警方对此也很明白。

所以，警察分别告诉两个囚徒：如果你们中的一个人告发同伙，那么将被无罪释放，甚至还能拿到一笔奖金。而被揭发的同伙却会被处以重刑，甚至加重惩罚，并处以罚款。

当然，如果他们相互背叛的话，两个人都会处以重刑，谁都不可能得到奖赏。

两个囚徒该如何抉择呢？他们会相互合作还是互相背叛？

看起来，他们似乎应该互相合作，保持沉默，因为只有这样，他们两个才能一同获得最好的结局：被释放，重获自由。但是，此时他们不得不思忖对方可能采取的选择。

其中一个囚徒很聪明，他马上意识到，他根本无法相信他的同伙，他不能保证同伙不会向警方提供对他不利的证据，然后带着一笔丰厚的奖赏出狱而去，让他独自坐牢。不过，当他深入思考后，突然意识到，他的同伙也不是傻子，也会这样来设想他。

所以，这个囚徒最终认为：首先，最理性的选择是背叛同伙，将一切都告诉警方，如果同伙愚蠢地保持沉默，那么他还会幸运地得到一笔奖赏。

再者，如果同伙也像自己一样向警方坦白，那么他也要服刑，不过自己最起码不会再被罚款。

由于两个囚徒的自保意识都非常强烈，所以他们选择了不信任对方，不合作，互相告发，最后的结果就是这两个囚徒全都被判有罪。

很显然，两个囚徒的悲惨结局是由于缺乏信任并相互防范，他们最后都选择了背叛对方。从心理学上看，真正的信任是建立在彼此欣赏和对自我的自觉道德约束之上的。社会人心虽然复杂多变，但要想在合作中达成目标，相互信任是起码的基础。

【口才点拨】

真诚和信任是人与人交往的基石。只有真诚相待，相互信任，人才能交心，才能更好地沟通。在与人交往合作的过程中，一定要真心实意，从心底感动他人并收获他人的信任，只有这样，才能达到双赢。

241　表扬对方是谈判取胜的捷径

经过双方努力，谈判终于取得圆满成功，在举杯共饮之际，不要忘了赞美对方几句，这是巩固双方合作关系、留住对方的心的绝妙一招。

但是，在表扬、取悦对方的时候，需要注意：赞美对方要发自内心，真诚自然，要切合实际，不矫揉造作，不能无中生有、过分夸大，不然会被人看作讨好巴结，或被误解为别有用心。

另外，在表扬之前的一段时间里，要注意观察对方的言谈举止、兴趣爱好，还要侧面了解一下对方的事业、家庭情况，以便选择适合的话题。

表扬是人们对一个人的行为的肯定，是人人都期盼的一种外界反应，受到表扬的人往往会得到心灵上的愉悦和满足，每到此时受到表扬者就会有一种自然的反馈表情，而一个人在接受表扬的时候所产生的反应，将会透露出最可贵的信息。

心理学家认为，人们对于表扬和赞美做出的不同反应，能够显露他的性格，所以，表扬者最好能通过对方在得到表扬时的反应来判断对方的性格特征，这将会为我们做进一步的谈判提供一个很好的依据。

有些人在受到表扬的时候常常表现得很腼腆，这种类型的人性格内向，性情温和，谦逊有礼。对待这样的人，在谈判时应该采取一定的策略，做到心中有数；同时，在谈话中要仔细观察对方的言行，以便了解他的真实想法。

有些人在接受别人表扬的时候常常也称颂对方一下，这类人为人直率，慷慨大方。对待这样的人，在谈判时可以采用恰当的语言直接说出你的真实想法。

【口才点拨】

每个人都希望得到别人的欣赏，在与人沟通的过程中，试着赞美别人，一定会收获不同的喜悦。它仿若一支火把，既照亮别人的生活，也照亮自己的心田。不要吝啬你的赞美，用赞美消除人际间的胆怯和怨恨，播撒友谊之种吧。

242 谈判需冷静

有一个橘子，两个人都想要，谁也不想让步，而且就只有一个橘子，这就有点儿让人头疼了。怎么办呢？如果两个人抢夺，要么一方取胜，要么两败俱伤，都不是什么好结果。想来想去，这两个人决定进行协商谈判。

谈判刚开始的时候，两个人都明确表明想占有这个橘子，谁也不肯让步。

一个人说："我真是太想拥有它了，你能不能这次先让给我呢？下次我就不会再跟你抢了。"

"那不成，我要是能让给你早就给你了，还跟你谈判干吗？我们还是想想该怎么分吧。"另一个人回答说。

"那么，就平分吧，这样最公平。"

"好吧。就从中间分。"另一个人说。

最后两个人达成了共识：为了保证公平，他们决定一个人分，一个人选。

然而，当谈到各自要这橘子的用途时，他们发现：两个人要橘子的目的是不同的——一个人想要用它来榨汁，另一个人则只想要橘皮，用来做蛋糕。结果显而易见，谁都获得了想要的东西。

只要有竞争就有合作，只要有合作就有谈判，而谈判是为了得到结果，好的谈判结果对双方都有利，这就是所谓的双赢。

生活中，谈判无时无处不在发生。一般而言，谈判的初衷是因为双方在利益上产生了分歧和对立，如果这时大家不能心平气和地坐下来谈，就很有可能引发一场不正当的竞争，甚至是争吵和争斗。最后的结果不是两败俱伤，就是一方赢，一方输，但无论哪种结局都达不到两个人都满意的目的。

但是，如果双方出现分歧时能够冷静地坐下来谈判，那么就会出现另一种结果，正所谓合则两利，斗则两伤。

【口才点拨】

在与人谈判时，要时刻保持冷静。只有平心静气才能抛却偏执，理性地分析道理，而不是感情用事。冷静使人理智，只有在冷静的状态下，才能将事情处理妥当。

243 双赢的谈判才是成功的谈判

在北宋的一个小城里，有一条因打造各种名优兵器而著名的兵器街。在这条兵器街上，有两家出售高粱酒的铺子生意格外红火：一个是李家，一个是张家。但是，有一件困扰他们的事情，就是他们每天都要从很远的村庄里购买高粱，这样既浪费了很大的人力、马力，又浪费了很多时间。

久而久之，面对这样的难题，两家老板都很苦恼。

有一天，两家老板在闲聊的过程中，说到了这件困扰他们已久的烦心事。两个人聊着聊着，突然，李家老板奇思异想地说道："我们两家都是以高粱酒为生，虽然生意很好，不过，像这样每天跑十几里路去购买新鲜的高粱也不是长久之计啊，而且两个人赚大家的钱，总比不上一个人赚大家的钱划算吧。"

张家老板听了这番话，陷入了深思。

李家老板看对方没有作答，停了一下，接着说道："不如这样吧，我们有一家改开出售高粱等五谷杂粮店，而另外一家开酿酒店，但是酿酒店中所有原料都必须从这家五谷杂粮店进购，怎么样？这样一来，我们不仅可以降低酿酒的成本，又可以占据这条街道上的五谷杂粮市场，来一个双方获利不是更好吗？"

张家老板听到这个建议，立即表示赞同。于是，两人按此计划着手各自开店。一个月后，他们两家都收获了比以前更加可观的利益。

很多人将天时、地利、人和当作成功的必备条件。但是，那些有智慧的人会在出现分歧、存在不利于双方发展的条件下，冷静思考或选择谈判，争取找到事情的症结所在，再从当下的既得利益之处着手，去创造一种新的条件、新的心态、新的解决方案，以求达到双方共同合作，促成双赢。

那么，双赢的谈判如何才能达到呢？

第一，高明的谈判者关注的是双方的利益及其结合点，从不会把个人利益最大化。

第二，要善于拓展延伸话题，以大化小。

第三，贪心不足蛇吞象，不要总想占便宜。

最后，最好能给对方一个小优惠，效果定会比你想象的好。

总之，真正的谈判是皆大欢喜的双赢，只有一方的胜利从来不会长久。

【口才点拨】

谈判需要创造性，在谈判的过程中发挥聪明才智，随机创造出新的利益关注点。然而，在谈判的过程中，很多人总是关注自己的利益是否受到保护，不大注意对方，殊不知成功的谈判是在原则基础上达成一个有效而双赢的协议，不仅不会伤害彼此的关系，反而可促进双方的友好和合作关系。

244 “以反求合”的谈判技巧

春秋时期，齐国国君被大臣崔杼杀死了。崔杼控制了齐国的国政后，在自己家中召集大臣们歃血为盟，想借此机会扩张自己的势力，巩固自己的地位。

盟誓的时候，崔杼说：“凡是不亲附崔氏而亲附齐国公室的人，将会死无葬身之地！”很多大臣都按照崔杼的话发了誓。但是，当轮到晏婴时，他却低下头歃了血，仰起头高呼：“凡是不亲附齐国公室而亲附崔氏的人，将会死无葬身之地！”

崔杼听了晏婴的誓言后大怒，随即拿起矛顶住了晏婴的胸膛说：“我劝你还是把刚才的誓言收回吧，这样我才可以和你共享齐国，否则你马上就会没了性命。”

这时，气氛一下子紧张起来，空气都好像凝固了，周围的大臣们都为晏婴捏了一把汗。然而，晏婴却显得非常沉着，从容地对崔杼说：“你难道没有学过《诗经》吗？《诗经》中记载：‘密密麻麻的葛藤，爬上树木枝头。和悦近人的君子，不以邪道求福。’而我当然不会以邪道求福了，请您仔细揣摩我的话吧。”

崔杼听了晏婴这番话，不禁有些惶恐。他思考了片刻，叹息道：“这是一位难得的贤德之才，我怎能杀他啊。”于是崔杼放下兵器，转身离开了。

晏婴见崔杼离开，也随即走出了崔杼的家门，这时，晏婴的车夫闻讯赶来接他。在回去的路上，车夫快马加鞭，晏婴拍着车夫的肩膀说：“不要如此匆忙而失去常态，慢了不一定就会死，快了不一定就能活，顺其自然吧。”车夫听了晏婴的话，平稳地驾车回到晏婴的家中，晏婴最终还是安然无恙。

晏婴精通“以反求合”的谈判技巧，以和悦近人的君子不以邪道求福之理镇住崔杼，实在令人佩服。

【口才点拨】

谈判要求我们灵活冷静，保持活跃的思维，不能按部就班。当你与对方的意见相反时，可以先从相反的方面着手，佯装顺应对方的想法，使对方放松警惕，再从谈话中找出突破口，渗透对方想法的漏洞，用巧言妙语说明其中的弊处，进而让自己重新获得谈话的主动权，最后使双方的意见相合，这就是“以反求合”的谈判技巧。

第十七章 演讲口才：
讲”出你的幸福人生

245 “大智若愚”的演讲策略

当迪斯累利第一次登台时，没人愿意听他演讲，他的第一次演讲彻底失败了，但谁也没想到，后来他竟然成了一名优秀的演说家。

当身穿白色马甲、戴着黄金饰品的迪斯累利出现在英国下议院时，有些议员立刻嘲笑起来。这种鲜艳夺目的穿着给他留下了华而不实的名声，那些人都认为他不过是徒有其表的、不尊崇传统的浪荡子弟，因此他们都不喜欢他。

遭到讥讽当然不是一件愉快的事，甚至会成为没齿难忘的屈辱。然而迪斯累利面对人们的嘲讽，只是沉默不语。他在这种处境中看到了光明，启发了自己的策略——他故作笨拙的演说，让那些讨厌他的人放下了武器，不再防备他。每次演讲时，他故意让大家感觉他很笨拙，思路毫无逻辑，推理极没章法，举例过于琐碎，把所有数目、日期、评估统计等几乎像竹筒倒豆子，一股脑儿都说出来。他有意告诉人们：我没有你们聪明。

然而，就在几个月后的一天，迪斯累利突然露出庐山真面目，上演了一场极漂亮的演说，让原本看不上他的英国议员们一个个大跌眼镜，从此，他们便对迪斯累利刮目相看。

我们不能说迪斯累利的演说是最完美的，但他能赢得英国下议院所有议员的另眼相看，应该归功于他所运用的出色的演讲策略。

【口才点拨】

在生活中，我们不能总处处显示自己的聪明，真正的智者不是整日吹嘘的人，而是懂得韬光养晦之人。我们应该学会低调做人，少夸耀，宁静致远，静静地提高自己，像迪斯累利那样厚积薄发。

246 用幽默调动听众的情绪

在演讲中，有时为了开头风趣，甚至可以临时虚构一个趣事笑话。张先生在演讲刚开始时，对大家说：“‘丽娜，你的结婚戒指怎么戴错了手指？’她回答说：‘可能是我嫁错了人。’真是这样吗？朋友们，但愿今天的演讲，我们都没有看错对象。”

世界著名喜剧大师查理·卓别林曾说：“幽默是智慧的最高体现，具有幽默感的人最富有个人魅力，他不仅能与别人愉悦相处，更重要的是拥有一个快乐的人生。”其实，幽默的方法很多，但最好是从现场的实际情况出发，寻找幽默的材料。

某工厂举行职工运动会，最后是厂长总结发言。当时天色已晚，运动员和观众都急于回家，忙着收拾衣物器具，并随意说笑。厂长没有直接要求大家肃静，而是出人意料地提出了一个问题：“有谁还记得我陈胖子800米赛跑的纪录是多少？”有人嚷道：“啥个纪录哟！倒数冠军，5分60秒还多呢！”台下哄笑起来。

厂长又说：“6分多的时间在800米赛跑上是多了一点儿，可我现在要用这点儿时间讲几句话怎么样，不算多吧？”“不多！”于是，大家的注意力和兴趣一下子被提上来了。

如果此时你是听众，将怎样看待厂长的演讲呢？显然，如此幽默开场，能够引人入胜。

【口才点拨】

在演讲中，如果听众比较倦怠或情绪不是很好，可以恰当地用一些幽默的语言，这样既能调动听众的情绪，又可以展示自己的才华，对我们的演讲尤为重要。

247 化不利为有利

生活中，不利因素往往会突如其来地涌现在我们眼前，让我们措手不及。如果此时只是一味地用激烈的言辞为自己辩护，很可能会出现费力不讨好甚至弄巧成拙的情况，使自己变得更加被动。

如果你仔细地观察和总结，就会发现：那些在人生道路上取得了丰硕成果的成功人士，无不懂得幽默的妙处，他们凭借自己的智慧，把幽默的功能发挥得淋漓尽致，取得了意想不到的效果。

有一次演讲比赛是以社会公德为主题，其中有两位演讲者的讲稿内容人致差不多。这种情况对后一个演讲者来说很不利，是一个不小的考验。但不同的是，后一个演讲者却即兴构思了一个幽默故事来揭示自己演讲的主题，证实了自己的能力。他一边说，一边模仿着："公共汽车上坐着一个非常健壮的男人，紧闭着双眼，紧锁着眉头，一副病快快的样子……这时，旁边有人问他：'哎，你怎么了，是生病了吗？'这位先生依旧闭着眼，回答说：'不，我没病，我的良心真的不允许我看着妇女和孩子站在我面前……'"在听众的笑声之后，他开始讲如何树立社会公德的问题。他对那个男人的内心世界的剖析，给听众留下了很深的印象。

演讲中常常要提出或解答一些问题，有的人可能会显得呆板生硬，但有些人却能做到巧妙自然、不露痕迹，即使出现了意想不到的梗阻，也能用风趣幽默的言辞来救场，从而达到妙语回春、别开生面的效果。

有一次，钢琴家波奇来到美国密歇根州演出。当他登上舞台时，竟然失望地发现，剧场的观众不够多，一半以上的座位都空着。他定了定神，对观众说："福林特城的人们一定都很富有，因为我看到你们每个人都买了两三个座位的票，真的是太慷慨了。"

此言一出，使得观众席上笑声一片，于是演出在欢快的气氛中进行下去，获得了圆满成功。

里根总统在加拿大发表演说时，一群反美示威的人不时打断他的讲话，加拿大总理皮埃尔·特鲁多对此无可奈何，场面多少有些尴尬。

面对这一窘境，里根莞尔一笑，轻松地对皮埃尔·特鲁多说："这种情况在美国经常发生，我想他们一定是特意从美国跟随我来到贵国，想让我体会一种宾至如归的感觉，真的是用心良苦啊！"

里根总统用这样简单的一句话就化解了宾主之间的尴尬，这就是幽默口才的魅力。所以在生活中，不管出现什么意想不到的难题，都要凭借自己巧妙的语言技巧轻松地化不利为有利。

【口才点拨】

在演讲中，当自己处于尴尬的局面时，就要想方设法化不利为有利，巧妙地化解尴尬，这样才能尽快地从窘境中摆脱出来，重新掌握主动权。

248 利用自嘲的方法打开演讲的序幕

幽默的开头能够抓住听众的注意力，营造轻松的演讲氛围，与听众建立良好的关系。

爱因斯坦除了相对论的伟大发现外，他对两点间距离最近这一点也做了一个幽默论证。爱因斯坦在美国普林斯顿大学任教期间，在暑假开始的学期结束会上，曾发表了一次简短而风趣的演说。当时，学生们问爱因斯坦在学术上有没有新进展，他即兴演讲道："我有一个新发现：暑假的开端到暑假的结束，这两点之间的距离最短，祝各位暑期愉快。"

在演讲中，面向听众适当地笑谈自己，有利于树立自己的信誉和形象。你可以利用有趣的方式承认自己有这样那样的欲望，暴露自己曾经想掩饰的事实，从而证明自己的坦诚，也有助于与听众沟通心灵。

一位演讲者这样说："你们有时会幸运地请到一位优秀的演说家，有时会不幸地碰到糟糕的演说者。今天你们可以同时享受到以上两种待遇，因为我妻子说我这个人又好又坏。"

【口才点拨】

自我嘲笑是一种以退为进的沟通方法，没有人会抨击懂得自我嘲笑的人。当然，自我嘲笑并不是可以丑化自己，而是实事求是，恰如其分，让听众感到你和他们是一样的人。在与人沟通的过程中，可以恰当地自嘲一下，这样不仅能避免可能遭遇的困境和尴尬，还能展示自己的风度和智慧。

249　学会制造欢乐气氛

著名作家易卜生在向英国一个政治团体发表演说的时候，在演讲的开始说了一段笑话，立即引起全场听众大笑，营造了一个很好的欢乐气氛。

易卜生叙述的并不是一些逸闻趣事，而是他亲身经历的事情，更重要的是，他运用这种玩笑似的话语强调了其中的不对劲之处：“主席，各位女士、先生们：我年轻时曾在印度当一家报社的记者，报道那些犯罪新闻。不得不说我非常喜欢这份有趣的工作，它让我能够跟侵吞公款者、谋杀犯，还有一些并不纯正的君子（此时台下的听众都大笑起来）互相认识。好吧，其实我报道完毕之后，偶尔也会去某个地方会会这些老朋友。我清晰地记得，曾有一个人因为谋杀而被判无期徒刑。毫不客气地说，他的确是一个说话慢条斯理的、温和的聪明人，他对我说出了某些‘经验’。他说：‘就像我，一个人一旦做了不诚实的事，便难以自拔，只能继续欺骗下去。’（此时台下的听众再次大笑起来）直到最后他才发现，他不得不把某人除掉，只有这样才能使自己恢复正直（此时，台下的听众又一次大笑起来）。”

在欢乐和谐的气氛下，易卜生的演讲进入了正题。

【口才点拨】

人们大都喜欢轻松愉悦的谈话氛围，而制造欢乐气氛最简单有效的方法之一就是把自己当作笑话的题材，叙述自己遭遇的一些荒谬而尴尬的情景，这样往往能达到事半功倍的效果。下次我们不妨试试这一技巧。

250 某种应变能力

演讲中听众的反应是难以预料和把握的，有时或许会遇到某种挑战和刺激，甚至演讲者自己也会出点儿什么洋相。这时，演讲者千万不要灰心丧气，只要能准确地判断问题出在哪儿，及时应变，并巧妙地发挥幽默的作用，就会收到出奇制胜的功效。

在一次演讲中，林肯接到一张纸条，纸条上写着两个字："傻瓜"。

他心一沉，很快镇静地说："我收到过很多信件，大都是只有正文，没有署名。不过，今天恰恰相反，有位傻瓜先生只署了自己的名字，却忘了写上正文。"

听众一下子哄堂大笑，林肯继续泰然自若地演讲。

【口才点拨】

演讲就和人生一样，某些时候并不会一帆风顺，如果真的出现什么意外状况，像林肯那样灵活应变，将有助于把演讲继续下去。

251 保持风度，镇定自若

有个作家受人之托，不得不在一次餐会上介绍一位他很反感的官员上台演讲。作家说："我受到邀请，来介绍一位受人尊敬的、受人爱戴的、受人钦佩的正直、仁道、勇敢的人。"他停了片刻，接着说："然而，这样一个高瞻远瞩的人，这样一个卓越的协调者，这样一个伟大的政客，可能还没有来。"此话一出，人们的目光一下集中在这位官员身上。

这位官员表现出了非凡的幽默感，他面不改色地起身走向讲台，微笑着说："他的介绍已经够详细了，我没什么可补充的。只是我确实来了，既然他都夸奖了我一通，我就安心地受着吧！"他走到麦克风前继续说："作家先生把我塞进了蜂蜜桶里，我希望我的舌头能不辜负他赏给我的蜜。"

他的一席话博得了听众的阵阵掌声。

面对带有敌意的作家的挖苦讽刺，这位官员毫不惊惶，依旧保持风度，镇定自若，富有幽默感地走上讲台，用一番风趣的开场白挡住了对方射来的箭，出奇制胜。

【口才点拨】

保持镇定自若的风度，不仅保护了自己，而且还会赢得听众的好感，这种妙语连珠的口才和勇气更能给听众留下良好的第一印象。不管遇到多么尴尬或者难堪的境况，一定要学会镇定，沉着机智地应对突如其来的变化。

252 风趣幽默地自我介绍

很多人都有过当众讲话的经历。在当众讲话时，经常需要做自我介绍。如果你的名字比较特别，或者别人常常念错，那么就要用幽默的方法来让主持人和听众知道，或者你自己来亲自介绍，让听众知道你的姓名比较特殊。这时，不妨讲个有关的笑话。

"你叫什么名字？"

"得克。"

"哦，你是得克萨斯州来的？"

"不，我来自路易斯安纳州。"

"那你为什么叫得克？"

"呃，我个人表示还是喜欢得克多一点儿。"

当众演讲前的自我介绍是少不了的，所以你最好自己写一份不乏幽默的介绍词，或者请他人事先写好，在演讲前交给主持人，以避免你被无限地"拔高"，或被贬低。特别是你如果被介绍成"杰出的……""伟大的……""举世闻名的……”很可能会引起听众的反感，也是你自己不希望的，这不仅对演讲毫无帮助，而且很可能会使你失去部分听众。

故作谦虚地自我介绍或由主持人介绍，往往也会获得听众的好感。不过，切莫讲些俗套的话，比如“我有幸向大家做报告，在座的都是我的老师，今天我是来向大家学习的，请各位多提宝贵的意见，帮助我提高……”这些不必要的过分谦虚，也只会导致听众的逆反心理。

美国著名的演说家卡莱恩曾幽默地对听众说：“有一个奇怪的名字的确有好处，不过我还没发现好处在哪里。”

【口才点拨】

一个好的自我介绍直接关系到下一步交流的效果，所以，不妨在自我介绍时幽默一下，这样可以给人留下深刻的印象，为之后的沟通打下良好的基础。当然，在自我介绍之前，虽然我们精心准备，但变化总是伴随我们左右，这也需要用幽默来应对一切突变。

第十八章　推销口才：一门靠语言来促成交易的艺术

253　善于倾听反对的声音

生活中，有的人即便知道自己有错，也不会轻易承认错误，让他们认错实在不是件容易的事。其实这是人的自尊使然，如果他感觉到你对他的某种愚蠢的不屑，他们不仅不会承认，反而会更固执地坚持自己的观点。但是，如果一开始就向他们表现出你的尊重与同情，先迎合他们，他们就会很容易遵从我们的意见了。

通常在推销产品或做事情时，人们会遇到一些意外的挫折，甚至会遇到一些无理取闹的人，这时，耐心听完他们的抱怨是一种好办法。博登和巴瑟在他们的著作中说："出色的推销员，都很善于预测客户的反对意见，并由此调整自己的言辞，这样的沟通往往更有效。"

这种策略，不仅可以获得对方的信任，还能探知对方的真正意图，从而减弱对方的反击力度。如果对方十分顽固，那这方法会更有效；而且，在倾听对方时，我们也争取到了时间，来思考如何对付他的反对意见。面对反对，最聪明的做法是：在一开始就让对方说出来，这样就可以早点了解他的真正意图，从而设法应对。

不管时间有多紧张，约翰·帕特森总会给每个人说话的机会。比如，当他强制实行某个计划而不惜以开除下属相威胁时，或者当他顶住所有反对的声音警告那些不良管理者如不改正就马上辞退他们时，他也从不会轻易暴怒，更不会与他们发生正面的冲突。

约翰·帕特森知道他们的意见改变不了他，但也要让他们先说。帕特森曾说："我喜欢让他们先说出反对意见。"如果你决意要与自己的反对者争个高低，这个策略是最明智的，它不仅容易说服他人，还往往会赢得期望中的合作，从而顺利地实行预定的计划。

【口才点拨】

对于那些持反对意见的人，我们不能置之不理或对其嗤之以鼻。反对者一定有反对的理由，我们不妨静下心来倾听一下那些反对的声音，反思自身的不足，或者发现对方的漏洞，知己知彼，沉着应对，完善自我，让反对的声音发挥良性的作用。

254 自我反省是推销者的必须之举

孔子的弟子曾子曾说过："吾日三省吾身，为人谋而不忠乎？与朋友交而不信乎？传不习乎？"曾子意在告知世人，每天都要坚持从三个方面进行自我心灵的审视，以检查自己的思想和言行：一是反省谋事情况，即对个人所承担的工作是否忠于职守，二是反省自己与朋友交往是否信守承诺，三是反省自身，是否将学到的知识身体力行。

自我反省，就是要不断地否定过去，只有敢于否定过去的人，才能迎接新的明天。当然，这种自我否定、承认错误的勇气并不是谁都有的，所以，我们一直强调应养成自省的习惯，因为它不仅是通向前方之路的基石，而且关系着这条道路是平坦的"成功高速"，还是崎岖不平而走向深渊的失败之途。

我们要养成正确的工作与生活习惯，自省就是其中重要的一条，它能使你的思路变得非常清晰，从而使你可以沿着这种新的认识去尝试，逐步获取成功。

20世纪初期，一个男孩出生于日本长野县，他是家里最小的孩子。23年后，他离开了家乡，一个人到东京闯天下，由于初来乍到，什么都不懂，受了很多苦。一次，他来到一家保险公司应聘推销员，在经历了众多不公平待遇后，在主考官轻蔑的眼神里，在大家不信任的表情下，他最终成了一名"见习推销员"。

在最初的7个月里面，他没有签到一份保险订单，当然也拿不到一分钱薪水。虽然住的地方和公司离得很远，但他宁愿早点出门，走路去公司，也不坐电车，就是为了省电车费。中午他只是吃点馒头，喝点开水。如此艰苦的生活，并没有让他退却。他整天疲于奔命，拼命工作，拼命地“奔跑”。

为了使自己保持激情，毫不松懈，他常常对着镜子大声喊：“我是独一无二的，我拥有超人的毅力和旺盛的斗志，所有的困苦都是暂时的，我会成功，一定要成功！”

这种乐观的精神和强大的自信令他精神抖擞，容光焕发。每天清晨5点，他准时起床徒步去上班，一路上，他高兴地向擦肩而过的路人打招呼。

为了更好地完善自我，改变自我，他别出心裁地策划了一个批评自己的集会，批评者由自己的投保户组成。保户们直言指出了他的种种不足：个性不太平和，往往沉不住气；考虑事情不太全面，粗心大意；太固执，常自以为是……

他在这些中肯的批评和建议中，不断地自我反省、领悟，改正自己。在6年的时间里，他一共接纳了17条建议，而正是这17条建议，使他成功地迈上了保险销售之路。

20世纪30年代中期，他的推销业绩已经名列公司第一。在董事长的帮助下，他逐步实现了自己的宏伟计划：3年内创下全日本第一的推销纪录，到43岁后连续15年保持全国推销冠军，连续16年推销额达百万美元。

这个人，就是日本的保险推销之神原一平。

善于自我心灵反省的人，他们能把自己当作镜子，找出内心的本质，无论是优点还是缺点都能一目了然，自我审视，为自己打造一颗启明星，从而给自己寻找一条成功之路。

【口才点拨】

其实，每个人都不是完美无缺的，正所谓“人非圣贤，孰能无过”。在与人沟通的过程中，试着反省自己，敢于承认自己的短处。这正是勇者所为，不但不会有失尊严，而且还可以用这种“以退为进”的策略来体现你的风度，树立你的威信。

255 学会进退之法

克莱门特·斯通不仅是创富学的第三代祖师，还是一位推销人才。1902年，克莱门特·斯通出生于芝加哥贫困区南区，幼年时父亲便去世了，母亲辛辛苦苦将他抚养成人。

为了谋生，克莱门特·斯通从很小的时候就开始卖报纸，在他16岁时，由于受母亲的影响，他接触到了保险业，从此开始了他保险巨子的传奇生涯。一次，克莱门特·斯通所在的公司派了一批推销员去艾奥瓦州西奥克斯城进行推销活动。

一天晚上，一位推销员抱怨说："想把东西卖给西奥克斯的荷兰人真的不可能啊，这些宗派观念很重的人不会买生人的东西。再加上最近5年粮食短缺，更加没人买产品了。"斯通听到后很是疑惑，打算和这位推销员去看看实际情况。

他们第一站是一家只有副总经理、出纳员和收款员三个人的银行。短短20分钟，副经理和出纳员就各买了一份最大的全单元保单，之后二人继续有条不紊地推广着。那位推销员很是纳闷，因为他们访问的每一个人都购买了全单元保险。他问斯通："之前我们都失败了，为什么你可以成功呢？"

原来荷兰人讲宗派，一旦将东西卖给族中一个具有影响力的领袖人物，那么你自然能将东西卖给全族的人。因此，在这里销售，首先要把第一笔生意做给一位适当的人，即使花费很长的时间或耗费很大的精力。另外，这里由于连年粮食短缺，早已人心惶惶，推销保险正是最好的机会。

还有一个例子：杜邦家族之所以能始终保持辉煌，与其知难而退不无关系。

第一次世界大战期间，杜邦家族一直是大型的军火生产供应商，但是，杜邦知道战争并不会长久，当战争结束之后，巨大的利润都将化作泡沫。于是杜邦第六任总裁皮埃尔思考再三，终于决定进军化学工业。

化学工业与军工生产关系密切，转产非常容易，且较其他被瓜分所剩无几的行业薄弱，非常有潜力。事实证明，杜邦的决定非常的正确。20世纪50年代，其他家族相继衰败，而转战化工的杜邦家族却渐渐崛起。

当明知一件事情已经没有意义或者没有成功的希望时，与其做无用功，不如果断放弃，将精力和时间用来做其他的事情。

【口才点拨】

在与人交往的过程中，执着是必须的，但是凡事有度，当我们深知一件事情不可能达到时，也要学会见机而行，该退就退。不要执着于那些无法办到的事情，要学会自保，知难而退，换个方向进攻，这不是懦弱，而是明智。

256 好人脉是取得好业绩的基石

钢铁大王弗兰克同样遇到并克服过种种挫折。他能步入事业的坦途，不仅因为吃苦耐劳，还因为他善于洞悉人性，准确分析和利用他人。

有一次，弗兰克为了每周8美元的薪资，到麦克伦姆和卡莱尔大商场做促销员。当时有20名促销员，每个人都为了创造更好的业绩而拼命工作。

弗兰克是最后一个员工，然而，短短的时间内他的业绩就名列前茅了，并且和其他人的关系非常不错。

当时，同样很有人缘的柏莱尔是弗兰克最强大的对手，他一直被推销员们奉为领袖，有着别的推销员主动让出的“为高级顾客服务的权力”。

弗兰克自然想得到这样的特权，但是为了不招来嫉妒，他采用了特别的方法，没有草率地付诸行动。弗兰克观察了一阵柏莱尔之后，发现柏莱尔虚荣心很强，喜欢像骄傲的孔雀一般昂首阔步。了解他之后，弗兰克断定柏莱尔最希望得到他人的认可，于是，弗兰克在取得出色的业绩时，都会在别人面前夸赞柏莱尔。

尽管柏莱尔因弗兰克的优秀业绩而感到压力，为此苦闷、烦恼，心里很不舒服，但由于弗兰克经常安慰他，慢慢地柏莱尔发自内心地认可了弗兰克，之后其他推销员也同样认可了他。

由此可看出，一个精于处世的人是如何处理好人际关系的。

【口才点拨】

有时，好口才并不仅仅指一个人口中之言，在很大程度上也表现在他为人处世的行为上。试着像弗兰克那样处事吧，用真诚的心去打动对手，用人脉来创造业绩。

257 懂得使用赞美式的口才

圣路易斯大百货的总经理兼老板威金森也同样懂得洞悉本质的重要性，更令人钦佩的是，他还是一位知人善任的商业领袖。

一次，一位年轻的推销员到处碰钉子，几近绝望了，但经过威金森的指点，他很快成长为一位很有才干的执事。

威金森清楚地发现了问题所在：这位推销员不会与顾客搞好关系，周围的同事和客户都不喜欢他，又面临着失业，所以很郁闷。了解这一切后，威金森想到了一个办法。一天晚上，他来到了丝绸部，看到大约有一丈四尺的存货搁置在那里，便耐心地告诉那个年轻的推销员应该如何布置柜台，并传授他一些有关推销员口才和技术的知识。

第二天早晨，威金森走到他柜台前，并提醒部门经理留意他布置柜台的巧妙方式，还郑重地表扬了他。

后来，威金森先生说："我是在告诉他：我信任他。这个小策略鼓舞了他后来的发展，部门所有的人对他的态度也好转了，这让他重新鼓起了向上的信心和勇气。"

不久，这位曾经面临被解雇的推销员当上了该部门的领导，并一路晋升。

原来，威金森正是因为了解到这位推销员与人关系不佳的原因——在他心中有种自卑感，觉得不如他人，为补偿这种内心的不平，他就和人争斗——而威金森的所作所为，都让他重拾了自信，无异于给了他一次重生的机会，让他离成功越来越近。

【口才点拨】

赞美能够融化生活中的坚冰，吹散误会的阴云，投射出理解的阳光。在与人交流的过程中，不妨试着真心实意地赞美别人的优点。学会恰到好处地赞美别人，不卑不亢，真诚自然，你一定会收获他们的真诚相待。

第十九章　电话口才：沟通中的有力武器

258　说好开头几句话

推销员张凡对着话筒说："您好刘经理，我是大东公司的业务员小张，我们这里有一款面向成功人士的……"电话那头的刘经理反感地说："张先生过誉了，对不住，我很忙。"话说完，电话也挂断了。张凡颇为无奈地再次打了十多个电话，然而每次都是这种结果的重演。

张凡的师傅余广大问："你猜猜看，为什么会这样呢？"

张凡不答。

余广大说："咱们打电话的目的就是为了约人见面，面对面介绍产品最合适，所以必须要面谈，这一点要明确。然后你给人戴高帽别太过了，过分的高帽显得太过刻意，容易招致反感。现在你看着我怎么做。"

余广大拨出了一个号码，之后对着话筒说："你好祖先生，我姓余。虽然我们素未谋面，但可以和你谈一分钟吗？"说到这儿，他稍微停顿了一下。祖先生说："我正在开会！"余广大马上说："那我半个小时后再给你打电话好吗？"对方答应了。

半个小时后，余广大再次拨通电话说："你好祖先生，很高兴再次通话，你叫我半个小时后来电话……""你是销售什么产品的？""啊，我是大东公司的业务员，为客户提供一些机械设备……"祖先生接口说："什么设备？""主要是车床铣床之类。"余广大说，"咱们见个面吧，不是说马上就买卖，但看过资料会加深印象，到时候有需要的时候，还能想起我来。"电话另一头的祖先生哈哈大笑。

"这两天我就在附近啊，不知你明天还是后天有时间？"余广大问。

“明天有，明天咱们谈谈吧。”“好的祖先生，上午还是下午？”“下午4点吧。”“好！那么，明天下午4点见！”余广大放下电话，张凡禁不住拍手鼓掌。

【口才点拨】

许多客户对电话销售深恶痛绝，并不是对电话反感，而是对打电话的人不满。同一种产品的电话销售，不同的销售人员拨打就会有截然不同的结果，推销员能不能说好开头那几句话起着决定性的作用。推销员要摸透客户的心理，懂得怎样说才能让他接受。

259 掌握说话技巧

作为一名合格的推销员，利用电话把产品推销出去，是必须掌握的技能。他们要了解自己所打的每个电话的对象，通过市场细分目标客户，并准确无误地将信息传达给客户。例如：“您好！我是人民保险公司的小李，有一个非常好的信息要传递给您，现在与您通话方便吗？”等等。

在开始交谈时，成功的推销员会注重提问，绝不是介绍。可以以促销和赠送的问题作为话题进行提问，这样会引起客户的兴趣，然后继续听你说下去。此时你所承担的任务已不再是把公司的产品推销出去，而是以市场推广顾问的身份和客户交流，接下来你将提出一个解决企业问题的建议，而不单单是推销产品。

在通话过程中，面带微笑的推销员会通过电波，把自己的语音和语调传达给客户，让对方产生的第一个感觉就是信任，之后给客户愉悦感，让他乐意与你交流下去。之后，在介绍的时候主要是介绍产品能给对方带来的好处。此外，也要注意：如果客户对产品不是很熟悉的时候，一定要尽量使用对方能听得懂的语言，不要说那些太专业的术语，给双方沟通创造有利的条件。如果对方对产品比较了解了，推销员可以适当地说一些专业术语，以显示自己具有专业性。

与客户的谈话进行到此时，他们一般不会立即购买，而会提出一些不同意见来反驳你，所以，能否解答客户的疑问就成为此次交谈的关键。客户提出疑问是再正常不过的事，优秀的推销员不会强词夺理，也不会置之不理，而会以积极的态度对待，冷静地应对客户的疑问，并运用巧妙的提问，去了解客户疑惑的原因，找到说服客户的关键之处。

【口才点拨】

在与客户通话时，先要和对方讲一些令其异常兴奋的事情，这样，他会在毫无戒备的情况下，痛快地答应你继续交谈，这个兴奋点往往是客户的爱好、他所关心的话题等。

260 如何顺利绕过障碍

在电话销售刚开始时，你并不能很顺利地与客户交谈下去，因为在决策客户之前还会有他的接线员、秘书之类的障碍存在。因此，要想顺利地与决策者沟通，必须先绕过这一道道障碍。

电话推销的关键是找到决策者，找到决策者后才算是真正销售的开始，如果是接线员或秘书，他们无法对你所提供的产品做出是否购买的决定，所以电话销售最关键的是如何找到真正的决策者，能做决策的人往往是企业的高层管理者。在找到他们前，电话一般是被秘书或接线员挡住，所以，学会如何绕过这些接线人和秘书，是非常重要的。

那么，该如何顺利绕过这些障碍呢？人们的内心都有帮助他人的自豪感，所以突破秘书关的方法就是帮助法则。

比如，你可以这么说："您好！我有点儿事想立刻跟李经理联系，请您帮我把电话转给他，谢谢！"提出这个愿望，同时你又非常有礼貌，对方一般不会拒绝。

在某种情况下，也可以这样说："您好，我是胜龙公司的，有个新型挖掘机样品介绍单，我们想和贵公司总经理沟通一下，您知道总经理的电话吧，请您告诉我一下。"此介绍单的真假已经不重要了，关键在于这是一个很好的开端，给双方造成一个有利的谈话理由，回避了秘书、接线员的拒绝，因为话语诚恳，很容易得到秘书、接线员的认可。

【口才点拨】

在与接线员、秘书通话时，要显示出尊重他们的诚意，而尊重的话语往往表现在文明的寒暄、言语的适当停顿和聆听他们的反应上。如果你语言唐突或太过生硬，不顾他们的反应，不仅会导致其对你产生反感，还可能会断然拒绝你。

261　妙用私事法

“您好，我想找一下张总。”“您是哪位？有何贵干？”“哦，我是他小学同学，有点儿私事要谈谈。”“好吧，我帮你转过去。”大多数秘书不会过问总裁的私事的，因为如果处理不好就会给领导留下不好印象，所以一般会马上给你转过去，不过你的语言、声音一定要自然，不要露出马脚。

“您好，刚才你们老总似乎给我打了个电话，我没接到……请帮我转一下好吗？”其实，你并没有接到过什么电话，然而一般来说秘书会相信的。这个方法特别实用、有效，因为秘书一般不会去判断你说的是假是真。

再比如，你可以直呼老总大名：“我找刘其明。”这样秘书会认为刘总是你的亲戚朋友，于是转电话也就很正常了，而你与他并不相识。所谓兵不厌诈，此言甚是。

【口才点拨】

说好开头几句话，通过向秘书或接线员传递自己和决策客户的私人关系，目的就是想绕过前期障碍，很快地把电话转给老总，而不是挂断你的电话使你无法与决策者进行沟通。

262　运用电话开拓业务

在运用电话开拓业务时，如果能培养出打电话的自信心，并把握好语气的尺度、有效的时间，就能成功地与决策客户对上话。然而如果用“请问研发部的电话您知道吗”或者“我能找一下你们的老总吗”之类的话就大错特错了，这种没有引导性的话语最好不要说，应该改成“您知道谢总的电话吧，我记一下”，引导对方说“是”；“麻烦您叫一下李总好吗？谢谢！”引导他默认说“好”。

再看看下面的两句话：“这个季度再发展 5 个分店可不可以？”“这个季度再发展 5 个分店有没有信心？”

很明显，后一种问法能诱导出肯定的回答。因此，电话推销员在选择词语时，要懂得把对方向你所希望的方面引导。可以说，只有给对方一个很便利的回答方式，你才能得到一个肯定的回答。

【口才点拨】

当你打电话给某位客户时，一开始就要让对方听到你充满自信的声音，并且注意说话方式。

263　关键的15秒

大多数情况下，打通电话后的15秒钟是关键期。如果你能把握好这短短的15秒，就有可能用几十分钟的时间来进行有效的销售，比如介绍你的产品，并了解客户的真正意图，感谢对方能和你交谈或至少愿意听你说下去。

当你主动给一个准客户打电话时，最重要的就是引起客户的好奇。对于陌生人而言，大多数人都不会继续与你交谈下去，随时会挂断，所以你需要有充足的准备，通过自己的声音、话语引起对方的好奇心。你可以这样说：“我了解到贵公司的出差费每月有20多万元。我的目的是想让您了解一下，合理的计划能使您的差旅费用减少一半……”也可以这样说：“从您的家庭情况来看，您的保险额为1万元人民币。目前事故的赔偿费用为20万元，您的保额不够时您是如何计划的呢？”如果这样还不能引起客户的兴趣，也可以提出问题的严重性。例如：“王老板，我市80%的房屋拥有者在遇到自然灾害时无法重建被毁房屋，如果您是这80%的其中之一，我建议您了解一下我们推出的……”

还可以用类比方法引起客户的兴趣，例如：“欧阳经理，东城区因67%的家庭安装了防盗门而使小区的犯罪得逞率比我们这里低30个百分点，那么南城区……”更可以提及客户熟知的人已采用。例如：“您好！史总，我是东方公司的营销经理。毫不含糊地说，我们是国内最优秀的，最近为长春一汽全体员工做了为期三周的工作培训，由此可以看出，我们的经验和质量完全可以保证。”

【口才点拨】

引起顾客兴趣是电话销售中一个重要的环节，首先应向客户介绍产品。推销员应该清楚并有技巧地将产品的种种特性介绍给准客户，引发他们的兴趣；然后结合自己以往的经验，快速断定顾客的兴趣集中点，围绕它们来展开介绍。

264　通话的最佳时间

要想与客户进行电话沟通，首先要了解通话的最佳时间。许多电话推销员都有同样一个问题：“应该在什么时候打电话？”

其实，打电话的时间要具体分析客户不同的年龄和职业以及不同的生活习惯，一般来说要在上班20分钟后打电话。因为刚上班时会做些准备工作，客户刚好在打扫卫生的时候接听电话，很可能心不在焉，达不到最佳沟通效果。

中午的时候打电话一般要在12:30到14:30这个时间段。有急事不得不打的情况下，一定要首先向对方道歉，并说明事情的紧急程度，之后在通话结束时再次表示歉意。

一次，小王有点儿急事给一位企业老总打电话，因为是中午休息时间，接电话的是老总的夫人，虽然小王很有礼貌地做了自我介绍，但这位夫人还是没好气地说："他在休息，你有什么事先跟我说吧。"尽管小王知道提出的问题这位夫人并不能解决，但还是说明了情况以示尊重。夫人听完小王的情况，就稍微客气地说："那好吧，过一会儿我让他给你打过去。"

还需注意的是，如果不是在上班期间打电话，特别是给异性朋友打电话时，应该先发一条短信，问对方是否方便接听。

【口才点拨】

推销员一定要掌握好打电话的时间，注意不要太早，太早了接听电话的人往往还没进入状态，很有可能含糊其辞，要么听不明白你的意思，要么干脆一口拒绝；太晚了接听电话的人可能已经休息，对于你的电话可能会很不耐烦，自然也没效果。因此，打电话应当先了解对方的作息时间。

265 当客户拒绝时

"我正在开会，你改天再打吧！"当客户这样拒绝的时候，大多数情况下可能只是一种借口。你应当判断一下到底这句话是不是真的，如果对方是真忙，那么可以这样说："不好意思打扰了繁忙的您，这样吧！请您抽出3分钟听我说几句话，好不好？就3分钟，说完我立即挂电话。"真正忙碌的客户，如果你事先和他约好3分钟，他也可能愿意抽出3分钟时间听你说明，否则"不知道他会跟我啰唆多久"的心理将使他断然挂掉你的电话。

当你断定这是客户的推辞之词时，你要先说，"打扰您真不好意思，那改天我再来电吧。"而不要等客户说"你这人怎么这么烦啊"之后才挂掉电话。

【口才点拨】

当客户拒绝的时候，你不妨说“改天再来电”，这不仅告诉你自己，更告诉了对方：改天你会再次来电拜访的。同时，千万要记住，挂电话时的态度要好，不要让对方认为你没有素质。

266 适当地改变一下策略

在给客户打电话的过程中，你可能经常会遇到这样的客户：“你过几天再来吧！我这两天特别忙。”“我现在正在研究重要的事，这事过一段时间再说吧！”

一般来说，说这样话的客户，要么是思想敏锐，能照顾你的感受，很有礼貌，要么是他们优柔寡断，不能给你明确的回答。

应对前一种类型的客户，得花费一定的时间。在经过简单电话沟通后，如果对方“请你改天再来吧”的意愿仍然未变，你就要适当地改变一下策略，比如和对方这么说：“不好意思打扰您了，请原谅。那么，我改天再打电话吧。”

第一次给客户打电话的时候，吃“闭门羹”是很正常的事，所以，还要再接再厉打第二次电话，但如果第二次得到的答复仍同第一次一样，说明这笔生意的希望就不大了。

应对后一种类型的客户，如果他说：“哦，是这样的啊，说的也是，现在的钱不当钱花了，大家在买汽车时都要计划一下的。”如果你接一句“不过……”效果就会大打折扣。此时，应该这么说：“计划是当然的，一辆凯迪拉克几十万元，再怎么样，也不能说买就买了。国家相关部门曾经做过一项统计，结果表明，在咱们这里每四个人就有一辆汽车，这倒是相当惊人的。”每四个人就有一辆汽车这个数字，无形之中会使客户产生“那我也应该买一辆”的心理，从而引起客户购买的欲望。

【口才点拨】

给客户打电话时，一定要根据实际情况做出判断，或是坚持到底，或是适时挂电话。当然，最有效的方法是先把商品给客户简单地介绍一下，过两天之后，再打电话拜访。

267　应对犹豫不决的客户

在你给客户打电话时，即使急于想买到产品的客户，也会常常说出“我要回家商量商量”“让我再想想”之类的话。要知道这只是一个借口，而不是真正的拒绝，你如果找出他的真正目的并加以解决，就有成功的可能。

当客户说：“哦，听了你的介绍我还是觉得相当不错的，但我要考虑考虑。”这时，你该如何应付呢？俗话说“拒绝往往是成交的开始”，推销就是这样。如果客户说“我再考虑考虑”这样的话，你应该立即想办法进行应对，说：“对不起！请原谅我不怎么善于说话，一定是我的话让您产生了什么想法，不然您就不会说‘让我再考虑考虑’了。可不可以把您要考虑的事情跟我说一说，让我帮你解决一下好吗？”这样，既显得认真、诚恳，又可以使客户愿意继续谈下去。

你可以直接说：“在没有听完我的话之前下结论我觉得为时尚早，请先听一下我们产品的特点……”进一步激发客户的兴趣，引导客户下定决心。你应该站在客户的立场，从他的利益出发，与他一起来解决他对产品的疑问。

比如，你可以用暗示的方法跟客户讲：“其实，就像您所说的一样，这恰恰是我要向您推荐这个剪羊毛机的独特之处。以前使用的机器都需要特别小心，使人难以忍受，但这种机器却在您剪羊毛的同时可以随心所欲，且不会剪到羊的皮肤……”

【口才点拨】

应对那些犹豫不决的客户，你也可以说：“我知道您没有时间，可是我也不能每天都来打扰呀。如果担心交易问题，我认为还是当面谈一下比较好。”

268 应该紧追不放

一般情况下，当客户要求你下次再打电话时，你就应该紧追不放，直接对他说：“刘总，请您好好考虑，我会回答您所有的疑问并等候您最明智的决定。”

“任老板，您是否喜欢我为您设计的这份理财计划？”等他有所表示后，就可以继续说，“如果您不喜欢，那我就马上挂上电话，不再打扰您。如果您确实喜欢，我就等候您的答复了。”你要询问客户要再考虑的原因，进行针对性的解答。

某推销员试图将一批新矿车卖给一家大型滑石矿，这家企业也很有兴趣，但老总说要考虑考虑再做定。“很好！这就表示您有兴趣，对不对。”说完这句话后，推销员一定要给客户留下时间做出反应，因为他做出的反应通常都会为自己的下一句话起很大的辅助作用，他一般都会说：“确实有兴趣，但需要考虑考虑。”

接下来，如果确认他真的会考虑，就可以举例让他知道企业能够得到的好处。如果还是考虑考虑，你可以试探问：“老板，有没有可能是钱的问题呢？”如果真的是钱的问题，那么“我再考虑一下”这个问题也就不复存在，如果能将价格进行适当调整，就能完成这次交易。

【口才点拨】

一般来说，犹豫不决的客户都是属于小心谨慎型的。在电话沟通过程中，这类客户对产品的性能、质量、价格和售后服务等各个方面都满意了才会下定决心，是标准的理智型人。你可以通过观察客户的言谈举止等，对他犹豫不决的原因做出大胆的揣测，也可以直接询问客户，让其说出犹豫的原因。

269 千万不要知难而退

当你接通一个客户的电话时，他很可能会先问一下产品的价格和质量，然后说“对不起，上个月我们公司已经买过同类产品了”，或者说“抱歉，我们公司不能买您的产品，因为我的朋友也是出口这个的，不向自己的朋友买我做不到”之类的话。

很多推销员都败在了这样的拒绝借口下，其实，如果掌握好处理客户反对意见的方法，这些问题都会迎刃而解。

你可以说：“哈哈，也是，向自己的朋友买也是情理之中，毕竟是好朋友！”大多数客户会说：“必须的，认识很多年了！”在这种情况下，你都可以死心了，因为你知道对方是拒绝的托词，这时不妨说：“这个请您做参考好吗？”一边给客户读说明书、产品介绍，同时劝导客户与你继续交谈下去。

如果客户的拒绝是事实，你可以说“我那里有个好朋友”，判断出客户有没有购买产品的可能：“这样啊？您跟贵公司的江涛是朋友啊？长城汽车公司的产品在这一行是数一数二的，信誉卓著。不过我们公司的产品也是不错的，您能看一看吗？我们公司的产品绝不输于长城的产品。我知道贵公司一向都是很讲信誉的，为了共同发展，您采用我们公司的产品也不会对不起朋友的公司呀！是吧？”

【口才点拨】

如果客户说：“可以，那就用一次吧。”就证明你的此次电话沟通成功了，但是如果商品完全相同，客户一点儿也没有改变时，你必须想出解决的办法，或做个长期计划，先慢慢成为客户的朋友，再慢慢洽谈推销事宜。

270 面对质疑的借口

当你费了半天口舌，给客户介绍完产品后，他可能会不屑地问："这就是你要卖给我的产品？你是在浪费我的时间吧？"面对客户质疑性的借口时，应该怎么应对呢？

你应该表明实质："我想说的是，虽然我们的产品还没有达到家喻户晓的程度，但质量绝对过硬，公司的发展经营状况也在书中和网站中提及。我们会把企业信息发布到农产品信息中心数据库中，为企业和用户之间搭起一座便利的信息桥梁，而普通广告公司绝对没有这种大规模的系统服务。"

如果客户对你说："帮你们推广这种产品是不是在给你们做宣传呀？"你可以说："此言差矣！某些企业对产品的销售不了解或是不想花费更多宣传资金，这才希望通过零售商为他们代理新产品，那么将产品卖给零售商就意味着他们的工作已经完成了。而我们一直在进行各种形式的促销，也在做广告宣传，就是为了给您一个获得更多利润的机会。消费者根据广告或促销活动将新品牌同您的代理联系在一起的话，对您也非常有益。"

你也可以反复说明自己公司的产品质量是可靠的："我虽然很想让您购买我们的产品，但也得让您觉得物有所值才行。当然，我们的商品房自然是为客户着想，尽我们之所能为客户谋方便。地理位置方面，交通便利，周边教育机构、商城等一应俱全；设计理念方面，我们请的是国内最负盛名的设计师，空间概念非常合理，应用环保材料保证您的身体健康；环境方面，社区绿化面积广阔，楼间距很大，拥有各种娱乐设施，可以给您最完美的社区体验。"

这些话语虽然烦琐但是不得不说，只有让客户详细了解了你推销的产品，才有可能促成交易。

如果客户对你颇为反感，也不要与其争吵，而应该去想妥当的解决办法。

某香肠店老板是个顽固保守的老头，多年来一直非常讨厌推销。一天，一位推销香肠的业务员来到店前，他没等业务员说话就质问道："你来干什么？"

推销员一脸笑容地说："老爷子，如果我说我是来求您向我推销的，你信吗？”老头愣住了：“此话怎讲？”“我听说这一片儿数您最会做生意，香肠卖得最火，我想请教一下您的推销方法。”老头高兴得哈哈大笑，和推销员大谈生意经，直到推销员起身告辞，老头才大声说：“小伙子等等，听说你们的香肠很受欢迎，给我订100箱。”

如果推销员没有采取这种方法，结果显而易见。

【口才点拨】

首先要清楚客户为什么对你的产品产生质疑，弄清楚原因之后，要检查自己有没有说谎或做错的地方，无论你是否有理，都不要与客户发生争辩。一旦与客户发生争辩，更容易引起他的抵触。因此，无论在什么情况下都要尊重客户的质疑。

271 转变客户的看法

当你手握话筒，用了半天的时间向客户介绍清楚产品之后，他却说：“就这样吧，我想再看看其他厂家的。”这实在是很令人沮丧的事。不过，优秀的推销员会利用各种技巧，转变客户的看法，最终达成交易。

此时，你需要做的是确定客户想到其他厂家看的是什么，比如价格、质量还是售后？在弄清楚原因后找出解决的方法。如果是因为价格的原因，可以这样说：“朴总，每家企业都想花一块钱买到三块钱的东西，您到别的公司去看，他们的价格可能真的比我们的价格低。但我可以负责任地说，绝对没有第二家公司能以这个优惠的价格来给您提供这么高质量的商品和优良的售后服务。”说完后，最好要给客户留下一点儿反应的时间。他也许知道你所说的都是实话，几乎找不出什么话来反驳你。接下来，你就可以这样说：“朴总，您不认为这个买卖是很公平的交易吗？”

因为产品的质量和售后服务到位，如果客户不是另有想法，一般不会做出否定的回答。然后，你可以继续问：“朴总，购买产品时的确要考虑价格的问题，但这并不是主要的，有时多花钱获得优质产品是值得的，您说呢？就像有些公司只是一味地获得最优惠的价格，而并不考虑产品的质量和售后服务。其实，有些低价位产品出现的问题往往比它能够带来的效益还多，而那些希望有大发展的企业，更愿意获得高品质的产品，而不是那些垃圾产品。朴总，我想您肯定不会为了一点儿蝇头小利而不顾产品质量和售后服务吧？您肯定会为企业的长期发展着想，对吗？”

【口才点拨】

优秀的推销员会通过说服来改变客户的态度，这是改变客户态度的最有效的方法。说服的过程实质是一个信息传播的过程，客户接收到你的信息后，会产生一系列的思考，进而对信息做出反应，结果一般是被说服，最终改变态度。

272 对客户的要求表示理解

一位客户需要买一台笔记本电脑，方便与全国各地的同学和朋友沟通。他跟推销员通了电话，听完产品介绍和报价后，他说想到别家问问配置和价格。

此时你可以说：“先生，很多人在购买我们的笔记本电脑之前，也想到其他家比较一下看看，您一定想用同样的钱买到最好的笔记本。”“当然！”“您可不可以告诉我您需求的笔记本属性？”“……”此时，你应该充分向客户说明自己产品的优势，然后说：“我想在您比较之后，一定会回来的，先生。”

在此，推销员要让客户明白自己的电脑各个方面都是最有竞争力的，随便客户到哪家问，哪家比，一定找不到更好的。在推销中这种方法比较有效，客户很有可能直接就决定购买你的产品了。

【口才点拨】

在向客户介绍自己的产品时，并不是每次都能成交。在客户的眼中推销员是厂家的代表，是产品的专家，应该提供一些合理的建议。消费者去买电脑时，希望推销员可以回答电脑的技术问题。了解客户的要求后，推销员就应针对客户的需求给予建议，这就是说服客户的过程。

273 找到突破口

如果客户说“我对现在的供应商有意见”，那就代表你有机可乘，应该采取适当的措施，获得现有供应商的资料。这时不妨这么问客户：“您最不喜欢目前这家供应商的哪一点？”“有没有想改变这种情况？”“我们公司最近引进了新科技，远远超过您现有的设备，如果您能给个机会，我耽误您一点儿时间，给您讲解一下。”

你可以先问对方为何对供应商不满，然后给他谈一谈选择你作为供应商的好处，说一说你们公司和现在的供应商不同的地方。如果你能让客户理解并接受这些优势，那么你离成功也就不远了。

客户对供应商不满的常见原因，不外乎产品质量没让客户称心，或者服务态度很差，又或者价格比较离谱、供应商送货不及时。此时你应该向其表明你的产品的优势，让其仔细观看你的产品，真正让他看到你的产品和现在供应商的产品是不同的，然后再将你作为供应商的优势详细说出来。

优秀的推销员最后还会问客户：“您用什么标准来衡量您的供应商？”如果客户提出跟标准有关的问题，那么你作为供应商的标杆也就有了。

【口才点拨】

如果你有机会与客户见面，一定要以最优秀的手段处理好这次会面，强调你与客户可能进行长期的合作，表明自己希望取得这个机会。可给客户提供样品或者让对方试用你的产品，或是下一张订单，让产品和服务来证明。

274 让客户心动

“您好刘老板，我是胡鹏，您还记得我不？三天前，咱们说过在今天确定一下是合作一个月还是合作半年。”“实话说，你们这收费确实不低啊。”“呃，刘老板您说笑了，众所周知我们频道是同行业间的标准收费，但是我们的收视率却比其他频道高出不少。不是我吹，在我们这里做广告，和在其他频道做广告得到的效应一样，但是价格嘛，还是低不少的！”“这……”“您说，做一个月，还是半年？您要是错过了，会错过好多利润呢。”“……”“不要迟疑啊刘老板，再迟疑可就错过时段了，今天是最后一天……”“那好吧。”

客户都希望少花钱多办事，如果你能向客户展示产品的优质，能够给他带来最大的收益，客户自然会心动。

有一位推销员到一家企业去推销自己的产品，该企业老总却说：“我们有自己的生产基地，能生产同样的产品，我们怎么会购买你的产品呢？”通过与老总的谈话，推销员得知他们是半机械化生产，立即说道：“我们是全自动机械化生产，因此在生产效率和质量上肯定有优势；至于价格方面，您也可以和您自己生产做比较，就知道购买我们的产品能给您带来多少利润了。我们的产品是大批量生产的，价格实惠、方便运输，又能提高企业的利润，而且还可以节约成本。我相信，用了我们的产品会更好地发展你们的规模，您的生意一定会日益兴旺。”

【口才点拨】

找出让客户心动的谈话点，通过比较分析让客户看清利益所在，如果能从这些方面入手，客户自然会做出有利的选择。

275 加入客户的阵营

推销员吴京天在成功说服客户于经理购买产品之后，于经理却突然说：“这个……我还是不能做主啊，要先跟上边请示一下。”

吴京天说：“那这样吧，我下周来找您和您的上级，正好大家一起吃个饭，商量商量。”于经理说：“我今天晚上就可以跟上司说这件事。”“我想您解释清楚可不是件容易的事，而且您要说服您的上司也不简单啊。”“很简单啊。你为什么这么说？”“嗯，现在主要的问题是，他很有可能不满意我们这里的某些条款。”“那……可能就不会购买了。”“您放心，如果我能当面和他谈谈，他所有的问题我都能很好地解答。”吴京天接着说，“向您上司推销产品是我的分内之事，怎敢麻烦别人呢？再说了，您不是也说想尽快购买这款对贵公司大有益处的产品吗？”“明白了，我马上给他打电话。”于经理爽快地回答道。

一周后，成功地和于经理上司见面的吴京天推销出了自己的产品。

【口才点拨】

推销就如钓鱼，如果你希望钓到鱼，就该站在鱼的角度来想想。作为一名电话推销员，你希望能够“钓”到客户，就应该站在客户的角度来看问题。研究客户的动机，远比研究你的产品重要。

276 别让客户随口敷衍你

推销员小刘想向某公司推销一批数控机床，没想到这家公司的老总说：“你先把相关的介绍资料传给我吧，我有时间了再看。”

其实，这位老总说的只是一句敷衍之词，传过去资料之后看不看呢？谁也不知道。那么，如果碰到这种情况，推销员可以采取以下措施：

首先，你可以这样说：“先生，我们的资料比较厚……不过我们是很负责的公司，有些地方必须对客户说明解释一下，所以，我希望能在明后两天找个您有空的时候过去为您讲解一下。”

其次，还可以这么说：“正因为您很忙，所以我先跟您在电话里大概讲一下，再把资料传给您，您在看资料的时候可以有重点地阅读，这样可以节省您的时间。”

最后，还可以这么说：“我想您可能是在犹豫我们的设备性能，之前有很多人的想法和您一样，我们解释之后，客户才发现我们的产品性能确实很不错，我想我应该找个时间跟您详细地解释一下。”

【口才点拨】

面对客户的敷衍，可能是他从内心不认同你的产品，基本上没有再沟通的必要了。也可能是客户存在顾虑，又不想直接拒绝，婉转地给自己保留余地。当然，如果你能找到问题的根本，之后再对症下药，或许有挽回的余地。

277 应对价格的异议

在电话洽谈中，价格的高低是决定交易能否成功的关键。遇到价格异议不是什么新鲜事，推销员一定要相信自己的产品，不到万不得已一般不让步，否则很容易被对方控制，以致一退再退不断降价，使企业利益受损。在与客户通话过程中，推销员针对价格的问题，要运用灵活的沟通技巧说服客户，改变他的观点，达成交易。一般来说，推销员在应对价格异议时，要把握好先价值、后价格的原则。

在与客户进行电话沟通时，要先与其谈产品的价值，使他对产品的价值有了充分的认识之后，再谈价格，这样一来就会把握主动，使客户受到你的引导和影响。

推销员谈论产品的时候，要多谈价值少谈价格，价格是两方最直接的利益关系，搞不好就会使谈判破裂。并且，如果客户特别关注某种产品，那它的价格哪怕很高，也没什么大问题，所以关键是要让客户知道这种产品确实是他想要的，这就要求你在电话交流中多强调产品能给客户带来的利益，而并非谈论价格。

如果真的不幸谈起了价格，在报价时一定要坚决果断，不要刻意解释，这样才能增加可信度。如果客户认为产品的价格过高，你可以告诉客户产品是因为质量好价值高所以才价格高，或者告诉他这种产品获得的利益非常大。当然，如果稍微降价就能收获更多订单，对价格进行适当调整和让步也不失为一种选择。

【口才点拨】

如果推销员通过调查，明白客户喜欢在价格上赢得优惠，当客户向你询问价格时，可以请对方提出一个真实的出价。若客户的出价大大低于市场的价格，可通过分析产品的收益来消除顾客的异议。总之，价格是双方极为关注的事情，你必须把握好，并采取有效的措施，达成交易。

第二十章　面试口才：巧妙赢得职位

278　通过手机找工作

现在，手机已经成为人们必不可少的交际工具，在求职过程中，手机也有着不可忽视的作用。

在求职时，电话自荐起着至关重要的作用。如何充分利用电话接通后的那短暂机会呢？方法是：用最简洁、热情的语言表达自己的意愿，充分展示自己的优势，尽可能给对方留下一个深刻的印象。

但需要注意的是：电话接通后，一定要把握这个时机。一般情况下，想利用手机找工作，应在对招聘企业特别了解的情况下使用，比如朋友或同学正在工作的企业、曾经有过接触的企业。这些自己比较了解、已经掌握很多信息的招聘企业，大多数情况下能够找到恰当的话题沟通。而选择何时打电话也是有一定技巧的，一般应选在刚刚上班的时间较为合适。如果是下午四点以后，就不要再打电话了。说话的音量要在不打扰其他人的前提下比平时略高一点儿，使对方能够听到。说话的语速也要在保持平稳的前提下比平时略快一点儿，控制好通话时间长短。人们都希望用最短的时间解决最多的事情，所以，要做好充分准备，使你的自我介绍不超过两分钟。

那么，应该“充分准备”些什么呢？首先，要清楚招聘企业的相关资料、业务范围、用人理念、人才需求方向等，在此基础上，才能做到有的放矢，不至于接通手机后不知道自己先说什么后说什么。其次，要对自己有一个客观、公正的评价，包括自己的专业特长、性格爱好等方面。最后，要根据招聘企业的需求情况，结合自己的专长，对这次的谈话做一个系统的计划。最好在通话前列出简单的提纲，然后照提纲来介绍自己，就能给对方留下深刻的印象。

不仅要在“说什么”以及“怎样说”这方面做好计划，在心理上也要有充分准备。对善于交际的人来说，利用手机找工作虽不能百发百中，却也不是什么难事；对不善于交际的人来说，想用手机找工作就需要克服缺乏自信、犹豫不决、情绪焦躁等问题。要学会推销自己，学会驾驶那些不良情绪，让自己处于最佳的状态，让对方在与你通话的过程中感受到你的热情以及乐观向上的良好品质。因此，在接通电话前要控制好心态，不要去想无关的事情。在心里对自己多说几次：只是打一个电话问问而已，哪怕结果失败也无所谓，还有很多选择的机会。

【口才点拨】

电话求职更方便，只要清楚自己是应聘哪个职位，打个电话，几分钟就能把工作机会牢牢抓住，这比一味地坐在家里等通知的速度要快得多。

279 给对方留下深刻印象

每一次面试都是面试者与求职者之间的正面对决，短短的几十分钟内每一个细节都有可能成为“陷阱”。

面试时最困难的部分不外乎自我介绍，有句古话云“说人易，说己难”，要想在面试上不落下风，就得仔细考虑好如何进行自我介绍。

第一次见到面试者时，应当礼貌地问好，并且引出下文，比如：“您好，感谢您能让我参加贵公司的面试，现在请允许我自我介绍一下。”自我介绍过后应当再次致谢。

在自我介绍的时候说话一定要到位，修养和素质同样是面试成功与否的重要因素。

【口才点拨】

自我介绍并不容易，但如果你能理顺思绪，说话条理清晰，往往能够给面试官留下深刻印象，这样能够起到良好的开端，为你的成功求职打下坚实的基础。

280 亮出你的真本事

参加面试的过程中，不要夸大自己的事实，如“我在以前的公司里业务水平名列前茅”“我的成绩全系无人能及”等，这样反而会使面试官对你的印象大打折扣。

现在的面试已经不比从前，学历和口述已经不再是面试官所看重的，公司现在关注的是你在公司能够做什么。既然面试时间有限，你就得通过成绩来证明你的能力，这才是最重要的。

占清是某大学工业设计专业毕业的学生，她就是因为面试时表现出良好的综合素质而被成功录用的。她在面对招聘负责人的时候，这样说：“您好，我叫占清，来自山西，所学为工业设计。虽然和汽车设计还是有些偏差，但是我对这方面也曾有过了解，基础也还算扎实，有过工业设计的经验……这是我曾经做过的一份设计，请您指正。”面试官认真看过她的应聘材料之后，点了点头，对她的表现很满意，不久就录用了她。

【口才点拨】

应聘者回答面试官的提问，是让面试官对自己有个初步的了解，以便应聘能够继续进行下去，从而赢得职位。所以，在自我介绍的过程中，求职者应当尽量把握好分寸，避免犯错误。

281 警惕面试官的夸大赞美

面试中有时候难免会遇到突然夸张地赞美你的面试官，这并不是说他真的对你表示赞赏，相反，他可能是对你有些不满。

周娜从小爱好广泛，经过不懈地努力，有了不小的成绩。一次，她去应聘一家大型国际公司的部门经理。面试官问：“能谈谈你的强项吗？”周娜把自己唱歌比赛二等奖以及鞍马比赛第五名等说了一下。面试官立即夸奖了一番：“哟，可以啊，还获过奖！不得了啊！”他话虽这么说，但不代表他真的就是这么想的，究竟是真的称赞还是口是心非，可一定要分清楚。

此时一定要找出面试官的真正想法，如果话语中明显带有讽刺的意味，那么应当马上转移注意力，跳过话题去说别的事情。

耿峰参加一家公司的面试，在向面试官介绍自己时曾说：“我交际广泛，有很强的协调和组织能力。”无论学历还是能力，耿峰的条件都很好，但他却没有被录取。究其原因，主要是他在做自我介绍时表现得太优秀了，让面试官觉得他是个无所不能的超人，其实谁没有缺点？可他在自我介绍的时候把自己说成了最优秀的人，引起了面试官的反感。而作为一名应聘者，要避免使用这些词语。

【口才点拨】

面试要客观实际，不要夸大事实。面试官们只相信成绩，而不会对“交际广泛，有很强的组织协调能力”之类没有实质内容的话感兴趣。

282　面试时不能乱说话

面试时，许多刚走出校门的人认为，面试官对自己畅所欲言是好事，便毫无顾忌地和对方聊起其他话题来。你可能觉得这是真诚的表现，但对方也会从这些话里捕捉到一些对你不利的信息，所以，在与面试官沟通的时候，决不能随意说与求职无关的话。

不要泄露以前工作单位的机密资料，否则面试官会认为你靠不住，将来也很有可能泄露本公司的机密，当然也就不会录用你。

也不要提到自己曾偏科，因为擅长文化课能体现一个人的感性，而擅长理科则可体现逻辑。事实上，公司很可能更希望录用全面型的人才。

不要说与本公司的某人是熟人。“我认识刘谌，对，就是经销部的刘经理。”“我和张梁是发小，穿一条裤子长大的。”这类话或许会引起面试官的反感。如果你说的人是面试官的上司，他也许会觉得你是在利用权力，想通过这样的关系进公司；如果你说的那人是面试官的竞争对手，那结果如何就更难以预料。

不要在面试官跟前说大话，如果他问：“请你谈谈你最近的一次失败经历。”如果你回答：“我没有失败的经历。”这就错了。金无足赤人无完人，人非圣贤孰能无过？如果他问：“你会些什么工作？”如果你回答：“我可以胜任任何工作。”这就又错了，毕竟三人行必有我师，谁都不是无所不能的。

【口才点拨】

面试时，应聘者与面试官的沟通是展示知识、智慧、能力的关键时刻。恰当得体的语言无疑会增强你的竞争力，帮助你成功；反之，不着边际的语言会损害你的形象，削弱你的竞争力，甚至导致面试失败。

283 如何回答敏感提问

许多女性在求职时，或多或少会遭遇到性别的尴尬，尤其是面临结婚或者刚刚恋爱的女性，对面试官提问的一些敏感话题不知如何回答才能顺利过关，应聘成功。

文华到一家很有名的企业面试，面试官对她的学历、能力、工作经验特别满意，但是担心她要生小孩影响工作，于是就问她：“文小姐，现在我只能对你这样说，公司对你的各方面素质都很满意。不过，你已经成家，公司还得考虑考虑。”文华想了想，鼓起勇气说：“您说得很有道理。如果我站在您的位置上，心里可能也会有这样的想法。对于公司来说，是不希望员工因为私事耽误正常的工作。”随后，她话锋一转，“可能我的想法不一定对，但还是想说出来请您指正。站在公司的角度上说，最重要的是要求员工有责任心。但是，一个对生活都没有责任心的人，会在工作上有强烈的责任心吗？我想，一位母亲与一位未婚女子对生活、工作和责任心的理解是不会相同的。再说，我家里还有退休的父母帮着照顾家务，我也决不会因私事而影响工作的，这一点请您放心。”

虽然文华具备了职业女性应有的素质，且面试官对她的表现也满意，但因为她已经结婚，公司不想聘用她，面试官的话也透露了这样的意思。在如此不利的情况下，文华并没有放弃，她首先肯定了面试官对她已经结婚可能影响工作的顾虑，并且站在公司的立场对自己的不足作出明确的表示，这使面试官颇感意外，并促使他改变了自己的看法。文华看到面试官愿意继续倾听自己的意见，又转变话题，从已婚女性和未婚女性两者具备不同的工作责任心入手，阐述了作为母亲的已婚女性较未婚女性对工作更具有责任感。

一席有理有据的话感动了面试官，他开始赞成文华所说的话。文华趁热打铁，说明家务事有家人照管，不会因私事而影响正常的工作，打消了面试官的顾虑。经过文华摆事实讲道理，面试官也明白了，而且十分赞赏她的敏捷思维，决定录用她。

【口才点拨】

大多数企业在招聘女员工时，都担心家庭私事会影响工作，所以面试时往往提出许多相关的问题。因此，只要你能沉着冷静地回答好这些问题，就可以得到自己想要的工作。

284 要保持冷静

在面试中，当应聘者面对多名面试官的时候，一定要沉着冷静。在与面试官面对面回答提问的时候，有的人会因此紧张、慌乱，往往发挥不出理想的水平，因为刚毕业的年轻人接触社会的机会不多，加上迫切希望有个工作的心理，所以在回答面试官的问题时难免心慌意乱、手足无措，甚至导致应变能力和口才都大打折扣。

其实，求职者用不着如此紧张，可放下一切杂念，冷静应对，把面试者当成自己朋友或学校的老师，就能消除紧张情绪，顺利应对提问。

一次面试中，某企业面试官提问一位女大学生：“境外一家世界500强企业来我市寻找与之相近的企业投资，你是我市一家著名企业的法人代表，请问你会用什么方法赢得这笔投资？”

女大学生想了想，答道：“首先，我需要清楚地知道该公司的经营项目、方针、实力以及销售情况，还有这家企业当事人的个人资料和来我市的计划；第二，通过电话等方式和当事人预约在抵达我市之后见面；第三，尽量使用他国籍的语言；第四，虽然不一定成功，但是要保持风度以便下次合作。”虽然她的回答还是有小瑕疵，但面试官觉得很满意，最后录用了她。

【口才点拨】

在面试过程中，最可怕的是内心紧张，因为心一慌什么都乱了，该说的话没说出来，该有的水平没发挥出来。应聘者应放下紧张、焦灼的心理，以便发挥出最佳水平。有时候，不妨这么安慰自己：“没什么，大不了再去参加面试，反正好公司多得是。”

285 展示自己的特长

相对于那些科班出身的名演员，鲍勃·霍伯的文化程度的确是低了点，他在高二时便辍学了，一心想成为电影明星，便前往好莱坞寻找发展机会。

在还没有成为喜剧大明星时，鲍勃·霍伯跟大多数求职者一样，也拿着自己的简历到处去参加面试，可能是因为年纪太小等缘故，好几家招聘演员的电影公司都拒绝了他，面试官表面上说要他长大后，有了一些社会生活的经验再来试试，其实就是拒绝录用他。鲍勃·霍伯自己也明白这样下去不会有结果，为了实现自己的明星梦，他经过几个月的苦思冥想，终于想出了一个对付面试官的绝妙办法。当他好不容易得到一次面试的机会后，经过漫长的等待，鲍勃·霍伯终于走进面试的房间。坐在椅子里的面试官们似乎对这些应聘者失去了信心，一见到鲍勃·霍伯走进来，便粗声粗气地黑着脸问他：“你的简历我们都看过了，也用不着说那些没用的废话，干脆点，你自认为最擅长的表演是什么？简短回答！”

鲍勃·霍伯毕竟是经过努力准备和多次面试的，他大声地回答道：“我最擅长的表演就是让人捧腹大笑！”面试官对他嗤之以鼻：“让人家笑？你有这个能力吗？请你当场表演，越快越好，越短越好！”鲍勃·霍伯立刻打开办公室的门，对着还在等候应聘的人大喊："喂！你们都可以回家吃饭了！他们已经决定录取我啦！"

这一举动让所有面试官大为惊奇，鲍勃·霍伯从此踏上了演艺事业的道路，也奠定了他将来大放异彩的基础。后来，鲍勃·霍伯成了美国乃至全世界的喜剧泰斗。

【口才点拨】

在应聘的过程中，要善于开动自己的头脑，想出一些别出心裁的妙招，回答面试官的提问，往往会收到理想的效果。

286 回答难以回答的问题

在应聘时，常会遇到面试官问及一些求职者不太好回答而又必须回答好的问题，对这些问题的回答是否得当，会影响到求职成功与否。

"你为什么要来应聘呢？"这个问题看起来很简单，但能做到回答得体并不简单。在应聘的时候，有些求职者会不假思索地回答："听说工资待遇不错。""碰碰运气。""跟着朋友一起来的。"如果是这样的回答，你想结果会怎样？

这些应聘者说的可能是真话，但这种话不能说，很容易给面试官留下不良印象。第一种回答颇有唯利是图的感觉，第二句话显得缺乏自信，第三句话证明你缺乏主见。

"你认为你的缺点是什么？"这个问题如实回答即可，但一定要注意避开与职位有关的不利回答。

【口才点拨】

应聘的时候，面试官会问一些看起来难以回答的问题，而你的回答将成为公司决定是否录用你的重要依据。对你来说，关键是要从这些问题中"悟"出面试官的真正意思，然后确定你回答问题的方式。

287 避免出现错误

正在四处求职的你，突然接到一家公司通知你前去面试的消息，一定要事先做好充分的准备。

面试开始时，应聘者一定要主动开口，给面试官一个善于与人交谈的印象，但是要注意不能太过随便，否则会影响你的陈述，或者浪费宝贵的面试时间。除此之外，经验丰富的应聘者会列举一至两件有根有据的事情来赞扬招聘公司，以表示你对这家公司的了解和关注。

在说明自己的成就、特长、技能的时候，一定要有的放矢想好再说。当面试官突然要求你“请举一两个例子”时，你要有随口就能说出来的例子。

有些应聘者在不该问的时候乱问，也有些应聘者没有做好提问的准备，该问的时候不知道问什么，这都是错误的，一个得体、中肯的提问，胜过简历中的无数条描述，会让面试官对你刮目相看。

另外，应聘者应当保持平和的心态，不要因为和面试官谈得来就过于高兴，也不要因为自己可能被拒绝而失魂落魄，不论如何你都应表达出你对招聘公司的了解程度，然后礼貌地道谢离开。

【口才点拨】

面试时，应聘者要善于抓住提问的机会，一方面借以表达自己对所应聘公司很感兴趣，另一方面借此展现自己的学识或修养，让面试官对自己有更多的了解。

288 真实地表达意愿

1812年，未来的英国物理学家迈克尔·法拉第在进入英国皇家学院工作之前，曾和举世闻名的化学家汉弗莱·戴维爵士进行过一次这样的谈话。

汉弗莱·戴维：“看来你还是很有福气的，仪器没有炸裂开来……不过我为此感到抱歉的是，这种状况随时可能发生。哦，您寄来的信中没有提到您的大学，这是为什么呢？”

法拉第：“抱歉先生，我想我得说实话了，我并没有上过大学。”

“但是你的笔记很不错，理解得很透彻！”

“哦，我有一间自己的小实验室，自己尽最大努力去学习。”

“干得漂亮，小伙子，不过我想说科学并没有多少报酬，也会有很多危险。”

“哦，只要能完成实验，就算是我的报酬了。”

“很好！看，我眼睛边上有一道伤疤，我想你的书籍一定不会像氢实验爆炸那样让你眼角疼一下然后流点血的。”

“是的，那倒不会，但我经常迷醉在科学典籍之中不能自拔。”

这段对话不仅有趣，更令人深思。最终法拉第如愿以偿，成了戴维爵士的学生。

美国某公司在南方某城市招聘员工，得到消息之后，许多求职者前往面试。通过前面几关的有十多人，最后一关是老板亲自面试。周刚也想在这家公司谋得一个职位，当他走进老板的办公室时，老板热情地走到周刚面前，握住他的手，大声说：“恩人，居然是恩人！那天，我开车和女儿到商场购物，不小心车翻了。你不顾个人生命，把她从车里救了出来。我当时只想着快点儿救女儿，也没有问你叫什么，今天，却在这里见到你！”周刚一愣，不明所以地说：“我想先生一定认错人了，我并没有见过您的女儿。”

这位老板一口咬定是周刚救了他的女儿，周刚则一再说老板认错人了。他心想，自己没做过的事为何非得说谎呢？

争执了半天，老板突然拍着周刚的肩膀说：“不错！你是诚实的，面试通过了。”原来，这位老板根本没有女儿，他这么做只是想试探包括周刚在内的每一位求职者。周刚也因为自己的诚实，获得了喜欢的工作岗位。

【口才点拨】

有些企业在进行面试时会故意制造一些故事，来试探应聘者的品德，那些想走捷径的应聘者往往会掉入陷阱，事后还不明白自己错在哪儿。的确，应聘者还是要坚守基本的诚实品德，这会为你赢得机遇。诚实是一名员工必备的品质，任何公司都希望员工具备这样的品质。

289 应对没有标准答案的“刁钻”问题

已经进入工作岗位的人，相信一定经历过面试官的考验。其实，在面对面试官的提问时，谁都想让自己的回答充满精彩的话语，以便顺利通过检验。在回答面试官那些常规的提问时，一般人都能回答上来，但在应对没有标准答案的“刁钻”问题时，给对方一个满意的回答也是要讲究技巧的。

有一次，得知一家银行在招聘一个岗位，专业对口的贺锋也想去应聘。

轮到贺锋时，他微笑着走进了办公室。他发现面试官有两人，一男一女。

一番客套加上自我介绍以及正常对话之后，男面试官突然问：“如果你上班时遇到持枪劫匪，该如何应对？”

“蹲到桌子底下！”

贺锋说完这话，突然觉得不对，因为很明显不应该这么回答啊！

“为什么？”女面试官问。

贺锋急忙调转话锋：“因为要报警……”

贺锋因为急中生智而被录用了。

【口才点拨】

当面试官问一些“刁钻”的问题时，很多应聘者会出现紧张的情绪，其中的原因是多方面的，最关键的因素是你不自信。你不知道面试官会问哪些问题，也不知道自己会不会回答得体。但是，如果你能把自己所掌握的知识充分表达出来，那么你就有希望。

290 掌握询问薪水的窍门

面试的结尾一般都是关于薪酬之类的话题，应聘者的薪酬和自身的贡献正相关，所以询问薪酬一定要做好准备。由于面试官并没有见到你的真实实力，那么你开价过高过低都不是很合适。所以你得掌握一些策略，在面试前了解一下类似职位的薪酬，并且应试图从面试官的言谈中了解公司的相关待遇。

之后如果需要你开价，不妨说一个大概范围，如果面试官询问你之前的薪资，那就得小心了，说低了对你没好处，说高了对你也没好处，所以最好避而不答，比如："这并不重要，我现在关心的是我在贵公司的表现。"

如果遇到面试官不想给你高薪，你就要展示一下你的能力特长，给他留下好印象的同时，作为提高自己薪酬的条件。

【口才点拨】

随着观念的不断更新，供求双方已经不像前几年那样羞于谈薪酬了，很多应聘者已经把薪酬的高低作为是否从事这项工作的重要标准。因此，根据你的个人价值，提出合理的薪酬要求，并让公司相信你的实力，是应聘成功的关键。

第二十一章 领导口才：用巧妙的言辞获得下属的支持

291 领导要具备任人唯贤的素质

战国时期，楚国名相春申君黄歇和魏国信陵君魏无忌、赵国平原君赵胜、齐国孟尝君田文并称为“战国四公子”。说客汗明想拜见春申君，但他足足等了三个月才见到。这天两人聊完后，春申君十分高兴。汗明想多聊些时候，而春申君却说：“我已经了解了您，请您先回去休息吧。”

汗明说：“我虽怕您责备我孤陋寡闻，但我还是想问一问，您和尧相比谁更圣明。”

春申君说：“我怎敢和尧相提并论呢？先生此言差矣。”

汗明说：“那么在您看来，臣可否与舜相比呢？”

春申君说：“可与舜相比。”

汗明说：“您请听我说。您的贤德不如尧，臣的才能更不如舜，但才识之士舜侍奉圣明的尧也需要三年方才互相了解。现在，您却能够在如此短暂的时间里就了解我，这只能说明您可与尧相比。”

春申君说：“先生所言甚是。”于是，春申君招来门客将汗明的名字登记在了宾客本上，每隔五天便与他促膝长谈一次。

汗明说：“不知您听没听说过千里马？千里马拉着盐车前往太行山，走到半山腰时驾着车辕，辗转不前，爬不上山。伯乐正好遇到，跳下车拉着马哭了起来，解开自己的麻衣，盖在千里马的身上。这时千里马抬头嘶鸣，声音震动云霄，正是因为千里马知道伯乐是它的知己。现在，敝人居住在穷乡僻壤，饱尝生活酸楚，您真的不想帮我崭露头角，让我为国出力吗？”

春申君听了汗明一番话，恍然大悟。

汗明借故事向春申君讲述了一个道理：如果一个领导者想要得到真正的贤能之才，则必须善于识别人才和恰当地使用人才。

【口才点拨】

领导者应该以伯乐爱护千里马的真实情感去理解和珍惜人才，只有这样，贤能之士才会为国家效力，为人民谋福，为领导者尽忠。这种任人唯贤的德行是领导者必不可少的品质。

292 只有遵纪守规才能在组织里生存

春秋时期，吴王阖闾执政，为了称霸诸侯各国，他四处网罗人才，后来伍子胥向他推荐了大军事家孙武，也就是《孙子兵法》的作者。

吴王为了考验孙武，提出让宫女作为士兵进行训练。孙武把她们分成两队，吴王又把自己最宠爱的两个妃子派为队长，配合孙武的训练。

孙武认真、细致地向宫女们说明接受命令的口令，以及相应的操练要领。交代完毕后，训练正式开始了，击鼓时前进，鼓停时立正。但是，宫女们平时只是唱歌跳舞，说说笑笑，根本没有经历过这种阵势，全都笑成一团，走路的样子也是七扭八歪。

此时，孙武命人把刑具摆在校军场上，并威严地说："练兵不是小孩做游戏，如果再不听从号令，就要斩首论处。"

宫女们听到孙武的话，开始有些认真了，孙武命令擂起战鼓，开始操练。

孙武发令："全体向右转！"宫女们一个也没有动，此时两个妃子却大笑起来，随后宫女们也跟着笑起来。孙武厉声大喝，叫她们听从命令，但无济于事。

吴王大笑，心想："你孙武本领再大，也无法让这些宫女听你的调动。"

这时，孙武严肃地说："将军交代清楚了，士兵不服从便是士兵的过错。依照军法，违犯军令者斩。而且，队长领队不力，理应受罚。来人，将两个队长推出去斩首！”

吴王看到这种情形大吃一惊，见孙武是认真的，于是要求让他放了两个妃子，但是孙武义正辞严地解释说：“吴王既然要我演习兵阵，我一定要按军法规定操练。况且军令如山，否则根本无法治军。”就这样，吴王眼睁睁地看着自己两个心爱的妃子被斩首。

鼓声再次响起时，宫女们再也没有人敢嬉笑了，个个精神抖擞，步伐齐整，宛如训练有素的士兵，孙武也顺利地完成了操练任务。

孙武斩了吴王的爱妃，吴王心中很是不悦，但是他也不得不打心里佩服孙武的治兵才能。

从古至今，纪律都是对事不对人，是不能讲情面的。应该指向触犯者的具体行为，而不是他本人，要重事实而不做与客观事实不符或无关的品评。当然，人不可能在感情上与所有人都保持对等。作为管理者，应该尽可能的公正，根据规章制度而不应根据个人喜好处理事情。

【口才点拨】

俗话说：“没有规矩，不成方圆。”纪律是一切制度的基石，是组织正常运行的有力保障。纪律是出于对全局利益的考虑，而不是个人。但作为个人，遵守纪律，是组织性的要求，也是个人素质的体现。与人沟通时，注意规矩，按照规矩说话做事，不要逾越雷池。

293 将欲取之，必先与之

公元前681年，齐桓公与鲁庄公在柯(今山东阳谷县东)会盟。在此之前，齐国曾经三次打败过鲁国，并掠夺了很多土地。此次会盟鲁庄公“醉翁之意不在酒”，带着大将曹沫一同前来。当齐桓公与鲁庄公在坛上正准备歃血的时候，曹沫突然从怀中掏出一把匕首，大步向前去抓住桓公。众人都被这一幕吓得惊呆了，不知所措。

这时，站在齐桓公身边的管仲淡定地问曹沫：“你这是干什么？”

曹沫回答说：“齐国欺软怕硬，夺我土地，如果今天能把侵占我们的地方退还给鲁国，就签订盟约，否则我就与你的主公同归于尽。”说罢，曹沫就向齐桓公举起匕首。

管仲忙向桓公示意。齐桓公对曹沫说：“我答应你的要求。”

于是，曹沫便放开桓公，收起匕首，回到随员的座位上。但是，此时的齐桓公深感后悔，他不仅不想把土地退还鲁国，还想把曹沫杀掉。照当时的情况，齐桓公想达到这一目的并不难，因为坛下都是齐国的将士，但这个决定被管仲否决了。

管仲悄悄地对齐桓公说：“曹沫劫持大王，您答应了他的要求；现在曹沫放了大王，您却反悔，还要杀他，这样做会弃信于诸侯，以后天下诸侯就没人会相信大王的话了，此举得不偿失。”

齐桓公听了管仲的这番话，慢慢地冷静下来，在盟会后，把在战争中侵占的鲁地全部退还鲁国。

诸侯得知这件事后，都认为齐桓公是一个讲诚信、重承诺之人，都来归附他，齐国也越来越繁荣了。

公元前663年，燕国遭到山戎族进攻，燕庄公向齐桓公求救。击退山戎族后，齐桓公把燕国失去的土地尽数归还。燕庄公非常感激，在齐桓公撤军时随军相送，不知不觉进入了齐国的境内。

齐桓公说：“除了天子，诸侯相送不能越出自己国境，这是规矩。”于是，齐桓公把燕庄公所到的齐国境地全都割送给了燕国。

中原诸侯得知此事后，对齐桓公的仁德更是十分仰慕。

作为领导者，必须以诚信为本，以此获得下属之心，令其心甘情愿地归附于己，这不仅会帮助自己建立威望，而且有助于事业的发展。

【口才点拨】

与人沟通时，想要获得对方的认可，可以先肯定他的观点，然后顺着对方的思路，逐步引导出对自己有利的观点，从而达到让对方信服的目的。“将欲取之，必先与之”，齐桓公的做法对我们至今都有借鉴意义。

294 激发对方的优越感

美国口香糖大王李格雷的传记里有一则与潜在心理操纵术有关的故事。

这件事发生在李格雷在肥皂公司做推销员时。有一天，李格雷走到杂货店老板面前，激动地说："很抱歉打扰您，但我想我们一定会十分投缘。我是××公司新来的业务员，您有何指教？请给我一点儿建议吧！……把肥皂卖出去是我的责任，您是一个经验丰富的人，请教我应该怎样去做。"

这个老板刚开始十分生气，不过，听到他的话之后又高兴了起来，说道："你最好降低点儿价格。"他对李格雷讲起了自己的故事，口若悬河，谈了很长一段时间。最后，他把肥皂推销术教给了李格雷，还购买了李格雷的肥皂。

【口才点拨】

当一个人的优越感被触及时，他就会有被人接受的愿望，而这种愿望正是说服他的基础。在说服别人之前，试着先欣赏对方，将他的优势通过赞美的语言告诉他，让他感受到自己正被人尊重和欣赏，从而真诚相待，你就可以如愿以偿地完成自己的目标。

295 实施"请教方案"

燕昭王即位之时，燕国正处于内忧外患之中，他励志复兴燕国，为先王雪耻，一心要报齐国破燕的杀父之仇。不过，他并没有完全依靠兵力和利器，而是先从招揽人才、虚心求教着手。

燕昭王首先去见郭隗，说："齐国乘我国内乱攻破了我国，但我国势单力薄，无力报复，请问我该怎么做才能找到仁人志士帮助我管理国家，洗刷先王耻辱？"

郭隗回答说："明智的国君把贤者当成老师和知心好友，愚昧的国君把贤者当成报仇的仆役。如果能够屈尊侍奉贤者，屈位接受教诲，比自己强百倍的人自然会归从。如果为人放纵骄横，行为粗暴，那么，就只有唯命是从的人来了。大王亲自登门拜访，天下的贤人一定会赶往燕国。”

昭王说：“我应当先拜访谁才合适呢？”

郭隗说道：“如果大王真的想要招揽人才，就请先从我开始吧。像我这样的人尚且被重用，其他人就更不用说了，他们难道还会不来吗？”

燕昭王深以为然，便尊郭隗为师。

慢慢地，乐毅从魏国来到了燕国，邹衍从齐国来到了燕国，剧辛也从赵国来到了燕国，有才干的人争先恐后地集聚燕国。

郭隗正是运用“请教”的方法，成功自荐，得到了燕昭王的器重，而燕昭王由于做到了知人善任，使燕国出现了繁荣富强、国泰民安的盛世局面。

【口才点拨】

实施请教方案，对方会因为得到尊重而主动建言献策，心甘情愿地为你效力。因此，领导者甘于屈尊纳贤，不怕人才不为自己所用。

296　赞美式的言辞可以鼓舞人心

法庭上，贝克斯向一位出生于国外的法官陈述案情时，他假装不经意地说了一句赞誉非美国本土公民的话，给这位法官留下了深刻的印象。

切斯特菲尔德伯爵曾说：“让别人洋洋自得是俘获他的诀窍，你夸奖的他人的优点，如果他真的具备，那么，效果将同样显著。”

在竞选总统候选人时，威尔逊也曾运用这一策略来缓解和布莱恩的关系。

事情的起因是有人将威尔逊多年前写的一封信公开了，在信中威尔逊曾发誓要打败布莱恩，这让威尔逊难堪不已。

后来在华盛顿的一次宴会中，威尔逊趁机对布莱恩的品格大加赞赏，并且宣扬他闻名于世的原因。不久之后，布莱恩就亲热地向他表示不再为那封信的事而耿耿于怀。

【口才点拨】

在谈话中，可以适当地投对方所好，往往能收到意想不到的效果。只要赞美得恰到好处，对方一定会对你有一个良好的印象，这既是谈话顺利进行的保证，也是取得胜利的开端。有一种赞美万无一失，那就是委婉的、间接的赞美，在第三个人面前赞扬比当面赞扬更有作用，尤其是对一个对自己有成见的人来说作用更大。

297 用言语引导对方的思绪

李世民称帝之后，开始封赏房玄龄等有功之臣，引起了很多旧部包括其叔父李神通的不满。

李神通说："我是李氏家族的长辈，最先拥戴高祖起兵关西，但现在就连房玄龄都位居我之上，我真的很难服气。"

李神通的这番言语引起了没有得到升迁的秦王府旧人的共鸣，他们也都开始抱怨起来。

李世民心平气和地找来李神通，对他说："我确实非常尊重叔父，但是，您应当清楚赏罚规则，当初您并无功，所以不能受赏。而且您先后在山东和刘黑闼手下打过败仗，还是房玄龄救的您啊。所以，我不能因为您是我的叔父，就把您和开国元勋同功论赏，您说是吧？"

李神通听了李世民的一席话，哑口无言，羞愧难当。

李世民接着说道："无私地为政才能让众人心服口服，秦王府某些人没有才能只会发牢骚，我自然不能奖赏他们了！"

李世民具备作为一个领导者的美德和智慧，他在治理天下时，大公无私，赏罚分明；在与李神通的对话中，懂得运用表象和类比的方法打动他，让他了解异同与对错，不再与有功之人争功名。

【口才点拨】

与人沟通时，试着用言语引导对方。首先应该有真诚的态度，只有这样才能消除别人的戒心，使其吐露心声。在此基础上，了解对方的所思所想，用他比较感兴趣的话题，引导他思考，掌控其思路，从而说服对方。

298 聪明的领导者懂得重视人才

公元前655年，晋献公打败了虞国，不仅缴获了很多财物，还俘虏了虞国的国君和虞国的大夫百里奚。

百里奚的态度十分强硬，拒绝投降，于是百里奚被充作陪嫁奴隶去往秦国，然而，他在去秦国的途中逃回了楚国。

秦穆公在翻看晋献公送来的礼单时，看到了百里奚的名字，却不见其人，便问护送礼物的人员："为何礼单上有百里奚的名字，却没有见到这个人啊？"

护送礼物的人员禀告秦穆公说："此人乃是虞国的臣子，在路上乘机逃跑了。"

穆公询问了百里奚的情况。这时，堂上的一位大臣说："听说此人德才兼备，只可惜没有遇到贤明的国君。"

秦穆公一听此话，便马上求贤若渴地派人去打听百里奚，后来得知百里奚在楚国为奴，就想以重金赎回他。

有个大臣对秦穆公说："百里奚遭受此种对待，正是楚国看不出他的才能。如果我们许诺重金，楚国肯定会知道他是一位有才能的人，我们就很有可能得不到这么好的人了。依我看，不如用五张黑羊皮去换，消除楚王的疑心。"

秦穆公听后，觉得有理，便派人到楚国，对楚王说："百里奚是一个陪嫁奴隶，现在逃到了你们这儿，我们打算用五张黑羊皮换他回去。"

楚王认为这个交易很合适，就同意了。

百里奚刚一进秦国的境地，秦穆公就赶忙迎接，把他释放并待如上宾，向他请教治国之道。百里奚谦虚地说："我只是一个亡国的奴隶，哪里有资格谈论治国之道啊！"

秦穆公说："虞国灭亡不是先生的过错，而是虞国的国君不识先生的才能啊。"

百里奚见秦穆公的态度非常诚恳，便畅所欲言，和秦穆公推心置腹，谈了整整三天。

谈话中，秦穆公问百里奚的年龄。百里奚回答说："今年已经七十了。"秦穆公说："可惜先生年迈了。"百里奚笑道："倘若大王命我去追逐天上的鸟儿，让我去骑马射箭，我的确老了。但是，如果大王信任我，让我给您出谋划策，那我还年轻呢！当年姜子牙八十岁遇周文王，今天我遇大王，不是比他还早十年吗？”

秦穆公听后大喜，欲给百里奚处理国事的大权，被百里奚婉言拒绝了，他说：“其实，我的好友蹇叔很有才华，但不为世人所知，倘若大王想治理好国家，就请他前来辅佐您吧。”

秦穆公向百里奚询问蹇叔的情况，百里奚说：“当初我为了寻找明君，建功立业，颇不得志，以至于流落街头。蹇叔收留了我，并与我结为兄弟，他的家境也十分贫寒，我不能拖累人家，便替人养牛糊口。没过多久，齐国公子无知杀了襄公自立为君，到处张榜招贤纳士，我想应召却被蹇叔阻止了，他认为无知杀君夺位，必然自取灭亡，跟了这样的君主，无异于自毁前程。结果，一个月后，无知在一次出游时遭人杀害，正是因为蹇叔的劝告，我才幸免于难。后来，我想做周王子家臣，也被蹇叔劝阻了，结果让我避开了周室内乱的灾祸。后来，为了摆脱贫困，我执意去辅佐虞国国君，结果差点儿丧了命，您说，蹇叔的才干是不是很难得？”

秦穆公听了百里奚的这番话，认为蹇叔的确是一个难得的人才，便派人以重礼请蹇叔来到秦国，并任命百里奚和蹇叔为上大夫。在两位贤人的辅佐下，秦国得到了极大的发展。

【口才点拨】

作为领导者，要懂得发现人才、善用人才的技巧。从一个人的言辞中准确判断他的才能、性格，是领导者的必备技能。平时多观察思考不同类型人的性格，不断阅人，才能做到慧眼识才。

299 领导者要善于纳谏

宋仁宗赵祯13岁的时候登基，由于年龄尚小，所以大权仍由刘太后掌握。宋仁宗没有宋太祖、宋太宗的军事谋略，在与西夏的战争中，数次战败。但宋仁宗特别重视人才，他虚心纳谏，善于听取忠臣的意见，令他当之无愧地成为宋朝唯一一位“仁”帝，更是因此而被后人称颂。

澶渊之盟后，宋朝必须每年向辽国进贡大量的银两和绢，导致宋朝的财政入不敷出。宋仁宗即位后，土地兼并、冗官、冗兵、冗费的现象越来越严重，面对如此严峻的形势，他整日烦恼不已。

一日上朝时，宋仁宗收到一道奏折，内容是有关减少宫女和侍从费用的，就在他翻阅奏折时，突然感觉头痒难忍。退朝后，宋仁宗拿起奏折，急忙赶回宫中，立即呼唤梳头太监替他梳头。

梳头太监在给宋仁宗梳头的时候，碰巧看到宋仁宗手中握有一份奏折，于是就问道：“陛下，您收到的是一份什么奏折？”

宋仁宗面露愁容说：“一位大臣建议朕应该适量减少宫女和侍从，以减少一些开支。”

梳头太监听后说：“现在，每位大臣的家里都有歌伎舞女，仆人也很多，若是升了官，就会不停地增置。陛下贵为天子，侍从并不多，他们却建议要削减您身边的奴仆，这也太过分了！”

宋仁宗听了梳头太监的这番话，没有应声。

梳头太监见宋仁宗不语，便接着问道：“请问，陛下准备采纳他们的建议吗？”

宋仁宗说：“谏官的建议，朕还是要采纳啊。”

梳头太监听了宋仁宗的话，大为不悦，鉴于皇上一直很宠信自己，就赌气地说：“如果陛下坚持要采纳他们的建议，那就请从我先开始吧。”

宋仁宗站起身来，立即召见主管太监入内，命他按照名册检查，将梳头太监以及宫人二十九人削减出宫。

梳头太监见状，心知事情不妙，就跪在宋仁宗面前，请求留下来。

宋仁宗摇了摇头，走出了宫。后来，皇后得知此事，大为不解，就问宋仁宗说：“陛下，梳头太监乃是您多年的亲信，他并不是多余的人，您为什么要将他削减出宫呢？”

宋仁宗叹了一口气，说：“他劝朕不要听取谏官的忠言，这种不明情理的人怎能留在身边。”皇后听后，恍然大悟。

正因为宋仁宗是一位懂得重用人才、虚心纳谏的明君，所以北宋才出现了“仁宗盛治”的局面。

【口才点拨】

听取别人的意见，就会得到拥护，拒绝别人的进言，就会阻塞自己的听闻。可见，善于纳谏，听取忠言是作为决策者达到“主明”的重要途径，做到了这一点就能广开言路，在判断外界事物时就能避免失误，从而顺利施行切合实际的正确策令。

300　领导要审察有度

作为领导者，对下属不能采取人人自危的考察术，否则让大家生活在“太阳”底下，就会没有容身之地，你还怎么赢得众人拥戴呢？“审察有度”是一种糊涂处世的领导智慧，是大智若愚的做人做事原则。

春秋时期，齐国有一位智者，名叫隰斯弥，当时大夫田成子当权，颇有窃国之志。有一次，田成子邀隰斯弥谈话，两人登上高台浏览周围的景色，只见东、西、北三面平野广阔，一览无余，只有南面被隰斯弥家的树林挡住了视线。回到家里，隰斯弥立即带着家仆去砍伐树林。

然而，砍了几棵他又停下来，马上返回家里。家人莫名其妙，询问其中的原因，隰斯弥说：“我从田成子的表情看得出，他很厌恶咱们家的树林挡住了视线，所以我想把树砍掉。可是转念一想，如果我砍了树，表明我能知人所不言，那祸害就不远了！”

隰斯弥知微察著的本事的确很大，但是他“审察有度”的智慧更高，如果不是早点警醒，向田成子装糊涂，恐怕后来就大祸临头了。

人与人相处不可能完全避免摩擦，如果不能及时调解，事事都将无法收拾，结局便是众叛亲离、得不偿失。如果我们明确了哪些事情可以不认真，可以模糊处理，知道自己该干什么和不该干什么，知道什么事情应该认真，什么事情可以稍微宽容，那我们的朋友就会越来越多，但要真正做到这一点是很不容易的，需要经过长期的磨炼，才能领悟人生的真谛。

古人云：“水至清则无鱼，人至察则无徒。”清亮见底的水中没有鱼，太聪明的人没有朋友，为人处世，如果过于泾渭分明，不懂得糊涂之道，就会失去生存空间，破坏和谐的秩序。

【口才点拨】

每个人都有自己独特的性格，谁也不能像独裁者那样要求对方完全按照自己的意图行事。与人交往时，应做到“审察有度”，给他人、给自己一个模糊的空间，对彼此的利害关系、利益诉求不吹毛求疵，尽可能地理解宽容不同的意见。

301 凡事不能太较真

在和人打交道时，有些事情确实无法解释，就不必说清道明，自寻烦恼。其实，在不丧失原则和人格的前提下，我们应顺其自然，装一次糊涂，为了长远打算，暂时受点委屈，也未尝不可。

历史上流传着关于孔子带众弟子周游列国的故事，正说明了做人不能太较真的道理。

有一天，孔子一行人在途中走得比较累，又饿又渴，突然看到一酒家，于是孔子就吩咐一弟子去向老板要点吃的。那个弟子走到酒家，对老板说：“我是孔子的学生，我们和老师走累了，请给我们点儿吃的吧。”

这位老板很奇怪，他没有拿吃的给孔子的学生，而是写了一个“真”字让他认，同时还说：“如果你认识的话，就说明你是孔子的弟子，那你就可以随便吃。”

孙子的弟子很不以为然，“真”字谁不认识啊，便随口说道：“这是个‘真’字。”

老板大笑道：“连这个字都不认识，你还敢冒充孔子的学生，真是可耻。”

于是，这位老板吩咐伙计将他赶了出去，弟子沮丧地回来了。孔子知道后，亲自去酒家对老板说：“我是孔子，走累了，想要点儿吃的。”

这位老板用同样的方法考察孔子，说：“既然你说你是孔子，如果你认识我写的字，你们就可以随便吃。”说罢，他又写了个“真”字。

孔子看了看，说道：“这个字念‘直八’。”

老板大笑道：“你果然是孔子，坐下来随便吃吧。”

孔子的弟子听后，非常疑惑，问孔子：“这个字明明是‘真’啊，您为何要念‘直八’呢？”

孔子说道：“这是一个认不得‘真’的时代，你如果一定要认‘真’，怎么可能不时时碰壁呢？这是处世之道，你还是需要学习啊。”

【口才点拨】

与人相处沟通时，凡事不可太较真，面对尴尬和矛盾时，不妨利用巧妙的言辞一笑而过，给人一个台阶，给自己一分豁达。

302　赏罚分明才能获拥戴

公元207年，曹操大败袁绍之后，正准备北伐攻打乌桓和辽东。在出征以前，曹操的几位将领表示反对这次出兵，认为这是一种孤军作战，很可能会失败，而曹操却执意要出兵北伐。当时阴雨连绵，道路十分泥泞，加之路口都有敌军埋伏，所以曹军只能寻找无人道路前进。这样一来，曹军立即处于严重缺水断粮的困境，只好杀掉几千匹战马借以充饥。

曹军好不容易接近乌桓，却遭敌军主力攻击，幸好曹操亲临指挥作战，化险为夷得胜归来。在庆功宴上，曹操首先问道：“在这次出征前，是哪几位将领劝我不要北伐的？”

众人一听，顿时安静下来，几位将领急忙站出来，跪下请罪。曹操见状，不禁大笑，忙说：“几位将军快快请起，我今天不但不会罚你们，反而还要大力奖赏你们。我因为没有及时采纳你们的建议，险些全军覆没，这次的胜利不过是侥幸而已。”这几位将军听了曹操的话，这才放下心来。从这以后，众将士对曹操这种秉公无私、赏罚分明的做法无不赞赏。

奖赏须守信，刑罚须公正，这样的信誉和公正需要大家的所见所闻来验证，这样才能让人信服。

【口才点拨】

赏罚分明的做法在很大程度上调动了员工们的积极性，提高了企业的战斗力，进而使自己立于不败之地。批评和赞扬同样重要，并且一定要做到界限分明，只有这样才能严明纪律，提高效率。

303　言辞分明，赏罚有道

春秋时期，齐景公执政期间，东阿和鄄城遭到晋国进犯，黄河南岸又遭燕国进犯，兵败后，齐景公忧虑不已。

晏婴知道齐景公在担心什么，特地推荐了田穰苴。他对齐景公说："虽然穰苴是田氏门中偏房所生，但他知识渊博，文武双全，为众人所归服，希望君王用他试一试。"于是，景公召见了田穰苴，跟他商讨用兵之事，任命他率兵抗敌。

穰苴对景公说："臣始终处于低下的地位，如今大王大力提拔我，加官于大夫之上，士兵和百姓都不会信服，所以臣斗胆请求大王派一个全国上下所尊崇的人来担任监军。"

景公听后，感觉很有道理，就派宠臣庄贾担任监军。

田穰苴跟齐景公告辞之后，对庄贾说："明天中午我们在军营门会合。"

第二天，穰苴骑马先来到军营，设置了测日影的标杆和计时漏斗，以等待庄贾的到来。然而，到了中午时分，还不见庄贾的身影。

田穰苴看了看悬挂正空的日头，一手放倒测影标杆，并撤掉了计时漏壶，待到傍晚时分，庄贾才不急不慌地来到了军营。

田穰苴问："您为何迟来呢？"

庄贾不屑一顾地回答道："亲戚朋友盛情为我设宴饯行，与他们喝了几杯，耽搁了时间。"

穰苴厉声指斥他说："身为将帅须以身作则，如今大敌当前，人心动荡，将士君王尽皆烦忧，苍生性命皆在你手，万钧重担皆在你身，你却把饯行当作迟到的借口，这就是你效忠的方式吗？"

说罢，穰苴把军法官叫来，问道："延误军期，该如何处置？"

军法官回答道："当斩。"

庄贾突然害怕起来，急忙派人报告齐景公请求救援，可是，庄贾派出的人还没有来，田穰苴已经按军法将庄贾斩首了。

田穰苴是一位了不起的将军，严明治军，立下战功，得到了齐景公的封赏。齐景公也是一位赏罚有道的明君，以正治国。

【口才点拨】

领导者要具备领导魅力，其主要表现在赏罚有道，只有这样才能得到下属的拥戴和支持。面对原则性的问题，一定要言辞分明，严格公正，这样才能让人信服。

304 领导者要懂得选才之术

西周时期，周武王问姜太公："君主起兵，想选拔英明而有谋略的人为将，要想知道他的才能高下，应该怎么办呢？"

太公说："有八种方法来识别才士：第一，提出问题，考察他的才学；第二，用难题追问他，观察他的应变能力；第三，用间谍来考察他，看他是否忠诚；第四，明知故问，看他的品德；第五，让他理财，看他是否清廉；第六，用女色引诱他，看他是否贪图美色；第七，用危险考验他，看他是否勇敢；第八，使他醉酒，观察他能否保持常态。用过这八种方法后，就可以知道贤与不肖了。"

【口才点拨】

领导要具有一双慧眼，更要掌握一些选才之术，这是选拔人才的必要条件。作为领导者，利用巧妙的言语来考察对方的才识，并从他的言语和反应中了解他的真实性格，从而做到慧眼识才。

第二十二章　下属口才：征服领导的金言术

305　巧用“太极式”的口才术

楚汉相争时期，陈平投靠刘邦后，刘邦提拔他为都尉，非常信任他，这遭到了很多将领的嫉妒，尤其是周勃和灌婴，他们经常在刘邦面前诋毁陈平：“虽然陈平的长相姣美，就像帽子上的玉石一样，但肚子里却是空的，没有奇谋异策，为人也不懂得变通。在魏国的时候，由于做事不当，难以容身，所以才归顺了楚王，归顺了楚王后由于不合心意，才来投奔汉王。如今，大王非常器重他，还让他做了高官。可我们听说，他常常接受将领们的贿赂，给得越多待遇越好，给得越少待遇就越差。所以，请大王千万不要轻信这个反复无常、做事没有原则的人，对他的言行也要认真审查才好啊。”

刘邦听了后，心中自然有些顾虑，于是，他将陈平召来，责问道：“你没能在魏国长久居住，就离开魏国投奔楚国，现在又来投奔我，这一点让我很不理解，试问诚实守信之人怎么能够如此三心二意呢？”

陈平说：“当初我追随魏王，魏王不器重我，所以我离开了。而楚王满腹疑虑，不相信任何人，他所任用的除了项氏本家就是他夫人的兄弟亲戚，即使是奇谋之士，他也绝不重用，所以我也离开了。我之所以投奔您，是因为听说您任人唯贤，重视人才，我独自一人前来，若不接受钱财根本无法生活，如果我的谋略有些许价值，敬请大王加以采纳，如果我的谋略没有任何价值，我收受的金银还在，可以请大王封存起来交给官府，我也请求离开。”

刘邦这才明白陈平胸怀大志、深谋远虑，向陈平道歉后重重地赏赐了他，任命他为护军中尉，监督所有的将帅。

陈平懂得遵循开闭之术的法则，他根据汉王求问的目的，先略微排斥对方所说的话，然后加以反驳，将真实情况展示给对方，让对方知晓真相，进而以自己的理想来博得信任。

当然，职场新人阅历尚浅，起初最好采取“太极式”的开合有度之术，即与领导和同事说话应委婉、含蓄，绵里藏针。

【口才点拨】

与人交谈时，如果对方占得一时之势，你要避其锋芒，或者装装糊涂，使用一些隐语，从而达到“同其情”“异其诚”之效。

306 激发自尊心的口才术

某公司一项重要的建筑工程，因为一名爱尔兰老妇人而受到阻碍，她把公司总裁萨缪尔·弗兰克的计划彻底打乱了。当年，弗兰克还只是这家公司的小职员，成为经理只是后来的事。

当时，在弗兰克的建议下，公司买了一块地，想建一座办公楼，但在这块土地上有100多家住户，接到公司通知后，他们答应搬迁。但让弗兰克没有想到的是，在一位爱尔兰老妇人的煽动下，一些住户改变了主意，拒绝搬迁。而且她的煽动力很强，获得了当地居民的一致响应。面对这种情况，弗兰克对上司说：“如果动用法律强迫他们搬迁，肯定会拖上几个月，但我们需要尽快破土动工。用不明智的方式来驱逐他们，一定会招致许多仇敌……新建此楼是我的建议，所以我请求此事交由我来办理，我会竭尽所能，让工程顺利进行。”

弗兰克知道，摆平此事的关键之处，是说服那个爱尔兰老妇人。

这天，老妇人正坐在巷子里的一个门槛上。她也看见了弗兰克，很不友善地对弗兰克说：“你在这里走来走去想干什么？”

头戴旧草帽、身穿旧衬衫的弗兰克，像工人一样将两只衣袖一直卷到臂膀上。听到老妇人的提问，他慢慢地走到老妇人的面前，嘲弄地说道：“你一个人这么坐着，什么也不干，不觉得丢人吗？像你这么有能力的人，就该劝大家搬出去，住更好的房子。”

老妇人听到弗兰克这么嘲讽自己，激起了内心的不满。她想展现自己的能力给弗兰克看。于是，她开始动员大家搬迁。不久，搬迁工作就顺利完成了。

临别时，老妇人对弗兰克说：“为你帮忙是我的荣幸。”

就这么几句话，弗兰克就重重地打击了老妇人的嚣张气焰，自己处于主动位置了。

从这以后，她成了那里最忙的女人，力劝大家搬离了那个地方。

其实，弗兰克只是用了一个很简单的办法：激起对方的自尊。他首先表现出特别尊重老妇人，并诚恳地请她帮忙，然后还恭维她的领导才干，让她感觉到了自己所受到的尊重，而且觉得自己很重要，领导这地方的居民搬迁的事情非她莫属。

【口才点拨】

在与别人沟通时，要讲求一定的策略，尤其是要激发对方的自尊心，之后寻找机会切入，占据主动地位。

307　进谏时要把握良机

贞观十二年的一天，唐太宗为庆祝皇孙的诞生，大宴群臣。

席间，唐太宗兴高采烈地说道：“贞观之前，房玄龄助我夺取天下，贞观以来，魏徵帮我纠正错误，我要奖赏两位功臣。”说罢，命人取来两把特别精致的佩刀，分别赐给房玄龄和魏徵。

房玄龄爽快地接了过来，而魏徵却沉重地说道：“臣受之有愧！”

太宗觉得很奇怪：“此话怎讲？”

魏徵回答道：“近年来，国事已大不如贞观之初，这表示我并没有尽到谏臣的责任。”

太宗诧异地问道：“不如以前吗？”

魏徵回答道：“陛下的权威比贞观初年是高了很多，但人心悦服就不如以前了。”

太宗不解地问：“何以见得？”

魏徵答道：“陛下以前总是为国家忧虑，所以国家越来越好，但现在以为国家已经治理好了，心安理得，所以就不如过去了。”

太宗说：“我现在所做的事和过去没有分别，你怎么说不同了呢？”

魏徵回答道：“贞观年初，陛下担心群臣不提建议，经常鼓励大家要勇于表态，有人进谏也能欣然接受；但近年来，虽然陛下也接受了一些意见，可心里不服。”

太宗听后吃惊地道：“怎么会呢？”

魏徵回答道：“陛下初时曾判一个大臣死罪，有人来进谏说不应该判此人死刑，陛下接受了，而且还奖赏了他。有人说赏得太厚了，可您认为这是第一个进谏者，所以要厚赏，也是为了鼓励他人进谏。”

魏徵又接着说道：“前些日子，中牟县的县丞皇甫德参上书，提出修建洛阳宫是劳民伤财，收地租会给老百姓带来沉重的压力。陛下当时还要惩办皇甫德参，只是因为臣苦苦地规劝，陛下才没有治罪于皇甫德参，其实，这就是勉强接受意见了。”

唐太宗因为新添孙子，心情不错，所以听了魏徵的一席言语后笑道：“我要把你刚才所说的话一字一句抄录在屋中的屏障上，早晚阅读以提醒自己，还要史官将其写入历史中。”

魏徵正是趁着唐太宗心情愉悦的时机，恰如其分地批评太宗，向他进谏，使太宗欣然地接受了他的诤言。

【口才点拨】

成功者之所以成功，就在于他们具有与圣人相同的智慧，不仅懂得开阖之真谛，且善于洞察事物发展变化之关键，更善于把握时机，无论是行事，还是进言，他们都能凭借信息对不同的情况做出最正确的反应。

308　引发对方的兴趣

身为纽约市长，罗斯福并没有什么出人意料的主意。有一天，普兰特·马修斯向他询问：“您是如何让那些政治头目对您言听计从的呢？”其实，马修斯是想知道，罗斯福是如何既能赢得他们的友谊，又能将他们所反对的一系列改革实行下去的。

罗斯福只说了一句："只有用心才能成功。"

罗斯福看出马修斯的不解，接着解释说："在开始实行此策略时，正好有一个机关缺人，我就拜托那些政治头目'推荐'出一个人来。其实，我是想让他们主动提出一些可选方案，让我深入了解在他们心目中有哪些可选人。不过，实施这一策略也有一定的风险，因为刚开始的时候，他们也许会推荐给你一个他们信任，但对于你来说却值得考虑的人，这时你就得仔细衡量和判断，同时要小心防范。"

罗斯福说："当他们把那个人推选出来时，我不能直接反驳，这样很容易引起他们的不满。所以，我只能委婉地说'恐怕人们是不会同意委任这样的人的'。然后，他们又派来另一个'走狗'（不可信赖的人），那个人是有名的顽固官吏，虽不使人讨厌，也没什么好感。我就对他们说'这也不是人们想要的人'，请他们再推荐合适的人选。"罗斯福回忆道。

罗斯福说："之后，他们又推举出了一个也不是很合适的人选，但我还是对他们表示感谢，让他们再试试；直到他们推荐的第四个人，才是最合适的人选。于是，我对他们表示了谢意，并立刻决定任用此人。我这么做是向他们说明：我之所以向他们请教，是因为对他们的信任和尊重；我之所以能用这个人，是他们极力推荐的结果。"

最后，罗斯福说："快要结束的时候，我会大方地告诉他们，我是为了取悦于他们，才这么做的；这时再要求他们为我做事，他们也会感受非常愉悦。"

罗斯福就是这样，用他的才智使这些政治小头目俯首帖耳，与他们相处得十分融洽，同时还征服了那些反对自己的人，真是一举两得。

可见，向对方请教他最感兴趣的问题，让他主动提出可选方案，并和他协商解决，是获得他人好感的最稳妥的办法。

约翰·华纳梅克有句名言："就算是一个外行向你提出一个意见，哪怕它根本不能被采用，你也得鼓励他几句。"当我们真诚地请别人提些建议和意见时，对方就很容易接纳你，这会让他感到自己的重要性，方法很简单。我们应该向罗斯福学习，真诚而反复地向帮助我们的人致谢，自己也能达到目的，这是一种策略。

【口才点拨】

要善于向他人请教，引发他的兴趣，并真诚地表示谢意。有问题时平等谦逊地协商解决，尊重对方的意见或建议，对他的观点加以鼓励并成全，让他产生一种成就和自豪感。有才干的人都善于运用这种方法为双方的进一步交流打下良好的基础。

309 静观其变，随机应变

东汉时期，有一位有名的权臣窦宪，自从妹妹在章帝建初三年立为皇后之后，他就在朝中恃宠骄横，文武百官都惧他三分，都想方设法奉承他。

当时，窦宪纳了个才貌俱全的妾，一些地方官员得知后，争先恐后地前来表示忠心，汉中郡太守也准备了一份厚礼。李命是汉中郡太守手下的一名官员，此人行事稳妥、认真、细心，而且十分聪慧。他认为窦宪仗势欺人，已经得罪了很多人，日后一定会遭到杀身之祸。所以，李命劝阻汉中郡太守说："自古以来，独断专权、独揽大权的外戚，都没有好下场。窦宪依仗自己的妹妹是皇后，经常以皇亲国戚自居，胆大妄为，如此嚣张定会引起正义之士的不满，所以他的倒霉日子马上就要到了。所以，希望大人还是不要与窦将军走得太近，这份厚礼也不必送了，以免日后遭到牵连啊。"

汉中郡太守觉得李命的话不是没有道理，但他还是认为不给窦宪送贺礼，肯定会得罪于他，所以最后他决定派人将那份厚礼送到窦宪的府上。

李命见太守没有听自己的建议，便主动请求说："大人，如果您一定要这样做，我也无话可说，不过，请您把送礼的差事交给我吧，我保证办得妥妥当当的。"

汉中郡太守素来欣赏李命的才能，欣然同意了。

于是，李命便带着礼品上路了，临行前，他就派人先行前去，打探京城里的情况。半途中，派去打探消息的人回来报告说："目前朝廷中的外戚势力与宦官势力之间有很深的矛盾，而且城里还流传着一个消息，说皇帝对外戚的积怨很深。"李命得知这一情况后，料想朝中近日定会有一场变故，于是他命随从人员放慢脚步，缓慢行驶，以便拖延时间，静观其变。

几日后，当他们走到扶风的时候，京城就传来了窦宪自杀身亡的消息。原来，汉和帝在得知外戚集团中有人预谋要杀害自己后，就秘密派遣中常侍宦官郑众捕杀窦宪的同党，窦宪知道自己精心策划的一切都被摧毁了，自己一定也活不成，于是自杀了。

李命得知这个消息后，便带领随从返回汉中郡，向太守报告事情的经过。

后来，由于窦宪的事被昭告天下，他的亲信以及与他交往密切的人都在被疑者之列，汉和帝为了彻底打击外戚集团，所以对这些被疑者一一审判，根据其罪行的大小，分别给予杀、关、管的惩罚，只有汉中郡太守安然无恙，而且受到了汉和帝的信赖。

经过此事，汉中郡太守对李命的为人和机智更加钦佩，对他也倍加信任。

李命是一位德才兼备的贤人，他能够根据窦宪的为人和行事作风等实情，揣测出这种仗势欺人的外戚必定劫数难逃，在劝说太守失败后，又主动请求亲自给窦宪送贺礼。由于他懂得根据事情的发展变化而制定出相应的谋略，真正做到了静观其变，随机应变，最后帮助汉中郡太守免遭汉和帝的怀疑，而他自己也因此受到了太守的信赖和重用。

【口才点拨】

在与领导沟通时，一定要集中精力，言辞得当，当面对领导的疑问时，一定要做到静观其变，随机应变，这样才能得到对方的信任。

310　刚柔并济的口才策略

秦国在灭了韩国和魏国之后，又把目标锁定在了只有方圆五十里土地的小国安陵上，并试图用“以大易小”的策略达到吞并安陵的目的。

一天，秦王派人对安陵君说：“寡人想用十倍的土地换取安陵，安陵君应该会答应寡人吧？”安陵君说：“大王施加恩惠，以大的土地换取小的土地，这当然是太好了。但是我从先王那里继承了这块土地，愿意始终守着它，不敢轻易与人交换。”

秦王听了使者回报，十分震怒，安陵君知道秦王会不高兴，担心其报复，于是派使臣唐雎独自前往秦国与残暴的秦王交涉。

秦王对唐雎说："寡人拿十倍的土地换取安陵，但安陵君不同意，这是为什么呢？况且秦国已经消灭了韩国和魏国，只有安陵君凭着五十里的土地生存下来，那是因为我认为他是忠厚的长者，所以没有把安陵放在心上。如今我拿十倍的土地同安陵君交换，让他扩大地盘，他却违抗寡人，这不是看不起寡人吗？"

唐雎回答说："不，不是这样的。安陵君从先王手里继承了土地并守护它，即使一千倍的土地也不敢换掉，更何况只是十倍的土地呢？"

秦王勃然大怒，对唐雎说："您曾听说天子发脾气吗？"唐雎说："臣没有听说过。"

秦王说："天子发怒，就得百万人头落地，流血千里！"唐雎说："大王曾听说过平民发脾气吗？"

秦王说："平民发怒，不过是摘下帽子光着脚，拿脑袋撞地罢了。"唐雎说："这是庸人发怒，而不是高士发怒。当专诸刺杀王僚的时候，星光遮盖了月亮；当聂政刺杀韩傀的时候，白虹穿过了太阳；当要离刺杀庆忌的时候，苍鹰搏击于殿上。这三个人，都是平民中的高士，他们满腔的怒气还没有发泄出来，凶兆就从天而降。高士发怒，就将要倒下两具尸首，五步之内鲜血四溅，天下臣民都要穿上白色孝服。现在，这个时机已经到了。"唐雎说完就立刻拔出剑冲向秦王。

秦王吓得脸色大变，挺起身跪着向唐雎道歉说："先生请息怒，寡人现在明白了，韩国和魏国这两个庞大的国家相继灭亡，而安陵凭着五十里土地安然无事，正是因为有像先生这样的人啊。"

想要把握对方的思想，必须在了解真实情况后，才能做到进退有据，既可以开启又可以固守。唐雎用自己的大智大勇和浩然正气压倒了骄狂的秦王，最终成功地完成了使命。

【口才点拨】

如果想让上司欣然接受你的建议，可以先找出他的破绽，再进行游说。在说服他的时候，要刚柔并济，先柔后刚或先刚后柔，以求达到预期目的。

311 “权威效应”警示人们不要迷信权威

权威效应之所以存在，首先因为人们对安全心理的需求，即人们总认为权威人物的言行有一定的指导和示范作用，是自己的楷模，听信并模仿他们会给自己增加安全感；其次是由于人们有“赞许心理”，即人们总认为权威人物的要求往往和社会主流的思想规范相一致，按照权威人物的要求去做，会得到各方面的赞许和奖励。

的确，权威之所以成为权威，自然有其道理。权威人物在某一方面有着强势的影响力和话语权，但权威不是“上帝”，他的话也不一定全是放之四海而皆准的真理。所以，面对权威，我们可以尊敬，可以崇拜，但不能迷信盲从，必须要保持自己独立的观察和思考。

迷信则轻信，盲目必盲从。无论何时，都需要保持一份自信和冷静，保持自我的独立性，如此才不会在无数真真假假的权威们和缤纷的世界面前迷失自我，迷失人生的方向。

小王是一家公司的中层管理者，他是一个非常认真非常勤奋的人，工作努力，业绩突出，老总交给他的工作，他都会保质保量地按时完成，对待他的下属也非常和善，凡事都会毫无怨言地去配合别人。

一次，老板把小王叫到办公室说道：“小王啊，我们公司准备开发一个新项目，你看一下这个规划，说一说你的想法。”小王看着规划书，其中有一处很不妥，当时他心里就在想：“我应不应该和老板说呢？”

小王做了一番思想斗争后，还是选择了服从老板。于是，他对老板说：“您的规划很完美，我一定会尽全力配合您的。”而老板听后却露出了失望的神情。

小王为了迎合老板，没有说出个人想法。他不知道，老板其实是打算在一些平时工作勤奋、兢兢业业、有能力的中层管理者中选出一个副总经理，所以故意做了一份有问题的规划书，目的就是想知道哪位主管可以指出问题并且能够给出建议。

当然，小王最后失去了这个被提升的机会。

可见，像小王这样工作努力的员工，一定会得到老板的赏识，但为了遵从老板的意思而放弃表达个人想法的人，最后也会事倍功半。所以，有时候需要有一定的自信和勇气。

在现实生活中，有些人头上是戴着某些耀眼的光环，“某某大师”“某某专家”“某某艺术家”等等，不一而足。这些称号，在一般人听来往往如雷贯耳，有着无上的权威性。这些人的造诣，在一般人眼里往往可望而不可即，只有向往和垂羡而已。不过他们哪里知道，真正的事实是怎样的呢?

我们要认识到天底下唯有一个自己，虽可能平凡，但自有属于自己的一条路可走，其他的路自己可能会借鉴，但没有模仿的价值，自己的成功之路还是需要自己走。

【口才点拨】

“权威效应”警示我们不要迷信权威，人要永远忠于自我天性，永不背叛自己，坚定保持自我个性和思想的独立。

312 自荐技术

战国时期，秦王派出重兵攻打赵国，没过多久，就把赵国的都城邯郸包围起来。赵王便命令将士坚守城池，暗中派平原君到楚国请求救兵。

平原君深知，此次楚国之行关系到赵国的生死存亡，他仔细挑选出二十名文武双全的门客随他一道去楚国求救，并讨论合纵抗秦之策。但是，平原君选来选去，只选出十九人，还差一人，怎么也选不出来。

此时，门客毛遂对平原君说：“我听说先生找人，还不够数，我向先生推荐我自己，请您也带上我吧，哪怕是凑个数也行啊！”

平原君一看，此人其貌不扬，毫无灵气，没有一点儿印象，于是问他：“你到我这儿多少年了？”

毛遂回答说：“已经三年了。”

平原君有些气愤地说：“你到我门下已经三年了，在这期间，从来没有人在我面前夸过你，可见你并无什么过人之处。一个有才能的人在世上，就像口袋里的锥子，早晚会扎破衣服。但你始终没有展现你的优势，怎么能够与我一起去行使如此重大的使命呢？”

毛遂听了这话，也并不生气，他心平气和地对平原君说：“我今天要求的正是像锥子一样被放进袋子里！”

平原君对毛遂的胆识和口才很是佩服，于是就答应带毛遂前往楚国。

抵达楚国后，平原君马上要求见楚王，与其协商帮忙赵国的事情。但商谈的过程并不顺利，平原君和楚王谈了整整一上午合纵抗秦的事，可楚王就是不肯出兵。

毛遂当机立断，手按宝剑，走到楚王面前慷慨陈词，面对盛气凌人的楚王毫不胆怯。他两眼逼视着楚王，申明大义，从赵楚两国的关系谈到这次救援赵国的意义，晓之以理动之以情。

楚王觉得毛遂的话很有道理，对他的胆识和豪气很是佩服，最后终于答应联合抗秦，派兵救赵。

赵国得救后，平原君称赞毛遂说：“原来毛遂真是一个卓越的人才呀！如果这次不是毛先生挺身而出，我岂不是要埋没一个人才啊？”从这以后，平原君就把毛遂待为上宾了。

【口才点拨】

自荐首先要求自己能够从容面对对方的质疑，再次则要求自己的能力确实出众，只有这样，加上机智的应变能力和辩论口才，定能一飞冲天。

313 钩钳技巧

春秋战国时期的鬼谷子深明钩钳之道，以下是他的思想。

钳制的外交辞令要想实施，必先顺从赞美一番，让对方的自尊心得到满足，有成就感和荣誉感。

如果某人顽固不化，那么可以先提出反面意见，当他说出自己的想法时顺从一下，之后再次提出反对意见，再次顺从一下，就这么反复进行试探，不出意外的话，应该是能够找到切入点的。

除了这种办法，还可以反复刺探诋毁，诋毁刺探，迫使对方做出应答，然后见机切入。

财物、金银珠宝、封地、古玩字画可以诱惑那些贪婪的人，之后钳制他。

当然，也有手握大权并且不贪图利益的人，对于这种人就要用大局等方面的分析吸引他的注意力，仔细分析对方的观点以及想法，找出对方话语上的破绽，之后立刻切入。

【口才点拨】

这种方法讲求策略，要因时制宜，时顺时逆，时认同时反对，不厌其烦地试探，直到寻找到最佳切入时机。这时需要顺畅地连接每一个环节，不能露出破绽，要让对方不知道这是预谋好的。

314 做好百分之二十

二八定律是意大利经济学家巴莱多发明的，他认为，在所有的事情中，起决定作用的只占其中一小部分，约20%，其余80%的尽管是多数，却是次要的，因此又称二八法则。这个定律是可证的，而且已经被不断证明。经济学家认为，20%的人手里掌握着80%的财富。有这样两种人，第一种占了80%，拥有20%的财富；第二种只占20%，却掌握80%的财富，这是什么原因呢？

因为第一种员工心里只想着自己，总希望公司能给自己更多的工资，而将自己的一生租给了第二种20%的人；而第二种人除了做好手边的工作外，还会用另一只眼睛关注正在发展变化的世界，他们知道在什么时间应该做什么事情，于是第一种80%的人都在替他们打工。

大多数经济学家都认为，如果将世界上的财产平均地分配给每一个人，经过一段或长或短的时间后，其中20%的人最终将再次拥有80%的财产。

当然，二八定律不仅适用于经济和管理方法，还适用于处理人际间的关系。比如，在工作中，如何与上司很好地合作，不妨用二八定律这一大“法宝”。

根据这个定律，上司对你是否宠爱，大多数是根据你的工作表现来确定的。为此，有必要明白，这两成工作是什么，表现在哪些方面，然后，采取针对性措施，专心致志把这两成工作做好。

需要注意的是，这两成工作上的表现非常重要，它往往是上司最关心的工作，也是你工作的核心内容。如果你能很好地完成这两成工作，将会给你的上司留下良好的印象，有利于你的职业发展。所以，你只需把这两成工作做好了就已足够，其余的八成就可忽略不计。

相反，如果你把主要的时间和精力花在了那无关紧要的八成事情上，那你就有些舍本逐末，轻重倒置，既无法完成核心工作，也容易丧失最好的时机。即便你很真诚很努力，结果也往往是费力不讨好。因为这样做也会给自己、给上司带来更多压力，也让别人以为你是庸才，而且，这样只会让接下来的工作更难做。

看来，这两成工作才是工作的核心内容，是应该花大力气去做的，可是，究竟如何才能知道上司关心的这两成工作呢？该如何做呢？

其实很简单，直接问上司就行了。当上司布置给你新任务时，你必须弄清楚他想要的是什么，对你的期望值有多大。为了弄清楚，最好开门见山地直接问，所以，你接手时必须请上司把这项工作应当达到的标准和水平、最重要的工作在哪些部分，起码完成到什么程度，何时交差，等等关键的问题都问清楚，然后做好计划着手去做。这样，不仅领会了领导的意图，也免得自己搞不清轻重缓急，糊里糊涂做事，得到一个费力不讨好的结局。

当然，上司的个性与工作作风各有不同，表现在外面的自然也不一样。有的上司在下达任务一开始就直接提出明确要求，有的却不那么清晰，有的上司甚至有意考验你的领悟能力，故意不说，等等。在这种情况下，就要因人而异，具体问题具体分析。

但一般来说，上司的任务要求都是明确的，对下属的要求也是直接的。如果遇到了一个不明确的，或是故意考验自己的任务，自己又恰恰不能聪明地领悟到，此时，与其徒劳地苦苦琢磨，不如直接谦虚地去问，这样至少不会引起上司的反感，也不会浪费精力，做无用功。

如果只是一意孤行，不懂装懂，或者懒得问，自己闷头做去，就容易出问题。而且上司也会有情绪的时候，搞不好会认为你目中无人，如果再遇上个妒贤嫉能的上司，你事先没请示他，即便工作做得再好，也说不定会给你找点麻烦，那时候你就会叫苦不迭了。所以，你有必要了解上司，更要善于领会他的意图，也就是说必须学会了解上司的言下之意。当完成任务后，要问问上司的意见，如果有些成绩的话，还要感谢他对你工作的支持。为了防止忘记，有必要把上司的意见或建议记在本子上，这样就不必担心忘记上司的“意见”而把握不住工作的重心了。

【口才点拨】

人生有限，倾注精力做好生命中最重要的事情，坚决抛弃低价值的活动，这样才能事半功倍，受到上司的赞赏。

315　用积极心态影响对方

1997年，创造了半导体产业神话的安迪·葛鲁夫被美国《时代》杂志评为本年度人物，但人们对他的了解只停留在他是美国巨富，却很少有人知道他的人生经历。

由于家境贫寒，安迪·葛鲁夫从小就吃尽了缺衣少食和受人藐视的苦头，于是他发誓一定要出人头地。在成长过程中，他比同龄人显得成熟而老练。然而，他却有着悲观情绪，也许是受贫困的家境的影响，他养成了凡事都爱走极端的特性，这在他以后的经商之路上体现得淋漓尽致。

有一次，在安迪·葛鲁夫第三次破产后的一个下午，他独自在河边漫步，看着眼前河水不断地流动，脑海中呈现的都是一些不幸之事，从早逝的父母想到一次次的失败，他不禁悲痛不已，甚至想到了自杀。

就在这时，安迪·葛鲁夫看到对岸走来一位轻松惬意的青年，他背着一个鱼篓，哼着歌从桥上走了过来。安迪·葛鲁夫被青年的情绪所感染，于是问道："先生，你今天捕到了很多鱼吗？"

青年回答说："我今天一条鱼都没有捕到。"他边说边将鱼篓放了下来，里面果然是空空的。

安迪·葛鲁夫不解地接着问道："那你为什么这样开心？"

青年笑了笑说："捕鱼享受过程才是最主要的，你难道没有察觉被晚霞渲染过的河水远比平时更加美丽吗？"这句话让安迪·葛鲁夫豁然开朗。于是，这个对生意一窍不通的青年，在安迪·葛鲁夫的再三央求下，成了英特尔公司总裁安迪·葛鲁夫的贴身助理，他就是拉里·穆尔。

没过多久，英特尔公司再次东山再起，安迪·葛鲁夫瞬间成为美国的巨富。在这期间，公司的股东和技术精英不止一次地问道："那个毫无经商才能，而且不懂半点半导体知识的拉里·穆尔，真的值得总裁如此重用吗？”

每当安迪·葛鲁夫听到这个问题时，他总是坚定地说：“没错，尽管他懂得的不多，但和我这个既懂得技术，又有经商智慧的人相比，他却优秀得多，因为他具有一个人最可贵的个性，在面对不合心意的困境时，总会用一种豁达的心胸和乐观的态度去笑对人生，而正是他的这种豁达心胸和乐观态度，总能让我受到感染而不至于做出错误的决策，而且还让我体会到了以前从未体会过的轻松和快乐。”

在英特尔这个庞大的公司里，人才济济，能够成为总裁的助理是每个人都期盼的事情，但只有这个普普通通的青年拉里·穆尔轻而易举地坐在了这个位置上。他虽然不精通技术，但他流露出来的那种积极乐观的心态和人生信念受到了安迪·葛鲁夫的欣赏，从而受到重用，成了英特尔公司总裁的贴身助理。

【口才点拨】

一个好心态的人不仅能让自己拥有好心情，更能影响到身边的人。你的一言一行都会像一缕温暖和煦的阳光一样照耀在别人的身上，这会给你带来意外的惊喜。

316 找准对方所重视的问题

越王勾践被吴王打败后，一天，大夫文种对越王说：“臣听说，以前有一个聪明的商人，他在夏天时要准备冬天的货物，走旱路时要准备好船只，正是因为他凡事都提前做好了充分准备，所以他的财富越来越多，生意做得越来越顺。大王是一国之君，执掌天下大权，更要像那个商人一样时刻具有防患意识：在国家安定无事的时候，就应该选择贤能的人，管理好国家大事，使国家富强起来。如今打了败仗，绝不可心灰意冷，应该逐步建立防患意识，准备迎接下一战，否则，我们只能一败到底啊！”

越王听了文种的这番话，恍然大悟。此后，越王为了记住战败的耻辱，放弃了舒适的环境，每天睡在茅草上，并在屋子里挂了一个苦胆，每天早、中、晚都要尝一尝苦味，时刻提醒自己不要忘了亡国之耻。由于战后的越国国土狭小，人口稀少，勾践制订了一系列发展人口的政策：女子17岁必须出嫁，男子20岁必须娶妻，否则父母就接受处罚；妇女生了孩子，无论男女都给予奖励，如果生了多胞胎，给予更优厚的补助，就这样，十年内越国的人口大量增加。

越王亲自种田，他的妻子亲自织布，十年里不向人民征收赋税，这样，百姓家中都储备了足够三年食用的粮食。

20年后，越国的国力强大起来了，民众也富裕起来了。越王勾践又轮番地对男人们进行军事训练，使每一个适龄男人都身体健壮，又教给他们打仗的规则。

虽然国富民强了，但百姓依然没有忘记国家的耻辱，大家向越王勾践提出发兵讨伐吴国的要求，以报仇雪恨。百姓纷纷表示："目前全国百姓都十分尊敬您，就像尊敬自己的父母一样。现在出兵攻打吴国是大家的愿望，因为儿子都想为父母报仇，臣子都想为您报受辱的仇。大王，请您领导我们战斗吧，大家都会服从您的指挥！"

越王勾践点了点头，他知道迎战的时机已经成熟了，于是，他激昂地对百姓说："我听说，古代的明君从来不会为兵力不足而担心，担心的是大家的意志不统一，不能齐心协力，共同抵抗外敌。如今，我们大家同心同德，一心一意，我的确没有顾虑了。我只希望大家听从指挥，遵守纪律，英勇作战。虽然夫差有十万大军，但是，他们没有统一的意志，无法做到力量合一，是不堪一击的。希望我们这次能够大获全胜，战后，我定会论功行赏，大家要相信我！"

战争打起来了，越国打败了吴国，取得了战争的最后胜利。

大夫文种之所以能够一语惊醒越王勾践，使其士气大增，最终得以取胜，正是因为文种深知勾践的愿望和想法，并能够针对对方所重视的问题进行劝谏，成功地激起了勾践的意志，助其重建信心。

【口才点拨】

在与领导交谈时，要找准对方所重视的问题和最感兴趣的话题，通过这一话题引导对方，就可以达到事半功倍的效果。

317 凡事要站在对方的立场

春秋时期，鲁国大司寇孔子得报：齐国想要发兵攻打鲁国。

孔子得知消息，十分着急，立即找来子贡商量对策，子贡说："老师只管在国内，外部的事情交给我来办。"

子贡到了吴国，对吴王说："大王，您可知道自己的霸主地位快要保不住了？"

吴王诧异地问："为什么？"

子贡回答说："齐国将要出兵攻打鲁国，一旦打起来，相对弱小的鲁国必然失败，鲁国被灭后齐国会更加强大，这样一来，齐国必然与大王争夺霸权。"

吴王问："那该怎么办呢？"

子贡说："应趁齐国出兵国内空虚之际，发兵攻打，一定会取胜。"

吴王听后，高兴地答应了。

子贡又来到了越国，对国王勾践说："臣此次前来是为了给大王道喜的！"

越王说："喜从何来啊？"

子贡回答说："吴国将要出兵攻打齐国，国内空虚，此时发兵攻打吴国，定可报当初灭国之仇。"

越王说："此计甚妙！"

子贡离开越国，又来到晋国，对晋王说："大王可知灾难就要到来？"

晋王说："灾从何来？"

子贡回答说："吴国将要出兵攻打齐国，齐国一定会失败，而吴王是七国的霸主，打败齐国后，一定不会放过晋国。"

晋王说："该如何是好？"

子贡回答说："整兵备战，以逸待劳，顺势而发。"

晋王曰："如此甚好。"

结果，一切都如子贡所愿，齐国一发兵，吴国就开始了进攻，齐国大败。吴王取胜后，立即发兵攻打晋国，晋国以逸待劳将吴国打败。同时，越国发兵攻打吴国，打败了吴国，而鲁国没有消耗一兵一卒，得了全利。

子贡只是用了一种"献策"之计，就使鲁国尽享渔翁之利。不过，子贡每到一个国家所献出的计策确实是为了各国着想，这样才会被各国的君王接受。

【口才点拨】

不管什么事，只要能设身处地地站在对方的立场，为别人着想，一般是不会遇到拒绝的，而且还会得到善待，使自己也受益。

318 在玩笑中说服对方

一般来说，当你对他人进行说服、劝导时，应有理说理，不要以权压人，从最基本角度考虑，那些固执己见的人往往不容易接受正面劝导，与其争辩，往往弄得双方面红耳赤，不欢而散。

例如，海外某公司的待遇很差，职工苦不堪言。公司领导之所以不肯改善职工待遇，是因为他认为下级职员是些庸才，对公司不够尽心，工作不努力，且多数人是兼职。当有人拿其他同类公司做对比时，该领导说，其他公司的职员都是专职，不像他的下属是“杂牌军”。

有一天，该领导的一位高级职员针对公司员工近来迟到现象逐渐增多一事对领导说：“初级职员简直没法到公司办事！”领导问：“原因何在？”这位高级职员说：“人力车车费太贵，电车人太多耽误时间，车费也是高居不下，如何才能改变现在的现状呢？”高级职员叹了口气，一副无可奈何的样子。

领导说：“就该多走走路，不花钱还能锻炼身体。”职员摇了摇头，“这样还是不好，袜子破了可买不起。我认为应该提倡光脚，这样袜子鞋子也磨不破，可谓一举两得啊！这些小职员真的是够了，做什么事不好，非得当个穷职员，到头来还是衣衫不整，你说这怪得了谁？”他一面说，一面笑，闹得公司领导很是不好意思，只得改善下属的待遇。

该职员用责备的方式表达了对下级员工的关心，说法委婉，领导容易接受，只要领导意识到自己的过失，就会做出相应的行动了。

【口才点拨】

需要提醒的是，这种方法要适可而止，太过分的话对方无论如何也会产生反感情绪，那么就得不偿失了，自己的目的达不到不说，可能还会把自己陷进去。

第二十三章 沟通口才：几句话说到人心里

319 帮上司打圆场

一般来说，下属都希望上司能帮助自己解决难题，这好像已经成为“真理”。其实，对于上司和下属而言，工作上的支持是相互的，处于矛盾焦点中的上司，同样也期盼下属能在关键时刻为自己解围，只是上司的此种心理由于诸多原因不便轻易透露而已。

在关键时刻，下属能站出来为上司打圆场，不仅可以成为上司的“自己人”，还能提高自己的工作能力。

慈禧太后有一个爱好是看戏，而且一看高兴了就会赏赐名角一些东西。一天，她看完杨小楼的《霸王别姬》后，就赏赐他一些糕点之类的食品，杨小楼赶紧叩头谢恩，可是他不想要糕点，想让慈禧太后另外赏赐点别的东西。慈禧太后问他想要什么，杨小楼马上叩头说道：“老佛爷洪福齐天，不知可否赐一个‘福’字给小民？”慈禧让太监拿来笔墨纸砚，大笔一挥，写就了一个福字。

旁边的一位亲王看到后悄悄告诉慈禧：“福字不是‘衣’字旁，这里多了一个点。”杨小楼也看到这字写错了，这么拿回去肯定不妥，要是不拿那就更加不妥了，实在是进退两难。慈禧太后此时也是一样的处境，既不想让杨小楼拿走，又不能说不给。

此时，太监李莲英站出来说：“老佛爷的福气，当然比他们都多出一‘点’。”杨小楼一听，也急忙道：“老佛爷福多，这万人之上的福，奴才怎敢领呀！”慈禧太后听两个人这么一说，脸上立刻有了喜色，说道：“好吧，改天再赐你吧。”就这样，李莲英让慈禧及时摆脱了尴尬。

【口才点拨】

上司一般都爱面子，特别是在公司其他人员面前。如果在商业聚会上遇到尴尬，是非常令人沮丧的事，这时如果下属能够站出来，帮上司打打圆场，他肯定会对下属心存感激。相反，如果上司遭遇尴尬时，下属不仅不帮助他解围，只想着自己脱干系，那就不是合格的员工了。

320　替领导解围

某乳品公司因为产生质量问题引起了几家大型商场的投诉，电视台记者闻讯赶到公司采访。

记者在公司办公楼里遇到了总经理的助理，便向他求证一些情况。可是助理担心哪里一不小心说错了，老板肯定会让自己承担责任，便对记者说：“我们老板正在三楼的办公室，你们还是直接采访他比较好！”听他这么一说，记者们全部闯进了老板办公室，将老板逮个正着。老板根本没有心理准备，来不及躲开，只好面对记者的尖锐提问。事后，老板将助理解雇了，因为他不仅没有先行提醒自己，还把记者引到他这里来，明显是没有独当一面的能力。

这个案例值得职场上的人们深思，记者因产品质量问题采访，这对于公司及公司领导来说本身就不是什么露脸的事，此时，领导最需要下属能够挺身而出，甘当马前卒，替自己解一下围。

【口才点拨】

作为一名下属，当领导遇到尴尬时一定要冷静，替领导说说话，挡挡枪，绝对不能把事情推到领导身上。如果这样做了，事情过后就算领导明里不说，但是心里对你的印象不可能会好。

321 不要招惹上司的嫉恨

在公司里，当你已经取得一些业绩后，不要想着如何表现自己，引起领导的关注，而应懂得运用自然巧妙的语言，把这些业绩送给领导，这样做，既能显示你自己的慷慨大方和对领导的忠诚，又能让领导觉得你是一个可造之材，而且也可能会换来他同样的回报。

汉宣帝刘询即位之时，龚遂就是一名刚正不阿的大臣。当时渤海一带灾害连年，百姓生活困苦，暴动不断。当地官员都没有办法，汉宣帝只能委派年近七十的龚遂去任渤海太守。

龚遂上任后，鼓励村民垦田种桑，出台了很多利于当地发展的制度。几年的整治后，渤海一带社会安定，百姓安居乐业，龚遂也名声大震，于是汉宣帝召他进京。龚遂有一个属吏，请求与他一起去长安，说："带我去吧，我会有用处的。"虽然此人一天到晚经常喝得醉醺醺的，其他属吏都反对他同去，担心他会带来麻烦，但龚遂还是带他一起到了京城。

一天，汉宣帝召见龚遂，属吏于是问龚遂："如果皇帝问大人是如何整治渤海的，大人如何回答？"

"任用贤才，人尽其能，严格执法，赏罚分明。"龚遂说。

属吏连连摇头道："不好不好，自夸其功要不得。大人要这样回答：'这不是微臣的功劳，是皇帝的威灵感化所致！'"龚遂接受了他的建议，按他的话回答了汉宣帝。宣帝果然非常高兴，并将龚遂留在身边，任以显要且清闲的官职。龚遂正是在属吏的建议下，将功绩归于汉宣帝，才让自己有了一个美好的晚年生活。

【口才点拨】

如果你觉得自己的业绩完全是自己努力的结果，忘记了上司给你的机会，很容易招惹上司的嫉恨，这是特别不利于自己发展的。但你若是把功劳归于上司，结果就大不一样了。

322 在谦虚中表达你的意见

在竞争激烈的职场上，老板不如部门经理、车间主任不如一线员工的现象比比皆是，而精明能干的小兵被昏庸的大将压抑、扼杀的情况同样屡见不鲜。如果你是一位聪明的员工，却遇到一位无能的领导，或领导一时蒙蔽了双眼，你该怎么办？

再没有能力的领导也是好面子的，在这样的领导跟前，最好不要表现出“我比你能干”的意思，要在谦虚中表达你的建议，这才是你最佳的选择。

古人云：“人之恶在于好为人师。”大多数领导者都有这样的嗜好：除了喜欢看到下属处处表现得对自己忠诚外，还喜欢教别人。为了满足领导者的这种心理，在获得成绩时一定不要居功自傲，目空一切，而应多将成绩送给领导，让自己成为一片绿叶，不要让领导认为你是个自以为是的家伙。

【口才点拨】

会说话的下属并不是只知道给领导留面子，而是在一些关键时刻给领导争面子，给领导一种成就感，多增光彩，这样才能让自己左右逢源。

323 莫要夹在两领导中间

一天，成方平被项目经理主管要求做一份宣传策划。宣传方案定下来之后，由成方平负责执行，他也一丝不苟地完成了。然而他去总经理那里审批时，总经理却将他骂了一顿。成方平忙说这方案60%是项目经理的想法，于是总经理叫来了项目经理，把他也骂了一顿。之后两人走出总经理房间，项目经理又骂了成方平一顿。

这个例子里，成方平不该越过直属主管直接到总经理那里去汇报工作。就公司的制度而言，成方平只要将任务交给直属上级即可，越级上报一旦出点儿什么事，自己的确不好调和两头领导的矛盾。

【口才点拨】

当然，除了上面案例中的情形外，两级主管之间沟通不善，上级主管不愿放权直接向你传达任务也会导致这样的现象，让你左右为难。遇到这样的情况，应懂得明哲保身，不要让自己卷入两个主管的是非之中。

324　制胜的法宝是快乐

赵天敏是某公司员工，她觉得这份工作来得很容易，于是很快乐。第一天上班，她在公司门口的早餐铺吃早点，正好遇到了上司，他问："习惯吗？"赵天敏笑着说："很不错啊！比上学的时候轻松，也有了更多的快乐！"上司笑了："小丫头不错，继续努力吧。"

这之后一阵子，赵天敏好像根本就没有什么成绩，但也没有出什么错误。开会时赵天敏笑着说："他们都在汇报，我却好像没啥成绩，就是感觉挺快乐的。"上司问："为什么你总感觉那么快乐呀？"赵天敏笑着说："做自己喜欢的事情，自然很快乐了！"上司笑了。

赵天敏后来听一个同事说，在她来这里上班之前，也有一个工作能力挺强的小姑娘，但是后来辞职了。赵天敏问她为什么，她说，因为这个小姑娘总感觉不开心，不知道是她对工作不满意，还是对薪水不满意，总之整天愁眉不展的。上司拿她确实没有办法了，就和她谈了几次话，后来不知道他们说了些什么，小姑娘就辞职了。

一天，上司对赵天敏说："你整天开开心心的，能让别人也跟着开心起来，如果你整天愁眉不展，也能让别人闷闷不乐，这种闷闷不乐的心态会影响工作的。"

赵天敏这时才明白，原来快乐才是最好的。

【口才点拨】

如果你是一名在职场游刃多年的员工，肯定明白只有自己真正喜欢的工作，才能有信心把它做好，每个上司也同样明白这个道理。怎样让你的上司认为你在这里工作非常快乐呢？除了要自身快乐地投入工作中之外，还要在语言上表现出你的快乐。

325 做一名若愚的员工

朱其辉喜欢绘画，工资也很高，但是一件事之后他开始觉得不太舒服了。

一次，上司带他去见一个做动漫开发的客户，结果公司得到了一大笔合同收益。在朱其辉看来，这个项目金额虽说包括了很多其他的费用，但自己所擅长的绘画技术在这个项目的实施过程中具有关键作用，可是自己平时的工作所得并没有达到理想预期，他认为自己的工资应该比目前的还要再高一些，老板现在给他的工资让他很不开心。

于是他对绘画渐渐失去了兴趣，有一天，上司问他："你现在还像原来那么快乐吗？"朱其辉摇头。上司笑了笑说："因为你将艺术看得比金钱低了，所以才不快乐。我给你开了足够高的工资，而你依旧不开心，是因为你觉得你应该得到更多吧？"他直接说："不，我只是觉得很委屈，我的技术在卖钱，然而我自己却得到了一小部分。"上司停顿了一下才说："其实，他们要用你，你必须有整体的策划和脚本，否则单凭绘画是不行的。我给你开价很高，就是因为我们觉得你能够成为我们最好的助力，我们也想给你一个能够展现自己的平台。更何况，这圈子里边的事太多太多了，并不是像你想象的那么简单。"说着，上司告诉了他很多，并且最后说了一句："有时候少知道一点儿，对自己其实没坏处。"

朱其辉恍然大悟。他明白了其中道理，对绘画的兴趣也渐渐回来了，并且上司后来给他也加了工资，所以他每天依然很快乐。

【口才点拨】

也许你从同事的口中听到了一些消极的话，这些话会影响到你的心情，妨碍你对事情的判断，甚至会阻碍其他事务的进展，但是你没有必要发牢骚，除非你已经为自己准备好了退路，并再也不想和上司联系。

326 丢掉消极的口头禅

还是在上学的时候，景浩然不知跟谁学了句口头禅“没劲”，想不到这句口头禅竟然成了自己致命的杀手。

景浩然始终认为自己工作还是很出色的，但让他想不明白的是，在选举主任的时候，候选人名单上竟然没有他的名字；在领导推荐优秀人员参加科研组织的时候，依然没有他的名字……

景浩然去找上司，没想到上司吃惊地看着他：“你不是不想从事这个工作吗？”他生气地说：“可是我取得了很多成绩呀。”上司笑着说：“可是，我们觉得一个人只有在他的工作中切实感觉到开心了，才能更好地工作，才能取得更大的成绩，所以，我们以长远的目光来看待问题，挑选的都是有恒心、有毅力的同志。也许你现在的成绩很优秀，但是否能坚持下来长期做科研，才是我们需要考虑的问题。”景浩然急了，“谁说我不喜欢？谁说我坚持不下来？”上司满脸惊讶地说：“那不是你自己吗？你记得你第一次完成一项科研成果的时候，我问你感觉怎样，你说‘没劲’。”景浩然一愣，可能自己是这么说的。

上司接着说：“我们始终觉得你还是不错的，可是一听到你说‘没劲’这两个字，我们几个老同志就对你失去信心了。一个整天觉得自己工作没劲的人，怎么能坚持下来一直搞科研呢？毕竟这是一个很辛苦的工作！”景浩然还有什么话可说呢？是这个可恶的口头禅害了自己呀。

景浩然真诚地说：“其实这是我在上学时养成的口头禅，说这话的时候并不是真的感觉没劲，而是一种自谦的说法，并没有什么实质的意思。如果我真的感觉自己的工作‘没劲’，早就辞职不干了，也不会到今天，也不会做出那么多成绩。为了表示自己的决心和毅力，我再也不说‘没劲’了，请您考验我！”

后来，景浩然特别注意“没劲”这两个字，经过半年的努力，口头禅改掉了，而且还取得了更多的成绩。上司开始器重他，推选他去参加各种科研。上司告诉他，一个在工作中能体会到快乐的人，往往能坚持到最后，并取得非凡的成绩。

【口才点拨】

在工作中，思想向上的口头禅可以起到好的作用，比如遇到高兴的事时，它会锦上添花，遇到烦心的事，无疑会雪中送炭。但要尽量避免使用负面的口头禅，这些口头禅会让上司认为你就是这种消极心态的人。

327 表达不同意见要“含蓄”

当上司不厌其烦地向下属们灌输自己的观点时，当上司认为自己的计划非常周密时，当上司认为自己是天下第一时，你是否突然觉得有一个比上司还要好的想法？

此时，你是直接提出来呢，还是……

如果你当场就对上司说出你的意见，这会让他很尴尬，此时，哪怕你的建议再高明，也不会被上司看好的。那么应该怎样向他表达你的建议呢？

一次，上司在给全体员工开会，要大家共同出谋划策。公司与一家服装企业谈好了一个项目，拿服装的价格非常便宜，上司的意思是大量进货，然后依然按照原来的价格销售。

然而庄天语认为人们买衣服都希望物美价廉，哪怕仅仅是几块钱，那人们也肯定不会买贵的。但她毕竟是个小秘书，于是没有打算把自己的意见说出来。她看大家说完了意见，而且发现他们大都赞同上司的看法，认为这样做会提升公司的效益，这时候她觉得自己更不能发表不同意见了，因为她觉得这会影响上司心情不说，可能还会出点儿别的岔子。

然而上司还是打算让她说一下：“哎呀，都说女性的眼光最独到，瞧小庄打扮得多时髦！既然咱们的服装大都面向她这样的小女生，那就让她说说自己的看法吧。”庄天语笑笑说：“说句实话，我姐姐比我时尚，不贵的衣服还不买！”听到这话，大家哈哈大笑。

上司问：“你也和她一样吗？”庄天语笑说：“不不不，我不是她那样的有钱人，如果我发现同一种衣服，那我肯定会买便宜的——就算只便宜一块钱。”

上司这次没有笑，而是陷入了沉思。他半天后才说：“我突然想到了一个点子。价格不变不太可行，我们应当将产品分成两类，高价低价都有，这样能够针对不同的人群。”

经过这件事之后，庄天语越来越被领导器重了。

【口才点拨】

和上司的意见不一致并不是什么坏事，但要懂得在何时向他表达。如果你选择在合适的时间、合适的环境，并采取谦虚的态度，就很容易使上司对你产生好感，如果你的意见又切实可行，上司还是会接受的。

328 说出与他不同的观点

其实，向上司说出自己不同的看法，是一件很需要技巧的事，如果你不顾地点、时间，就会把事情搞得很糟。但古丽雅却认为自己的上司还算容易相处的一类领导，经常喜欢带手下的员工们去他家玩。他有一个非常温馨的家，在这里员工们和他的妻子、孩子玩得很好，对上司的意见，古丽雅有不同看法时，也会在这种场合巧妙地说出来。

公司最近出了一项新规定，要求每个人上下班刷卡。古丽雅觉得这项新规并不好，因为有很多员工找别人代替刷卡，上司也发现不了。但是这件事无论如何也不能在办公室说，得罪同事不说，还有可能使上司颜面扫地。

又到了周末，许多员工在上司家里玩，古丽雅给上司的孩子讲故事：“有个人上班刷卡的时候总迟到，这一点一度让他很苦恼，不过他想了个办法……很久以后这个人还在迟到并且没有被发现，这是为什么？”上司的孩子摇头，古丽雅说：“因为他让别人替他刷卡，自己就不用来那么早了。”“哈哈！”员工和孩子们大笑，上司也跟着笑，问道：“我们公司如何？”古丽雅笑说：“全公司只有一个人不知道，猜猜是谁？”上司也乐了，体会到了她的用心。

【口才点拨】

如果你和上司的关系还不错，使用这种巧妙的方式向他提出自己的建议，不仅可以使上司愉快地接受你的意见，同时还能增进你们的关系。当然，向上司提出自己的看法时，语言要幽默、生动，使人听起来想笑，但却能说明事情。

329 站在上司的立场上

其实，你的上司和大多数员工一样并不是天神，他们有时做出来的计划未必都是最精妙的。当你认为自己的想法比他的还高明时，你是当场提出来，还是找个合适的环境再说，或是一直放在自己的心里？

一般来说，如果你认为自己的想法比上司的还精明，一定要反复推敲，将你的理由设计得非常完美，然后找个合适的机会，委婉地向上司提出来，或者将上司的计划中不足之处巧妙地告诉给他。如果你的顶头上司是个脾气温顺的人，那么你可以在私下里和上司开个玩笑，在玩笑中提出建议。但要记住，和上司开玩笑一定要点到为止，并找一个没有第三人在场的空间。

钱伯均是国内一家比较著名企业的总经理助理，老板原来是个学技术的，不懂管理，但是他长久扎根在技术领域，对技术很痴迷，于是就开始自己掌管技术部门，闹得整个管理层乌烟瘴气，钱伯均的协调工作也非常难做，他决定委婉地向老板提出建议。

他对老板说："很久以前，有个皇帝登基不久就遇到外敌进犯，他不懂用兵打仗的重要性，没有去找能征善战的武官，而是派了一名文官前去应战。这名文官到了前线后，对敌人大讲仁义之道，然后他被敌人杀死了。"

老板听后若有所思，后来，老板不再插手技术部门的管理，公司进入了良性发展状态，钱伯均的工作也容易了许多。

【口才点拨】

站在上司的立场上向他开适当的玩笑，不失为向上司提意见的最佳方法。不过，出发点一定要是善意的；而且一定要温和，充分照顾上司的自尊。

330 上司的身边没有老虎

邓光荣刚到公司的第一天就对自己的上司说："不想成为元帅的士兵不是好士兵，我来这里一定要好好工作，争取在一年内当上个小经理。"上司笑而不语。之后三个月的试用期邓光荣都非常努力，同事喊他去喝酒，他也不去，同事每次都笑他，可邓光荣却暗自腹诽，希望有朝一日自己梦想成真。

然而正因为他如此夸张的行为，某个经理已经对他有些不满了。有一次邓光荣说："现在我不想当小经理了，只要能拥有大量客户，我一样可以做老板。"那个经理趁机向上司打小报告，上司得知此事后主动找邓光荣谈话，邓光荣并没有否认："没错，这一行客户才是最主要的。"

于是，上司把邓光荣当成了危险分子，一个月后辞退了他，并且改了一条规定：业务员做业务一律留公司的联系方式。事实上，已被开除的邓光荣这时候并没有掌握什么客户，干的时间不长不说，而且他也根本没想过要这么做。

【口才点拨】

的确，公司里几乎每个人都想当领导，但是这些话不能说。上司如果觉得某个员工想法很多，也许会担心他将损害公司的利益，或者危及自己的位子，很有可能就会找借口将其扫地出门。因此，千万不要给上司造成错觉。

331 不要和上司争执

一天，公司员工黄维正在接待客户投诉，突然发现上司走了过来，怒火很明显地在脸上燃烧着。他刚一走过来，就把一沓文件狠狠地扔在黄维面前："黄维，没想到你这么多年还是没长进，这么点小事做成这破样！真的是愚蠢！”黄维不明所以地摸了摸下巴，跟客户说了声抱歉之后挂断了电话，莫名其妙地看着上司，不明白是怎么回事，就问：“您为什么这么生气？”

“你自己看！”

黄维点点头，拿起了被摔在桌上的文件，看了看后说：“这不是我的业务单子。”上司更加怒气冲天了：“还说不是你？你的名字就在这儿！工作这么多年了却一直推卸责任！还想不想做了？”

“好好好，您说得对。”黄维颇为无奈地摊了摊手，“抱歉，这是我疏忽了，明天这事情一定处理好。”他本来打算发火的，可还是心软了。他心想，毕竟这是自己毕业后走进的第一家公司，上司人也很和蔼，自己能有现在的发展也多亏了他照顾。如果不念这三四年的交情，对自己都说不过去。这次想来是有人陷害吧……算了，还是先安抚一下上司为好。

当他把单子重新弄好之后才知道，上司这么做只是考验他，因为上司当时想把他调到外联部门做主任，而外联工作需要足够的应变能力。这件事过后，上司自然把他当成了值得托付的人，对他更加关照，也更加器重了。

【口才点拨】

如果上司无端地把你臭骂一通的时候，千万要静下心来，你可以心平气和告诉上司，你已经做好了自己的工作，请他消消气，这样你反而会赢得一些机会。如果是你的错误，记得要恳切地道歉，弥补自己的过失。如果错误不在你，上司也不会再去责怪你。

332　和上司沟通的致命点

林久森对职场危机有着极深的感触，因为他在不长的时间内连续被“炒”了两次。第一次是他大学刚毕业的时候，在一家不是很有名的企业做大客户管理专员，负责大客户的培养、销售、服务等管理工作。工作两年后，就在他即将升迁时，公司突然将他们这个部门撤销了。当时，林久森很惊讶，但却一点儿办法也没有，之前他并没有听说自己的部门要裁掉，也一直没有想过会被裁掉，所以当事情突然发生的时候，林久森感觉自己失去任何反抗的机会了。

为了证明自己并非没有能力，林久森又到一家国际知名船务公司做租船员。半年之后，上司突然以公司发展需要为由，要求他和另一个同事到外地分公司工作，如果不去就当他们是自动辞职。这和变相炒人没什么两样，于是二人只能离职。林久森一直不明白到底是为什么，后来才知道是自己在沟通上出了问题。

一般情况下，被公司突然裁掉的员工都不会想到自己会被裁员，所以都不会有重新求职的心理准备，即使匆匆忙忙找到了新的工作，也会因为不了解新公司，难以融入新的环境而再次遭遇被辞退的风险。因此，在被突然辞退之后，如果生活和情绪还没有稳定之前，需要适当调整自己，再出去寻找适合自己的工作。

【口才点拨】

有经验的领导者一眼就会看出你有没有做好投入工作的准备。在生活和情绪还未能平静下来之前，做出职业上的选择有可能再次铸成大错。心态平衡后，再寻找适合自己的工作会减少就业盲目性，对企业的认识也会更加清晰准确。

333　莫损自己产品

许风豪进入公司不过一年，已经被上司视为自己的嫡系部门中的人，参与老板亲自认定的一项新产品的开发和上市。可是，许风豪工作了一段时间后，发现公司最新研发的产品存在先天不足的弊端，当他把这些汇报给上司的时候，上司却平静地以领导者的姿态让他不用着急，还对他说新生事物就是需要不断探索的。上司的这种镇定让许风豪佩服得五体投地。

四个月之后，新产品终于上市了，不出所料，产品的定位、性价比都存在严重的问题，弄得公司的市场部、销售部焦头烂额。但市场部、销售部的人见了上司都赞美他有魄力，在现阶段推出这样的产品，弥补了公司的空白和市场的空白，产品的前景看好，等等。但是他们看到许风豪的时候，就没那么客气了，仿佛他是公司的赔钱货，弄得他总觉得低人一等。等到开公司产品发展研讨会议的时候，公司主要部门的负责人都列席参加。像过去任何一次会议一样，大家都知道该产品是上司的孩子，每个人隔靴搔痒地说了些无关痛痒的话。轮到许风豪发言了，他直言不讳地说："在商业社会，没有功劳也有苦劳的废话没人爱听，所有的加班、出差等辛苦就不提了。我们这次之所以市场反响不理想，我觉得是产品出了问题，肯定是我们哪方面出了问题，我们应该从上到下地进行调查……"说到这里，他突然发现对面上司的脸色有一点儿变化，许风豪的心里不觉动了一下。

半个月后，上司找许风豪谈话，告诉他公司已经做出了辞退他的决定。上司语重心长地说："许风豪啊许风豪，我怎么说你呢？那天开会，那么多其他部门的人也在，你怎么可以把我们的产品批评得这么无情，像一个局外人？这个产品投入初期，你自己的辛苦忘了？为什么不说说？你也是开创这项产品的元老了，你这么说，别的部门怎么再配合你？他们都会认为你们自己就没有信心了呀。"看着上司一副恨铁不成钢的神态，许风豪无地自容。

【口才点拨】

成为父母的人都知道：自己的孩子即使要打要骂也得先关起门来。别人面前不打孩子，打了就是不给自己面子，否认自己的孩子就是否认自己。其实，"被炒"未必是坏事，但要明白为什么被"炒"，是因为你的工作作风不符合公司的要求，还是你在工作中不注意细节？要知道，在一家公司工作，除了要有出色的能力外，还要有适应企业文化的性格。

第二十四章 恋爱口才：爱是“谈”出来的

334 初次约会巧找话题

恋爱最主要的是“谈”，只有通过“谈”，才能将双方的想法、爱好表达出来，从而使双方之间产生爱慕，碰撞出爱的火花。然而，第一次见面时，许多人都不知道该如何开口，那么，不妨以工作为话题。

工作是一个人实现自身价值的有效途径，任何一个对事业勤奋努力、不懈追求的年轻人，一旦与人谈起工作方面的事情，大多会滔滔不绝，因此，在初次约会时，不妨从工作方面入手，去寻找话题。

乔娜是属于那种职业型的女孩，由于生性腼腆，不善交际，和她年龄差不多的同伴，小孩都上学了，而她还没有男朋友。一天，好友为她介绍了一名刑警，可惜也是个惜话如金的人。见面那天，两个人谁也不先开口说话，俩人陷入了尴尬的境地。乔娜一见这场面有些不妙，便装作漫不经心地说：“你们当警察的工作挺辛苦的，不像我们可以按时上班按时休息，而且还时刻都会有生命的危险，真的不容易。”这位刑警一听，马上与乔娜聊了起来，从事业、追求、奉献等方面讲述了自己所从事的职业。

一个下午的时间，在愉快的交流中不知不觉地过去了，两人兴奋地交换了手机号码。

【口才点拨】

在初次约会时，一旦出现无话可说的尴尬局面，一定要冷静，并寻找出对方感兴趣的话题，表面上看起来无关紧要，实则是对方对事业及人生的态度，不仅能解除初次见面的尴尬，还能达到增进双方情感的目的。

335　寻找到合适的话题

谁都会有自己值得兴奋的事情，即使是目前还生活在低谷的人，如果有机会谈起自己以前做过的光荣事，也往往会神采飞扬。然而初次见面，你还不知道对方的兴趣爱好，怎么办？不要紧，不妨先谈谈自己的兴趣爱好，抛砖引玉，然后在彼此的兴趣爱好里寻求共同点，以此来了解对方和深化感情，相信这样彼此一定能寻找到合适的话题。

某地相亲时有这样一个习俗，男方得到女方家里去。这天，万莉的家人见新姑爷张峰来了，就都走出去，让她在家里约会。张峰见万莉不说话，先是随便地评论一下她的家，可是，万莉还是没话说。一时间，两人陷入了沉默。只有电视机还在放连续剧《还珠格格》，两人都看电视，谁也没有开口。

其实，万莉是想先开口的，可她不敢正面与张峰对视，便面对着电视说："装个卫星电视，频道是多了，可没有前几年那样优秀的影视剧了。看看这部剧，从头到尾全是打打闹闹，没有品位不说，也缺乏教育意义。""就是嘛，你看那小燕子……"电视话题一下激起了张峰的谈兴。"你对尔泰独自承担劫狱救小燕子怎么看？""我很敬佩尔泰刚直不阿，勇气可嘉，可生活中这样的人太少了……"

万莉与张峰初次见面时以电视剧为话题，成功地找到了切入点，利用话题寻找到自己需要了解的东西，还通过聊天进一步考察了张峰为人处世的态度。

【口才点拨】

一个看似随意的问题却可以得出一个人的思想、智慧、处世等方面的品位，只要能找到话题，接下来的谈话就会水到渠成。

336 巧妙示爱

不论你对谁产生了爱意，总要向对方表达出来，要不别人怎么会知道你在想什么呢？得体地向倾慕的人说出自己的心里话，是成功恋爱的第一步。那么，怎样表达才是恰当的呢？

你对对方有了好感之后，关键就是谈了。根据你掌握的对方情况，在与对方相处时，不妨找些共同的、感兴趣的话题，打动对方应该不难，说到高兴时不妨告诉对方："请你一起出去走走怎么样？我请客！"如果正在外面走的时候，突然面前出现一家咖啡馆，此时就不能吝啬口袋里的票子了。不能忽视的话题要领是：宜泛不宜深，宜轻不宜重，为以后的见面做铺垫。

与自己渴望交往的人见面时，可能会出现紧张的情绪，也许你不可能在两三句话里就说出中听的话，因此，在约会前要做好心理准备："如果得到同意后，我该说什么话？"若能充分准备好话题，说出具体的内容，对方定会高兴地认为："他（她）很关心我，而且还仔细调查过。"如此一来，初次见面的印象必将加强，彼此或许能发展成更亲密的关系。

一位小伙恋上了邻居家的姑娘，但他一直羞于向姑娘表白。一天，两人在大街上相遇，小伙灵机一动，指着正在情深意切的一对情侣问姑娘："你看看人家，咱们什么时候也这样呢？"姑娘一时发蒙："你说什么呀？"小伙向前指了指，那个女孩正在吻男孩。邻居姑娘瞬间就明白了他的意思，坦率地表达了对小伙的爱慕之情。小伙无疑而问，自然令对方想到其双关意义，话语婉转、巧妙，既完美地表达了情意，又不丢面子。

在电影《归心似箭》中，斯琴高娃扮演的女主角是这样向剧中的男主角表达爱慕之情的：男主角正在泉边挑水，男主角说："要不是你，我早喂黑瞎子啦，这恩情可是俺没法报答的！"女主角说："哎哟，我可就等着你说这句话呢……那你就一天给我挑两趟水。"男主角说："那容易，我就一天给你挑两趟。"女主角又说："挑到我儿子娶媳妇，挑到我闺女出门子，给我挑一辈子！"男主角听出话中有话，立即补问一句："挑一辈子？""挑一辈子！"于是，两颗饱经苦难的心走到了一起。

【口才点拨】

爱，意味着追求，也意味着责任。当你爱上对方的时候，就应该说出你的爱，但并不一定要直截了当地表达，很多时候含蓄地表达爱意，会有更好的效果。含蓄的方式发出的信息比较模糊，不至于对方一拒绝就无法挽回，即使被拒绝，也不至于尴尬。

337 用“斗嘴”加深感情

恋人间有一种独特、有趣的交流游戏，就是“斗嘴”，这既不是生气，也不是争吵，而是为了使爱情更有意味，故意加上一点儿调料。

初恋时，由于两个人的文化、脾气、习惯各方面的不同，不可能一直是和谐相处，意见或多或少都存在于两人之间。怎样利用“斗嘴”来加深双方的感情呢？无伤大雅的斗嘴是爱的调味品，时不时地斗斗嘴更能增加双方的情感。

在一些高文化素养的恋人中，有一种独特、有趣的语言游戏，那就是“斗嘴”。男：“唔，如果你再晚点到，咱们就是明天见了。”女：“嘛……我爹那里有点儿事情要处理……”“如此甚好，你父亲果然很忙啊，果然是一个忙碌的退伍老战士。”“你以为我听不出你的明嘲暗讽？我不就晚了一分钟嘛！”“这一分钟真的好长，长到能看完一部完整的电影……”“你还有电影可以看，还不错嘛，你上次跟朋友喝酒忘了时间，我可是看完了我手机里的所有电影。”“你手机里的电影只有3分钟啊？试看版的吧？哈哈哈！”“……你听说过一天不打上房揭瓦吗？”“不不不，我听说过先下手为强……”“呃……你放开我！你再不放手我喊人了，臭流氓……”“没有人会来救你的……”“没有人！快来救我！”“……”

不难看出，这对情人深深相爱，但两人都有各自的性格，谁都不想屈服对方，不想改变自己。然而从两人针锋相对的话语里，我们分明感觉到他们彼此的宽容和相知，也会很真切地感觉到浓浓的爱意正从他们的内心流溢而出。

【口才点拨】

经常和恋人“斗斗嘴”彼此会更亲密，这种情况下并没有原则性矛盾；而那些你一言我一语造就的微妙环境，只会让情感悄悄升温。

338 让恋爱更加多姿多彩

情人间交流大多不是想解决什么问题，或做出哪些决定，而只是借助语言的碰撞来激发心灵的碰撞，从而达到两颗心的相知与相通。因而恋人们常会为一句无关紧要的话争得面红耳赤，别人很难领会到其中的奥妙。

情人间的争嘴看似是吵架，你一言我一语；你看不起我，我更鄙视你。但与吵架不同的是：这种交流方式是双方以轻松、欢快的态度说出那些尖刻的言辞。有了这样的前提，争嘴就成了一种只有刺激性、愉悦性却无危险性的升温器，成了表现亲密与娇嗔的最好方式。

《红楼梦》第十九回写宝玉到黛玉房里，见她睡在那里，就去推她，黛玉说："你且别处去闹会子再来。"宝玉推她道："我往哪里去呢？见了别人怪腻的。"黛玉听了，噗的一声笑道："你既要在这里，那边去老老实实地坐着，咱们说话儿。""我也歪着。""你就歪着。""没有枕头，咱们合枕一个枕头。""放屁！外头不是枕头？拿一个来枕着。"宝玉看了一眼，回来笑道："那个我不要，也不知是哪个脏婆子的。"黛玉听了，睁开眼，起身笑道："真真你是我命中的'天魔星'！请枕这一个。"她把自己的枕头让给宝玉，自己又拿一个枕着。

【口才点拨】

这一段关于枕头的小斗嘴，是一种示爱的活泼而随意的方式，所以宝玉和黛玉都没有因争嘴而生气，相反却越说越亲密。

339 斗嘴也有规则

人际交往中有一个原则，那就是感情没有达到一定的程度时，不可说一些非常深的话。这同样适用于恋爱。如果男女双方还处在恋爱的初级阶段，想以斗嘴来加深了解，可以说一些不涉及双方感情的话题，比如争一争在南京好还是北京好，奥迪车起步快还是奔驰车起步快等，这样双方可以不受拘束，也不会伤及彼此的感情。如果已是情深意笃，对对方的性格比较了解，斗嘴就可以稍微“升升级”了。

斗嘴毕竟是一种智慧的交锋，需要有适当的环境和充分的心理准备，因此，斗嘴时要注意对方当时的心情。心情愉快时，可以随便开玩笑；可是如果对方正在为升迁无望而愁肠百结时，你却来一句：“为什么啦？看看，像谁欠你一栋楼房似的。”你准会受到回击：“我在这里烦得什么似的，你还有心逗，我找你这个没心没肺的真后悔死了。”这样一来，交流的结果就会变得很不如意了。

“你说，你觉得谁是英雄？”“当然是我爸爸，他是个真正的男子汉。什么伟人、精英，他们算老几呀？”“你觉得你爸爸比拿破仑还厉害？”“那当然，你不服气？”“这个英雄只不过是个修破自行车的，有什么了不起！”“好啊，你瞧不起我，我今天才知道你心里是怎样想的了……”这种斗嘴就得不偿失了。

【口才点拨】

情人之间的斗嘴，大多数人会用戏谑的方式来取笑对方，这就带有许多夸张与丑化的成分。最好的办法是：这种话语千万不能伤害对方，更不可涉及对方的生理缺陷或其特别敬重的家人，否则就有可能弄得各奔东西。

340　让恋人接受你的不满

在热恋时，许多人为讨好对方而故意做出一些有违本意的事，即使对对方很多方面不满意也强装喜欢。其实大可不必这样，让对方知道你的好恶，也不一定会从此破坏两人的感情。只要方法恰当，不仅能帮助对方改掉一些毛病，还能让对方懂得如何尊重人。

有些女孩一不如意就与男友人发脾气，以显示自己的优越地位，如果女孩是父母的心头肉，就更不能容忍别人对她的意见了。某些感情专一的男孩因为一句话引得女友大发其火，只怕得罪她，不管对与错全部赔礼道歉，更有人会不惜贬低自己以求原谅，表示对她的忠贞。其实这样做一点儿好处也没有，只会让对方向错误的方向越走越深。

某局长的女儿娜娜和李兵谈恋爱时，总是显示出“官二代”的优越性，李兵出生于农村，大学毕业分在县里做科员，没有后台。

一次，娜娜到李兵家做客，对李兵家的生活条件总是流露出不屑一顾的表情。饭后，她更是将李兵的妹妹指使得团团转，又叫洗水果，又让拿垃圾桶。李兵心里很不舒服，他借机笑着对妹妹说：“要想成为人上人，就得吃点苦中苦嘛！你现在加紧练习，等将来你嫁到别人家里，也好摆摆大小姐的架子。”李兵这么一说，娜娜当时就明白了怎么回事，过后不得不向李兵承认自己的行为的确有些过分。

【口才点拨】

恋爱期间，对情人的错误之处不必深究，点到为止即可。像李兵那样，只用一句“要想成为人上人，就得吃点苦中苦”的俗话给对方提个醒，对方就会自省，继而悔改，这样就避免了直接冲突。

341　用诙谐的言谈改变对方

幽默就如调味品，如果你能懂得在适当的时候给恋爱这盘大餐加一点儿，这会让你们的人生更加丰富多彩。特别是当对方的言行出现错误，引起你的不满时，用诙谐的言谈更能使对方接受你的意见。

胜男非常喜欢跳舞，男友楚雄偏是个老夫子式的人物，正参加公司的技术大比拼，却常被女友拉去跳舞。胜男有个不达目的不罢休，不跳到舞厅关门不尽兴的习惯，天长日久下去楚雄就受不了了。有一次他们从舞厅出来已是夜里十二点多了，楚雄说：“你跳舞实在是太美了，我还想看呢……这样吧，你一路跳回去如何？”胜男撒娇说：“你想累死我啊！”楚雄一副认真的样子说：“没关系的，我用快三陪你跳。”胜男一下乐了：“亏你想得出，丢下我一个人也不怕我碰上流氓。”楚雄这时言归正传：“那你在舞厅丢下我一个人……就不怕我遇到女流氓？”胜男这才知道男友压根儿没有兴趣跳舞，以后就很少出去跳舞了。

【口才点拨】

把恋人的错误消灭在初级阶段，有时需要用心平气和的话语，把你的想法告诉他（她），做一次交心的谈话。或许他（她）会认为是鸡蛋里挑骨头，但过后仔细一想，会认识到自己的错误，从而更加珍惜你对他（她）的真情。

342 有理有据，令人幸福

张乃文和男友孙小明谈恋爱时，孙小明的父亲因病住院，花了家里很多钱。过年时，她和孙小明去她大哥家拜年，见孙小明想带两瓶五粮液，很是生气，自作主张地要把孙小明的姐姐孝顺父亲的茅台带去拜年。孙小明心里很不高兴，他知道张乃文爱面子，便借故把张乃文叫到房里说：“这酒是我姐姐送给父亲的，我父亲自然没意见，因为给你家亲戚拜年大方一点儿也是应该的，可是这万一让我姐姐知道了会怎么样……”

张乃文听完这番话，也明白了自己的错误，主动认了错。

凡是有一些社会经验的人都知道，从一个人的表情、举止等就能大致看出他具备什么样的品质，从对方的言行甚至一个眼神中体察到他(她)的内心情感。当男友看电视时一个劲地发表自己的意见影响别人时，女友可以用恰当的方式来表示内心的不满。比如转换另一个频道的节目，表示不想听他的评价，或者找一份报纸来看，以转移视线表示毫无兴趣，慢慢地他就会认为自己的话语没有听众而销声匿迹。

恋爱期间，有些热情奔放的男孩往往无法克制自己的情感，言行举止流露出一些不规矩的迹象。有头脑的女友该怎样对待这种现象呢？大声斥责容易伤害他的自尊，任其所为又并非己愿。那么，用不满的目光注视他，或者做出一副生气的神情，就会让他知道你的不满，继而改变那些让人生气的错误。

【口才点拨】

热恋时，对对方的印象总是美好的。在保持对方自尊的情况下，让对方改正自己的缺点，并且让他（她）知道，你是在爱他（她），而不是恨他（她），这时发现对方缺点并促其改正，也许会破坏一时的甜蜜气氛，但是却能让双方更成熟地到达婚姻的殿堂。

343　求爱的宝贵武器

有些人觉得，只要一说话就得出口成章并极富哲理，否则就不要开口说话，正如很久以前，哲学家约翰·威瑟斯庞所说“无话不要找话”一样。的确，这是个不错的建议，但对于求爱来说，却正好相反。泛泛的讨欢心的交谈是求爱的宝贵武器。比如在朋友的一次聚会上，说一些无关紧要的话才是结交朋友的前提。

或许你会觉得，女孩与你正式认识之前需要听到比“你的裙子很时尚”和“你的发型真不错”更高明的评论。然而，事实并不是这样，这些无关紧要的恭维话比“你对美元和欧元有何看法”的话题更有效。

在某酒吧里，有一位男孩向女孩求爱：“您好！我能坐在这里吗？好，不错，即使您不说什么，我想您也不会拒绝的。您看上去像一个十分有趣的人……我们是不是能聊一聊？假若聊完后您想要我离开，我就走。”显然，这位男子的开场白比较成功。

【口才点拨】

在求爱中，最主要的就是开口怎么说。只要你不故意卖弄才华，求爱就容易多了。“你好！”“这家酒吧还不错吧？”“你这人还挺有意思的！”这些简单的话足以引起女孩的兴趣，打破她的防护罩。

344 赢得女孩的芳心

作为男孩，谁不想赢得女孩的芳心？那你就要鼓起勇气，走向你心仪的女孩，因为所有的女孩对男孩的追求都会感到高兴。她们特别看不起那些畏畏缩缩的男孩！男孩应主动表明心意，若你连追求女孩的勇气都没有，会让女孩子认为太没出息了。

女孩都喜欢接受男孩的赞美，不管是对她的容貌、行为、服装，都希望得到赞美。如果你不对心仪的女孩说“你好美”这句话，是不会赢得她的芳心的。但是，话要有新意，如果总说“你的眼睛好美”这句话，会让她觉得你的赞美不是真诚的，如果换成“我一直不知道你的眼睛为什么会这样美，今天知道了它迷人的原因了”，那么女孩听了一定会特别兴奋。

有些女孩不希望男孩的品位和她一样，但她希望男孩的品位在她之上。如果你买了一件她偶尔说过的饰品，对她说：“你不是很喜欢这种款式和这种颜色的手镯吗？今天终于碰到了。”女孩就会感到像走进春天一样，心里暖暖的，她一定会想：“无意中说过的一句话，他却记得这样清楚，太让人感动了。”如果你邀请她去看一场时装表演，她会想：“他本来不喜欢这样的场合的，竟然主动陪我去，他还真善解人意。”

你说出的话能吸引女孩，是你说话时的态度，并不是所说的内容；轻松自然，表情丰富，定能给她留下美好的印象。千万要注意的是：在这个女孩面前，一定不要谈论另一个女孩的优点，此时的女孩一般厌恶你赞美他人，如果你在她面前称赞另一个女孩，她准会气得拂袖而去！

【口才点拨】

如果你想要赢得女孩的心，最主要的还是表达你的能力、智慧。请记住：男孩是通过征服世界而征服女孩的。

345 如何巧妙回绝

真挚的爱会让人甜蜜无限，如沐春风，但生活中许多相聚并不是有缘的，面对这份无法接受的爱时，该如何回绝呢？

当你无法接受对方的爱时，语言应友善诚恳，让对方“从落叶中体会秋的到来”。

19世纪英国著名的女作家夏洛蒂·勃朗特的代表作《简·爱》中，当简·爱的表哥圣·约翰向她求爱时，尽管他曾救过她的命，而孤单的简·爱也需要有人关心自己，但她清醒地认识到：友情不等于爱情。她说：“我答应作为你的传教伴侣和你同去，但我不能做你的妻子，我不能嫁给你。”尽管遇到拒绝的约翰很痛苦，可简·爱的语言真诚而友好，他只好选择放弃。

当一个没有感觉的人追求自己时，不妨开诚布公地向其表明自己不能接受的理由，希望他（她）能理解，并渴望能友好相处。要注意的是态度一定要坚定果断，不可说一些模棱两可的话，如“让我想想……”或“……以后再说吧”之类的，这样会给多情的对方造成还有争取的希望的感觉。要知道，有些男孩稍微有一点儿幻想也会知难而上，即使碰到南墙也不会回头。

或者也可以利用某种东西的寓意来委婉地提醒对方。某女孩与一男孩约会几次后，女孩就委婉提出了不再见面的建议。想不到，男孩第二天竟找到了女孩的单位，邀请她再次约会，但女孩明确告诉他：“我公司正在为明天的展会加班加点，作为这个展会的负责人，我的确没有时间，真对不起，你请回吧！”下班后，女孩发现男孩还待在大楼下等她，于是买了一个泡泡糖递给他，寒暄几句后便匆忙告辞。女孩的这一举动，让男孩认识到再也不可能与女孩发展下去了，他明白女孩是借物喻人，借泡泡糖的易破裂，来否定一厢情愿的爱。

【口才点拨】

当一个你不爱的人向你求爱时，尽量不要伤害他的自尊，最好的方法是让他自动放弃你。你所有的表达和行为都是为了让对方知难而退，最终放弃这份爱。记住，只要你能委婉地说出来或利用其他事物表达出来，一切都会如你所愿。

346 打断对方的问话或请求

当你打定主意拒绝对方的求爱后，可以利用打断对方的话题或要求，在他还没有说完或者想表达某种要求时，就做出回答，也是一种不错的拒绝技巧。为什么不等对方问清楚，就要抢先回答呢？主要是出于以下考虑：一是等对方把话说完，就会造成难以收拾的局面；二是待听完后再回答，会让自己处于特别被动的境地，失去主动权。因此，在决定要拒绝对方后，在他未说完话时，就迅速按另外一种方式去回答他，不仅可以转移其话题，也可以使对方感觉到你的态度，免得造成尴尬的局面或不良后果。

某公司的一男孩对女孩产生了爱慕，男孩抓住一个机会要向女孩表白，女孩立刻心领神会，但她不愿将友情变成爱情，她认为还是不要说破，保持一般的朋友关系更好。于是，出现了下面的对话：

男孩：“我想问问你，你是不是喜欢……”

女孩：“我非常感谢你帮我把那么重的箱子搬上来，所以才送你两瓶汽水。”

“你看不出来我喜欢……”

“我知道你也喜欢和主任搞好关系，其实咱们主任还是不错的一个人。”

“你有没有……”

“有哇！我来公司才两个月，收获真的不小，以前我根本不知道一个灯泡制造出来会有这么多工序。”“……”

女孩几次打断男孩的话，使得他明白了她的想法，便不再追问了，这比让他把话说出来，女孩再当面予以拒绝，效果要好得多。

一位身材和长相都非常出众的女明星对爱尔兰剧作家萧伯纳说：“如果我们两人能结婚的话，生下的孩子有你的头脑、我的身材和相貌，一定会是个特别优秀的……”“不，”萧伯纳愁眉苦脸地说，“如果生下的孩子有我的相貌，你的头脑，该有多可怕！”

【口才点拨】

运用这一方法需要才思敏捷，口才娴熟，因为这比直接拒绝对方更具挑战性。其次，要表现得自然而恰当。最后，打断对方的话题往往需要几次才奏效，因为打断一两次，对方还不能明白你的真意，或者仅仅懂得而不甘心，这就要求你进行多次打断，才能达到目的。

第二十五章　夫妻口才：夫妻对话讲艺术

347　学会对爱人说“不”

想一想，当你心爱的人偶尔出现忘带钥匙手机之类的东西，你是不是急忙赶去救火？这样虽然会让他对你好感提升，但是当你因为某些事情稍稍冷落了他（她）时，他（她）就会故伎重施，以吸引你的注意力。

如果你不想时不时受到爱人的随意“打扰”，可以使用下面的方法，帮助他（她）改掉那些令人烦恼的习惯。这个方法就是：学会对爱人说“不”。

对爱人说“不”时要掌握好两个原则：一是适时，二是适量，特别是当你爱人的习惯已经积重难返时，如果你突然改变以往的态度，他（她）很难在短时间内承受得了，进而开始怀疑你对他（她）的感情。所以，你必须从弱到强，一点一滴慢慢地帮助他（她）改掉这些习惯。比如，你可以拒绝一些比较小的不合理要求，特别是刚刚有苗头的习惯。当他（她）提出让你到他（她）的单位给他（她）送钱包时，你先好言敷衍再推三阻四，慢慢进行到拒绝，之后他（她）就会渐渐改掉这一习惯。

当这些行动出现效果时，他（她）的不合理要求已经很少了，你该告诉他（她）为什么会有那些不合理的要求，以及最近你为什么总是拒绝他（她），尽管这样做会伤害到他（她），所以你要根据对他（她）的了解，选择最合适的方法，向他（她）细说事情的前因后果。

【口才点拨】

尽管相爱就该互相体谅，但这并不意味着什么事都得替其去做。无论是哪一方，只要提出的条件是不合理的，另一方就有权拒绝。在拒绝爱人的要求时，一定要让他（她）明白你为什么拒绝他（她）的要求，从而达到你想达到的目的。

348 掌握好时机

就算你的说话水平非常高明，如果掌握不好时机，也无法达到自己的目的，因为此时他的心思根本不在这里，你说得再精彩也等于零。要想使爱人愿意听你的话，接受你的建议，就要选择适当的时机。

说服爱人时，能否抓住适当的时机，对你非常重要，但什么时候才是最佳的瞬间，如何才能抓住它呢？这并不像小学生做算术题那样有一定的乘法口诀，而主要是看对话时的具体情况，凭你的经验和感觉而定。

家里的电冰箱用了四五年了，有时候根本达不到制冷的效果，妻子多次提出想买台新的，都因丈夫不同意而作罢。中午，丈夫对妻子说："这天怎么跟蒸馒头一样？你把冰箱里的雪糕帮我拿一根来。"妻子打开冰箱说："雪糕都化了。""这个破冰箱！"丈夫骂道。妻子趁机说："还是再买一台新的吧。""买一台吧。"丈夫欣然同意了。

在家电城里，两人看中了一台冰箱，价格也适中，丈夫却嫌太贵了，不想买。"过几天就是七夕了，天气这么热，公司分的肉和鱼往哪儿放？"妻子说。服务员说了一句："虽然冰箱价格有点儿高，但比同类产品省电，容量也大，从长远看还是合算的。""那好，就买这个吧。"丈夫终于同意了。这位妻子抓住了说话的时机，达到了购置冰箱的目的。

【口才点拨】

在给爱人提建议或说服他（她）的时候，要特别注意时机，要选在其情绪比较平和的时候。因为有的人由于劳累、不顺心或注意力正好集中在其他事情上时，是没有心思来听你说话的。

349 寻找共同情趣

或许很多人都曾听到过这样的抱怨：

妻子说："他下班一回到家，不是坐在沙发上喝茶，就是对着电视看起来没完没了。要是跟他说说孩子最近的学习成绩为什么下来了，他就有一句没一句地敷衍你。要是和他说说近几个月的房价，他的心早不知道跑哪儿去了，指不定是在麻将桌上还是在酒桌上。真希望他能给我出出生活上的主意，可是他却不理睬我。"

而丈夫也有丈夫的理由："我才刚刚进门，鞋还没来得及换，她就跟在身后唠叨这唠叨那的，烦死了……"

对于夫妻关系，感情交流犹如血液对于生命那样重要。即使同时管理着多家大型企业的夫妻，也应该尽力找到促膝谈心的时间，可以是几句问候，可以是对家庭柴米油盐的议论，也可以是随意的聊天。如果能培养出一种共同的爱好，可以增加夫妻间话题，增加感情交流，尤其是寻找彼此能够共享的某些事情，使双方充满快乐。

下班之后，丈夫就坐在电视机前看球赛，妻子就坐在一边嗑瓜子，笑他大喊大叫跟小孩子似的。后来，丈夫觉得应该改变一下现在的情况，于是，在吃过饭后，为了能让妻子也观看电视，丈夫十分麻利地收拾好碗筷，然后两人坐下来找一个都喜欢看的节目。

的确，通过微不足道的提议，就可以解决妻子的孤单，与丈夫一起享受欢乐，使以后的婚姻生活更加甜蜜幸福。另外，丈夫对妻子做的每一件事都要表示感激，即使是给你钉了一颗扣子也要有所表示；而作为妻子，对丈夫在外面拼命地工作也应该表示感激。

夫妻间经常使用"谢谢你"三个字，看似画蛇添足多此一举，实际是最有效的情感交流方式，因为彼此能感觉到自己对他人是有用的。有时候，有些话得说出来，如果你总是闷在心里，谁也不知道你到底想什么。

最能表达情意的短句子就是"我爱你"，即使你们儿女成群老态龙钟了，也不要忘记这三个字，它会在夫妻之间架起一条畅通无阻的大道，使美好的日子越来越多。

【口才点拨】

夫妻间一旦出现兴趣各异的情况，不要一味地抱怨对方，而应尊重对方，体谅对方。必要时，为了尊重对方的情趣，不影响对方的兴致，可以适当地做一些让步并满足对方的要求，去适应对方的爱好，这样做可以让你的家庭生活更加丰富多彩，更加和谐美满。

350　使用商量的语气

不知你有没有碰到过这样的男人：在公司或饭桌上妙语连珠，出口成章，与其说他们个个学富五车满腹经纶，不如说是在炫耀自己。当他们一离开公司回到家，特别是看到与自己朝夕相处多年的妻子，则立刻变成特大号的闷嘴葫芦，一句话也不想说，这让妻子感到伤心不已。

朱丽与丈夫高大葵应该说是最幸福的夫妻，但是，他们两人之间也有烦恼。朱丽对好友抱怨说，当她对丈夫谈起自己在公司工作的感受或生活中遇到的困惑时，丈夫总是一副心不在焉的神态，被左问右问地逼急时，就说出三个字："不知道。"

向丈夫倾诉自己的感想，对朱丽来说就像是吃完饭喝口水一样理所当然，因为这意味着两人是真正的一家人。但对于高大葵或其他男人来说，沟通的目的是为了某些问题，个人的感情应该深埋在心底。

的确，夫妻间谈话，尊重是不可或缺的。但是，生活中常常会出现这样的情况："去买袋精盐来！"或"给我把柜子上的箱子拿下来"，等等，一方站在高高的位置，以不容更改的命令式口吻向另一方下达任务，这种命令式的沟通毫无关怀之意，只有颐指气使之感。这样的情况如果只是出现一两次还可以，如果天天都是这样，不引起战争才怪呢，特别是对方失意之时，很容易会成为战争的导火索。

相反，如果多用商量的口吻，就能避免这种情况发生。"能不能帮我到楼下小商店买袋精盐？""一会儿帮我把柜子上的箱子拿下来好吗？"这样就容易让对方接受。即使对方心里很不情愿，也不会与你发生争吵，这样才有利于维护夫妻关系。

【口才点拨】

每个人都是有自尊心的，如果你想让对方帮你做某事，要用协商、关怀的语气，让对方明白你们是平等的。对方受到尊重心里自然会高兴，愿意按你的意思去做。命令的语气只会让他觉得你在责怪他，心生反感，即使勉强去做了，也会不开心。

351　要对妻子多加赞美

很多男士都知道，在社交场合应该多多赞美女性，这种赞美可以让沟通顺畅地进行下去。但是，在生活中，能做到时常给妻子以赞美的丈夫却很少。心理咨询师认为，这可能是中国人一种特有的“含蓄”，丈夫们应该去学习赞美妻子，适当的赞美可以使婚姻生活更加和谐。

比如，你在妻子端上饭菜时，不失时机地赞美她做的饭菜好，屋子收拾得干干净净……但大多数丈夫很少说类似的话。有些丈夫觉得没必要，说这些虚头假脑的话没有用，其实不然。

你要明白的是，如果你说了这样的话，就表示对妻子的劳动最高度的尊重，不会显得多余无趣，还巧妙地表达了对她的感谢和认可。其次，毫无回报的付出总会令人产生一些不平衡，这是人的天性，任何劳动都需要回应。对于感性的妻子来说，适当的赞美可以化解心中的不平，让她觉得丈夫认可她的付出，让她认为这么做是值得的。

的确，如果丈夫能经常赞美一下在外面工作之后回到家还得忙活的妻子，说明他的心情也是释然和坦荡的，并且懂得感激妻子所做的一切。能经常赞美妻子的丈夫，绝不会因为生活中的琐事而与妻子发生口角。

夫妻双方应该多说“我爱你”。不要认为时常将“我爱你”挂在嘴边是件可耻的事。多多向对方表达自己的心声，能使彼此的相处更加融洽。如果你想做一名称职的丈夫，就应该表现出自己的爱，并且让对方知道。

【口才点拨】

在所有的赞美语中，妻子最喜欢听的就是丈夫的赞美了，“你今天做的饭真好吃”，“谢谢你把我的衣服洗得这样干净”，等等，没有比这些赞美话更令妻子心动的了。相信听到这类赞美后，妻子会更乐于操持这个家。

352　爱是无价的

一位刚结婚不久的女孩气愤地告诉好友说，她恨透了自己的丈夫，所以决定跟他离婚。好友想了想，就向她建议："既然你有这种想法了，俩人再在一起生活也没什么意思了，还是跟他离了算了，但在你离开他之前要尽量想办法恭维他、讨好他。当他觉得不能没有你，并且以为你深爱他时，你再坚决跟他离婚，让他一辈子都痛苦不堪。"女孩觉得好友真是出了个好主意，不仅实用也狠毒。

几个月过后，两人重新相见，女孩说一切都进行得很顺利，好友说："既然如此，现在你可以提出离婚了！"女孩说："什么？离婚，才不呢！现在我从心里爱着我的丈夫！"

其实，女孩的朋友教给她的方法，正是用真心换得真爱，这才改变了女孩的心理，使他们的夫妻生活充满了活力。夫妻之间应该是相互尊重、相互沟通、相互信任的，闲暇的时候说说心里话，当对方感到失落的时候，能够给予其安慰，当对方离开家的时候，能够彼此牵挂，快乐的时候，能一起快乐，痛苦的时候，能一起悲伤。

有人说，给予别人的越多，得到的幸福和快乐也就越多。如果待人友善，别人必定会以友善相回报，仁慈的人总是会带来越来越多的幸福和欢乐。同样，如果把这些用于夫妻之间，你将收获美好的家庭生活。

【口才点拨】

婚姻需要两个人共同经营，相互尊重、相互理解、学会包容。《圣经》里面说，男人对女人，要爱到如骨如肉，女人对男人要顺从。无论多么刻骨的爱情，在婚后，久而久之都会变成亲情，这是必然的。

353　不要让矛盾激化

惠特尼想到夏威夷去度假，一想到那里的美食、阳光和舞厅，她就兴奋不已。她最恨的就是今天去这里明天去那里，行李才刚刚打开，又要打包上路，大部分时间几乎都浪费在无穷无尽的路上，既没有时间逛街购物，又没有办法好好欣赏当地风情。她想，度假就是该待在同一个地方，尽情地享受和休息。

而她的丈夫安斯却不想这样，安斯每天都得应酬客户，从早忙到晚，高级舞厅、豪华宾馆、可口美食，一点儿也引不起他的兴趣。夏威夷海边的阳光是不错，但他的皮肤不能在阳光下曝晒。豪华宾馆在安斯眼里与他的办公大楼没有什么区别，他已经花费了太多时间等电梯了。夜晚的派对、夏威夷舞和花环很有吸引力，但他更想要一次有意义的旅行。他已经在公司工作好几个月了，他要好好调整一下，自己开车到意大利去，随心所欲是他度假的主要愿望。

惠特尼和安斯因此吵了起来，双方谁也说服不了谁，但谁都想把对方说服。距离假期越来越近了，他们之间的矛盾也越来越激化。惠特尼说，如果安斯的母亲明年不搬来跟他们住上半年的话，她可以考虑去意大利。安斯则说，如果惠特尼能够把她的储物间改为吸烟室的话，他也可以考虑去夏威夷。

惠特尼跟安斯吵得特别激烈，其中也有面子的关系，这更让双方谁也不肯认输。他们两个人就这么你想说服我，我更想说服你，你要在什么什么条件之下让步，我又在什么什么条件之下让步，口头论战成了两人今晚探讨的焦点，并且你来我往，大有不达目的绝不罢休的架势，吵着吵着就忘了双方的利益、需求和共同点在哪里。两人就像斗鸡一样，使出自己的看家本领，似乎谁吵得凶，就可以证明自己的能力比对方强。

惠特尼跟安斯其实是意气之争，其结果只能是两败俱伤，因为他们找不到双方的共同点，没想过他们只要各让一步，就会灿烂一片。他们只是费尽口舌跟对方纠缠，似乎不把对方说服就不休战，其实他们完全可以把心思用在协调上，想出一个双方都能接受的旅行计划。

惠特尼跟安斯只有两个选择：一是服从一方的意见，二是找出双方的共同点。他们俩想去的地方，偏偏是天南地北的意大利和夏威夷，双方的想法虽然差很多，但这并不是说双方没办法达成一致，完全可以找一个两人都能接受的旅游计划。

惠特尼夫妇间的冲突，可以用地中海游轮之旅来化解。惠特尼可以享受她的阳光、美食和精致的套房，却不会让安斯想起他那间豪华但是冷酷的办公室。惠特尼去晒太阳，安斯可以徜徉在心仪已久的希腊小岛。安斯可以到处走走，惠特尼的行李则不用今天收明天放。

【口才点拨】

当夫妻之间因为某个问题而僵持不下的时候，完全可以敞开胸怀，看看有没有其他的办法，让两人都能满意。

354　消除对爱人的不满

在家庭生活中，不管是夫对妻还是妻对夫，一味地批评、指责所得到的后果只能是消极的，而且会产生对立、抵触的情绪。那么，应该怎么做才是正确的呢？方法是：消除自己对爱人的不满情绪。

当你对对方心怀不满，并不断表现出来的时候，要回答几个问题：首先是对对方的要求有没有太过分？如果对方满足不了你的要求，是主观的还是客观的？其次是不要只想着对方没有达到自己的目的，而要先问问自己："我在什么事上没有让对方满足？"最后，如果一定要表现自己的不满，就要想想：这样做是否恰当？最该拥有的态度是：如果我不能改变他人，那就只能改变自己。

妻子喜欢读书，也时不时地参加社会活动，但是家里乱得一团糟：该洗的衣服满屋都是，碗筷放在盆里好几天了也不洗，丈夫埋怨、指责都没有效果，丈夫说："什么办法都用过了，就是不管用，真不知道该怎么办。我并不是追求尽善尽美，但星期天的时候应该整理一下呀！看到家里乱得跟猪窝一样，妻子还不闻不问，真让人难受。"后来，丈夫决定自己动手洗衣服、洗碗筷，因为他觉得自己做得也不好，指责妻子却实在太多了。

没想到这个办法立竿见影，妻子慢慢变得开朗起来，开始整理收拾家务。有时候，当妻子整理不尽如人意时，丈夫总是悄悄地干起来，直到妻子把各种家务处理得井井有条。于是，这个家逐渐变得温馨起来。可见，最好的改变是先改变自己。如果你想让对方改变，一定要使对方确实看到你自己也在改变。

在日常生活中，不可能在许多琐碎问题上都使夫妻称心如意，配合得滴水不漏。谁都可能有一些自己不以为然的小缺点、小习惯，但是，双方因为挤牙膏的方法不同而闹矛盾，那就太不值得了。如果你认为非改变对方不可，就要先弄清楚为什么对方会有这个习惯，也许真正的原因就出在你自己身上。某心理学家曾经说过："我对自己和别人内心的世界越是开放时，我发现自己越没有那股改变事情的冲劲。"

这句话不是没有道理的。

【口才点拨】

夫妻之间必须懂得适当的妥协、让步。谁身上会没有一些缺点呢，即使要向对方提出，也要用柔情的话语耐心地指正，不要一见面就相互指责。

355 学会表达自己的意见

在向对方表达自己的意见时，要明白唠叨和提意见的区别：向对方正式提意见，可以使其清楚自己的缺点到底在哪里，从而引起注意，并渐渐改正这些让人心烦的缺点；唠叨则是情绪的发泄，并不考虑会产生什么样的后果，而且也产生不出好的结果。有的人只是一味地对对方无原则的迁就，并不把自己心里所想的告诉对方，总是一味地唠叨、抱怨个不停，反而把一件特别简单的事情搞复杂了。

有个丈夫对妻子不尊重，时常在妻子的朋友面前使其出丑，每一次妻子都忍了下来，事后发发牢骚也无济于事。有一天，她终于忍受不住了，当丈夫又在自己的朋友面前说些不好听的话时，她冷静而坚决地对丈夫说："你对我不满意也可以，等就剩下咱俩了再说不行吗？"

然而丈夫并没有改正。妻子生气地说："你这种行为实在让人难以容忍，我生气了！现在你自己一个人冷静一下吧。"

妻子明确地表明自己的态度，使丈夫渐渐意识到了自己的错误，最后丈夫答应再也不这样了。

【口才点拨】

在夫妻生活中，向对方表达自己的意见，是有许多讲究的，尤其是你对对方的行为或语言不认同的时候，表达得好，皆大欢喜；表达得不好，会弄得夫妻双方都不愉快，所以一定要注意方式方法。

356 不要伤害对方

在恋爱时，一方为了取得另一方的信任，做事说话时都非常有分寸，然而结婚后有些人就露出了原形，大大咧咧地"返璞归真"了，一天到晚地嚷嚷着要过正常的日子。正常日子当然要过，但不能没有艺术性；所谓艺术，不是时时向对方要心计，而是要善待对方。

在向对方提意见时，不仅要坚定原则，更要态度诚恳，说出的话也要讲究技巧，不能想怎样说就怎样说。批评可以，但绝对不要伤害对方，例如“我这是找了个什么妻子，一不会料理家务，二不能生孩子，比别的女人差远了”等等；同样，妻子也不要出口伤害丈夫，例如“我怎么嫁了你这么个人，真是瞎眼了”、“你不但没有出息，连一般的工作都干不好，这哪是个丈夫”、“就你这样的男人，根本没有资格当爸爸”等等。

的确，在日常生活中，向对方提出批评是常有的事，但同样的一件事情、同样的一种话语，可以用不同的方式去表达，例如丈夫说：“每天都是吃白菜吃白菜，你不烦吗？就不能炒盘蘑菇芹菜啥的？”这样赤裸裸的批评肯定会使得妻子怒火冲天。如果说：“你这白菜烧得还是不错的，但我记得我小时候，我们一家人天天吃的菜都是一样的，那时候的条件不允许呀，现在都什么年代了，是吧？”这样说，妻子会明白丈夫的意思，而且会愉快地接受这个批评。

【口才点拨】

别以为好听的话只适合在恋爱时说，其实，夫妻之间的甜言蜜语永远不会过时，始终是时尚新鲜的，老妇哪怕随便来一句“老头子，你来！”也可以说得情真意切。

357 多讲对方的优点

要想使自己的家庭天天和美，夫妻和睦，就要学会在家人和别人面前，多讲讲对方的长处、优点，对对方的地位、努力给予肯定，这样的婚姻才是常青的。时不时小觑对方、诋毁对方，就会破坏家庭的和谐。有些口尖舌利的妻子，总是目空一切，颐指气使地斥责丈夫：“滚一边去，我一点儿也不想见你！”“你吃什么什么不够，就会在家里横，有本事出去横一个我看看。”把丈夫贬成一个要饭的，三天一小吵五天一大闹，成了家常便饭，即便还保留着家的样子，其实早已名存实亡，你东我西了。

有对夫妻因为小事而吵架，妻子一连多天不理丈夫，还写了离婚申请，要他签字。丈夫感到事情有点儿棘手，想与妻子重归于好，这时忽接报社的退稿信，里面有一张没填姓名的卡片："××同志，来稿已阅，本刊不拟采用，特此退还，欢迎赐稿。"他灵机一动，在卡片上填好妻子的姓名，递给了妻子，妻子拆阅，"扑哧"一笑："你这个坏家伙！"

【口才点拨】

看到对方有缺点的时候，也要看看自己，如果有，就要率先改正，如果听到妻子批评自己的时候，也要认真改正。在人面前，要多讲对方的优点，即使是对方因为粗心大意犯了小错误，也不要耿耿于怀。

358 给对方宽松的空间

夫妻相处，不是要你一刻不离地跟着对方，而是给对方一个宽松环境，这是尊重对方的具体体现。生活中有不少这样的夫妻，走进婚姻的殿堂后，就理所当然地把对方当成自己的"私有财产"，还大言不惭地说"爱情是自私的"，处处限制约束对方，其实这是对婚姻的误解。疑神疑鬼的日子会让人有种窒息的感觉，天长日久，就很想从这"围城"里走出去，其结果定会导致婚姻的破裂。

在日常生活中，人们常说距离产生美感，幸福的婚姻不仅要有情感上的沟通，更要学会和谐相处，最重要的是让对方有一个宽松的空间，保持对方的独立人格，允许对方有自己的活动空间。能保持一定的距离，则使对方产生一种新鲜感和神秘感，这将使夫妻之间能保持持久不衰的兴趣，这样的婚姻是不会过时的。

有几年婚龄的夫妻更要注意相处的艺术，因为夫妻两人在外面忙着工作，天天很晚才回家，相对而言，互相交流的机会少些，且工作中不会有什么新鲜的事情，相互交谈的话题也不多。但在周末或节假日，彼此间接触交往增多，矛盾也就随之增多，心理学实验也证明了这一点：两人之间的交往越密切，双方也越容易产生矛盾。

由于夫妻之间相互管制太多，使双方心里觉得很难受，这很容易发生矛盾，所以，夫妻双方都应注意给对方留下宽松的空间，对方何时吃饭、抽什么烟、买什么样的化妆品等琐碎事情，不要过多干涉。

少一分约束，多一分自在，夫妻生活就会相对多了一份自由。

总之，处于婚姻围城的夫妻，不要对生活的琐事念念不忘，哪件小事做得不好，哪件小事做得很漂亮，其实决定不了一个家庭能否拥有多少金钱，因为生活中还有许多比物质更为重要的东西。即使对方在生活习惯上存在着某些缺陷，也不要天天生活在烦恼之中，双方仍然可以保护好夫妻关系，以弥补对方的不足，为明天和谐的幸福生活打下基础。

【口才点拨】

真正健康的婚姻，是夫妻两人都能在比较宽松的环境中，用对方能够接受的方式让其明白：我需要你，但是我会更努力地让你需要我。这才是最幸福的婚姻。

359 不要互相“挑毛病”

在家庭生活中，千万不要小觑夫妻之间的关系，如果夫妻相处不好，将严重影响双方的身心、工作、生活，甚至会影响到孩子的健康成长，所以说，夫妻相处是否和谐是特别重要的。

初中时董成还是一个很好的孩子，但他进入一所重点高中后，由于高年级的一个同学欺负人，董成犯了打架的错误，因此学校请家长，父母因为他而发生了激烈的争吵。看见父母吵架，董成也开始变得狂躁不安，生怕因为自己伤了父母的感情。因为父母之间互相“挑毛病”和吵架，导致董成学习成绩直线下降。

作为丈夫，有几个很要好的朋友，时常会聚在一起喝喝酒，妻子也总是埋怨丈夫，但丈夫就是不改，习惯成自然，也就改不掉了。有一天，丈夫又喝多了，妻子埋怨他，他基本只是随声附和。妻子也知道丈夫改不了这个习惯，所以也就看淡了，有多少家庭因为这样的事而分离呢？因此，不要试图互相教育，也别妄想改变对方的本性，这就是夫妻间的和谐相处之道。

【口才点拨】

夫妻相处，要少些指责多些关怀，并做到放大对方的优点，也许你们对生活失去了激情，但偶尔心跳加速是可以的。爱一个人但不要改变他（她）太多，让对方多保留一些自己的爱好，如朋友、兄妹般相处，你自己开心了，对方也会开心的。

360　让爱情之花常开

许多尝到婚姻酸楚的人说：婚姻是爱情的坟墓。对大多数夫妻来说，这话虽然有点儿言过其实，但也不是没有点儿道理。然而，我们周围不是还有许多夫妻间的感情与日俱增吗？其中的秘诀就在于他们的夫妻感情维护得好。

这样的夫妻会时常回忆热恋时的情景，因为处于热恋时，两人那种你情我意的情景，实在是值得回味的。婚后，经常回忆起热恋时的点滴，就能唤起双方感情的共鸣，并增加浪漫，向往明天的美好，从而使夫妻生活更加甜蜜。

也有的夫妻会选择再次去度“蜜月”。刚走进婚姻殿堂的蜜月时期，是夫妻感情最美好的时刻，那时，两人完全放弃一切，进入爱情的天地，享受人生之乐。现在，他们利用节假日再去度一次“蜜月”，重温昔日的浪漫，定能不断掀起爱的波澜，使夫妻感情倍增。再比如夫妻两人的结婚纪念日、对方生日、定情纪念日等，都是夫妻爱情史上最重要的日子，应采取适当形式来纪念，使对方都感到自己对其怀有很深的爱意，这对巩固夫妻间的感情很有作用。

还有许多夫妻由于结婚时经济条件不好，特别是对丈夫来说，未能与妻子一起去度蜜月，或没给妻子买一件昂贵的礼物等。现在已经具备经济条件，所以就想着偿还自己欠下的情债，让对方觉得你是个很重情的人，爱你之情便会倍增。

【口才点拨】

结婚以后，许多女人说出自己有后悔之意，她们指责对方的第一条罪状是：他不再像以前那样和我聊天，听我说话，更不愿看我。而婚姻问题专家提出的建议是：夫妻两人每个月可以专门拿出一两天进行交谈，也可以写写信向对方吐露心声。如果两人都同意，可以准备一个本子用来记录两个人的想法。

361 巩固夫妻感情

在竞争越来越激烈的社会中，人们肩上的担子是沉重的，有不少夫妻因忙于工作导致不能经常相聚，影响了二人的感情。所以，工作再忙，也要挤出时间留给双方共同生活，共浴爱河。

最好的办法就是创造点意外之事，给对方一个突然惊喜，常会收到意想不到的效果。所以，时不时搞点意外的惊喜，对增进夫妻感情大有好处。如事先不告诉对方，把他(她)渴望得到的一件物品买下来，然后再在一个点燃着蜡光的夜晚送给对方，这会为夫妻生活创造一个浪漫而又温馨的情景，从而迸发出强烈的感激之情。

还可以适当地来点儿小别胜新婚的感觉。有些夫妻结婚后一直天天相守在一起，如果能找个机会离开对方一段时间，引起对方的思念，到再次相聚时，就能使夫妻间的感情变得更为浓烈，把平静的夫妻感情推向一个新的高峰。当然，在此过程中也要注意个人形象，因为有的人一旦成为别人的丈夫或妻子后，就不再注重穿戴和容貌了，常常穿着睡衣或拖鞋就出去。特别是有些人当了丈夫以后，便觉得大功告成，不再需要做那些表面修饰的事情了。其实，不管是丈夫还是妻子，都希望对方在别人面前很体面，因此，注重个人形象不只是在别人面前有面子，而且也是为对方争得了面子。

【口才点拨】

要想使夫妻的感情长久稳固，一句简单的关心、问候语都可能激发对方的情感。比如："你今天好像不开心，遇到什么事要告诉我，不要一个人担着。"这样的话就很感人，会让她感到有一种力量在支撑，让她从心里愿意同你分享喜怒哀乐，与你携手共筑爱巢。

362 隐私、尊重和知心话

在婚姻生活中，要想让对方天天高兴，就要学会保留一些个人隐私。因为即使是肚量再大的人，对于对方的绯闻也会怒火冲天，如果得知对方曾有过的一些艳事，则更会大发雷霆，由此导致家庭之舟倾覆的例子不在少数。所以，把以往的婚恋史全部向对方坦白并不是什么好事，这样一来，不仅保不住对方现有的情感，还会给目前稳定的婚姻家庭造成一定的危机。因此，适当地保留一些个人隐私，是避免伤害对方的明智选择。

婚后，夫妻双方都有自己的社交圈子，但要处理好与异性朋友的关系，交往时要把握好分寸，把彼此关系控制在一定的界限。对那些对自己有好感或心怀不轨的异性朋友要委婉拒绝，以免陷入感情纠葛的泥潭中。最好的办法是尽量少参加这样的活动，即使不能推辞，也要与你的配偶一起前往。特别在同学聚会时更应这样做，以杜绝不必要的麻烦。其次要支持对方，每个人在走上社会后，都会有自己的事业，因此，无论丈夫还是妻子，都不能只顾自己的事业而把对方变成自己的附属，更不能强求对方以自己的一切为导向，那样只会伤害对方。夫妻双方既有追求事业的权利，也有承担家务的责任，有效的做法是多承担一些家庭事务，以支持爱人的工作。

当然，在别人面前尊重对方，更是保持夫妻关系稳定的秘诀。人都是有自尊的，在外人面前大肆批评对方，最容易伤害对方的情感，影响夫妻关系，所以，越是在外人面前，越要维护对方。只有在没有外人的情况下，可以向他(她)提些意见，甚至可以进行批评，对方都会愉快接受，并感受到你体现出的浓浓爱意。

当然，夫妻双方还要防止出现财务危机，因为双方搞不好收支平衡，就会出现财务危机，影响家庭和睦。有些夫妻的财务归一方管理，如果把财务弄得不清不白，当一方要求得不到满足时，也会出现矛盾。因此，夫妻双方要坚持勤俭持家的原则，手中始终要留有一定的机动费用，以防不测，这样也有助于保持良好的情感。

【口才点拨】

越来越忙碌的人们，为了实现心中的理想而不停地奔波，生活会逐渐变得平淡枯燥，夫妻生活中不可缺少的知心话也被抛到了九霄云外。其实，知心话也是维系婚姻关系的纽带，也是表达爱的方式。

363　吵架也是一门艺术

一位情感专家曾说过："成功的婚姻是先学会吵架，再过日子，不要认为你很了解对方，因为每个人都不是单一、平面的，他（她）是多面性的。"

对于那些生活幸福的家庭来说，吵架就是一门艺术，特别是对于那些在一起生活了多年的夫妻。表面上很和谐的家庭都是死气沉沉的，而一吵架就翻天的家庭，也是无法长久的，因为夫妻间的每一次争吵，都是对双方无情的伤害。夫妻毕竟是由不同学历、认知、能力的两个人组合成一个家庭，总有意见不统一的时候，吵架很正常，其实，会吵架的夫妻能把吵架变成改善家庭关系的催化剂。

无论发生多么大的事，他们在吵架时也不会自以为是，因为那种把对方彻底打败的心理对于家庭关系是有百害而无一利的。在吵架时，他们更不会动辄以"离婚"相要挟。离婚是婚姻破灭的最佳方法，但又是最可耻的办法，即使是气话也不能随便出口，因为这种言语会严重伤害到另一方的感情。他们更不会以性要挟，如果双方因为吵架而影响夫妻的性关系，那就愚不可及了，因为这是维系夫妻关系的有力保障，如果这个链条一旦断裂，这段婚姻也就走到了尽头。

婚姻幸福的夫妻更会忍耐，夫妻之间往往会有不同的习性、爱好，常常会因对一些事的理解不同而发生争吵。如果有一方能忍耐，那就会停止这无休止的争吵，当然任何忍受都是痛苦的，不过为了整个家庭的幸福，也是值得的。

【口才点拨】

有人做过一个形象的比喻，说夫妻之间就是唇与齿的关系，因而就免不了唇齿相碰。处理得好，争吵就会让平淡的生活中充满激情，事后双方相互更加体谅对方。但是，这种艺术并非人人都能掌握，弄不好就会使家庭破裂。所以，还是避免一些不必要的争吵为好。

364 找出引起争吵的原因

有许多家庭由最初的新婚和美逐渐走向夫妻反目成仇，最后分道扬镳，给男女双方都造成了难以弥补的创伤，这应该引起重视。那么，是否能找出解决矛盾的办法呢？当然有。其中，最首要的就是找出夫妻之间争吵的原因。

信任是夫妻关系长久的有力保证，特别是双方走进了婚姻殿堂之后，渐渐失去对对方的吸引力，夫妻双方要承担起对家庭的责任，一旦发现对方在某些事上说了谎话，就会认定对方以前的所有事都是不诚实的，随着信任感的消失，猜疑也会马上出现。比如妻子一直怀疑丈夫与公司一位女同事的关系，尽管丈夫怕伤害妻子的感情而将真相告诉妻子，但妻子对丈夫也会持怀疑的态度。遇到这种情况，丈夫除了用事实尽力解释，更需要妻子的充分信任。只有信任，才能处理好夫妻之间的关系，才能使双方愉快相处。

有些夫妻在吵架的时候喜欢相互揭短。每个人都有短处，都是本人最不希望别人谈起的，夫妻在吵架时一旦相互揭短，往日的默契就会被打破，就会唇枪舌剑大战不止，使双方受到严重的损害，爱的桥梁也会被摧毁。

【口才点拨】

没有哪个家庭会不吵架，除非双方彼此漠不关心。不会吵的，就会越吵越糟，彼此的情感越来越淡，最终分道扬镳；会吵的，越吵越好，通过吵架了解对方的心里到底想什么，从而使家庭关系更稳固坚定。

365 积极化解矛盾

夫妻之间一旦发生争吵，如果还想保持原来和谐的夫妻关系，就要勇敢地站出来积极化解矛盾。

在婚姻生活中，夫妻间的争吵通常不是由什么惊天动地的大事引起，而多是因一些鸡毛蒜皮的小事引起，那就没必要非理出个谁是谁非，态度强硬地与对方大吵大闹一番。想着把对方制服在自己的权威之下，又会赢得什么？如果你就事论事，不生气不上火或者干脆沉默相对，对方找不到目标，也就吵不起来了。

夫妻在争吵时，常常无理占三分，得理不饶人，如果能在对方的情绪稳定下来之后，再心平气和地与其摆事实讲道理，相信问题很快就会解决。当然，心里的怒气一直压抑也不好，可以适当地向对方发泄一下情绪，但要注意适度、适时。如果你任意、无限制地发泄，就会引起对方的怒火。当然，如果你能自我消怒，或不再去考虑此事，远比向对方发泄要好。

另外，一旦发生了争吵，用幽默去化解，也是不错的办法。一对夫妻为一点儿小事吵架，之后便开始了冷战。过了几天，丈夫想和妻子重归于好，可妻子就是不理他。后来，丈夫在家里所有带抽屉的地方使劲乱翻，弄得妻子忍不住问道："你到底想找什么？""老天保佑，"丈夫说，"我总算找到你的声音了。"丈夫的这一句话的确令人佩服。通过这种巧妙的幽默，丈夫达到了与妻子和好的目的，而在此时，用一般的话语是很难有这种效果的。

【口才点拨】

对任何一个家庭来说吵架都并不可怕，可怕的是让它成为分手的导火索。当夫妻发生吵架时，应当首先想到如何保全自己的家庭，如果是为了一些微不足道的小事，积极化解争吵就能使婚姻永远处于新鲜之中。